Zu den Eigenheiten der amerikanischen Gesellschaft zählt ein im Vergleich zu den ebenfalls hochindustrialisierten westeuropäischen Gesellschaften erstaunliches Maß an Religiosität. Dabei nehmen evangelikale, fundamentalistische und aus der Pfingstbewegung stammende Religionsformen eine Sonderstellung ein.

Michael Hochgeschwender beschreibt in seinem Essay die Ursprünge und Ursachen der spezifisch amerikanischen Religiosität und die in den letzten 200 Jahren immer wieder auftretenden evangelikalen Erweckungsbewegungen. Vom frühen 19. Jahrhundert an wurde die amerikanische Religiosität als Marktgeschehen begriffen. Dies machte sie zum einen anschlußfähig für gesellschaftliche Reformbewegungen und paßte sie zum anderen an eine in hohem Maß kapitalistisch durchgeformte Gesellschaft an. Seit den sechziger Jahren des 20. Jahrhunderts nehmen, im Zusammenhang einer beginnenden Suburbanisierung, Erweckungsbewegungen zu, die sich verstärkt auch in sozialen Fragen, so im Kampf um das Schulgebet oder in der Frage der Abtreibung, und im Streit zwischen Kreationisten und Darwinisten artikulieren.

In den *culture wars* um die kulturelle Hegemonie in den USA zwischen *liberals* und *conservatives* haben die Erweckungsbewegungen eine wichtige Rolle gespielt; erst im Lauf der späten siebziger Jahre wurden sie mehrheitlich dem konservativen Lager in den Vereinigten Staaten zugeordnet.

VDWR

MICHAEL HOCHGESCHWENDER

AMERIKANISCHE RELIGION

EVANGELIKALISMUS, PFINGSTLERTUM UND FUNDAMENTALISMUS

VERLAG DER WELTRELIGIONEN

Gefördert durch die
Udo Keller Stiftung Forum Humanum

Bibliographische Information der Deutschen Nationalbibliothek
Die Deutsche Nationalbibliothek verzeichnet diese Publikation
in der Deutschen Nationalbibliographie; detaillierte bibliographische
Daten sind im Internet abrufbar.
http://dnb.d-nb.de

Erste Auflage 2018

Nach Einbandentwürfen von:
Hermann Michels und Regina Göllner
Satz: Hümmer GmbH, Waldbüttelbrunn
Printed in Germany
ISBN 978-3-458-24174-4

AMERIKANISCHE RELIGION

INHALT

1
PROTESTANTISMUS IN DEN USA – EIN SONDERWEG?

Nicht erst seit dem 11. September 2001 sind immer mehr Europäer verstört und irritiert, wenn sie ihren Blick auf den Kontinent jenseits des Atlantiks richten. Das Gefühl der Nähe, das sich zwischen Westeuropäern und US-Amerikanern unter den Vorzeichen gemeinsamer Bedrohung im Kalten Krieg nach 1945 eingestellt hatte, ist vielfach wachsender Skepsis und gegenseitigem Mißtrauen gewichen. Neben unvermeidlichen politischen und wirtschaftlichen Rivalitäten, die sich nicht zuletzt aus dem gern als Globalisierung bezeichneten Prozeß weltweiten ökonomischen Wandels ergeben, sind es kulturelle Differenzen, die zu Mißmut im transatlantischen Verhältnis führen. Dabei aber spielt die unterschiedliche Entwicklung im religiösen Leben eine wichtige Rolle. Während in den westeuropäischen Gesellschaften seit den sechziger Jahren der Einfluß der organisierten Religion in Gestalt des etablierten Christentums offenkundig im Schwinden begriffen ist, scheint dies für die USA nicht zuzutreffen. Zu Beginn der neunziger Jahre behaupteten zwischen 90 und 95 Prozent aller Amerikaner, sie seien religiös; ein erheblicher Anteil von ihnen besuchte wöchentlich oder mindestens einmal im Monat einen Gottesdienst, und rund 70 Prozent erklärten, sie seien keinesfalls bereit, einem atheistischen Präsidentschaftskandidaten gleich welcher Partei ihre Stimme zu geben.[1] Verglichen mit gleichfalls protestantisch dominierten Industrienationen im nordwestlichen Europa, also Großbritannien, den skandinavischen Ländern, den Niederlanden und der protestantischen Schweiz, in denen etwa die Quote regelmäßiger Kirchgänger mitunter im einstelligen Prozentbereich liegt, muten die US-amerikanischen Zahlen außerordentlich hoch an. Und auch in den meisten katholischen Nationen Europas, von Polen und Irland abgesehen, entspricht die statistisch meßbare Religiosität in Gestalt traditionell organisierter Kirchlichkeit in keiner Weise dem amerikanischen Befund.[2] Die hohen Zahlen von bekennenden und praktizierenden Gläubigen in den USA widersprechen den aus der traditionellen Modernisierungstheorie sich ergebenden Erwartungen an eine zunehmende Rationalisierung und Säkularisierung moderner, pluralistisch ausdifferenzierter Industriegesellschaften. Eine »Entzauberung der Welt« (Max Weber) scheint ausgerechnet in der führenden Nation des Westens nicht stattgefunden zu haben.

Dieser *prima facie*-Eindruck verstärkt sich noch, wenn man die neueren Befunde der Religionssoziologie über die historische Entwicklung der Kirchlichkeit in den Vereinigten Staaten mit einbezieht. So haben etwa Roger Finke und Rodney Stark festgestellt, daß der Anteil der Kirchgänger in den USA zwischen 1776 und 1980, wiederum entgegen den Erwartungen der klassischen Modernisierungstheorie, stetig angestiegen ist, und zwar von 17 Prozent auf 62 Prozent. Zur gleichen Zeit stieg auch die Anzahl der Kirchenmitglieder kontinuierlich an, um bereits in den fünfziger Jahren ein Allzeithoch von rund 95 Prozent zu erreichen. Seitdem ist die Kirchenmitgliedschaft zwar auch in den USA tendenziell leicht rückläufig, ohne daß indes die Austrittszahlen Westeuropas nur annähernd erreicht würden.[3] Allein für sich genommen wären diese Erkenntnisse bereits erstaunlich und bedürften einer eingehenden soziokulturellen Untersuchung. Allerdings reichten sie kaum aus, um die eingangs erwähnten Differenzen zu erklären. Es ist nicht in erster Linie die Tatsache, daß US-Amerikaner mehrheitlich religiöser sind als West- und Nordeuropäer, die für Verstimmung und allerlei Trübsal sorgt, sondern die spezifische Form dieser genuin amerikanischen Religiosität und Spiritualität – wenigstens mit Blick auf deren mediale Vermittlung. In diesem Punkt stimmen säkularisierte Europäer und liberale Amerikaner übrigens vollkommen überein. Beiden Gruppen ist die Form, welche das religiöse Leben in den USA zwischenzeitlich angenommen hat, nicht recht geheuer. Gelegentlich wird sogar die Sorge vor einem religiös begründeten Faschismus oder einer rechtsradikalen Theokratie in den USA in die Debatte eingebracht.[4] Die Vorsitzende der liberalen *National Organization of Women* (NOW), Patricia Ireland, bemerkte angesichts des Aufmarsches von über 700 000 evangelikalen *Promise Keepers* in Washington, DC 1997: »I see the Promise Keepers and I am afraid. I am very afraid and I am very angry.«[5] Einen Höhepunkt erreichten diese Ängste mit der Amtsübernahme des bekennenden evangelikal-erweckten Christen George W. Bush im Jahr 2001 und den sich daran anschließenden politischen Ereignissen.[6] Insbesondere die aggressive Reaktion der Vereinigten Staaten auf die islamistischen Terroranschläge auf New York und Washington, der Krieg in Afghanistan, der desaströse Einsatz im Irak und die unbedingte Nähe der politischen Führung der USA zu Israel wurden mit dem Einfluß religiöser Kräfte in Verbindung gebracht. Mehr noch als die Außenpolitik schien die Innenpolitik zum Spielball fundamentalistischer Interessen zu verkommen. Die *culture wars* um Abtreibung, Familienwerte, Homosexuellenehe, Kreationismus und so fort waren offenkundig in der Lage, überkommene Klasseninteressen zu überdecken und bescherten den Republikanern bis 2004 satte Mehrheiten in beiden Häusern des Kongresses.[7] Die liberal-aufgeklärten Ideale vom Glauben als Privatsache und von der strikten Trennung von Staat und Kirche schienen mit einem Mal zur Disposition zu stehen. Es müssen gleichwohl nicht durchweg Angst und Sorge sein, die hier im Spiel sind, zumindest aber beherrscht weitgehendes Unverständnis den liberalen Diskurs über die amerikanische Religion auf beiden Seiten des Atlantiks. Auf europäischer Seite wird die neue Distanz nach dem Ende der Gemeinsamkeiten, die sich unter dem Druck des Kalten Kriegs herausgebildet hatten, gewiß durch die Erfahrung des Bruchs der achtziger Jahre verschärft. Nie zuvor waren die USA so »europäisch« gewesen, nie so säkularisiert, nie so staatsinterventionistisch und sozialstaatlich wie in der Epoche des *New Deal Order* zwischen 1933 und dem Amtsantritt Ronald Reagans 1981.[8] Dies war die

Phase einer beinahe absoluten kulturellen Hegemonie des sogenannten Konsensliberalismus in den USA, der in vielerlei Hinsicht mit dem kontinentaleuropäischen Linksliberalismus und der Sozialdemokratie eng verwandt war.[9] Mit Reagan, spätestens aber mit der republikanischen Revolution von 1994 kehrten die USA zu älteren, genuin amerikanischen ideell-kulturellen Traditionen zurück, was von den Europäern als Abkehr von etablierten Gemeinsamkeiten wahrgenommen werden mußte. Auf der Suche nach Schuldigen wurden dann rasch die religiösen Prozesse in den USA ausgemacht.

Und tatsächlich, wieder war es die Statistik, die eine empirische Bestätigung dieser Vorannahme lieferte. Während beispielsweise Will Herbergs berühmte und wegweisende Untersuchung zur US-amerikanischen Religion in den fünfziger Jahren[10] weder dem Evangelikalismus noch dem Fundamentalismus oder den Pfingstkirchen einen besonders breiten Raum gab, kommen heutige Darstellungen zum selben Thema ohne diese Rubriken schlicht nicht aus. Um das Jahr 2000 herum bekannten 50 Prozent der Amerikaner, die Bibel sei nicht nur Heilige Schrift, also Offenbarung Gottes, sondern sei von Gott wortwörtlich inspiriert und müsse dementsprechend wörtlich ausgelegt werden. Rund 30 Prozent bekannten sich als *reborn Christians*, das heißt als wiedergeborene, aktiv bekennende und bibeltreue Christen. Im Jahr 1980 existierten 880 evangelikale oder pentekostale (pfingstliche) Megakirchen und TV-Kirchen jenseits der traditionellen, auch in Europa aktiven katholischen, lutherischen oder calvinistischen Kirchen und Denominationen.[11] Darin sind die zahllosen kleineren Gemeinschaften noch gar nicht enthalten. Selbst in einer so säkularen Stadt wie New York, also weit vom *bible belt* im Süden und Westen entfernt, fanden sich um 2000 allein 7000 fundamentalistische, evangelikale oder pentekostale Gemeinden. Hinzu treten Tausende von Schulen, Colleges und Universitäten sowie Forschungseinrichtungen, die dem Erhalt traditioneller Familienwerte oder dem Kreationismus, das heißt dem Kampf gegen die darwinistische Evolutionslehre, gewidmet sind, und schließlich eine unüberschaubare

Anzahl von Radiostationen und Fernsehsendern überall im Land.[12]

Es ist also durchaus sinnvoll, sich der vielfältigen Entwicklungen im US-amerikanischen Protestantismus genauer anzunehmen, zumal die gegenwärtigen Diskussionen allzu oft von kaum reflektierten Schlagworten beherrscht werden. Dies gilt insbesondere für den Begriff des Fundamentalismus, der inzwischen von einem theologisch-religionswissenschaftlichen Ordnungskonzept zu einem tagespolitischen Kampfbegriff degeneriert ist, darin dem Totalitarismuskonzept der fünfziger Jahre nicht unähnlich. Wer als Fundamentalist bezeichnet wird, ist von vornherein aus jeglichem sinnvollen Diskurs ausgeschlossen. Nicht jeder, der sich gegen eine liberale Abtreibungspolitik ausspricht, den Irakkrieg befürwortet oder gegen die Homosexuellenehe eintritt, ist ein Fundamentalist, selbst wenn er oder sie zusätzlich dafür plädiert, der Bibel einen hohen Stellenwert im eigenen Leben einzuräumen. Daher sollen im Folgenden erst einmal zentrale Begriffe knapp geklärt werden, ehe ich in einem historischen Aufriß der Frage nachgehen werde, was das Amerikanische am amerikanischen Protestantismus ausmacht und wie diese Spezifik entstanden ist. Dazu ist es notwendig, sich einerseits der theologischen und ideellen Prozesse zu vergewissern, die sich seit dem 17. Jahrhundert in den englischen Kolonien Nordamerikas und dann in den Vereinigten Staaten vollzogen haben. Weder amerikanische noch protestantische Identität können dabei einfach vorausgesetzt werden. Sie erschließen sich vielmehr im historischen Ablauf gegenseitig im Wechselspiel von höchst unterschiedlichen Formen der Kooperation und des Antagonismus. Eine eindimensionale oder lineare Betrachtung kann diesem komplexen Phänomen keinesfalls gerecht werden. Andererseits darf sich eine solche Darstellung aber nicht ausschließlich auf ideengeschichtliche Aspekte beschränken. Sosehr es theologischer Einsichten bedarf, um einen theologischen Sachverhalt zu klären, so wenig vermag eine ausschließlich auf Ideenwelten fixierte Sichtweise eine befriedigende Antwort auf die Frage nach der Wirkmacht evangelikaler, fundamentalistischer oder pentekostaler Religiosität zu bieten. Ebensowenig vermag letztlich der derzeit übliche »Politik und Religion in Amerika«-Ansatz völlig zu überzeugen, da er das Religiöse im Grunde auf den rein funktionalen Aspekt politischer Instrumentalität verkürzt. Das aber erklärt nicht, welche Kohäsionskräfte in diesen Denominationen wirksam sind.[13] Vielmehr muß es darum zu tun sein, die Vielfalt möglicher Wirkungszusammenhänge in den Blick zu nehmen, nach kulturellen, sozialen und ökonomischen Hintergründen zu fragen. In diesem Essay wird es also weder um eine personenorientierte Theologiegeschichte noch um eine auf Institutionen ausgerichtete Kirchengeschichte, sondern um eine gesellschafts- und kulturgeschichtlich ausgerichtete Religionsgeschichte gehen, welche die behandelten Phänomene in den Gesamtkontext US-amerikanischer Geschichte stellt. Innerhalb des amerikanischen Protestantismus wird ausgerechnet dieser Aspekt kaum eigens bedacht. Gerade die »Tradition der Traditionslosigkeit«, der Verzicht auf die Reflexion dieser Historizität, die diese religiösen Formen kennzeichnet, ist in sich ein geschichtlich und theologisch erklärbares Produkt amerikanischen Denkstils.

Ein wesentlicher Grund für die häufig verengte Wahrnehmung von Evangelikalismus, Fundamentalismus und Pentekostalismus seitens vorwiegend liberaler amerikanischer Historiker, Soziologen und Religionswissenschaftler liegt in deren Unfähigkeit, die gesellschaftliche Dialektik von liberal-kapitalistischem System und christlicher Religion in der US-amerikanischen Geschichte hinreichend und selbstkritisch zu durchdenken. So ist es bemerkenswert, wenn Sara Diamond, eine der besten Analytikerinnen der christlichen Rechten in den USA, einerseits völlig zu Recht feststellt, daß es dieser Gruppe um eine Entdifferenzierung von Kultur und Politik gehe, andererseits aber nicht sieht, wie sehr dies von den Ereignissen der Jahre um 1968 abhängig ist. Für Fundamentalisten ist – ebenso wie für Feministinnen oder Anhänger der *counterculture* – das Persönliche das Politische und umgekehrt.[14] Ferner hilft die häufig herablassende Rede vom »Fundamentalismus«

(im weitesten Sinne) als Antimodernismus von Modernisierungsverlierern nicht weiter. Sie ist Ausdruck einer längst anachronistisch gewordenen Anhänglichkeit an ältere, normative Modernisierungstheorien der fünfziger und sechziger Jahre und wird obendrein der ideellen, soziokulturellen und ethnisch-rassischen Komplexität der hier verhandelten Phänomene in keiner Weise gerecht. Dies hat die neuere religionshistorische Forschung immer wieder herausgearbeitet, ohne darüber eventuelle Schattenseiten des Fundamentalismus zu vernachlässigen.[15]

Darüber hinaus darf der alltagsgeschichtliche Aspekt des gesamten Phänomens nicht komplett außer acht gelassen werden. Clyde Wilcox, einer der wenigen amerikanischen Historiker, die sich aus eigenem Erleben mit der Thematik befassen, hat zu Recht auf die Herzlichkeit und Wärme im Alltagsleben vieler evangelikaler, fundamentalistischer und charismatisch-pentekostaler Gemeinden aufmerksam gemacht.[16] In einer überaus mobilen Gesellschaft vermittelten die christlichen Gemeinden von jeher das Gefühl von Nestwärme. Manchmal fungierten sie darüber hinaus als Arbeitsämter oder Sozialstationen und übernahmen damit selbst noch in der Ära der staatsinterventionistischen *Great Society* Lyndon B. Johnsons in den sechziger Jahren Aufgaben, die in Europa mehrheitlich dem Staat zugesprochen wurden. Gerade im Rahmen der Suburbanisierungsprozesse unserer Gegenwart kommt den christlichen Gemeinden ein hoher Stellenwert zu. Sie vollführen sozial relevante Vergemeinschaftungsprozesse von unten nach oben, sind also an der »Graswurzelorganisation« der amerikanischen Gesellschaft maßgeblich beteiligt. In den suburbanen Gemeinden geht es nicht primär um Orthodoxie, rechten Glauben oder gar eine dogmatisch-rigorose Strenge – selbst viele Evangelikale, denen die Bibel doch existentiell so viel bedeutet, sind oft geradezu erschreckend arm an theologischen Fachkenntnissen – , sondern um Orthopraxie, rechte Lebensführung und affektive Nähe. Oft genug ist nicht einmal die gewählte religiöse Gruppe mitsamt ihren mehr oder weniger rigiden Glaubenslehren von Bedeutung, sondern der soziale Status einer Gemeinde[17] oder die rhetorische Qualität und das Charisma eines bestimmten Predigers. Anders als in Europa mit seinen vielfältigen Relikten eines vormodernen Staatskirchensystems liegt zudem die Quote von Amerikanern, die zeit ihres Lebens einer Denomination treu bleiben, meist deutlich unter 75 Prozent. Allein Katholiken, Mormonen, Juden und *Southern Baptists* mit einer *retention rate* von jeweils um die 80 Prozent fallen hier deutlich aus dem Rahmen.[18] Bei ihnen handelt es sich um Religionsformen, die eng mit einem distinkten sozialmoralischen Milieu gekoppelt sind, das durchaus von alltagsgeschichtlicher Relevanz ist. Für Katholiken und Mormonen gilt überdies, daß bei ihnen kirchliche Institutionen in einer Form heilsrelevant sind, die sich in den meisten protestantischen Gruppierungen der USA nicht beobachten läßt. Allerdings ist bei Evangelikalen, Fundamentalisten und Pfingstgemeinden zu beobachten, daß ihre Mitglieder zwar vergleichsweise häufig wechseln, aber dennoch dem religiösen Milieu als solchem treu bleiben. Für sie ist demnach die Zugehörigkeit zu einer solchen Gemeinde Ausdruck eines vage definierten, mehr oder minder konservativen Lebensgefühls. Dagegen tritt die Mitgliedschaft in einer bestimmten Gemeinde oder Religionsgruppe erkennbar zurück. Leider wird es aus Platzgründen kaum möglich sein, eine umfassende Alltagsgeschichte des US-amerikanischen Protestantismus zu bieten, aber im Folgenden sollte dieser bedeutsame Aspekt stets mitbedacht werden.

Wenn oben von der Frage nach dem eigentlich Amerikanischen des amerikanischen Protestantismus die Rede war, darf dies nicht zu der Ansicht verführen, die hier beschriebenen historischen, gesellschaftlichen und kulturellen Prozesse seien nur auf die USA oder nur auf den Protestantismus beschränkt gewesen. In den USA entwickelten sie sich vor dem Hintergrund bestimmter Situationen und Konstellationen in eine ganz eigentümliche Richtung. Seit geraumer Zeit diskutieren Historiker die Chancen und Stärken einer transnationalen oder gar globalen Geschichtsschreibung. In kaum einem Feld läßt sich dies so gut praktisch verwirklichen wie in der Religionsgeschichte. Christopher Bayly hat jüngst auf die globalen Verflechtungen diverser religionsübergreifender Erweckungsbewegungen in Islam, Hinduismus, Buddhismus, Judentum und Christentum in der formativen Phase der Moderne, um 1800, aufmerksam gemacht.[19] Wenn man sich auf den nordatlantischen Kulturraum beschränken will, fallen vergleichbare parallele Entwicklungen noch deutlicher ins Auge. In Großbritannien, Skandinavien und Deutschland fanden sich in der ersten Hälfte des 19. Jahrhunderts überall intensiv durchgeführte protestantische Erweckungsbewegungen, darunter etwa der Pietismus. Zur gleichen Zeit war in den USA die zweite evangelikale Erweckungsbewegung wirksam.[20] Und selbst im Katholizismus kann der Ultramontanismus des 19. Jahrhunderts als eine Erweckungsbewegung beschrieben werden, die in Abgrenzung vom liberalen, elitären Aufklärungskatholizismus unter- und außerbürgerliche Schichten (Adel, Bauern) wieder in das Glaubensleben der Kirche integrierte.[21] Dabei diente dann der Glaube an die Unfehlbarkeit des Papstes religionstypologisch als funktionales Äquivalent zur Unfehlbarkeit der Schrift im evangelikalen Protestantismus. Olaf Blaschke hat dabei für Deutschland überzeugend herausgearbeitet, daß diese Erweckungsbewegungen in ihrem antagonistischen Zusammenspiel zu einer Art zweitem konfessionellen Zeitalter zwischen 1850 und 1950 führten. Wie in der Phase der Konfessionalisierung nach der Reformation sei, entgegen den Säkularisierungserwartungen der Liberalen, bereits im 19. Jahrhundert ein Trend zu konfessionalistischer Milieubildung gesellschaftlich relevant gewesen.[22] Ähnliches kann man für nahezu sämtliche europäische Staaten und eben auch die USA für den Zeitraum vor 1860 sagen. Für das späte 20. Jahrhundert und die Gegenwart sind die entsprechenden Entwicklungen noch nicht so gut erforscht, aber beispielsweise legen die Forschungen von Philip Jenkins nahe, daß wir es wiederum mit transnationalen und globalen Prozessen zu tun haben.[23] Gerade die aktuellen globalen Wanderungsbewegungen legen eine derartige Sicht nahe.

Dies bedeutet indes nicht, daß es keine nationalen oder kulturell bedingten Unterschiede in der Rezeption von religiösen Transformationen gibt. Ganz im Gegenteil hat vor allem die neuere Kulturwissenschaft auf den dialektischen Zusammenhang von Globalisierung und Kreolisierung, also auf das Entstehen ganz neuartiger, indigen angepaßter Formen der Aufnahme vormals fremden Kulturgutes aufmerksam gemacht.[24] Für den amerikanischen Protestantismus in seiner erweckten Variante bedeutet dies, daß es keineswegs ein Widerspruch ist, wenn man gleichzeitig nach seiner nationalidentitären Funktion und seiner globalen, transnationalen Verflechtung fragt. Beides gehört untrennbar zusammen, wobei jeweils der historische Kontext über das Ausmaß transnationaler Verflechtung entscheidet.

Es muß an dieser Stelle angedeutet werden, was mit den im Folgenden benutzten und vertieft erläuterten Konzepten gemeint ist und was nicht. Dies ist unbedingt notwendig, nachdem ausgerechnet auf dem Gebiet der religionswissenschaftlichen Begrifflichkeit im Umgang mit den verschiedenen Ausprägungen des amerikanischen Protestantismus nicht selten eine heillose Verwirrung herrscht. Dabei werde ich mich weitgehend den klassifikatorischen Ansätzen anschließen, die Paul K. Conkin und Reinhard Hempelmann erarbeitet haben. Sie haben den Vorteil, etwa einen notorisch vage, inflationär und unscharf gebrauchten Begriff wie Fundamentalismus oder Evangelikalismus trennscharf zu definieren und für die amerikanische Umwelt handhabbar zu machen.[25] Was also meinen wir, wenn wir von Fundamentalismus sprechen? Man wird wohl mehrere unterschiedliche Ebenen unterscheiden müssen, wenn man von Fundamentalismus redet. Im weitesten Sinn ist ein generell antimoderner Denkstil gemeint, der meist, aber nicht notwendig mit Erscheinungsformen der Religion verbunden ist. Thomas Meyer definiert Fundamentalismus zum Beispiel als »selbstverschuldete[n] Ausgang aus den Zumutungen des Selberdenkens, der Eigenverantwortung, der Unsicherheit und der Offenheit aller Geltungsansprüche, Herrschaftslegitimationen und Lebensformen, denen Denken und Leben durch Aufklärung und

Moderne unumkehrbar ausgesetzt sind, in die Sicherheit und Geschlossenheit selbsterkorener absoluter Fundamente«.[26] Wie bereits der implizite Rekurs auf Immanuel Kant nahelegt, steht diese Definition ganz in der Tradition der Aufklärung. Mit Hilfe dieses interpretatorischen Ansatzes kann praktisch jedwede als »antimodern« wahrgenommene Form von Religion als Fundamentalismus bezeichnet werden. Demnach gäbe es einen christlichen, wahlweise protestantischen oder katholischen Fundamentalismus ebenso wie einen islamistischen, jüdischen, ja buddhistischen oder hinduistischen Fundamentalismus. Darin aber liegt genau das Problem dieser weiten, aufklärungsliberalen Interpretation. Sieht man einmal von der problematischen Behauptung ab, es gebe so etwas wie »unumkehrbare« Größen im chaotischen Fluß des geschichtlichen Werdens und Vergehens, ist der *a priori* pejorative Charakter der Definition unübersehbar. Man begibt sich der Chance des trennscharfen Nachdenkens über die Vielfalt zeit- und kulturspezifischer Varianten von Fundamentalismus sowie ihrer gegebenenfalls vorhandenen divergierenden Verhaltensweisen gegenüber der Moderne. Meiner Ansicht nach ist es wenig sinnvoll, den amerikanischen protestantischen Fundamentalismus generell als antimodern zu bezeichnen. Viel eher handelt es sich um eine kulturspezifische Form der *selektiven* beziehungsweise *sektoralen Modernität.*[27] Wenn man das Konzept Fundamentalismus ausschließlich aus der Perspektive angenommener Antimodernität (nach welchen Kriterien diese auch immer bestimmt würde) definieren würde, wäre paradoxerweise der katholische Integralismus des frühen 20. Jahrhunderts, obwohl er kein »fundamentalistisches« Schriftprinzip kennt, »fundamentalistischer« als der amerikanische protestantische Fundamentalismus.

Mindestens ebenso problematisch ist die bereits von dem liberalen Journalisten H. L. Mencken in den zwanziger Jahren des letzten Jahrhunderts propagierte, eher auf die US-amerikanischen Verhältnisse zugeschnittene Variante der aufklärungsliberalen Interpretation. Für Mencken, John Dewey, Georges Santayana und andere zeitgenössische Intellektuelle war der Fundamentalismus im Kern identisch mit dem angesichts der Errungenschaften der Moderne unlauter gewordenen Festhalten an der christlichen Orthodoxie. Damit allerdings verkannten die Verfechter dieser Interpretation das Neuartige am Fundamentalismus, dessen relational auf die Moderne und ihre Herausforderungen bezogenen Charakter. Gleichzeitig entlasteten sie das Konzept der Moderne von sämtlichen ihm möglicherweise innewohnenden Ambivalenzen und Dialektiken. Die normative »Schuld« am Entstehen des Fundamentalismus lag demnach lediglich in der Unfähigkeit der Fundamentalisten, rundum »modern« zu sein, nicht aber in den Zwiespältigkeiten der Moderne selbst begründet. Auf diese Weise wurde analog zur weiten Definition eine weitgehend unkritische diskursive Selbstentlastungsstrategie mit dem Versuch, diskursive und kulturelle Hegemonie zu gewinnen oder zu erhalten, verbunden. Zudem ging es insbesondere Mencken darum, das Christentum in seiner Gesamtheit intellektuell zu disqualifizieren, was den wissenschaftlichen Wert seiner Ausführungen zusätzlich mindert.

Angesichts des vorwiegend weltanschaulich bestimmten, apodiktischen und dekontextualisierten Charakters der bislang angeführten Definitionsversuche erscheint es sinnvoll, einen etwas anderen Weg zu beschreiten. Dabei bietet es sich zum einen an, aus religionstypologischer Sicht Fundamentalismus als einen vorrangig an der Unfehlbarkeit der Offenbarungsschriften interessierten Typus von Religiosität zu verstehen, der für sich in Anspruch nimmt, diese Offenbarungsschriften wortwörtlich (literal) auszulegen. Dies bedeutet nun nicht, daß die fundamentalistische Lektüre heiliger Texte tatsächlich rein literal wäre. Ganz im Gegenteil wird man davon ausgehen müssen, daß der Anspruch der Literalexegese oft genug nichts anderes ist als die Hinwendung zu einer schlecht oder gar nicht reflektierten Tradition dessen, was ich oben als Tradition der Traditionslosigkeit bezeichnet habe. Die präzise Funktion dieses verabsolutierten Primats der Literalexegese muß nämlich stets im historischen Kontext bestimmt werden. Mit Hilfe eines solchen religionstypologischen Zugriffs ist es möglich, einen Begriff von Fundamentalismus zu entwickeln, der es uns erlaubt, diesen Typus religionsübergreifend und vergleichend zu verwenden, ohne sofort wertend zu verfahren. Antimodernismus, partielle Modernisierung und der Primat der wortwörtlichen Schriftauslegung wären dann je getrennte Sachverhalte, die auf ihre wechselseitigen Einflüsse und Abhängigkeiten zu überprüfen wären. Indes bliebe ein Problem ungelöst: Auch Fundamentalismus als religionswissenschaftlicher Typenbegriff bliebe ein allgemeiner, zeit-, kultur- und gesellschaftsunabhängiger Begriff.

Für die US-amerikanischen Zusammenhänge ist es daher zum anderen nötig, den Terminus in Abhängigkeit von anderen religionshistorischen, aber stärker auf die USA bezogenen Konzepten zu definieren, wobei sich in erster Linie der Evangelikalismus als Bezugsrahmen anbietet. Evangelikalismus ist ein Gattungsbegriff, der eine Vielzahl höchst unterschiedlicher Phänomene beschreiben kann. Das Wort selber stammt vom englischen *evangelical* und meint vordergründig nichts anderes als das deutsche *evangelisch*, also eine an der Autorität des Evangeliums ausgerichtete christliche Frömmigkeit.[28] In diesem Sinne sind sowohl die Spiritualität eines Franz von Assisi als auch die lutherische, calvinistische oder radikale und anabaptistische Reformation evangelisch. Im Lauf des 17., 18. und 19. Jahrhunderts hat sich freilich der Begriffsinhalt von evangelikal erkennbar verschoben. Gerade im US-amerikanischen, aber auch im britischen und deutschen Zusammenhang bezeichnete man damit zunehmend Erweckungsbewegungen, die innerhalb des etablierten Protestantismus darum bemüht waren, die persönliche, innerliche Beziehung zu Jesus Christus als den messianischen, endzeitlichen Retter und Erlöser in den Vordergrund ihres Glaubenslebens zu stellen. Für Deutschland und Skandinavien müßte man beispielsweise den Pietismus als evangelikale Erweckungsbewegung bezeichnen, in Großbritannien wäre unter anderem der Methodismus betroffen. Dabei spielte in all diesen Bewegungen und religiösen Gemeinschaften durchweg die Bibel als Heilige Offenbarungsschrift eine herausragende Rolle, ohne daß Evangelikalismus und Fundamentalismus auf dieser Ebene notwendig zusammengefallen wären. Evangelikalismus wäre demnach weder von vornherein fundamentalistisch noch konservativ und schon gar nicht antimodern, sondern in erster Linie eine auf individuelle und verinnerlichte Glaubenserfahrung angelegte, stark emotional bestimmte religiöse Lebensweise, die gleichwohl theologisch-spekulative Reflexion nicht ausschließt. Reinhard Hempelmann unterscheidet innerhalb des Evangelikalismus fünf Haupttypen, die er zwar anhand der deutschen Entwicklung erarbeitet, die dennoch gleichfalls auf die USA angewendet werden können:[29]

Die Hauptlinie der evangelikalen Bewegungen wird von ihm als »klassischer Typ« bezeichnet, wie er in Deutschland etwa von der Evangelischen Allianz und anderen am Pietismus orientierten Gruppen repräsentiert wird, die häufig gleichzeitig weiterhin Mitglieder der etablierten Landeskirchen bleiben. Dieser klassische Typ ist durch eine vorfundamentalistische Erweckungsfrömmigkeit gekennzeichnet, die theologisch antiliberal ist, aber nicht notwendig gesellschaftlich antimodern oder antiliberal. Wir werden an der Geschichte der zweiten evangelikalen Erweckungsbewegung des 19. Jahrhunderts in den USA sehen, wie nahtlos sich soziokulturelle und ökonomische Reformimpulse der Aufklärung mit dieser Gestalt des Evangelikalismus verbinden lassen. Eng mit dem klassischen Typ sind der bekenntnisorientierte und der missionarisch-diakonische Typ verwandt. Während ersterer in Abwehr der liberalen, kulturprotestantischen oder modernistischen Theologie des späten 19. und des 20. Jahrhunderts eher großen Wert auf die Treue zu überkommenen Bekenntnissen legt, ist letzterer primär an sozialer Arbeit und Mission interessiert. Für die USA wären in diesem Zusammenhang die sogenannten Linksevangelikalen zu nennen, deren bekanntester Vertreter sicherlich der frühere demokratische US-Präsident Jimmy Carter (1977-1981) ist. Zusätzlich können einige der *black churches*, also der theologisch konservativen, sozial aber liberalen schwarzen Erweckungsgemeinden unter dieser Rubrik aufgeführt werden. Diese drei Typen zusammen dürften weltweit und in den Vereinigten Staaten die überwiegende Mehrheit des evangelikalen Erweckungschristentums ausmachen. Sie bewegen sich in aller Regel innerhalb etablierter Denominationen und fallen selten durch spirituelle Absonderlichkeiten oder politische Extravaganzen auf. Mit Theologen wie dem britischen Systematiker Alister McGrath[30] oder dem US-amerikanischen Bibelwissenschaftler Brevard Childs[31] verfügen sie über international renommierte Wissenschaftler, die durchaus in der Lage sind, die Erkenntnisse der neueren Naturwissenschaften in ihr christliches, wahlweise von Martin Luther oder Johannes Calvin beeinflußtes Weltbild zu integrieren. Allerdings widmen die Medien und die populärwissenschaftliche Publizistik diesem evangelikalen Zentrum kaum sonderliche Aufmerksamkeit, gerade weil sie so normal sind.

Ganz anders sieht es mit den beiden verbleibenden Typen evangelikaler Religiosität aus, den Pentekostalen und Fundamentalisten. Obwohl für diese in sich theologisch, politisch und sozial extrem ausdifferenzierten Feldern ebenfalls gilt, daß die überwältigende Mehrheit ihrer Anhänger sich bevorzugt gesellschaftskonform verhält, finden sich an den Rändern von Pfingstlertum und Fundamentalismus jene Gruppierungen, die ein überdurchschnittliches Medienecho auf sich ziehen. Oft genug wird nicht einmal zwischen pentekostal-charismatischen Erneuerungsbewegungen und fundamentalistischen Gruppen im strikten Sinn unterschieden, von deren komplexem inneren Gefüge ganz zu schweigen. Das pentekostale Christentum definiert sich wesentlich durch die herausragende Rolle, welche der persönlichen Begegnung mit dem Heiligen Geist als dritter Person des dreieinigen Gottes eingeräumt wird. Nicht das tradierte Wort der schriftlichen Offenbarung steht im Mittelpunkt pentekostaler Spiritualität, sondern die unverstellte, unmittelbare Erfahrung des lebendigen Geistes, die sich in mitunter recht archaisch wirkenden Formen ausdrücken kann. Ekstase, Verzückung und Trancezustände, all dies gehört zum Grundbestand pentekostal-charismatischer Gottesdienste. Auf Außenstehende, insbesondere stark intellektbetonte Personen, wirken die zeremoniellen Abläufe der Pfingstler gelegentlich unverständlich, abstoßend, ja grotesk. Allzu gern werden dann voreilige Rückschlüsse auf den Geisteszustand der Gläubigen gezogen. Dieses Vorgehen entbehrt jedoch jeglicher faktischen Grundlage, sieht man von radikalen Sekten am äußersten Rand der Bewegung einmal ab. Innerhalb der Pfingstbewegungen gilt es zwischen jenen Gruppierungen zu unterscheiden, die als Charismatiker Mitglieder einer etablierten Kirche sind, darunter zum Beispiel Katholiken, und den pentekostalen Freikirchen, die ein unabhängiges Gemeindeleben pflegen. Pfingstler und Charismatiker sind von Haus aus weder politisch noch theologisch auf eine bestimmte Parteilinie festgelegt, obwohl sich seit einigen Jahrzehnten ein gewisser Trend zum Konservatismus abzeichnet.

Ähnliches gilt für die Fundamentalisten, den fünften Typus innerhalb des evangelikalen Lagers. Zu Beginn des 20. Jahrhunderts waren sie allenfalls theologisch Konservative, während allein schon die prominente Stellung des populistisch-demokratischen Politikers William Jennings Bryan in der ersten fundamentalistischen Welle vor 1925 darauf hindeutet, daß es innerhalb der Fundamentalisten durchaus abweichende gesellschaftspolitische Vorstellungen gab. Ansonsten kann man den US-amerikanischen Fundamentalismus wohl am ehesten mit Paul Conkin als *fighting evangelicals*[32] bezeichnen. Dieser kämpferische, allerdings nicht notwendig militant-gewalttätige Charakter machte von jeher den Kern des US-amerikanischen Fundamentalismus aus. Sie lehnten im Gegensatz zum evangelikalen Zentrum jeden theologischen Kompromiß mit der liberalen Theologie rundweg ab und beharrten auf der absoluten Irrtumslosigkeit und Unfehlbarkeit der wörtlich ausgelegten Offenbarungsschriften im Alten und Neuen Testament. Gleichzeitig waren sie, wiederum anders als die Mehrheitsevangelikalen, willens, sich aktiv in *crusades*[33] gegen die moderne Theologie zu engagieren, die theologische Moderne also aktiv zu bekämpfen. Dieser doppelte Ansatz macht bis in unsere Gegenwart den Kern fundamentalistischen Denkens aus. Alles andere ist Beiwerk.

Insbesondere gilt dies für das Verhältnis von Fundamentalisten, Evangelikalen und Pfingstgemeinden zur Apokalyptik. Unbestreitbar agierten sämtliche Flügel und Typen des Evangelikalismus immer vor dem Hintergrund endzeitlicher Erwartungen. Aber man war sich zu keiner Zeit über den genauen Inhalt und den exakten Ablauf der Apokalypse einig. Im Verlauf der historischen Darlegungen wird noch auf die gravierenden Unterschiede zwischen postmillenaristischen und prämillenaristischen, dispensationalistischen und anderen apokalyptischen Frömmigkeitsformen einzugehen sein. Darüber hinaus wird zu fragen sein, welche faktische Relevanz den einzelnen Varianten endzeitlicher Erlösungslehren vor dem Hintergrund amerikanischer gesellschaftlicher Erwartungen eigentlich zukam. An dieser Stelle sei nur festgehalten, daß man es häufig mit einer relativ oberflächlichen Verbalapokalyptik zu tun hatte, die nur sehr bedingt auf das reale Handeln der diversen Gruppen und Gemeinden zurückwirkte. Insbesondere die bewußte Nähe des amerikanischen Evangelikalismus zur kapitalistischen Marktgesellschaft verhinderte fast durchgehend das Entstehen einer weltflüchtigen, existentiell verinnerlichten apokalyptischen Mentalität in den Vereinigten Staaten, wie sie vom Neuen Testament eigentlich vorgesehen war. Erneut wäre es äußerst fragwürdig, von den radikalen Flügeln auf das Bewußtsein der Mehrheit zurückzuschließen.

Dies betrifft ferner das Verhältnis der amerikanischen Evangelikalen zur Politik. Ich hatte bereits darauf hingewiesen, daß hier im Verlauf des 20. Jahrhunderts ein gewisser Zug zum konservativen Lager sichtbar wurde. Dies bedarf aber weiterer einschränkender Qualifikationen. Insbesondere meint *conservative* in den USA nicht unbedingt das, was Kontinentaleuropäer mit konservativ bezeichnen.[34] Da ein *conservative* immer schon ein staatliches System verteidigte, das aus einer bürgerlichen Revolution hervorgegangen war, fehlte in den USA der antirevolutionär-legitimistische Akzent, der für den kontinentaleuropäischen Konservativismus bis zum Zweiten Weltkrieg handlungsleitend war. Zudem hatte der römische Katholizismus innerhalb des US-amerikanischen *conservatism* nie jenen Stellenwert, der ihm in Mittel- und Südeuropa zukam. Dadurch fehlten dem amerikanischen *conservatism* jene autoritären, etatistischen, antikapitalistischen und antiliberalen Merkmale, die lange den kontinentaleuropäischen Konservativismus prägten. Bis zu einem gewissen Grad kann man den *conservatism* als eine anthropologisch pessimistische Variante des Altliberalismus bezeichnen, die stark in Kategorien von individueller Verantwortlichkeit, von der Kritik an starker Staatlichkeit und primär von marktkapitalistischem Gewinnstreben her denkt. Dies ist der Konservatismus, dem sich die *Christian Right*, das heißt der gutorganisierte rechte Flügel des religiösen Lagers, verbunden fühlt.[35] Innerhalb dieses Bezugsrahmens versuchen amerikanische Rechtsevangelikale vor allem seit den sechziger Jahren, ihre spezifische gesellschaftspolitische Agenda durchzusetzen, das heißt ihren Kampf gegen die herrschende Regelung der Abtreibung, für das Schulgebet, gegen die Homosexuellenehe etc. Dies deckt sich nicht immer mit den Ansichten der säkularen Konservativen, unter denen insbesondere die sogenannten *civil libertarians* und Neokonservativen gerade nicht von religiösen Prämissen her denken. Es bleibt zu beachten, daß weder der Fundamentalismus noch die Pfingstkirchen und schon gar nicht das evangelikale Lager als solches mit der *Christian Right* identisch sind, wiewohl sich die religiöse Rechte inzwischen mehrheitlich aus dem evangelikalen, vorrangig dem fundamentalistischen Lager speist. Der Begriff der religiösen oder christlichen Rechten schließt auch konservative Katholiken mit ein, obwohl die Zusammenarbeit zwischen konservativen Evangelikalen und konservativen Katholiken weiterhin durch die beiderseitige, tiefverwurzelte Abneigung stark eingeschränkt wird.

Der Gegenbegriff zum *conservatism* ist *liberalism.* In unserem Zusammenhang ist dieses Wort gleichfalls außerordentlich vieldeutig. Zum einen bezeichnet *liberal* in den USA eine ideengeschichtliche Strömung, die man am ehesten mit der rechten Sozialdemokratie und dem Linksliberalismus in der kontinentaleuropäischen Szenerie vergleichen kann und die für sich stets in Anspruch nahm, gewissermaßen die Speerspitze von Aufklärung und Moderne zu bilden. Gegen die altliberalen *conservatives* propagierten die *liberals* die Einheit von starkem Staat (*big government*), Sozialplanung (*welfare state*) und aktiver Gesellschaftsveränderung bei möglichst weiter Interpretation individueller Freiheitsrechte. Dies kollidierte immer wieder mit den gesellschaftlichen Vorstellungen der christlichen Rechten, konnte aber von Linksevangelikalen zumindest teilweise akzeptiert werden. Zum anderen sind von diesen politisch-gesellschaftlich ausgerichteten *liberals* die religiösen Liberalen, die Anhänger von Modernismus und Kulturprotestantismus zu unterscheiden. Der Evangelikalismus definiert sich in seiner Gesamtheit durch die Gegnerschaft zum religiösen Liberalismus, nicht aber durch seine Ablehnung des politischen *liberalism*. Die Sache wird noch kompliziert durch den Umstand, daß in den USA bis etwa 1930 *liberal* im Sinne des europäischen Liberalismus gebraucht wird. Ich werde diesem unterschiedlichen Sprachgebrauch folgen, das heißt für das 19. Jahrhundert von Liberalen und Konservativen – auch im Sinne europäischer Traditionen – sprechen, im 20. Jahrhundert aber von *liberals* und *conservatives* als »amerikanisierten« politischen Weltanschauungen reden. Die Bruchstelle wird durch die Zeit zwischen dem Progressivismus um 1900 und dem *New Deal* der dreißiger Jahre markiert. Dabei muß jedoch stets klar bleiben, daß es sich bei all diesen Begriffen um Idealtypen handelt. In der historischen Realität finden wir durchgängig eine große Vielzahl an unterschiedlichsten Mischtypen.

Wenn man mit Blick auf die Vereinigten Staaten von liberalem Protestantismus oder Kulturprotestantismus spricht, dann begegnet einem des öfteren der Begriff des *mainstream-* oder *mainline-Protestantism*.[36] Damit sind die liberalen Flügel der Lutheraner, Episkopalen, Methodisten, Baptisten, Presbyterianer, die *United Church of Christ* und andere nichtfundamentalistische Denominationen gemeint, die bis weit in die achtziger Jahre hinein das Bild des amerikanischen Protestantismus der Gegenwart dominierten. Sie waren es, die ihrem eigenen kulturellen Selbstverständnis und ihrer Klassenstruktur nach den Ton des weißen angelsächsisch-protestantischen Amerika angaben. Man wird sich gleichwohl davor hüten müssen, liberalen Protestantismus und *mainstream* voreilig gleichzusetzen. So entstammen die moderaten Baptisten und Methodisten den früheren evangelikalen Erwekkungsbewegungen und halten bis heute mehrheitlich an einer gemäßigten evangelikalen Bibelauslegung fest. Gleichzeitig ist es mehr als fraglich, ob die der anglikanischen Kirchengemeinschaft zugehörenden Episkopalen überhaupt als Protestanten bezeichnet werden können. Für die calvinistisch ausgerichtete *Low Church* oder *chapel* mag dies zutreffen, kaum aber für die deutlich in katholischer Tradition stehende *High Church* mit ihrer bischöflichen und priesterlichen Hierarchie. Manche Autoren entziehen sich dieser problematischen Zuordnungsdiskussion, indem sie auf das Etikett protestantisch gleich verzichten und Katholiken, Juden, Mormonen, *black churches* und den traditionellen *mainstream*-Protestantismus zur *mainline religion* verschmelzen. Für das ausgehende 20. Jahrhundert ist dies stimmig, für die Zeit davor wird es den schwerwiegenden Rivalitäten innerhalb der heutigen *mainline religion* nicht gerecht. Ich werde daher am Konzept des protestantischen *mainstream* festhalten, ihn aber nicht schlechthin als Form des liberalen oder Kulturprotestantismus fassen.

Es zeigt sich, wie diffizil und facettenreich das Verhältnis der äußerst vielfältigen evangelikalen Strömungen untereinander und im Verhältnis zur politisch-gesellschaftlichen Umwelt ist. All dies wird noch erheblich komplizierter, wenn man bedenkt, daß es allein zwischen Fundamentalisten und pentekostalen Gemeinden ganz widersprüchliche Verhaltensweisen gegeben hat und immer noch gibt. Da wechselte sich wiederholt ein spannungsreiches Nebeneinander mit vereinzelter Zusammenarbeit ab, da existierten zahllose Zwischen-

und Übergangsformen, da warf man sich gegenseitig vor, den rechten Glauben verraten oder verloren zu haben, arrogant und anmaßend zu sein, einem falschen Schriftverständnis zu folgen. Der US-amerikanische Evangelikalismus kann in keinem Fall als monolithischer Block verstanden werden, weder religiös noch politisch. Das sollte eine undifferenzierte, weltanschaulich voreingenommene Herangehensweise eigentlich verbieten. Im Folgenden soll daher eine historische Erzählung geboten werden, die der Vielfalt von Evangelikalismen im Lauf der amerikanischen Geschichte Rechnung trägt. Allerdings kann schon aus Platzgründen kein Gesamtbild geboten werden. Ich werde anhand punktueller Geschehnisse, besonders der wellenartig auftretenden Erweckungsbewegungen, versuchen, strukturelle Momente herauszuarbeiten, die ein Gesamtverständnis des Phänomens evangelikaler Religion in den Vereinigten Staaten ermöglichen.

2 DAS HEILIGE EXPERIMENT: AUFSTIEG UND FALL DER PURITANER

Kaum eine Diskussion um die kulturellen Besonderheiten der Vereinigten Staaten kommt ohne den Hinweis auf das puritanische Erbe dieses Landes aus. Für was wurden die Puritaner nicht alles verantwortlich gemacht, im Positiven wie im Negativen.[1] Mal waren sie, unter anderem für Aufklärer und Revolutionäre wie John Adams, aber auch für den Gründervater des englischen Konservativismus, Edmund Burke, der Ausgangspunkt für Demokratie, Toleranz und Individualismus, mal immerhin ein ethischer und sinnstiftender Leuchtturm in einer Zeit der Unübersichtlichkeit, mal grundlegend für Fanatismus, doktrinäre Enge und den Messiaskomplex der amerikanischen Nation. Und ihre angeblich rigide Sexualethik wurde ebenso sprichwörtlich wie ihr Beitrag zum Entstehen einer kapitalistischen Arbeitsethik. Dies alles erstaunt, wenn man bedenkt, daß die puritanischen Führer selbst spätestens seit dem Ende des 17. Jahrhunderts davon ausgingen, daß ihr Experiment einer reinen, ausschließlich am Erbe des Evangeliums Jesu Christi orientierten, endzeitlichen Gottesherrschaft auf der unbefleckten, jungfräulichen Erde einer neuen Welt, ihr theokratisches Neues Jerusalem, im Grunde gescheitert war. Zu dieser Einschätzung mag klerikaler Kulturpessimismus sein Scherflein beigetragen haben, dennoch sollte man diesen Quellenbefund nicht vollkommen außer acht lassen. Allerdings bleibt die heikle Frage, ob und wenn ja, warum der Puritanismus niederging, eines der wichtigsten bislang ungelösten Probleme der amerikanischen Religionsgeschichte.[2] Angesichts derart unterschiedlicher Wertungen kann man sich des Eindrucks nicht erwehren, daß die Puritaner als Projektionsfläche für bestimmte Probleme der industriellen Moderne dienten, mit denen sie sachlich wenig bis gar nichts zu tun hatten. Weder waren die Puritaner nur die engstirnigen, bigotten Fanatiker, zu denen sie von der progressivistischen Historiographie der zwanziger Jahre des letzten Jahrhunderts stilisiert wurden,[3] noch waren sie Musterdemokraten *avant la lettre*. In erster Linie waren sie in religiöser, kultureller, gesellschaftlicher und wirtschaftlicher Hinsicht Kinder ihrer Zeit und ihrer zuvörderst europäischen Umwelt.[4]

Die Puritaner verdankten ihre Existenz den Ambivalenzen und der mangelnden theologischen Eindeutigkeit der anglikanischen Staatskirche. Beides war wiederum tief in der Entstehungsgeschichte des Anglikanismus begründet. Bekanntlich war die Kirche von England nicht als Folge einer lang anhaltenden spirituellen und institutionellen Krise des Katholizismus entstanden, wie die calvinistische oder lutherische Reformation auf dem europäischen Festland, sondern ihre Entstehung resultierte aus innerenglischen Gegebenheiten. Zwar war die katholische Reform unter den frühen Tudor-Königen bei weitem nicht so vorangeschritten wie in Spanien, aber verglichen mit der krisengeschüttelten katholischen Kirche des Heiligen Römischen Reiches, wo die kontinentale Reformation kaum zufällig ihren Ausgangspunkt nahm, stand sie weder materiell noch geistig besonders schlecht da. Selbst König Heinrich VIII. hatte noch wenige Jahre vor der Trennung von Rom eine Streitschrift publiziert, in welcher er die katholische Lehre von den sieben Sakramenten gegen die lutherische Lehre von den zwei (oder drei) Sakramenten (Taufe, Abendmahl und gegebenenfalls die Beichte) erfolgreich verteidigt hatte. Erst nachdem der machtbewußte Monarch sich wegen seiner Scheidung von der spanischen Prinzessin Katharina von Aragon mit dem Papst und dem spanischen Königshaus überworfen hatte, kam es zur Reformation in England, die mehr noch als die lutherische Reformation in Deutschland eine reine Fürstenreformation von oben her war. Nicht die theologischen Streitfragen der Zeit standen im Zentrum, sondern die Frage, wer die Macht über die Kirchenstrukturen und den Kirchenbesitz innehaben sollte. Damit unterschied sich der Herrschaftsanspruch Heinrichs nur graduell von den »nationalkatholischen« Bestrebungen des gallikanischen Frankreich oder von der souveränen Art, in der Karl V. und Philipp II. den spanischen Katholizismus der Aufsicht des Papstes faktisch entzogen. Allerdings ging der englische König den entscheidenden Schritt weiter und machte sich in der Suprematsakte von 1534 auch legal zum Oberhaupt einer neuen, von der römischen Autorität gänzlich unabhängigen anglikanischen Staatskirche.

Es blieb indes nicht beim politischen Machtkonflikt. Während Heinrich VIII. die theologische Struktur einer in Glaubensdingen, in der Kirchenorganisation und der Liturgie weiterhin katholischen Kirche weitgehend unangetastet ließ, verbreiteten sich im Volk, aber auch in Teilen des niederen Klerus allmählich lutherisches und zunehmend calvinistisches Gedankengut. Im benachbarten Schottland setzte sich zudem unter Führung von George Wishart und John Knox gegen den Widerstand der katholischen Stuartkönigin Maria der Calvinismus in Gestalt des Presbyterianismus durch. Auch in England wuchs der Einfluß der Calvinisten.[5] Insbesondere Heinrichs einziger Sohn, König Eduard VI. (1547-1553), neigte dem calvinistischen Flügel der Reformation entschieden zu. Während es unter seiner Nachfolgerin Maria der Katholischen (1553-1558) kurzzeitig zu einem katholischen Gegenschlag gekommen war, setzte sich ein inzwischen stark protestantisch geprägter Anglikanismus unter Elisabeth I. (1558-1603) endgültig durch. Theologisch wie liturgisch wurde das 1549 erstmals von Thomas Cranmer herausgegebene, unter Elisabeth 1559 neuerlich edierte *Book of Common Prayer* zur zentralen Bekenntnisschrift der englischen Staatskirche. Hinzu kamen Synodalakten, die Suprematsakte und vor allem die englische Bibelübersetzung, die *King James Bible* von 1611. Diese war einerseits dem protestantischen Formalprinzip des *sola scriptura* verpflichtet, das heißt dem Primat des Offenbarungswortes im Alten und Neuen Testament gegenüber der

Unfehlbarkeit der Kirche, andererseits aber eine Reaktion gegen die in England überaus populäre Genfer Bibel, die theologisch einen eindeutig calvinistischen Standpunkt vertrat. Damit war freilich der Entstehungsprozeß der anglikanischen Kirche noch nicht vollends abgeschlossen. Im Lauf des 17. Jahrhunderts versuchten Karl I., Karl II. und Jakob II., allesamt Monarchen aus der schottischen Stuartdynastie, wahlweise Englands Kirche vom Calvinismus zu trennen oder sie komplett zu rekatholisieren. Dementsprechend kehrte erst nachdem der katholische König Jakob II. 1689 in einer unblutigen Revolution vertrieben worden war, Ruhe ein. Danach war der reformatorische Charakter der anglikanischen Glaubensgemeinschaft unbestritten.[6] Dies änderte indes wenig an den internen Spannungen, denen der Anglikanismus ausgesetzt blieb, obwohl sich die Dinge zumindest äußerlich etwas beruhigten.

Das Wechselspiel divergierender Kräfte war nämlich am theologischen Selbstverständnis der Anglikaner nicht spurlos vorübergegangen. Es war im Lauf der geschilderten Geschichte eine Glaubensgemeinschaft entstanden, die diverse Theologien unter ihrem Dach vereinigte. Da standen die Angehörigen der königstreuen Hochkirche mit ihrem prunkvollen Zeremoniell, ihren Bischöfen und Priestern, neben den Anhängern einer eher protestantisch, an Luther und Calvin ausgerichteten *Low Church*. Jene stützten sich bevorzugt auf Hofkreise, den Hochadel und Teile der *gentry*, des ländlichen Niederadels. Sie neigten dazu, möglichst viele katholische Traditionen zu bewahren. Die *low church* wiederum strebte eine einfache, stärker an einem individuellen Glaubensbedürfnis orientierte, im Wortsinn »evangelische« urchristliche Kirche an. An den Rändern und jenseits der anglikanischen Kirche fanden sich zusätzlich Vertreter einer noch radikaleren Richtung, die den kompletten Bruch mit allem anstrebten, was sie für eine Abweichung vom reinen Evangelium ansahen. Je nach sozialer oder politischer Situation dominierte die eine oder die andere Gruppe.

Dies war der Entstehungszusammenhang der Puritaner.

Puritaner war dabei eine Sammelbezeichnung für alle jene nonkonformistischen, calvinistischen Gruppen am Rande der englischen Staatskirche, die energisch dafür eintraten, den Anglikanismus von sämtlichen »papistischen«, katholischen Relikten, namentlich in der Liturgie, aber auch im Bereich der kirchlichen Institutionen, der Hierarchie und der Theologie zu reinigen. Der Begriff Puritaner leitete sich vom lateinischen *purus*, rein, ab. Ihre soziale Basis fand sich im entstehenden städtischen Bürgertum, Teilen des niederen Adels, unter Kaufleuten, Handwerkern und wohlhabenden Bauern. Sie waren also keineswegs notwendig die Ärmsten der Armen, sondern repräsentierten vielmehr aufstrebende und selbstbewußte neue Klassen der englischen Gesellschaft. Immer wieder waren sie deswegen in der Lage, gehörigen politischen Einfluß, nicht zuletzt über das Unterhaus des englischen Parlaments, auszuüben. Schließlich bildeten sie das Rückgrat der Anhängerschaft Oliver Cromwells, dem es immerhin gelang, den katholisierenden König Karl I. im Bürgerkrieg der vierziger Jahre des 17. Jahrhunderts zu besiegen und hinrichten zu lassen. Allerdings darf der gesellschaftliche und politische Einfluß der Puritaner im englischen Mutterland nicht überschätzt werden. Über weite Teile des 16. und 17. Jahrhunderts wurden sie von den unterschiedlichen Monarchen und ihren hochkirchlichen Beratern immer wieder brutal verfolgt und in die Illegalität abgedrängt. Dabei ging es nicht allein um religiöse und gesellschaftliche Gegensätze. Mindestens ebenso wichtig waren die politischen Konfliktlinien, da der hochkirchliche Anglikanismus generell die Prärogativen des Monarchen betonte, während die Puritaner auf seiten des Parlaments standen. Anders als die radikalen *levellers* verbanden sie damit jedoch keine demokratischen Ambitionen, sondern eher den Versuch, das englische Königreich den Gesetzen Gottes zu unterwerfen. Dieser Ansatz reichte dennoch aus, um sie in den Augen der Königstreuen verdächtig zu machen. Die daraus resultierenden Verfolgungen verstärkten psychologisch, emotional und mentalitär einen Aspekt, der von vornherein in ihrer calvinistisch-reformatorischen Theologie angelegt war: das Gefühl nämlich, der auserwählte, heilige Rest in einer apokalyptisch gedeuteten, eschatologischen Endzeit zu sein. Wie zur Zeit der frühen Christenverfolgungen im Römischen Reich wurde die *Offenbarung des Johannes* als eine Art Trostbuch gelesen, als Prophezeiung künftiger innerweltlicher und transzendenter Existenz in Herrlichkeit angesichts der Macht und Größe des einen Gottes. Die Idee des heiligen Rests war aber noch in einer weiteren Hinsicht, nämlich organisatorisch, bedeutsam. Man konnte nur Puritaner werden, indem man aus der konformistischen Mehrheitskirche austrat, weniger im Sinne eines tatsächlichen Kirchenaustritts, sondern in Gestalt eines Berufungserlebnisses, das einen zum Auserwählten Gottes machte beziehungsweise diesen Status in den Augen der Welt bestätigte. Der existentielle Bruch mit der herrschenden Orthodoxie, der im Berufungsbericht vor der Gemeinde der Auserwählten, der *conversion narrative*, bewußt gedeutet werden mußte, machte den Puritaner. Dies galt sowohl für die Separatisten, die in ihrer Seelennot der anglikanischen Kirche den Rücken kehrten, als auch für jene, die als radikale Reformer in der Mutterkirche blieben, um erst deutlich später, im 17. Jahrhundert, zu einer neuen Denomination, dem Kongregationalismus, zu werden. Auserwähltheitsglaube und endzeitlich-millenaristische Spiritualität kennzeichneten beide Gruppen.

Theologisch hingen die Puritaner durchweg einer recht konventionellen Spielart des zeitgenössischen Calvinismus an. In vielerlei Hinsicht ähnelten sie den benachbarten iroschottischen Presbyterianern, die in Schottland und dem nordirischen Ulster ihre regionalen Hochburgen hatten, ohne deren Faible für eine gemeindeübergreifende Hierarchie in Gestalt des Presbyteriums zu teilen. Es ist unbedingt notwendig, sich dieser (kontinental-)europäischen und gemeinbritischen Wurzeln von Puritanismus und Presbyterianismus, die später beide in Nordamerika wichtig werden sollten, bewußt zu bleiben, um ihnen nicht im nachhinein einen übertriebenen Beitrag zum Werden einer amerikanischen Identität zuzumessen. Und es waren vorrangig genau diese konventionellen Elemente reformierter Theologie, die für die kommenden Phasen der amerikanischen Geschichte prägend werden sollten. An erster Stelle stand dabei der Biblizismus der calvinistischen Reformation, der sogar noch stärker war als bei den Lutheranern, deren *sola scriptura* und Glaube an die Unfehlbarkeit der ganzen Heiligen Schrift sie uneingeschränkt teilten. Dabei ging es indes weder den Lutheranern noch den Calvinisten der Reformationsepoche um eine individualistische, subjektive Bibellektüre. Dies war bestenfalls eine ungewollte Nebenwirkung des reformatorischen Bibelverständnisses. Ihnen war es vielmehr darum zu tun, daß Gott durch die Wortoffenbarung der Heiligen Schrift in klarer, unmißverständlicher und weiterer Interpretationen nicht bedürftiger Weise seinen Willen ein- für allemal kundgetan hatte. Nicht das freie Individuum, sondern die unbedingte Unterwerfung des sündigen, gleichwohl aber von Gott geretteten Geschöpfs unter den souveränen Willen des Schöpfers war das Kernanliegen der reformatorischen Bibelfrömmigkeit.[7] Die Calvinisten gingen aber noch einen Schritt weiter. Während Luther immerhin eine Art Kanon im Kanon, gleichsam eine immanente Norm der Schriftlektüre, anerkannt hatte, indem er seine Rechtfertigungslehre und seine Christologie zum Maßstab der jeweiligen Relevanz der Offenbarungstexte gemacht hatte, standen für die reformierten Christen die diversen Bestandteile der Schrift praktisch gleichberechtigt nebeneinander. Daraus ergab sich eine hohe Wertschätzung des Alten Testaments, das nur dort als überholt galt, wo es ausdrücklich von der Offenbarung des Neuen Bundes außer Kraft gesetzt worden war. Calvinistische Theologie war insofern eine Theologie der einen, der gesamten Bibel. Dieses reformierte Schriftverständnis sollte in Großbritannien und den USA noch lange nachwirken und ist für viele Evangelikale und sämtliche Fundamentalisten bis auf den heutigen Tag ein zentraler theologischer Referenzpunkt.

Das zweite nachhaltige Moment calvinistischer Glaubenslehre, das die Puritaner mit nach Nordamerika brachten, war eine gegenüber Luther noch einmal intensivierte Rezeption des *sola gratia*, das heißt der Gnaden- und Rechtfertigungslehre. Wie Luther legte auch Calvin großen Wert auf die paulinisch-augustinische Lehrtradition mit ihrem Gewicht auf der Sündhaftigkeit und Gnadenbedürftigkeit des durch die Erbsünde nachdrücklich geschwächten Menschen. Zwar fehlten bei Calvin die für Luther typischen Invektiven gegen die Möglichkeiten menschlicher Vernunfttätigkeit, dafür relativierte er durch die Übernahme der augustinischen Lehre von der doppelten Prädestination die Potenzen menschlicher Freiwillentlichkeit in einem erheblich radikaleren Ausmaß, als selbst Luther dies getan hatte. Demnach waren die Menschen vom Anbeginn der Zeiten her durch Gottes souveränen Schöpferwillen wahlweise zum ewigen Heil oder zur ewigen Verdammnis erwählt. Auch die altgläubige, katholische Tradition kannte, ebenso wie das Luthertum, die positive Prädestination. Immer schon war es in christlicher Vorstellung Gott allein gewesen, dem es zustand, ein Geschöpf zum Heil zu bestimmen. Die doppelte Prädestination hingegen war mit erheblichen theologischen Problemen verbunden, was dazu geführt hatte, daß die katholische Kirche sich an diesem Punkt selbst der Autorität des heiligen Augustinus verweigert hatte. Zwar sicherte sie die Souveränität Gottes gegenüber seiner Schöpfung in außerordentlichem Maße. Dafür aber warf sie einerseits die Frage auf, ob der allgute Gott möglicherweise die Primärursache des Bösen sein könnte, und brachte andererseits das Problem mit sich, was überhaupt noch menschlicher freier Wille bedeutete und welche Rolle ihm im Heilsgeschehen denn zukommen konnte.[8] Weitere theologisch wie gesellschaftlich relevante Fragen schlossen sich an: Wie erkannte man die Erwählten? Wie groß war ihr Kreis? Lohnte sich dann überhaupt noch Mission? Wie ging man mit der großen Zahl der Verdammten um? Diese Debatten ließen selbst den internen Kreis der Gemeinde niemals los und sorgten gerade in Nordamerika im gesamten 17. Jahrhundert für erhebliche Unruhe. Dieser Effekt wurde noch verstärkt durch die negative Anthropologie und Kosmologie, die zumindest potentiell mit der Lehre von der doppelten Prädestination und der starken Betonung der Erbsünde bei den Calvinisten verbunden war, obwohl dieser Faktor bei den Reformierten weniger ausgeprägt war als in der lutherischen Orthodoxie.[9] Die Prädestinationslehre konnte mit ihrem anthropologischen Pessimismus in der Tat lähmen und zu Fatalismus führen. Allerdings darf demgegenüber nicht übersehen werden, daß sie in der Abwehr spätscholastischer Gnadenlehren, die den menschlichen Anteil am Heiligungsprozeß zuungunsten der göttlichen Gnade deutlich hervortreten ließen, durchaus befreiende Aspekte hatte. Je intensiver die Gnade Gottes wirkte, desto weniger drängend war das Problem menschlicher Unzulänglichkeit, das gerade im Spätmittelalter und der frühen Neuzeit für viele Menschen bedrückend war.[10] Dies änderte jedoch wenig an den Spannungen, die es unter den Puritanern um die Frage eines exklusiven oder inklusiven oder gar heilsuniversalistischen Gnadenverständnisses gab. Am Anfang aber stand die reformierte Orthodoxie mit ihrem Heilsexklusivismus.

Ein weiterer wesentlicher Aspekt reformierten theologischen Erbes war die große Bedeutung, die ekklesiologischen Themen, das heißt der theologischen Lehre von der Kirche als heilsgeschichtlicher Institution, eingeräumt wurde. Anders als Luther, der Fragen der Ekklesiologie gern vernachlässigte und *ad hoc* entschied, hatte Calvin institutionellen Faktoren von Anfang an einen großen Stellenwert zugebilligt. Zwar glaubte er an die Existenz einer allgemeinen christlichen Kirche, aber wie Luther lehnte er es ab, diese eine Kirche mit einer der sichtbaren Institutionen einfach gleichzusetzen, wie es dem römisch-katholischen Kirchenverständnis entsprochen hätte. Für die beiden Reformatoren existierte demgegenüber die allgemeine Kirche nur als geistige Größe, während in der historischen Realität die jeweilige Gemeinde (mit mehr oder weniger übergeordneten Bezügen) wichtig war. Da Luther an dieser Frage nur geringes Interesse zeigte, blieb für die Lutheraner die Kirche als Struktur relativ intakt, wenngleich mit abgeschwächter Hierarchie, bestehen. Bei den Calvinisten fiel dagegen die übergeordnete bischöfliche Hierarchie vollkommen weg. Dafür wurde die Ordnung der einzelnen Gemeinden (Kongregationen) von Calvin persönlich bis ins Detail geregelt. Dies wirkte sich zusätzlich auf das Verhältnis von weltlichem und geistlichem Regime aus. Während für Luther Fürstenstaat und Kirche getrennte Größen waren, neigte Calvin dazu, beide als organische Einheit zu betrachten. Für die Puritaner war in diesem Zusammenhang wichtig, sich durch ihr gemeindezentriertes ekklesiologisches Verständnis von den gleichfalls calvinistisch-reformierten, aber stärker hierarchisch organisierten Presbyterianern mit ihrem presbyteralen Amtsverständnis abzusetzen. Gleichzeitig übernahmen sie von Calvin eine Tendenz zur orthodoxen Theokratie. In Calvins Genfer Gemeinde waren weltliche und religiöse Autorität weitgehend zusammengefallen. Dieses Vorbild prägte die Puritaner in den nordamerikanischen Kolonien zumindest für das 17. Jahrhundert. Gegen Ende des Jahrhunderts freilich brach ihr weltlicher Machtanspruch dann zusammen.

Mit der calvinistischen Gemeindeordnung übernahmen die Puritaner zugleich eine rigide sittliche Kontrolle der Lebensführung sämtlicher Glieder ihrer Gemeinde. Dies hat ihnen sehr zu Unrecht den Ruf besonderer Strenge in Fragen der Sexualität eingetragen. Entgegen einem weitverbreiteten Vorurteil waren die Puritaner in sexueller Hinsicht keineswegs prüder oder strenger als zeitgenössische Katholiken und Lutheraner, eher im Gegenteil. Innereheliche Sexualität wurde von ihnen recht offenherzig behandelt. Mit ihrem Ideal der Kameradschaftsehe waren sie mitunter sogar liberaler und frauenfreundlicher als ihre Umwelt. Vieles von dem, was heute als puritanisch firmiert, ist ein Produkt der Obsessionen von Aufklärern und bürgerlichen Viktorianern des 19. Jahrhunderts, denen Selbstkontrolle, Selbstzucht und eine ätherische, asexuelle Weiblichkeit als kaum hinterfragte Werte an sich galten. Um es in ein Schlagwort zu fassen: Die Puritaner waren nicht puritanisch und die Aufklärer nicht aufgeklärt![11] Tatsächlich war bei den Puritanern aber die externe

Kontrolle durch die Gemeindeältesten und die interne Kontrolle durch den beständigen Gewissensappell strikter als bei anderen Konfessionen. Insofern wäre es allerdings auch falsch, von einer Internalisierung der Ethik und Moral bei den Puritanern zu reden. Eher dürfte es korrekt sein, eine Dialektik externer und internalisierter Kontrollen anzunehmen. Diese partielle Internalisierung des Sittlichen verknüpfte sich dann mit einer spiritualisierten Sakramentenfrömmigkeit, die in der Ablehnung eines ausgefeilten Rituals ebenso erkennbar wurde wie in der gleichermaßen antikatholischen wie antilutherischen Lehre über den reinen Zeichencharakter des Altarsakramentes. Kaum ein Reformator hat die bloß zeichenhafte Anwesenheit Jesu Christi im Abendmahl so radikal und ausschließlich betont wie Calvin. Seine Anhänger folgten ihm darin, was zu Konflikten mit den Lutheranern führte, die zwar die katholische Lehre von der Transsubstantiation ablehnten, aber wegen des Schriftbefundes an der Realpräsenz Christi im Abendmahl festhielten. Indem die Reformierten das Abendmahl rein spirituell, als Zeichen einer im Wortsinn unfaßbaren Realität auffaßten, trugen sie dazu bei, das Gottesbild insgesamt zu vergeistigen und gegenüber dem mitunter recht krassen Materialismus spätmittelalterlicher Volksfrömmigkeit abzugrenzen.

Mit dieser intellektuellen und theologischen Ausstattung kamen die Puritaner nach Nordamerika. Dort sahen sie von Beginn an die Chance, eine neue calvinistische Mustertheokratie nach Genfer Vorbild zu errichten. Begünstigt wurde dieses Vorhaben, trotz der geographischen und klimatischen Unbilden an der Küste von Massachusetts, durch die Idee vom leeren Land. Als nämlich die Pilgerväter, separatistische Puritaner, die zuvor in den Niederlanden im Exil gewesen waren, 1620 im heutigen Neuengland landeten, fanden sie anfangs kaum Indianer vor. Eine von französischen Fischern verbreitete Hepatitis-B-Infektion hatte wenige Jahre (1616-1618) zuvor weite Teile der indianischen Küstenbevölkerung ausgelöscht. Die puritanischen Siedler nahmen dies, entsprechend ihren theologisch disponierten Denkgewohnheiten, als ein Zeichen Gottes, obwohl man in der Folgezeit noch auf die Hilfe der ins Binnenland gezogenen Algonkinstämme angewiesen blieb. Fortan sollte diese Erfahrung des scheinbar unberührten *virgin land*[12] für die Geschichte der amerikanischen Identität ungemein wichtig werden. Hier waren die Puritaner nun wirklich grundlegend. Zum einen wurden Land und Natur Nordamerikas nachhaltig mit spiritueller Bedeutung aufgeladen. Von der genuin puritanischen Idee der *City Upon the Hill*, des endzeitlichen Jerusalem auf dem Boden der Neuen Welt, über die transzendentalistische Spiritualisierung des Sublimen in der Landschaftsmalerei der *Hudson River School*[13] bis zur ungemein folgenreichen geschichtswissenschaftlichen *frontier*-These Frederick Jackson Turners aus dem Jahre 1893 zog sich die Verherrlichung der amerikanischen Natur oder wenigstens die Ästhetisierung des individuellen Kampfes gegen diese als ungeheuer weit, grenzenlos und leer erfahrene Natur durch die Prozesse amerikanischer Identitätsstiftung.[14] Zum anderen war diese Raumperzeption stark von rassischen und theologischen Vorannahmen abhängig. Insbesondere die Indianer mutierten durch die Heiligung des neuen Landes in den Augen der Puritaner, aber auch nichtpuritanischer Siedler von Ureinwohnern zu heidnischen oder kulturell degenerierten Störenfrieden oder zu schlichtem Zierrat der Natur.[15] Es wäre gewiß falsch, ausgerechnet den eher defensiv eingestellten Puritanern die Alleinschuld am gewalttätigen Umgang der angelsächsischen Siedler mit den amerikanischen Ureinwohnern zu geben. Aber spätestens seit den dreißiger Jahren des 17. Jahrhundert wurde der militante Kulturzusammenstoß zwischen puritanischen Siedlern und Indianern zum Regelfall. Mit dem Massaker von Mystic Fort 1637 an den Pequot und dann im *King Philipp's War* der siebziger Jahre des 17. Jahrhunderts griffen die Puritaner jene Elemente des Vernichtungskriegs auf, die zuvor bereits von den Presbyterianern in Irland erprobt worden waren.[16] In diesen Kämpfen des 17. Jahrhunderts mischten sich religiöse Landnahmemotive mit ganz banalen Interessen von Neusiedlern an Landeigentum sowie der bei nahezu allen Angelsachsen verbreiteten Überzeugung, nichtweiße Völker seien rassisch minderwertig. Insofern war es nur teilweise der religiös motivierte Erwähltheitsglaube der Puritaner, der zu den Konflikten führte, aber die Heilsexklusivität der Prädestinationslehre erschwerte die Integration von Indianern in die Gesellschaft des Gottesstaates von Massachusetts. Allerdings gab es ein weiteres religiöses Strukturmoment, das den Puritanern mittelfristig den kulturellen Zugang zu den Indianern verstellte: Sie waren nach eigenem Verständnis der »heilige Rest«, der sich aus der *massa damnata* der Christen rekrutierte, das heißt, in der Praxis setzten sie bereits eine christliche Erziehung und Kenntnisse der Bibel voraus, ehe es überhaupt zur Konversion kommen konnte. Daher zählte die Mission unter den Ungläubigen kaum zu ihren Prioritäten; und wenn sie Heidenmission betrieben, dann dauerte es wegen des intensiven Studiums der Heiligen Schrift ziemlich lange, ehe ein Konvertit in den Bund der Auserwählten aufgenommen werden konnte. Schon aus diesem Grunde beschränkte sich die puritanische Indianermission auf die kleinen Dörfer, die *praying towns*, die John Eliot und einige wenige weitere Geistliche für konversionswillige Indianer eingerichtet hatten. Dort lebten insgesamt nur rund 1 100 Algonkin, von denen nur 100 schließlich getauft wurden. Mit der wesentlich umfangreicheren Mission der Jesuiten in Quebec war dies kaum vergleichbar.[17]

Während die Puritaner teilweise daran beteiligt waren, für die Zukunft Maßstäbe im Umgang mit dem Land und dessen Ureinwohnern zu setzen, waren sie auf einer ganz anderen, politischen Ebene noch wichtiger, wenngleich erneut eher wegen ihrer Schwächen als wegen ihrer Stärke. Bereits auf der *Mayflower*, dem Schiff, das 1620 die ersten separatistischen Puritaner nach Massachusetts gebracht hatte, waren die Mitglieder der reformierten Gemeinde klar in der Minderheit gewesen. Von den über 100 Personen an Bord gehörten lediglich einmal 30 zu den Auserwählten.[18] Der Anteil der Separatisten blieb im gesamten 17. Jahrhundert sehr klein, aber sogar der wachsende Zustrom von Kongregationalisten ab 1630 führte nie dazu, daß eine rein puritanische Gesellschaft entstand. Statistiken sind freilich erst ab 1776 verfügbar. Damals waren durchschnittlich 20 Prozent der Bevölkerung der Neuenglandstaaten Mitglieder einer religiösen Gemeinde, von denen etwa 63 Prozent Kongregationalisten, also Nachfahren der ursprünglichen Puritaner waren. In Vermont waren ganze 9 Prozent der Bevölkerung religiös gebunden. Interessanterweise lag die Kirchlichkeitsquote in den Mittelatlantikkolonien und dem Süden 1776 vergleichbar hoch, nur in South Carolina, wo es keine Puritaner gab, sondern Anglikaner und baptistische oder presbyterianische Reformierte, lag die Quote mit 31 Prozent weit über dem kolonialen Durchschnitt der weißen Bevölkerung.[19] Es ist kaum anzunehmen, daß angesichts der restriktiven Mitgliederpolitik der Puritaner in der Frühphase der Kolonisierung ihr Anteil an der Gesamtgesellschaft wesentlich günstiger ausfiel. Rein quantitativ blieben sie durchweg eine aktive, einflußreiche, mächtige, aber territorial begrenzte Minderheit, deren spirituelles Gewicht kaum über die Grenzen der von ihnen beherrschten Region hinausreichte. Aus diesem Grunde sahen sie sich ständig von den »Fremden«, den ungläubigen *strangers*, in ihrer gesellschaftlichen und religiösen Position herausgefordert.

Bereits im Umfeld der Landung von 1620 kam es zu einer ersten Machtprobe im Rahmen dieser prekären Konstellation. Ursprünglich hatte die *Mayflower* in das Gebiet der *Virginia Company* tiefer im Süden fahren sollen. Aufgrund eines Navigationsfehlers war man dann im neuenglischen Raum gelandet. Nun erhob sich augenblicklich die Frage, wie die neue Siedlung angesichts des Fehlens einer sicheren Rechtsgrundlage organisiert werden sollte. Zwar bildeten die calvinistischen Separatisten die stärkste geschlossene Gruppe an Bord, weswegen sie ihren Führungsanspruch anmeldeten, numerisch aber waren sie klar in der Minderheit. In dieser spannungsreichen Situation einigte man sich auf den sogenannten *Mayflower Compact*, der die Gesellschaft und das politische System der Plymouth Kolonie begründete. Die Gesamtheit aller (männlichen) Siedler sollte sich zu *town meetings* zusammenfinden und dort sämtliche wichtigen Entscheidungen treffen. Außerdem wurde ein Gouverneur gewählt. Mit steigender Kolonistenzahl wurden die Befugnisse der *town meetings* an eine gewählte Repräsentativversammlung abgegeben. Dieses Organisationsmodell war in zweierlei Hinsicht bemerkenswert. Zum einen entsprach es bis zu einem gewissen Grad der englischen parlamentarischen Tradition, wenngleich mit »basisdemokratischen« Einschüben, den *town meetings*. Mithin war es gerade nicht puritanisch, sondern das Ergebnis eines pragmatischen Ausgleichs zwischen den divergierenden sozialen Interessen in der jungen Kolonie. Zum anderen bot der *Mayflower Compact* künftigen Generationen von Nichtpuritanern einen politiktheoretisch interessanten Anknüpfungspunkt. Im Rahmen der anglo-schottischen Frühaufklärung war die Idee propagiert worden, jedwede Gesellschaft gründe auf einem Vertrag zwischen Herrschern und Beherrschten. Gegen Ende des 17. Jahrhunderts sollte vor allem John Locke diesen Gedanken aufgreifen. Aus dem ursprünglichen Vertrag erwuchsen theoretisch die Rechte des Monarchen, des Parlaments und der Regierung, aber eben auch Schutzrechte des Volkes bis hin zum Widerstandsrecht bei Vertragsverletzung durch die Obrigkeit.[20] Diese Vertragstheorien waren bei sämtlichen Aufklärern ausgesprochen beliebt, hatten aber den entscheidenden Nachteil, daß sie reale Folgerungen bis hin zur Revolution aus einem hypothetischen, fiktiven Vertrag ableiteten. Allein in Neuengland war es anders. Hier begründete tatsächlich ein realer Vertrag eine reale Gesellschaft. Damit war die Chance zu einer partizipatorischen Gesellschaft gegeben. Unter den faktisch existierenden gesellschaftlichen und politischen Bedingungen im Neuengland des frühen 17. Jahrhunderts bedeutete dies indes die Herrschaft der sozial und ideologisch kohärentesten gesellschaftlichen Formation, in diesem Fall der Puritaner, denen es unter den Vertragsbedingungen von 1620 gelang, ihr ursprünglich anvisiertes Ziel einer rechtgläubigen Theokratie zu verwirklichen. Mit dem Einströmen der Kongregationalisten unter John Winthrop in die neue Massachusettskolonie konnte ab

1630 die führende Stellung der Puritaner weiter gefestigt werden. Dies war keine puritanische Besonderheit, sondern das Ergebnis der im englischen Wahlrecht verankerten Idee des »*the winner takes it all*«. Lockes politische Philosophie des Frühliberalismus kannte ebenfalls keinen Minderheitenschutz, sondern lediglich die Diktatur der Mehrheit. Überdies verstanden die Puritaner den *compact* weniger als naturrechtlichen oder positivrechtlichen Vertrag, sondern als *covenant*, als Bund zwischen Gott und seinem heiligen Volk. Für sie handelte es sich also um eine religiöse Vertragsoption, die unter Umständen flexibel an andere Vorstellungen angepaßt werden konnte. Immerhin entwickelte sich aus diesem im Ansatz pragmatischen Vertragsmodell der Puritaner eine dialektische Dynamik, die dann zu Ideen wie religiöser Toleranz und politischer Mitbestimmung führen konnte. Es war allerdings der vom Puritanismus ausgehende Druck, der für Veränderungen sorgte.

Ein Teil dieses Prozesses wurde deswegen bereits ab 1635 durch Dissidenten innerhalb des puritanischen *establishments* angestoßen. Der separatistische Prediger Roger Williams bestritt dem König von England und der puritanischen Obrigkeit das Recht, den Indianern einfach ihr Land abzunehmen. Auf diese Weise geriet er in einen Konflikt mit den Autoritäten der Kolonie, der dazu führte, daß Williams und seine Anhängerschaft aus Massachusetts verbannt wurden. Während annähernd gleichzeitig die puritanische Orthodoxie unter Thomas Hooker gewaltsam in Richtung Connecticut expandierte, beschritt Williams den Weg friedlicher Verhandlungen. Von Providence aus begründete er die Kolonie Rhode Island, die fast zu einer Art Musterstaat im Umgang mit Indianern und religiösen Minderheiten wurde. Sogar Juden war es gestattet, hier ihre Religion auszuüben, was in Massachusetts und Connecticut gleichermaßen undenkbar gewesen wäre. In mancherlei Hinsicht erinnerte Rhode Island an Pennsylvania, wo der Quäker William Penn eine ähnliche Ordnung etabliert hatte. Auch die Kolonie Maryland kannte das Prinzip der religiösen Toleranz, zumindest solange die katholische Familie Calvert dort den Ton angab.[21] In den Gebieten unter Kontrolle der puritanischen Orthodoxie gab es ein derartiges Gedankengut jedenfalls nicht. Dafür waren die abweichenden Ansichten innerhalb der calvinistischen Gruppen später durchaus für das Gedankengut der Aufklärung anschlußfähig. Dies erleichterte bis zu einem gewissen Grad das Verhältnis von Aufklärung und reformiertem Christentum in den nordamerikanischen Kolonien Großbritanniens im 18. Jahrhundert, eine für die Gründung der USA maßgebliche ideelle Konstellation.

In einem weiteren Bereich war die modifizierte Übernahme englischer Vorbilder mittelfristig lebensfähiger als die rigiden Ideale des Puritanismus. Das Rechtswesen der Neuenglandkolonien wurde maßgeblich durch die englische *common law*-Tradition beeinflußt. Zwar galten englische Gesetze dort nicht automatisch, wohl aber wurden sie in aller Regel sinngemäß auf die jungen Siedlungen übertragen. Damit wurde der Gedanke der *rule of law*, der Herrschaft des Gesetzes, in den amerikanischen Kolonien verankert und für die späteren USA maßgeblich. Die *rule of law* war zwar mit der kontinentaleuropäischen Idee der Rechtsstaatlichkeit verwandt, nicht aber mit ihr identisch, da nicht der Staat, sondern das Recht im Zentrum aller Überlegungen stand. Mit dem Recht aber rückten die Rechtsprechung, die vertragschließenden Parteien der Gesellschaft und naturrechtliche Vorgaben in das Blickfeld theoretischer Überlegungen. Hier dürfte eine der angelsächsischen Wurzeln für die relative Skepsis gegenüber staatlicher Autorität in den USA liegen. Darüber hinaus war der Anschluß an ein nichtpuritanisches Rechtssystem, in das freilich puritanisches Gedankengut problemlos integriert werden konnte, eine notwendige Voraussetzung für das spätere Zusammenwachsen der dreizehn Kolonien in eine von Großbritannien unabhängige Republik. Die Puritaner glaubten ebensosehr an die Herrschaft des überlieferten Rechts und seiner Prinzipien wie die Anglikaner, Quäker, Presbyterianer, Baptisten, Juden und Katholiken. Ohne diese gemeinsame Basis wäre die Revolution von 1776 wohl unmöglich gewesen.

Für die Puritaner bedeutete dies, daß ihr Gottesstaat rechtlich nicht auf Willkür gegründet war. Mögen einige Delikte, die in Massachusetts mit der Todesstrafe belegt waren, aus heutiger Sicht absonderlich erscheinen, so zum Beispiel die Hinrichtung von Menschen und Schweinen in Fällen von Sodomie, so hat die neuere Forschung nachgewiesen, daß in Neuengland die Todesstrafe insgesamt recht selten, deutlich seltener als in England oder gar Kontinentaleuropa, verhängt wurde. Überdies existierte praktisch keine Folter. In dieser Hinsicht war das puritanische Gemeinwesen eher mit der römischen Inquisition als mit der weltlichen Gerichtsbarkeit des Heiligen Römischen Reiches verwandt.[22] Besonders deutlich wurde die Relevanz der englischen Rechtstradition während der ebenso berühmten wie berüchtigten Hexenprozesse in der neuenglischen Stadt Salem im Jahr 1692.[23] Insbesondere der Schriftsteller Arthur Miller hat diese Prozesse unter dem Eindruck der amerikanischen Kommunistenverfolgungen der fünfziger Jahre als einen Musterfall puritanischer Bigotterie interpretiert. Damit bewegte er sich analytisch in den Bahnen, die seit der frühen Aufklärung, vor allem aber seit dem Aufkommen der progressivistischen Schule in der Geschichtsschreibung vorgezeichnet waren, obschon er sich die Freiheit nahm, die Ereignisse inhaltlich so zu verändern, daß sie in das auf Sexualität fixierte freudianische Weltbild seiner Zeit paßten.[24] Nun ist in der Tat einzuräumen, daß die Puritaner, Geistlichkeit wie Bürger, vorbehaltlos an Hexen, Hexerei und Satanskult glaubten. Ebenso unbestreitbar ist, daß in Salem und Umgebung mindestens 103, wenn nicht über 150 Personen wegen Hexerei und Verschwörung mit dem Satan angeklagt wurden, von denen 21, überwiegend Frauen, hingerichtet wurden. Allerdings ist es erklärungsbedürftig, warum es ausgerechnet im neuenglischen Gottesstaat nur zu einer einzigen Welle von Hexenverfolgungen kam, warum zuvor die meisten der Angeklagten von der puritanischen Obrigkeit gegen den Willen des einfachen Volkes freigelassen worden waren, und warum die Verfolgungen in Salem binnen weniger Monate bereits beendet wurden. Dahinter steckte kein Kampf zwischen einer obskurantistischen puritanischen Geistlichkeit und der aufstrebenden, modern-aufgeklärten Mittelklasse aus Bostoner Kaufleuten und anderen Angehörigen der Mittelklasse. Dieser Konflikt wurde erst im 18. Jahrhundert relevant, als es darum ging, den Hexenglauben ganz zu überwinden. Im Jahr 1692 war es die Anhänglichkeit ausgerechnet der puritanischen Prediger um Increase und Cotton Mather, den beiden führenden Klerikern von Massachusetts, an die englischen Rechtstraditionen, die für ein Ende der Verfolgungen sorgte. Obwohl diese Geistlichen die angeblichen Umtriebe Satans für sehr real hielten, waren sie nicht bereit, in einer Situation krisenhafter Bedrohung von den gewohnten legalen Überlieferungen abzurücken und die Beweisregeln im Hexenprozeß zu lockern oder die Folter zuzulassen. Increase Mather ging so weit zu erklären, er lasse lieber zehn schuldige Hexen laufen als eine einzige unschuldige Person hinzurichten. Die Hexenverfolgungen in Salem endeten, weil die puritanischen Geistlichen so konservativ, ja traditionalistisch waren und deshalb die neumodischen Neuerungen im Hexenprozeßwesen nicht akzeptierten. Bereits zehn Jahre nach den Prozessen entschuldigten sich einige der Prediger sogar für die Exzesse, ein in der Geschichte der Hexenverfolgungen ziemlich einmaliger Vorgang.

Ungleich folgenreicher war die spezifisch puritanische Lebensform im Bereich des Bildungswesens. Auch wenn die älteren Schätzungen, die teilweise von einer Alphabetisierungsquote unter Weißen von über 70 Prozent ausgingen, heute eher skeptisch betrachtet werden, bleibt die Erkenntnis, daß das Bildungsniveau im puritanischen Neuengland verglichen mit England und Kontinentaleuropa außerordentlich hoch war, durchaus gültig. Dies hing einerseits mit den sozialkulturellen Rahmenbedingungen der Migration im 17. Jahrhundert zusammen. Es waren in der Regel keine Armen, die Europa verließen, weswegen sich in den französischen Gebieten des heutigen Quebec ein ähnlicher Befund konstatieren läßt. Dieser generelle Effekt wurde durch die soziale

Zusammensetzung der Puritaner, ihre tiefe Verwurzelung in der englischen urbanen Mittelklasse, noch intensiviert. Kaum in Neuengland angekommen, hatten sie nichts Eiligeres zu tun, als 1636 mit Harvard eine Universität zu gründen, die sich am Vorbild von Cambridge ausrichtete.[25] Andererseits dürfen die theologischen Hintergründe der hohen Literalitätsquote selbst unter Frauen nicht vernachlässigt werden. Mehr noch als das Luthertum legten die Denominationen der calvinistischen Reformation großen Wert auf die intensive, gründliche und tägliche Lektüre der Bibel. Dazu aber mußte man lesen können. Darum wurde bis in die Familien hinein der Umgang mit Bildung genauestens geregelt. Wo keine Schulen vorhanden waren, mußten die Eltern unter Aufsicht der Gemeindevorsteher für die Bildung ihrer Kinder sorgen.[26] Interessanterweise war diese Lektüre ein recht privater Akt. Im Vordergrund stand weniger der traditionelle öffentliche Vortrag aus der Heiligen Schrift im Gottesdienst, auf den man aber nicht verzichtete, sondern die individuelle Lektüre im eigenen Haus. Zur subjektiv-individualistischen Auslegung der Bibel gehörte eine private Form der Lektüre. Hier lagen zweifellos Wurzeln einer individualistischen Grundhaltung, die gleichwohl im Kontext der damaligen Zeit keineswegs überbetont werden dürfen.[27]

Wenn man nach dem bleibenden Erbe des Puritanismus für die Geschichte des amerikanischen Protestantismus fragt, muß ein Element notwendig ausgespart werden: das Entstehen einer kapitalistischen Mentalität. Die zugrundeliegende These Max Webers über den inneren Zusammenhang von protestantischer Arbeitsethik, innerweltlicher Askese und dem Aufkommen einer genuin kapitalistischen Mentalität insbesondere im reformierten, calvinistischen Christentum hat in den vergangenen Jahrzehnten in der wissenschaftlichen Diskussion einiges von ihrem ursprünglichen Charme eingebüßt.[28] Insbesondere wurde herausgearbeitet, daß beispielsweise in der Lombardei, in den oberdeutschen Reichsstädten oder in Flandern lange vor der Reformation Frühformen kapitalistischen Denkens im Rahmen der katholischen Kirche entstanden. Vielfach wird man wohl sagen können, daß Personen zum Calvinismus konvertierten, die bereits eine kapitalistische Mentalität entwickelt hatten. Noch vorsichtiger aber wird man im Zusammenhang mit den nordamerikanischen Puritanern sein müssen. Angesichts ihrer religiösen Prädispositionen waren sie kaum geeigneter dafür, kapitalistische Denkstrukturen hervorzubringen als ihre europäischen, reformierten Glaubensgenossen. Gewiß, vor allem die puritanischen Prediger forderten eine strenge innerweltliche Askese und eine Arbeitsethik, die mitunter an Werkgerechtigkeit grenzte. Anne Hutchinson, eine der streitbarsten zeitgenössischen Kritikerinnen der calvinistischen Orthodoxie in Neuengland, geißelte wiederholt dieses Vertrauen auf eine innerweltliche Leistungsethik und rief demgegenüber dazu auf, ganz und ausschließlich der Gnade Gottes zu vertrauen und nicht den Werken des Gesetzes.[29] Hinter dieser Kontroverse verbarg sich allerdings kein sozialer Konflikt zwischen protokapitalistischen Anhängern einer säkularen Werkgerechtigkeit und traditionalistischen Verfechtern einer transzendenten Gnadenordnung. Vielmehr handelte es sich um einen binnencalvinistischen, theologischen Streit um das Verhältnis von Gnade, Gesetz und Werken vor dem Hintergrund der Prädestinationslehre. Der konnte schon deswegen auf mögliche Veränderungen der ökonomischen Mentalität der Puritaner nur begrenzte Auswirkungen haben, weil diese für ihr endzeitliches neues Zion auf Erden alles andere wollten als eine an abstrakten Marktregeln orientierte Wirtschaftsweise. Sie grenzten sich geradewegs vom englischen Mutterland ab, dessen wirtschaftliche Entwicklung mitsamt Urbanisierung und frühen Formen der Protoindustrialisierung sie mit äußerster Skepsis beäugten. Insofern führte von den Puritanern bestenfalls ein Weg zur revolutionären Konfliktlage der sechziger und siebziger Jahre des 18. Jahrhunderts, in denen es in der *Court-vs.-Country*-Kontroverse ja gerade um den Konflikt der »reinen«, von den modernen Entwicklungen unberührten und darum tugendhafteren Amerikanern mit den Übeln und der Amoral des fortgeschritten kapitalistischen England ging.

Noch Thomas Jefferson mit seiner Utopie einer agrarischen Kleinbauerndemokratie bewegte sich in diesem Denkrahmen, der zwar das Privateigentum hochschätzte, nicht aber den abstrakten Markt. Ohne den Primat des Marktes aber war keine kapitalistische Mentalität denkbar. Der schlechterdings unbestreitbare aktuelle Zusammenhang von Kapitalismus und amerikanischem Protestantismus ist späteren Datums und stammt aus dem frühen 19. Jahrhundert.

Auch die historische Entwicklung der puritanischen Gesellschaft und Religion im Verlauf des 17. und frühen 18. Jahrhunderts trug dazu bei, die Zukunftschancen der calvinistischen Orthodoxie zu minimieren. Man muß nicht in allen Punkten den kulturpessimistischen Jeremiaden der kongregationalistischen Prediger dieser Zeit folgen, die vielfach topologischen Charakter hatten. Das den Jeremiaden zugrundeliegende historische Analyseschema war, wie der Name nahelegt, alttestamentarisch. Viele Propheten, darunter Jeremia, Isaia, Amos, Hosea, Ezechiel und andere, aber auch die Bücher der Chronik und das deuteronomistische Geschichtswerk hatten die Geschichte Gottes mit seinem auserwählten Volk gern als einen Verlauf geschildert, in dem die Erwählung durch Gott, der Abfall und das Versagen Israels, der strafende Zorn Gottes und seine freie, gnadenhafte neuerliche Hinwendung zu seinem Volk die Struktur der Erzählung gewährleisteten. Noch im Neuen Testament griff Paulus auf ein ähnliches Muster zurück, diesmal allerdings, um zu erklären, warum der neue Bund über Israel hinaus die Heiden einbeziehen sollte. Schon auf den Schiffen, welche die Puritaner nach Neuengland transportierten, hatten deren Prediger auf dieses geschichtstheologische Schema zurückgegriffen, um Spannungen, Niederlagen und außerordentliche Vorkommnisse bis hin zu Unwettern zu erklären. Es lag daher nahe, daß sie sich seiner auch bedienten, um den gesellschaftlichen Umbrüchen der Zeit nach 1630 einen Sinn zu geben. Dies bedeutet gleichwohl nicht, daß die Klagen der Jeremiaden keinerlei reale Grundlage in der neuenglischen Gesellschaft gehabt hätten. Die Frage war nur, ob der soziale Wandel tatsächlich, wie es die Prediger glaubten, seine Ursache in einem Nachlassen des reformatorischen Glaubenseifers hatte.[30] Davon wird man jedoch kaum sprechen können. Eher muß man nach den strukturellen und gegebenenfalls theologischen Problemen fragen, die dazu führten, daß man um 1750 herum nicht mehr von einer puritanischen Dominanz selbst in den Eliten der neuenglischen Gesellschaft sprechen konnte.

Einer der wichtigsten Faktoren für den relativen Niedergang des Puritanismus im ausgehenden 17. Jahrhundert lag in der spezifischen Struktur dieser Religionsform begründet. In ihren Anfängen hatte es sich um eine Gemeinschaft devianter Apokalyptiker oder Millenaristen gehandelt, die sich von der Mutterkirche abgesondert hatten, um ihren Glauben in unverfälschter Reinheit und in charismatischem Enthusiasmus leben zu können. In Neuengland hingegen war aus dem Puritanismus eine gesellschaftlich führende Leitreligion geworden, die aber immer noch an der Fiktion festhielt, randständig zu sein. So wurde weiterhin die *conversion narrative* gepflegt, obwohl es keine anglikanische Kirche mehr gab, aus der man zu den Puritanern hätte konvertieren können. Zudem zwang die soziale Position der Prediger und der Mitglieder der heiligen Gemeinde, die unter den Calvinisten Neuenglands stets eine Minderheit waren, zu Formen bürokratischer Institutionalisierung. Allein um die Kontrollfunktion der Auserwählten gegenüber dem Rest der Gesellschaft aufrechterhalten zu können, bedurfte es elaborierter Organisation. Unter diesen Umständen war es aber nahezu unmöglich, den ursprünglichen Enthusiasmus zu bewahren. Dies beklagten die Prediger in ihren Jeremiaden, ohne zu sehen, daß es ihr eigener Anspruch auf soziale Kontrolle war, der diese Krise heraufbeschwor. Gleichzeitig wurde ab den sechziger Jahren des 17. Jahrhunderts das Problem akut, wessen Kinder in der nunmehr puritanischen Gesellschaft durch Taufe der Gemeinde der Heiligen zugehörig sein sollten und welche nicht. Dies war nicht allein ein religiöses, sondern auch ein soziales Problem, da von dieser Entscheidung abhing, wer politisch volle Teilhabe einklagen konnte. Zunehmend sah sich die Geistlichkeit zu Kompromissen genötigt, etwa in Gestalt beschränkter Teilhabe, dem sogenannten *half-way covenant.*[31] Dies bedeutete aber nichts anderes als ein Aufweichen der ursprünglich sehr strikten Zugangsbedingungen zur Kerngemeinde, was wiederum dem Ideal widersprach, das den Puritanismus überhaupt erst begründet hatte. Aus diesem Dilemma aber gab es keinen Ausweg. Es erhöhte sich sogar noch, da infolge der Institutionalisierung der Abstand zwischen den puritanischen Vollmitgliedern und der breiten Masse, die aus dem *covenant* ausgeschlossen war, wuchs. Der Puritanismus wurde zu einer bürokratischen Elitenreligion, die entweder in der Kontrolle der Nichtmitglieder immer rigider werden oder Raum für oppositionelle Bewegungen geben mußte.

Genau dies geschah denn auch. In der Mitte der calvinistischen Orthodoxie und an ihren Rändern entstanden neue Gruppen, die sich dazu aufgerufen fühlten, den charismatischen Enthusiasmus der frühen Puritaner zu erneuern, die an theologischen Problemen des Calvinismus Anstoß nahmen oder sich spirituell durch die herrschende Elite vernachlässigt fühlten. Oft genug wirkten alle drei Gründe zusammen, meist mit gesellschaftlichen und kulturellen Anliegen verknüpft. Die bereits erwähnte Anne Hutchinson gehörte bereits in den dreißiger Jahren des 17. Jahrhunderts zu den charismatischen Erneuerern. Allein wegen ihres Geschlechtes provozierte sie die Hüter des rechten Glaubens, denen es unverständlich war, wie eine Frau es sich anmaßen konnte, ihre Autorität derart radikal zu hinterfragen. Zugleich war ihnen wohl bewußt, daß Anne Hutchinsons Kritik an den Kern puritanischen Selbstverständnisses rührte. Ihr Antinomismus, also ihre Kritik an der vorgeblichen Gesetzlichkeit orthodoxer Werkgerechtigkeit, war nicht frei von Ungerechtigkeit gegenüber den Geistlichen, beinhaltete aber eine enorme Sprengkraft, da er gleichzeitig nach der Bedeutung der calvinistischen Bibellektüre und der Prädestination fragte. Dabei ging sie in vielen Punkten noch über den Ansatz ihres spirituellen Lehrers John Cotton, eines calvinistischen Predigers, den ebenfalls das Problem des Verhältnisses von Werk und Gnade innerhalb des *covenant* umtrieb, hinaus. Cotton und Hutchinson verfochten unnachgiebig den Primat der Gnade. Das aber war nichts anderes als das ursprüngliche reformatorische Grundanliegen. Die gereizten Geistlichen machten ihr wegen Häresie den Prozeß, sahen sich aber zu ihrem Erstaunen nur mit einer noch radikaleren Kritik und einer außerordentlich geschickten Verteidigung seitens der sehr beliebten und wohlhabenden Frau, die sich oft um Menschen außerhalb der Gemeinde gekümmert hatte, konfrontiert. Allerdings überspannte Anne Hutchinson den Bogen, als sie erklärte, Gott habe ihr persönlich offenbart, ihre Ankläger vernichten zu wollen. Das war selbst für John Cotton zu viel. Hutchinson, ihre Familie und ihre Anhänger wanderten nach Rhode Island aus, wo die antinomische Prophetin 1642 zum Opfer eines Indianerangriffs wurde. Der Antinomismus und sein Vorwurf der Werkgerechtigkeit gegenüber dem exklusiven Zirkel der Heiligen aber blieben in Massachusetts und Connecticut bestehen.

Im ausgehenden 17. und im 18. Jahrhundert sah sich die puritanische Geistlichkeit mit weiterer religiöser Kritik konfrontiert. Zum einen stellte sich die Frage, wie ohne Rekurs auf die kirchliche Tradition, insbesondere der ersten vier Konzilien der Alten Kirche, die orthodoxe Trinitätslehre aus dem alleinigen Befund der Heiligen Schrift abgeleitet werden konnte. Das Neue Testament kennt triadische Formeln, aber kein trinitarisches Bekenntnis. Im Gefolge der radikalen Reformation in Europa hatte schon im 16. Jahrhundert der humanistische Antitrinitarier Fausto Sozzini die sogenannten Sozinianer begründet, die insbesondere in Polen, Ungarn und Böhmen, aber auch unter Akademikern und Intellektuellen in Westeuropa eine gewisse Anhängerschar rekrutieren konnten.[32] In England standen Isaac Newton und John Locke den Sozinianern zumindest nahe. Der Sozinianismus war wegen seines humanistischen Rationalismus, seiner ethischen Tendenz und seiner religiösen Toleranz dann für viele frühe Aufklärer akzeptabel, weswegen er auch in den Neuenglandkolonien des späten 17. Jahrhunderts rezipiert wurde. Aus dieser antitrinitarischen Bewegung erwuchsen dann im 18. Jahrhundert die Deisten, Unitarier und Universalisten; drei sozial hochgradig elitäre religiöse Gemeinschaften, die im Umfeld der amerikanischen Revolution einige Prominenz erlangen sollten. Innerhalb der puritanischen Elite führte das Auftauchen der Antitrinitarier im 18. Jahrhundert zu einer regelrechten Spaltung, die den Führungsanspruch der reformierten Orthodoxie nachhaltig schwächte.

Noch gefährlicher aber war eine andere, mit den Sozinianern lose verknüpfte Bewegung, die den exklusiven Heilsanspruch der calvinistischen Prädestinationslehre massiv in Frage stellte. Es handelte sich um die Arminianer oder Remonstranten, die auf den niederländischen reformierten Theologen Jacobus Arminius zurückgeführt wurden. Dieser hatte im 16. Jahrhundert gelehrt, Jesus von Nazareth sei nicht nur für die unfehlbar von Gott auserwählten Prädestinierten gestorben, sondern sein Tod habe dem Heil aller Menschen gegolten. Überdies behaupteten die Arminianer, im Rechtfertigungsprozeß wirkten die göttliche Gnade und der menschliche freie Wille gemeinsam und der Mensch sei durch seinen freien Willen in der Lage, die göttliche Gnade zu verwerfen sowie vom Glauben abzufallen. Außer in den Niederlanden hatte diese neue Lehre im englischen Calvinismus Fuß gefaßt und war dann von neuen Migranten über den Atlantischen Ozean in die neuenglischen Kolonien mitgebracht worden.[33] Wie der Antinomismus und der Antitrinitarismus rüttelte der heilsuniversalistische, antiprädestinarische Arminianismus an den Grundfesten puritanischer Glaubenslehren. Vor allem im 18. und dann im frühen 19. Jahrhundert sollte er seine ganze theologische und soziale Sprengkraft entfalten, da der inklusive Heilsbegriff der Arminianer für alle Randgruppen außerhalb des *covenant* reizvoll war.[34]

Im 17. Jahrhundert aber stellte eine ganz andere, mit dem Puritanismus rivalisierende Erweckungsbewegung eine echte Gefahr für die theologische Dominanz der Heiligen dar, der Baptismus.[35] Bekanntlich konnte man das Neue Testament durchaus so lesen, daß die altkirchliche Praxis der Kindertaufe zumindest fragwürdig wurde. Aus diesem Grund hatten sich frühzeitig am radikalen Rand der Reformation wiedertäuferische Denominationen gebildet, die sich hartnäckig der Idee der Kindertaufe widersetzten. Im weiteren Verlauf der Geschichte bildeten sich dann im frühen 17. Jahrhundert parallel zu den Puritanern in England und später in den Niederlanden erweckte Zirkel, die sich zur calvinistischen Theologie bekannten (wobei nicht alle einer Meinung über die Prädestination waren), die Kindertaufe aber als unbiblisch verwarfen. Nach Ansicht dieser Baptisten war weniger der sakramentale Ritus der Taufe, sondern ausschließlich der Glaube heilsrelevant. Für die Puritaner hatte sich aus strukturellen Gründen diese Frage anfänglich nicht gestellt. Sie lehnten die Kindertaufe als solche nicht ab, benötigten sie aber gar nicht, da sie sich durch Konversion erwachsener Anglikaner rekrutierten. Mit dem soziostrukturellen Wandel zur Herrschaftsreligion in Neuengland jedoch änderte sich ihre Situation. Angesichts der Debatten um den *halfway covenant* wurde dann die Frage nach der Heilsrelevanz und biblischen Grundlegung der Kindertaufe gerade für jene Kolonisten außerhalb der Gemeinde bedeutsam. Wieder und wieder sahen sich die puritanischen Geistlichen genötigt, gegen die Baptisten Stellung zu beziehen. Tatsächlich verlegten diese ihren regionalen Schwerpunkt in die südlichen Kolonien, die Carolinas und Georgia. Trotzdem gelang es den Puritanern im späten 17. Jahrhundert nicht mehr, der baptistischen Gefahr Herr zu werden. Während es in den sechziger und siebziger Jahren des 17. Jahrhunderts noch Gerichtsverfahren gegen Baptisten gab, wurden ab 1682 sämtliche Verfolgungen eingestellt. Die Puritaner mußten sich innerhalb ihrer eigenen Hochburgen mit einer rivalisierenden, gleichermaßen calvinistischen Gruppierung abfinden. Wie in England, wo ab 1662 die puritanischen Ordinationen von der anglikanischen Kirche nicht mehr anerkannt wurden, verloren die Puritaner in Massachusetts an Boden. Dazu trugen sicher die politischen Konstellationen in der späten Stuart-Dynastie nach der Restauration der englischen Monarchie im Jahr 1660 bei, da nun anglikanische Hochkirche und Katholizismus wieder auf dem Vormarsch waren. Aber es war vor allem der innere Zerfall der puritanischen Orthodoxie, der dazu führte, daß zu Beginn des 18. Jahrhunderts der Puritanismus im amerikanischen Protestantismus keine relevante Erscheinung mehr war. Er entwickelte sich endgültig zum Kongregationalismus, einer sozial elitären und religiös exklusiven Gemeinschaft unter vielen anderen Denominationen, der es am typisch puritanischen umfassenden gesamtgesellschaftlich-kulturellen Dominanz- und Gestaltungsanspruch mangelte. Von den zwanziger Jahren des 18. Jahrhunderts an bildeten Kongregationalisten, Presbyterianer, Anglikaner und bis zu einem gewissen Grad die Quäkerelite von Pennsylvania eine Frühform des amerikanischen protestantischen *mainstream*. Dabei vollzog sich der Verfall puritanischer Autorität eher schleichend. Er wurde durch ein eigentümliches Miteinander von theologischen Kontinuitäten und soziokulturellen Diskontinuitäten charakterisiert, welches im Lauf des 18. Jahrhunderts die Grundlage für die spätere distinkte amerikanische Identität abgab. Die theologischen Kontinuitäten bezogen sich in erster Linie auf die langfristige Dominanz reformierter, calvinistischer Theologie und ihren Umgang mit der gesamten Bibel, auf Aspekte von charismatischer und millenaristischer Erweckung mitsamt dem dazugehörigen Ideal der Auserwähltheit und der Erlösernation,[36] manichäischen Denkstrukturen[37] und Antikatholizismus. Die Diskontinuitäten waren aber mindestens ebenso wichtig. Hier, in den Bereichen Partizipation, Individualismus,[38] religiöse Toleranz und *rule of law*, wirkte der Puritanismus bestenfalls indirekt oder dank dialektischer Wechselwirkungen von puritanischem Druck und gesellschaftlichen Gegenreaktionen weiter. Vor allem aber waren es englische kulturelle Traditionen, die nachhaltig das Selbstverständnis der Amerikaner prägen sollten. Dies galt auch im religiösen Sektor.

Es waren also enge, verschlungene Pfade, die vom Puritanismus in den amerikanischen Protestantismus der späteren

Zeit führten. Viele dieser Pfade endeten im Umbruch vom 17. zum 18. Jahrhundert. Der Puritanismus der Frühzeit war nicht in der Lage, sich unverändert in eine neue Zeit hinüberzuretten, aber er war lebendig genug, einen umfassenden Transformationsprozeß mitzumachen, an dessen Ende die Dualität von moderatem Kongregationalismus und aufgeklärtem Deismus in der neuenglischen Elite stand. Fast gleichzeitig mutierte er zu einer Art Projektionsfläche amerikanischer Mythen.[39] Dabei zählte weniger, was der Puritanismus in sich gewollt und bedeutet hatte, als das, was man unter dem Eindruck von Aufklärung und evangelikalen Erweckungsbewegungen von ihm zu wissen glaubte. Dadurch lieferten die Puritaner dem Anlauf zu einer modernen, säkularen und kapitalistischen Republik, der ab 1776 einsetzte, eher ungewollt eine gewisse historische Tiefendimension.[40]

3
DAS SÄKULARE EXPERIMENT: RELIGION UND AUFKLÄRUNG IM ZEITALTER DER REVOLUTION

Mehr noch als das Erbe des Puritanismus sorgt der wissenschaftliche und politische Dauerkonflikt um die ideengeschichtlichen Wurzeln der Amerikanischen Revolution bis heute für Kontroversen. Dies liegt in der Natur der Sache. In einer Gesellschaft, die derart legalistisch denkt und deren nationales Selbstverständnis so stark vom Glauben an die Weisheit der Gründerväter und der von ihnen erarbeiteten Verfassung abhängt, sichert der Rekurs auf die ursprüngliche Intention dieser Gründerväter immer noch kulturelle Hegemonie. Das gilt angesichts der seit den sechziger Jahren laufenden Kulturkonflikte in den Vereinigten Staaten, den *culture wars*,[1] wie es gelegentlich dramatisierend heißt, vorrangig für das Verhältnis säkularer und religiöser Motive in der Weltanschauung der Gründerväter sowie für die Bestimmung des Verhältnisses gegebenenfalls divergierender säkularer Ideologien innerhalb dieser Weltanschauung. Die Sicht auf die Revolutionsepoche und ihre ideellen Charakteristika hängt deutlich von den weltanschaulichen Prämissen der eigenen Zeit ab. So war es kein Zufall, daß insbesondere die konsensliberale Historikerschule der fünfziger und sechziger Jahre den Liberalismus der Revolution hervorhob. Damit setzte sie sich vom Ökonomismus der progressiven Schule, die seit den zwanziger Jahren des letzten Jahrhunderts die US-amerikanische Geschichtswissenschaft beherrscht hatte, wie von den deterministischen Ansätzen des Marxismus ab.[2] Die USA, so die konsensliberalen Wissenschaftler Daniel Boorstin, Louis Hartz und Richard Hofstadter übereinstimmend, seien derart fest in der liberalen Wertewelt verankert, daß rivalisierende Ideologien kaum Chancen auf Rezeption gehabt hätten. Gleichermaßen konstruierten sie ein Amerika, in dem der Religion keinerlei identitätsstiftende Funktion zukam. Ganz im Gegenteil verstanden sie Religion als Privatsache, mitunter als Bedrohung für ein rationales Miteinander. Insbesondere Evangelikalismus und Fundamentalismus konnten mithin aus dem amerikanischen Identitätsdiskurs ausgeblendet werden, da ihr Anspruch auf gesellschaftliche und kulturelle Teilhabe unter liberalen Gesichtspunkten als unamerikanisch wegdefiniert wurde. Dies entsprach der geistigen Situation ihrer Epoche, die wesentlich von liberalen Intellektuellen beherrscht wurde. Entsprechend verzichteten selbst ihre Nachfolger, darunter viele Anhänger der neomarxistischen Neuen Linken, darauf, die Frage nach den religiösen Wurzeln der USA überhaupt zu stellen. Dafür griff man auf konflikttheoretische Analysen der Revolution zurück, die bereits von den Progressivisten vorgelegt worden waren. Parallel dazu wies eine Reihe von Ideenhistorikern darauf hin, daß der Liberalismus keineswegs so einschlägig war, wie die Konsenshistoriker angenommen hatten. Der Republikanismus wurde seit der Mitte der sechziger Jahre gleichberechtigt neben den Liberalismus gestellt,[3] was in der Folgezeit dazu führte, daß man überall republikanische Ideologieelemente zu entdecken vermeinte.[4] Bis in die neunziger Jahre tobte dann eine in wachsendem Maße unfruchtbare Diskussion über die Frage Liberalismus oder Republikanismus als originäre Grundlage amerikanischer Identität.[5] Wieder blieb dem Religiösen eine eher randständige Rolle. Dies änderte sich erst in den neunziger Jahren. Mit der Rezeption der Postmoderne, der kulturwissenschaftlichen Wende der Geschichtswissenschaft und dem sogenannten *conservative backlash* in Politik, Gesellschaft und Kultur, allesamt voneinander unabhängige Vorgänge, die sich gleichwohl wechselseitig beeinflußten, rückte das religiöse Moment neuerlich in den Blick der Geschichtswissenschaft. Manchmal führte dies zu Einseitigkeiten, insbesondere im zeitgenössischen konservativen Diskurs, bei dem man sich des Eindrucks nicht erwehren kann, als würden die Gründerväter mit Gewalt zu tief religiösen, konservativen und antiliberalen Vorbildern stilisiert.[6] Das ist jedoch ebenso unlauter wie der liberale Versuch, die Amerikanische Revolution zu einem ausschließlich weltlichen Ereignis umzudefinieren.[7] Derzeit laufen dessenungeachtet Versuche, die unterschiedlichen Standpunkte zu einer sinnvollen, wenngleich nicht durchweg kohärenten Synthese zu verbinden.[8] Hier ist nicht der Ort, die gesamte Geschichte der Revolutionszeit darzustellen, nicht einmal auf dem Gebiet der Ideengeschichte.[9] Vielmehr soll im Folgenden herausgearbeitet werden, wie sich der amerikanische Protestantismus im Kontext der vorrevolutionären und revolutionären Entwicklungen verhielt, welchen Wandlungen er unterworfen war und wo er sich aktiv gestaltend einmischte. Dazu ist es freilich notwendig, zuerst in die ideologische Entwicklung des 18. Jahrhunderts einzuführen, das heißt in die spezifisch amerikanischen Zusammenhänge von Aufklärungsideologie, Liberalismus und Republikanismus, ehe in einem zweiten Schritt die Religion wieder in den Mittelpunkt der Erörterungen gestellt wird. Allein auf diese Weise wird eine wichtige Änderung im Vergleich zum 17. Jahrhundert sichtbar: Die Religion stand im 18. Jahrhundert, vor allem ab 1720/1730, nicht mehr nur für sich. In wachsendem Maße wurde sie in breitere ideelle und gesellschaftliche Strömungen eingebettet. Eine direkte Anhängigkeit der religiösen Wandlungsprozesse war damit zwar nicht gegeben, wohl aber relativierten sich die direkten Einflußmöglichkeiten des Faktors Religion im Geflecht gesellschaftlicher und kultureller Verhandlungen über die künftige Gestalt Amerikas.

Wie bereits in der puritanischen Epoche blieb im 18. Jahrhundert bis über die Revolution hinaus der britische Einfluß auf die intellektuelle Entwicklung der nordamerikanischen Kolonien des *Empire* maßgeblich. Die Rezeption der angloschottischen Aufklärung ist dafür ein gutes Beispiel. Die Aufnahme britischen aufgeklärten Gedankenguts ging jedoch nicht einfach mechanisch vonstatten. Man wählte in den Kolonien aus dem Angebot das aus, was akzeptabel und sinnvoll erschien. Francis Hutcheson und John Locke etwa wurden deutlich stärker wahrgenommen als Thomas Hobbes und David Hume.[10] Dies hatte wichtige Folgen für die formative Phase der amerikanischen Identitätsbildung. Gerade Locke war ein ausgesprochener anthropologischer Optimist. Sein Menschen- und Gesellschaftsbild war ungleich positiver als das von Hobbes, obgleich beide von einem individualistischen Grundverständnis her dachten. Mit Hilfe lockeanischen Denkens war es möglich, auf jene Elemente angelsächsischer Tradition aufzubauen, die bereits von den Puritanern etabliert worden waren, ohne indes deren anthropologischen und kosmologischen Pessimismus übernehmen zu müssen. Besonders deutlich wird dies am aufgeklärten Naturrechtsverständnis in den amerikanischen Kolonien, das sich wesentlich aus lockeanischen Wurzeln speiste. In England hatte Lockes Naturrechtskonzept den *Whigs* dazu gedient, ihre Position gegenüber absolutistischen Tendenzen der Stuart-Monarchen und der Könige aus dem Hause Hannover zu rechtfertigen. In den nordamerikanischen Kolonien wurde dieser Punkt spätestens nach dem Ende des Siebenjährigen Krieges mit Frankreich (1756-1763) im Zuge der sich zuspitzenden Krise zwischen kolonialer Bevölkerung und britischer Krone aufgegriffen. Wie die radikalen *Whigs* im Mutterland beriefen sich die kolonialen *Whigs* – die Patrioten, wie sie sich ab den siebziger Jahren des 18. Jahrhunderts nannten – auf ihre natürlichen Rechte als freie Engländer. Leben, Freiheit, Eigentum und das Recht auf angemessene Partizipation galten ihnen im Sinne der lockeanischen Tradition als von Natur aus gegeben. Das entbehrte nicht klassenspezifischer Konnotationen.[11] Es waren immerhin die Werte einer Koalition aus neuenglischen Besitzbürgern und südstaatlichen, meist virginischen Großgrundbesitzern, die hier verhandelt wurden. In diesem Sinne war die Amerikanische Revolution tatsächlich eine konservative Revolution, und es sollte bis weit in das 19. Jahrhundert dauern, ehe der Besitzindividualismus, der im Staat eine Art Aktiengesellschaft der besitzenden Klassen sah, durch eine massenpartizipatorische Demokratie abgelöst wurde. Was indes blieb, war eine radikalisierte Version des älteren Gedankens von der *rule of law* in einem explizit individualistischen und eigentumsorientierten Kontext. Die Heiligkeit des materiellen und geistigen Privateigentums wurde spätestens mit der Revolutionsepoche zu einem Kernbestandteil des amerikanischen Credos.[12] Dies bedeutete allerdings noch keine generelle Akzeptanz abstrakter kapitalistischer Marktkonzepte und einer entsprechenden Mentalität. Beides wurde zwar in der Mitte des 18. Jahrhunderts grundgelegt, setzte sich aber erst im Umfeld des Bürgerkriegs endgültig durch.

Der säkulare, naturrechtliche Besitzindividualismus John Lockes wurde durch seine gleichfalls naturrechtlich legitimierte Lehre vom Gesellschaftsvertrag ergänzt. Es war in der Tat kein Zufall, daß die amerikanische Unabhängigkeitserklärung in Form der Kündigung eines feudalen Lehensvertrags auf Gegenseitigkeit verfaßt war. Indem man dem britischen König vorwarf, infolge seiner despotischen Wende zum Absolutismus den ursprünglichen Gesellschaftsvertrag mit seinen loyalen Untertanen aufgekündigt zu haben, räumte man sich, analog zum Vorgehen der englischen *Whigs* während der *Glorious Revolution* von 1689, das Recht auf Widerstand ein. Dies knüpfte gleichermaßen an die puritanische Monarchiekritik des 17. Jahrhunderts wie an die in puritanischer Zeit selbstverständlich gewordenen *compact*- und *covenant*-Vorstellungen an. Die Philosophie Lockes erlaubte es den Gründervätern freilich, diese Ideen ohne Rekurs auf eine göttliche Autorität zu formulieren. Eine prinzipielle Absage an theologische Begründungen von Widerstand war damit aber keineswegs gegeben. Dafür fehlte dem lockeanischen, aufgeklärten Liberalismus die antireligiöse Schärfe der rationalistischen französischen Aufklärung. Vielmehr erwies sich der Lockeanismus als ausgesprochen anschlußfähig für protestantische Werthaltungen.

Die Übernahme radikal whiggistischen Gedankenguts ging zudem weit über die Ideen John Lockes hinaus und wurde dadurch für die Erben der Puritaner noch attraktiver. Ganz wie die britischen *Radical Whigs* verstanden sich die amerikanischen Patrioten als moralische Gemeinschaft, die dank ihrer Tugend dem moralischen Verfall am königlichen Hof himmelweit überlegen war. Damit aber bot es sich an, den puritanischen Glauben an das neue, heilige Land zu modifizieren und auf diese Weise den britischen Gegensatz von *Court vs. Country* noch einmal radikaler zu denken. Amerika wurde von Gottes eigenem Land zur naturrechtlich begründeten *Nature's Nation.*[13] Nun reichte Lockes besitzindividualistische Philosophie kaum aus, die Wertebasis für eine tugendgestützte Gemeinschaft zu begründen. Hier bedurfte es weiterer Ideologieelemente, die dem republikanischen Diskurs der Frühneuzeit entnommen wurden. Der Bürger definierte sich demnach zum einen über Eigentum, zum anderen aber und zunehmend vorrangig über seine Tugend, die wiederum historisch auf antike Vorbilder verwies, in der aktuellen Gegenwart indessen dazu mahnte, sich als natürliche und naturgemäße Gemeinschaft zu begreifen und zu bewähren. Aufgeklärte Rationalitätspostulate, lockeanischer Besitzindividualismus und der Ruf nach tugendbasierter Gemeinschaft gingen seit den sechziger Jahren des 18. Jahrhunderts eine ausgesprochen komplexe und in vielerlei Hinsicht höchst heterogene Beziehung ein, die gleichwohl das Weltbild der Revolutionäre der siebziger und achtziger Jahre des 18. Jahrhunderts begründete. Möglicherweise war es just die fehlende Kohärenz dieser fragilen Mischtheorie, positiv ausgedrückt: ihre Elastizität und Flexibilität, die der Revolution ihr spezifisches, wenngleich janusgesichtiges Gepräge verlieh. Je nach Bedarf konnten einzelne Elemente, solche, die auf die Tradition verwiesen, und solche, die eher auf das frühe kapitalistische Marktdenken ausgerichtet waren, stärker oder schwächer betont werden. Langfristig mußte dies zu Spannungen führen, und das amerikanische Parteiensystem des späten 18. und des gesamten 19. Jahrhunderts war durch die aus diesen Spannungen resultierenden Probleme gekennzeichnet.

Für die Entwicklung des amerikanischen Protestantismus war das protorevolutionäre Ideenkonglomerat des radikalen

Whiggismus in mehrfacher Hinsicht wichtig, und zwar nicht nur als Vorgabe, an der er sich abzuarbeiten hatte. Es wäre nämlich vollkommen falsch, den amerikanischen Protestantismus aus der Vorgeschichte des revolutionären radikalen Whiggismus einfach auszuklammern. Eher wird man von mannigfachen Wechselwirkungen und gegenseitigen Einflüssen, von Konkurrenzen und Kooperationen, von Nähe und gelegentlicher Ferne sprechen müssen. Am leichtesten fiel es gewiß den Deisten (Unitarier und Universalisten), sich mit dem Ideengut der Phase unmittelbar vor der Revolution zu arrangieren. Sie waren als geistige Nachfahren der antitrinitarischen Sozinianer ein Zerfallsprodukt des untergehenden Puritanismus und als Vorfahren aufgeklärter Rationalität regelrecht dazu berufen, als Mittler zwischen traditioneller Religiosität und dem Denken der Aufklärung zu fungieren. Wie der Puritanismus entstammte der Deismus der englischen Geisteswelt, diesmal aber nicht dem religiösen Milieu des anglikanischen *Dissent*, sondern der whiggistischen Skepsis. Dort hatten John Toland und Mathew Tindal im ausgehenden 17. Jahrhundert die deistischen Doktrinen systematisiert. Der Deismus entwickelte sich dann im 18. Jahrhundert nachgerade zum Prototyp der aufgeklärten Religion. Ihm galten sämtliche auf Offenbarung und Tradition gegründeten Dogmen als fragwürdig, darunter für das überkommene Christentum so unaufgebbare Lehren wie die Trinität, die Göttlichkeit Jesu von Nazareth, seine Auferstehung, die Gnaden- und Rechtfertigungslehre und die apokalyptische Eschatologie. Es waren aber weniger einzelne Lehrinhalte, die von den freigeistigen Deisten kritisiert wurden, als der Gesamtzusammenhang christlich-biblischer Offenbarungsreligion. Sie verstanden Gott, im Einverständnis mit weiten Teilen der Naturphilosophie des 17. und 18. Jahrhunderts, als den unpersönlichen, fernen Schöpfer einer wohlkalkulierten Maschine, des Universums. Diese Maschine, einmal nach vernunfthaften Kriterien eingerichtet, würde um so harmonischer funktionieren, je weniger der Mensch in sie eingriff. Hier liegt eine der ideengeschichtlichen Wurzeln von Adam Smiths unsichtbarer Hand im freien Marktgeschehen. Dieser Gott aber offenbarte sich ausschließlich oder doch zumindest vorrangig durch seine Schöpfung, nicht durch eine wie auch immer geartete Offenbarung in der Geschichte. Wiederum im Einklang mit dem zeitgenössischen Gedankengut der Aufklärung bestritten die Deisten, daß eine historische Offenbarung hinreichender Grund für den Glauben an einen transhistorischen Gott sein konnte. Das Kontingente (in Gestalt der Bibel) lieferte keinen Verweis auf das Absolute. Dies bedeutete indes nicht, daß den Inhalten der Bibel oder der Gestalt Jesu von Nazareth keine Bedeutung zugekommen wäre; sie wurden jedoch ihrer übernatürlichen Bezüge beraubt. Gott wurde weniger als heilig angesehen, sondern als Autor eines sittlich-moralischen Gesetzes, Jesus von Nazareth nicht als göttlich, sondern als herausragender menschlicher Interpret dieses Gesetzes, und die Bibel nicht als übernatürliche Offenbarung, sondern als gehobener Ausdruck des von Jesus von Nazareth vorgelebten göttlichen Sittengesetzes, das wesentlich mit dem eingeschriebenen Sittengesetz der Vernunft identisch war. Die Konsequenz war, daß die Bibel zu einem weltimmanenten Werk mutierte, das man mit innerweltlichen Mitteln philologisch-kritisch interpretieren konnte und mußte. Vor allem das Alte Testament wurde als weithin moralisch wertlos, ja geradezu sittlich verwerflich angesehen. Anders als im Puritanismus und Kongregationalismus war die Bibel als Ganzes nicht mehr unfehlbar. Die Frage nach ihrer wörtlichen Auslegung stellte sich dementsprechend nur noch mit Blick auf die ursprüngliche historische Bedeutung des Textes, hatte aber keinerlei existentielle Funktion mehr. Es leuchtet unmittelbar ein, wie eng der deistische Moralismus mit dem Tugendrepublikanismus verwandt war. Gleichzeitig war er jedoch auch für frühliberales Gedankengut offen, wie der Verweis auf Adam Smith, der selbst Deist war, gezeigt hat. Auch Thomas Paine, der wichtigste Vordenker des radikalen Whiggismus in Nordamerika, war Deist. Damit lieferte der Deismus eine weitere weltanschauliche Grundlage für die Amerikanische Revolution sowie für die spätere Verfassung der Vereinigten Staaten. Es waren nicht zuletzt Deisten, wie Thomas Jefferson oder Benjamin Franklin, die sich für eine strikte Trennung von Staat und Kirche in den USA einsetzten, wie sie dann im 1. Verfassungszusatz garantiert wurde.[14] Insgesamt fanden sich primär Angehörige der kolonialen gesellschaftlichen Elite, oft aufgeklärte Freimaurer, die sich dem Deismus zuwandten. In ihren Augen stellte er eine glaubwürdige Alternative zur etablierten reformatorischen Religion dar. Im Bereich dieser Eliten verband der Deismus vormals kongregationalistische Kaufleute aus Boston mit Quäkern aus Philadelphia und nominell anglikanischen Plantagenaristokraten aus Virginia und Carolina. Dies machte ihn zu einem wichtigen einigenden Band zwischen den doch recht divergenten Kolonien.

Allerdings sorgte die geschilderte Konstellation aus aufgeklärt-deistischem und radikal whiggistisch-liberal-republikanischem Gedankengut auch für gesellschaftliche und kulturelle Spannungen. Es wäre nämlich falsch, aus dem bislang Dargestellten zu schließen, der amerikanische Protestantismus sei im Zeitalter der Revolution eine zu vernachlässigende Größe gewesen. Lange Zeit hat die Forschung tatsächlich diesen Standpunkt eingenommen. Erst seit den achtziger Jahren rückten die religiösen Entwicklungen im Vor- und Umfeld der Revolution neuerlich in das Blickfeld der Historiker.[15] Allerdings ist einzuräumen, daß den meisten Denominationen und Konfessionen, darunter Anglikanern, Kongregationalisten, Quäkern und Presbyterianern, weniger aus theologischen Gründen eine gewisse Bedeutung zukam, sondern wegen ihrer größeren Nähe oder Ferne zum Gedankengut des *radical Whiggism* oder zum Toryloyalismus der Revolutionsgegner. Letzteres betraf insbesondere die Anglikaner. Spannungsreicher und genuin von religiösen Anliegen bestimmt war hingegen das Verhältnis von revolutionärer Ideologie und evangelikalem Erweckungschristentum ab den vierziger Jahren des 18. Jahrhunderts. Auch wenn die ältere Interpretation vom *Great Awakening* des Jahres 1740, die beinahe ausschließlich auf die Missionsreisen George Whitefields 1739/40 abhob, inzwischen einer differenzierteren Sichtweise gewichen ist, wird man inzwischen nicht mehr so weit gehen, die schiere Existenz einer folgenreichen Erweckungsbewegung in der Mitte des 18. Jahrhunderts zu leugnen.[16] Allerdings handelte es sich weniger um eine geschlossene, einheitliche und umfassende Erweckungswelle, sondern um eine Fülle teilweise miteinander verknüpfter, mitunter auch unabhängiger kleiner Erweckungen, die aber allesamt auf vergleichbare Probleme reagierten. Bis zu einem gewissen Grad kann man sagen, daß die Erweckungen um 1740 den folgenden Erweckungswellen in den USA als eine Art strukturelles Muster dienten.

Ein zentraler Punkt war, wie später immer wieder, die eigentümliche soziokulturelle Doppelstruktur des *awakening*. Einerseits begann die Bewegung nicht, wie man eventuell erwarten könnte, in außerbürgerlichen, ländlichen Schichten, die sich möglicherweise von der kalten Rationalität des Deismus und der Laxheit der etablierten religiösen Gemeinschaften abgestoßen fühlten. Trotzdem war es unter anderem der »ferne Gott« des aufgeklärten Deismus, der innerhalb professioneller theologischer Kreise zunehmend zu Konflikten führte. Vor dem Hintergrund pietistischer Erweckungsbewegungen in Kontinentaleuropa und Großbritannien waren es zuvörderst iroschottische presbyterianische Prediger, die sich gegen die Dominanz des aufgeklärten Moralismus und die Relativierung der Übernatürlichkeit (Supranaturalität) und Heiligkeit Gottes im Glaubensleben ihrer Gemeinden zur Wehr setzten. Dies führte automatisch dazu, der Heiligen Schrift wieder einen höheren Stellenwert als übernatürliche Offenbarung zuzuweisen. Die Erweckungsprediger kämpften gleichwohl noch an einer zweiten, für sie beinahe ebenso wichtigen Front. Geistliche wie William Tennent und seine Söhne störten sich an dem Versuch der zuständigen presbyterianischen Synode, über die Köpfe der Gemeinden hinweg jene Pfarrer eigens zu prüfen, die keinen akademischen Grad einer britischen oder kolonialen Universität hatten. Vorderhand ging es um die Frage, inwieweit die im Grunde orthodox calvinistische

Westminster Confession der sechziger Jahre des 17. Jahrhunderts allgemein verbindlich war. Im Mittelpunkt aber standen andere Probleme, vor allem der Stellenwert der Synoden und die Wertigkeit akademischer Abschlüsse. Die Erweckten waren dabei keineswegs antiintellektuelle Kritiker der aufgeklärten Moderne. Ganz im Gegenteil waren sie von der unbedingten Vereinbarkeit von Wissenschaft und Glauben überzeugt. Ihnen ging es um etwas ganz anderes. Sie befürchteten ein weiteres Nachlassen des missionarischen Eifers, eine gewisse Laxheit der akademisch gebildeten Pfarrer und eine Vernachlässigung von Seelsorge und Mission. Diese frühen Evangelikalen waren antiinstitutionalistisch oder, wie es in der amerikanischen Literatur heißt, antiformalistisch[17] und wollten zum ursprünglichen Charisma der Reformation zurückkehren.

Andererseits aber war es neben dem »fernen Gott« die »ferne Institution«, die den Resonanzboden für die Erwekkungsprediger gerade im ländlichen Raum bereitstellte. Angesichts des vergleichsweise heftigen Bevölkerungswachstums in den Kolonien waren die etablierten Denominationen mit ihrer Gemeindestruktur kaum noch in der Lage, die Bevölkerung mit Predigern zu versorgen. Die von der Synode geplante akademische Professionalisierung hätte diesem Trend weiteren Vorschub geleistet. Insofern waren die Bedenken der Evangelikalen in der Sache verständlich. Der spätere Antintellektualismus der erweckten Gemeinden geht nicht unbedingt auf ihr Konto. Ihnen war es eher darum zu tun, ein möglichst institutionsfreies, verinnerlichtes und emotionales Christentum an die Menschen heranzutragen. Prediger wie Georges Whitefield warfen den verschiedenen reformierten Denominationen vor, zu lieblos, zu eng und unbeweglich geworden zu sein. An die Stelle legalistisch erstarrter Pfarrgemeinden sollten eschatologische Gemeinschaften der Liebe unter wiedergeborenen Christen treten. Mit dem Gedanken der spirituellen Wiedergeburt griffen die Erweckungsprediger nicht nur die *conversion narrative* der Puritaner wieder auf, sondern gaben allen folgenden Erweckungsbewegungen

Nordamerikas ihr zentrales Thema.[18] Aus diesem Grunde aber war es notwendig, neue Formen der Glaubensvermittlung zu erproben. Auch in diesem Punkt war die erste Erweckungsbewegung stilbildend, denn von nun an traten die Prediger in Gestalt umherziehender, nahezu apostolischer Wanderprediger unmittelbar an ihre potentiellen Herden heran. Die Gottesdienste der Antiformalisten erhielten ein ganz eigentümliches Gepräge. Sie fanden unter freiem Himmel statt, wo sich Hunderte, ja Tausende von Menschen versammelten, um einem charismatischen Prediger zuzuhören und sich von seinem leidenschaftlich vorgetragenen Appell zur Umkehr bewegen zu lassen. Nicht selten gerieten die Zuhörer in ekstatische Verzückungszustände, die von den in den Gottesdiensten gesungenen Liedern nachhaltig gefördert wurden. Manch einer brach weinend zusammen und gestand der versammelten Gemeinde seine Sünden, um dann theatralisch zu Christus umzukehren. Eine solche Umkehr zum christlichen Glauben war an keiner konfessionellen Tradition, an keiner erhabenen Vergangenheit mehr ausgerichtet. Die Zukunft allein zählte, weswegen Katholiken, Anglikaner und Lutheraner, also die Angehörigen der sogenannten Ritualkirchen, erhebliche Probleme mit den Erweckungsgottesdiensten hatten. Aber nicht nur sie allein. Die formalistischen Vertreter einstmals erweckter religiöser Gruppen, etwa der Presbyterianer, Kongregationalisten und Baptisten, sahen dem Treiben der aktuell Erweckten kaum weniger fassungslos und angewidert zu als die Frommen der Ritualkirchen. Sie alle gemeinsam bezweifelten hartnäckig die Tiefe der in den *revival meetings* erzielten μετάνοια (Umkehr im Sinne des Neuen Testaments). In der Tat gehörte das Inszenatorische der Erweckungsgottesdienste von jeher zu den Hauptvorwürfen an die Prediger der *awakenings*.

Man wird indes kaum umhinkommen, die funktionale Modernität des neuen Stils amerikanischer Erweckungsreligiosität zu bewundern. Aus dem »fernen Gott« wurde ein zutiefst verinnerlichter, ganz persönlicher, naher Gott; aus der »fernen Institution« eine nahe Form der Institutionslosigkeit, zumindest für eine gewisse Phase. Dies gelang den Predigern der vierziger Jahre des 18. Jahrhunderts, weil sie nahtlos an die zeitgenössische Rednerkultur des 18. und später des 19. Jahrhunderts anknüpfen konnten. In einer Epoche, in der es praktisch noch keine Massenmedien gab, sorgten Prunkredner bei festlichen Anlässen für Belehrung und Unterhaltung. In der jungen Republik sollte dies ab den neunziger Jahren des 18. Jahrhunderts noch einmal wichtiger werden, aber bereits früher im 18. Jahrhundert gehörte die öffentliche, wohlgesetzte Rede zur Alltagskultur der Kolonien. Dies nahmen die Erweckungsprediger auf, mehr noch, ihre Reden und die dazugehörigen rhythmischen, gleichfalls an das Gefühl appellierenden Kirchenlieder setzten Maßstäbe für die Zukunft.[19] Noch heute entstammen selbst viele Lieder der amerikanischen Arbeiterbewegung unüberhörbar den Traditionen des evangelikalen Choralgesangs.

Gleichzeitig gelang es den Antiformalisten, ihre Gefolgschaft an die politischen Entwicklungen der vorrevolutionären Zeit heranzuführen. In der Elitenkritik der Evangelikalen lag durchaus ein frühdemokratischer, wenngleich nicht notwendig aufklärungsliberaler Impuls. Man kann zwar, wie Michael Zuckert, von einem *Lockean Puritanism* sprechen, vor allem mit Blick auf die Rezeption des Naturrechts und die Forderung nach religiöser Freiheit seitens der Erweckten,[20] ist dann aber gezwungen, diesen politischen Transformationsprozeß in das 17. Jahrhundert vorzuverlegen, und verkennt dadurch die originäre Leistung des antiformalistischen, mithin antipuritanischen reformierten Erweckungschristentums im 18. Jahrhundert. Überdies wird der lockeanische Grundkonsens der Revolutionszeit so über Gebühr strapaziert. Sinnvoller wäre es, von einem tugendrepublikanischen, antielitären evangelikalen Christentum zu sprechen, das zwar dem Rationalismus in religiösen Dingen gegenüber kritisch eingestellt war, nichtsdestotrotz aber für den szientistischen Optimismus der Aufklärung und ihr politisches Weltbild anschlußfähig war. Der innerliche Gott der Erweckten konkurrierte nicht mit dem technokratischen Lückenbüßergott der Aufklärung, sondern ergänzte ihn und machte ihn persönlich und innerhalb der tugendhaften Gemeinschaft der Bürger erfahrbar. Hierin liegt ein weiterer Grund, das lockeanische Element in den frühen *awakenings* nicht überzubetonen. Die Erweckungsprediger demokratisierten den reformatorischen Glauben, sie zwangen jeweils zur persönlichen Entscheidung und politisierten breite, außerbürgerliche Volksschichten, aber sie waren gewiß keine Besitzindividualisten. Vom Ideenkonglomerat des *radical whiggism* wählten sie, was am besten zur christlichen Tradition paßte, das heißt den Aspekt der gemeinschaftsorientierten Tugend und den Gegensatz zwischen monarchischem Hof und einfachem Landleben. Der Kapitalismus, das abstrakte Marktgeschehen, die Mentalität der innerweltlichen Askese stand für sie, die theologisch wenig innovativ waren, nicht im Vordergrund. Diese ökonomisch-kulturelle Transformation blieb ihren Nachfolgern vorbehalten.

Die erste Erweckungsbewegung leistete noch einen weiteren bedeutsamen Beitrag für die politische Kultur des revolutionären Nordamerika und der frühen Republik. Gemeinsam mit den Deisten lehnte sie das vorhandene Staatskirchentum der Anglikaner im Süden und der Kongregationalisten in den Neuenglandstaaten ab. Für die Evangelikalen war die Kirchenmitgliedschaft keine Sache der Geburt. Ohne persönliche Entscheidung, ohne sittliche Umkehr konnte es für sie kein echtes Christentum geben. Daher widersprachen etablierte Kirchen ihrem Verständnis von Kirche als geistiger Gemeinschaft weniger der Erwählten, obwohl sie oft noch an die Prädestination glaubten, sondern vorrangig der Erweckten. Verstärkt wurde dieser kritische Aspekt durch die mit der geistigen Wiedergeburt verbundene Pflicht zur Entscheidung. Das Erweckungschristentum des 18. Jahrhunderts wirkte häufig als eine Art Spaltpilz, der vorhandene religiöse Gruppen weiter zersplitterte. Die Erweckten schufen mit der Zeit ihre eigenen Strukturen außerhalb der traditionellen Gemeinden, den traditionellen »*Old Lights*« standen nun die erweckten »*New Lights*« gegenüber. Damit aber stellten sie sich theologisch und organisatorisch gegen die etablierten staatskirchlichen Strukturen, was ihre generell oppositionelle Haltung neuerlich bestärkte. Der erste Verfassungszusatz zur US-amerikanischen Verfassung aus dem Jahr 1791 wäre ohne die bereitwillige Zusammenarbeit von Evangelikalen und Deisten kaum gleichfalls derart problemlos zustande gekommen wie das *deestablishment*, die Abschaffung des Staatskirchenrechts auf Staatenebene seit 1776.

Man wird insgesamt den Beitrag der evangelikal Erweckten zum Entstehen eines (vor-)revolutionären Bewußtseins in den nordamerikanischen Kolonien ebensowenig zu niedrig veranschlagen dürfen wie ihren Beitrag zur zukünftigen Gestalt der USA. Das bedeutet jedoch nicht, daß die erste Erweckungsbewegung in irgendeiner Art ursächlich die Revolution der siebziger Jahre des 18. Jahrhunderts befördert hätte. Sie war eher in einen diffizilen Prozeß eingebunden, an dem vielfältige, oft widersprüchliche gesellschaftliche und kulturelle Kräfte mitwirkten. Das Kennzeichen der Erweckungsbewegung war ihre intellektuelle Flexibilität, dank deren sie nicht in Opposition zu den soziokulturell führenden Kräften der kolonialen Bevölkerung geriet, sondern eine gewisse inhaltliche Kompatibilität herzustellen vermochte. Aufklärungsliberalismus mitsamt Deismus und Freimaurerei, Tugendrepublikanismus und Erweckungsbewegung interagierten miteinander, wobei dann im eigentlichen revolutionären Geschehen den Deisten die Führungsrolle zufiel, während die Evangelikalen primär das Fußvolk der Revolution darstellten. Ohne dieses Fußvolk wäre aber die Amerikanische Revolution vermutlich radikaler ausgefallen, gerade in Fragen der Religion. Immerhin gab es eine recht große Anzahl von wohlhabenden Loyalisten, die meist der anglikanischen Kirche angehörten. Das Potential zu einer weiteren sozialen Radikalisierung der Revolution auf Klassenbasis und einer Radikalisierung auf konfessioneller Basis war also durchaus gegeben. Dank des Beitrags der Evangelikalen und ihrer moderaten Variante selektiver Modernität blieb den Amerikanern ein solcher Umschwung erspart. Von Beginn an entstand demnach ein Staatswesen, dessen ideelle Grundlagen auf einer säkularen und einer religiösen Säule ruhten. Dies galt auch für die in religiösen Dingen so offenkundig agnostische Verfassung. Isaac Kremnick und R. Laurence Moore haben zu Recht festgehalten, daß die »Gottlosigkeit« der amerikanischen Verfassung nur ausnahmsweise auf persönlichen, religionskritischen Überzeugungen der Gründerväter beruhte.[21] Wesentlich wichtiger war die aus der Erweckungsbewegung stammende Idee, der Religion zu nutzen, indem man die Verfassung im Sinne der Antiformalisten säkular konstruierte. Dies implizierte aber keine Abwesenheit der Religion aus der politischen Kultur der jungen Republik. Amerikanische nationale Identität und amerikanische Zivilreligion konnten vor allem im 19. Jahrhundert ohne Rekurs auf die protestantische Reformation und ihre spezifisch angelsächsische Ausprägung kaum gedacht werden, obwohl der säkulare Rahmen der Gründerzeit nachfolgenden Generationen durchweg genügend Spielräume für andere, nichtreformatorische Konzepte des Amerikanischen beließ.[22]

4
VISIONEN DER LEIDENSCHAFT: DIE ZWEITE ERWECKUNGSBEWEGUNG UND DAS HERAUFDÄMMERN DES BÜRGERKRIEGS

Die USA stellten von Beginn an ein recht fragiles Gebilde dar. Es gab durchaus europäische Monarchen, die damit rechneten, daß die eben erst entstandene Republik binnen weniger Jahre kniefällig in den Schoß des britischen Mutterlandes zurückkehren würde. Selbst die französischen Alliierten zeigten sich während des Unabhängigkeitskrieges skeptisch, wenn es um die Überlebensfähigkeit des neuen republikanischen Staatsgebildes ging.[1] Die beständigen Eifersüchteleien und der ungehemmte einzelstaatliche Egoismus im Zeitalter der *Articles of Confederation* (1776-1791) bestärkte diese Skepsis noch. Und die Debatten um die neue Verfassung der Union (1787-1791) waren gleichfalls nur bedingt dazu angetan, den USA eine langfristig günstige Prognose zu stellen.[2] Erst mit der Verfassung, den federalistischen Präsidentschaften der neunziger Jahre des 18. Jahrhunderts und der unerwartet friedlichen Regierungsübernahme durch Thomas Jefferson, einen prononcierten Antifederalisten, im Jahr 1800 gelangten die USA in ruhigere Gewässer. Freilich blieben gravierende strukturelle Probleme auf kultureller, sozioökonomischer, politischer und verfassungsrechtlicher Ebene, die allesamt durch den dramatischen Wandel selbst alltäglichster Lebensumstände noch verschärft wurden. Eine sonderbare Stimmung zwischen unbändigem, zukunftsfrohem Optimismus einerseits und existentiellen Ängsten andererseits, oft in einer einzigen Person vereinigt, lag über dem Land. Diese eigentümliche Mischung aus Krisenbewußtsein und Fortschrittsglaube bestimmte in hohem Maße das religiöse Leben in den Vereinigten Staaten. Doch beginnen wir mit dem historischen Kontext, ehe in einem zweiten Schritt geklärt wird, welchen Beitrag die zweite evangelikale Erweckungsbewegung der Jahre 1790 bis 1840 in dieser Situation zu leisten vermochte.[3]

In den Jahren zwischen 1800 und 1845 änderten sich Alltagsleben und Alltagskultur in den USA immer rascher. Wäre es für einen Menschen des Jahres 1000 noch relativ einfach gewesen, sich im Boston oder Philadelphia des Jahres 1810 zurechtzufinden, so wäre dies 35 Jahre später fast unmöglich geworden.[4] Zu viel Neues, manches faszinierend, anderes beängstigend, war entstanden. Das Leben hatte sich in bislang ungeahntem Ausmaß beschleunigt; Raum und Zeit büßten einen Gutteil ihrer bisherigen Geltung ein. Technische Innovationen wie Dampfschiffe, Telegraphen, die Rotationspresse und Eisenbahnen sorgten für verbesserte Reise- und intensivere Kommunikationsmöglichkeiten. Binnen weniger Stunden erhielt man Informationen aus allen Teilen der Republik, die einen wenige Jahre zuvor erst mit wochenlanger Verspätung erreicht hätten. Zudem erleichterte die traditionell hohe Alphabetisierungsquote den Aufbau einer Massenpresse, die wiederum dazu beitrug, das Empfinden nationaler Gemeinsamkeit und politischer Teilhabe an einem bislang abstrakten Ganzen zu verstärken. Dank des verbesserten Transportwesens wurde es möglich, zumindest im Osten und Mittelwesten alle Landesteile ohne allzu großen Aufwand zu bereisen. Dadurch rückten die Menschen wortwörtlich zusammen. Schließlich sorgten die technischen Neuerungen für eine beschleunigte und sicherere transatlantische Migration. Die Masseneinwanderung armer Iren und Deutscher in den vierziger und fünfziger Jahren des 19. Jahrhunderts wäre noch wenige Jahrzehnte zuvor vollkommen unvorstellbar gewesen.

Aber die neue Nähe bewirkte zugleich ein verstärktes Bewußtsein zuvor vernachlässigter Unterschiede. So wenig der moderne Nationalstaat ohne die Revolution des Verkehrs- und Kommunikationswesens denkbar gewesen wäre, so sehr schuf gerade diese Revolution die dialektische Spannung zwischen den aggressiven Universalitätsansprüchen des liberalkapitalistischen nationalen Einheitsstaates und überkommenen partikularen Loyalitäten gegenüber Religion, Region, Familie und traditionaler Kultur. In den USA wurde diese strukturelle Problematik, die auch in Europa überall zutage trat, durch die Sklavenfrage dramatisch verschärft. Im Grunde war ein Land mit mindestens zwei Kulturen entstanden. Während der Norden seit den zwanziger und dreißiger Jahren des 19. Jahrhunderts – trotz der bleibenden Bedeutung der Landwirtschaft – zunehmend den Anschluß an die urbanindustrielle Moderne suchte und fand, blieb im Süden die landwirtschaftliche Produktionsweise in Gestalt großer Baumwollplantagen mit vielen Sklaven, aber auch kleiner, sklavenfreier landwirtschaftlicher Betriebe vorherrschend. Diese auseinanderdriftende ökonomische Ausrichtung der beiden Sektionen führte rasch zu divergierenden sozialen Formationen und kulturellen Milieus, die wiederum divergierende normative Anliegen verfochten. Im Norden verstand sich vorwiegend das städtische Bürgertum, sei es als Besitzbürgertum oder als Bildungsbürgertum, ungeachtet seiner rein zahlenmäßig minoritären Position als gesellschaftliche Avantgarde. Die Kaufleute, Bankiers, Fabrikanten und Intellektuellen aus Boston, Philadelphia und New York strebten nach einer neuen, modernen Ordnung. Industrielles Wachstum sollte mit einem gesellschaftlichen Fortschritt einhergehen, dessen Wertgrundlagen denen des Bürgertums entsprachen. Dies hatte einerseits wirtschaftspolitische Grundüberzeugungen zur Folge. Die urbanen Mittelklassen des Nordens setzten sich seit dem ausgehenden 18. Jahrhundert vehement für Schutzzölle ein, um die heimische Produktion vor der billigen Konkurrenz britischer Massenware zu schützen. Der Süden hingegen war primär daran interessiert, im Austausch für den Export seiner Baumwolle und anderer landwirtschaftlicher Erzeugnisse gerade diese britischen Produkte einzuführen, und lehnte daher die Schutzzollpolitik der Nordstaatler strikt ab. Paradoxerweise ging dieser frühe ökonomische Globalismus, der deutlich stärker am Weltmarkt orientiert war als die nationale Marktpolitik des Nordens, auf der rhetorischen

Ebene mit scharfer Kapitalismuskritik einher. Die Plantagenbesitzer des Südens bekannten sich gern zu einer vormodernen, kleinräumigen *face-to-face*-Ökonomie auf der Grundlage der *moral economy* des 18. Jahrhunderts, die gleichwohl mit den Realitäten ihres weltweiten wirtschaftlichen Handelns wenig zu tun hatte. Dafür erlaubte ihnen diese Rhetorik die Kooperation mit irischen und deutschen Arbeitern, kleinen Handwerkern und Bauern im Norden innerhalb des Rahmens der Demokratischen Partei. Umgekehrt favorisierten die städtischen Mittelklassen einen abstrakt marktwirtschaftlichen Zugriff im Sinne des liberalen Utilitarismus der neueren *political economy*, ausgerechnet um ihre antifreihändlerische Politik zu begründen. Sie strebten einen nach außen abgeschotteten nationalen Markt an, der aber nach innen durch scharfe kapitalistische Konkurrenzwirtschaft gekennzeichnet sein sollte.[5] Damit wandten sie sich zugleich von der bisherigen Ausrichtung der amerikanischen Wirtschaft auf das britische Weltreich, also das vormalige Mutterland ab, in den Augen vieler ein patriotischer Akt.

Andererseits führten die getrennten Wege in der Wirtschaftspolitik nicht nur zu Spannungen auf der politischen Ebene, sondern in erster Linie im Bereich der Kultur.[6] Die nordstaatlichen Mittelklassen leiteten aus ihrem marktkapitalistischen Weltbild ein geschlossenes System normativer Codes ab. In deren Zentrum standen klassisch bürgerliche Tugenden wie Effizienz, Pünktlichkeit, Fleiß, Sparsamkeit, Gewinnstreben, der Wille zur Adaption an die abstrakten Gesetze eines imaginierten Marktes, vor allem aber Selbstzucht und Selbstkontrolle. Mit kaum etwas war die bürgerlich-industrielle Klassengesellschaft so obsessiv beschäftigt wie mit dem Problem, ungebundene Emotionalität zu kontrollieren und zu kanalisieren. Oft genug mischte sich die positive Akzeptanz der industriellen Moderne mit einem Elitebewußtsein, das sich in erster Linie in Form sozialdisziplinatorischer Herrschaftsansprüche gegenüber Einwanderern, Arbeitern und Bauern und deren vormodernen gesellschaftlichen Ordnungs- und Lebensvorstellungen ausdrückte. Aus der Sicht der urbanen Mittelklassen waren die außerbürgerlichen Schichten und Klassen des Nordens ebenso fortschrittsfeindlich wie der agrarische Süden. Sie bedurften der Erziehung durch eine aufgeklärte, fortschrittsbewußte, liberale und marktwirtschaftliche Elite. Hierin ähnelten die selbstbewußten amerikanischen Mittelklassen ihren europäischen Widerparts. Beiden außerbürgerlichen Gruppen wurden obendrein gleichzeitig moralische Verfehlungen vorgeworfen, etwa Alkoholismus, Katholizismus oder Sklaverei. Dabei teilten die Bürger des Nordens vielfach die rassistischen Vorbehalte der Südstaatler gegenüber den schwarzen Sklaven. Aber die Sklaverei war in ihren Augen ökonomisch wie moralisch unvertretbar geworden, ein Relikt einer fernen, unaufgeklärten, illiberalen Vergangenheit. Sie sollte sich daher nicht weiter ausbreiten dürfen, gegebenenfalls würde sie im Rahmen des generellen Fortschritts der Menschheit allmählich, unter Wahrung des liberalen Eigentumsrechts, abgeschafft werden.

Im Süden sah man dies fast zwangsläufig anders, seitdem der Baumwollanbau mit der Erfindung der *cotton gin* 1793 unerwartet wieder rentabel geworden war. Hier gab eine ungemein wohlhabende und entsprechend selbstbewußte Kaste von Großpflanzern kulturell und gesellschaftlich den Ton an. In ihrem Anspruch auf elitäre Führung glichen sie den städtischen Mittelklassen des Nordens, ebenso im instabilen Charakter dieses Anspruchs. Es waren allerdings weniger unterbürgerliche Sozialformationen, die ihre gesellschaftliche Dominanz bedrohten, als vielmehr Kleinbauern in den gebirgigen Regionen des Appalachenhochlandes, wo sich weder der Baumwollanbau noch die Sklaverei wirtschaftlich rechneten. Insofern waren die Pflanzeraristokraten kaum weniger sozialdisziplinatorisch als die urbanen Mittelklassen, jedoch nicht gegenüber europäischen Migranten, die sich in aller Regel in den industriellen Zentren des Nordens ansiedelten. Dieser Umstand begünstigte das klassenübergreifende Bündnis beider Gruppen innerhalb der Demokratischen Partei, das auf antikapitalistischer Rhetorik beruhte. Zugleich richteten sich die Normen der Pflanzeraristokratie an einer spezifischen Selbstwahrnehmung als agrarische Aristokraten aus. Faktisch entsprach dies in keiner Weise den Realitäten eines global agierenden Agrounternehmertums. Aber anders als das nördliche Bürgertum wollten die Plantagenbesitzer diesem Umstand keine Rechnung tragen. Nicht zuletzt die Sklaverei trug dazu bei, daß sie sich selber in anachronistischer Weise stilisierten, indem sie etwa auf europäische Adelswerte wie Ehre rekurrierten. Das Duell gehörte zu den integralen Bestandteilen der südstaatlichen semiaristokratischen[7] Gewaltkultur, ebenso wie das Lynching moralisch devianter weißer Männer.[8] Zwar wurde das bürgerliche Wertesystem praktiziert und prägte das Weltbild der *gentlemen* und Damen des Südens, das ebenso materialistisch war wie das der herrschenden Klassen im Norden, aber dies wurde sorgsam sogar sich selbst gegenüber kaschiert. Man glaubte an die eigene Ehre und Tapferkeit, insgesamt an die moralische Überlegenheit der eigenen Lebensweise. Gegenüber den nicht sklavenhaltenden *yeomen* (Freibauern) des Südens versuchte man die binnensektionale gesellschaftliche Kohäsion durch eine besondere Form egalitär-rassistischer Semantik zu gewährleisten. Auf Dauer gehörte dieses Projekt zu den erfolgreichsten der amerikanischen Kulturgeschichte, da es über die Demokratische Partei und an den Rassismus des nordstaatlichen Bürgertums anknüpfend spätestens ab den siebziger Jahren des 19. Jahrhunderts zum legitimatorischen Grundbestand der gesamten USA zählte: die Idee der *herrenvolk democracy*. Demnach waren die USA ein Land, in dem weiße Männer und nur weiße Männer den Ton angaben. Ungeachtet unterschiedlichen Wohlstandes und unterschiedlicher Chancen waren, so zumindest die Ideologie des Südens, alle weißen Männer gleich in ihrem Herrschaftsanspruch gegenüber anderen, minderwertigen Rassen.

Auf diese Weise gaben Sklaverei und Rassismus dem Ringen um einen einheitlichen, unteilbaren Nationalstaat in den USA ihre eigentümliche Form und Gestalt. Es fanden sich durchaus Parallelen zu Europa, wo sich ebenfalls häufig aggressiv auf Vereinheitlichung drängende liberal-kapitalistische und partikularistisch-traditionalistische Parteien in bürgerkriegsähnlichen Konflikten gegenüberstanden, aber die ökonomische, politische, moralische und kulturelle Dimension der Sklavenfrage überwölbte ab circa 1845 sämtliche anderen internen Konflikte in den USA.[9]

Dies betraf in hohem Maße das amerikanische Parteiensystem der Vorbürgerkriegszeit. Zeitweilig, nach dem Untergang der *Federalists* ab 1814, waren die Vereinigten Staaten faktisch ein Einparteienstaat geworden. Es war den Demokraten jedoch nie gelungen, die jenseits der Sklavenfrage vorhandenen gesellschaftlichen und kulturellen Widersprüche aufzufangen und in die eigene Partei zu integrieren. Rasch bildeten sich innerhalb der Partei Sektionen, die den alten Gegensatz von *Federalists* und *Democratic Republicans* in modifizierter Weise widerspiegelten. Bis 1834 wuchs dann mit den *Whigs* eine neue Oppositionspartei aus den Demokraten heraus. Damit etablierte sich ein unionsweites Parteiensystem, das bis in die fünfziger Jahre des 19. Jahrhunderts hinein quer zur Sklavereidebatte existierte und damit das politische Leben der USA nachhaltig strukturierte. Anfänglich konstituierten sich beide Parteien weniger aufgrund ideologischer Gegensätze als anhand persönlicher Differenzen innerhalb der herrschenden Elite. Genaugenommen drehte es sich um die Frage, ob man für Andrew Jackson war – dann wurde man Demokrat – oder gegen ihn, was einen zu den *Whigs* führte. Die Übergänge blieben freilich fließend, wie die häufigen Parteiwechsel einzelner Politiker belegen.[10] Erst um 1840 stabilisierte sich das neue Parteiensystem und bekam nun, zumindest ansatzweise, ein weltanschaulich festeres Gepräge. Beide Parteien, und das machte ihren nationalen Charme aus, beriefen sich auf das ideologische Erbe der Revolution, die als fixer Referenzpunkt jedweder amerikanischen Politik diente. Sie wählten aber aus dem disparaten Angebot der Gründerväter je nach Interessen und Bedürfnissen ihre jeweiligen Schwerpunkte aus. Beide Parteien basierten auf der bereits skizzierten Mischung aus individualistischem Aufklärungsliberalismus, gemeinschaftszentriertem Tugendrepublikanismus und erwecktem Evangelikalismus. Dabei griffen die *Whigs* eher auf liberale, kapitalistische, individualistische, nationalistische, elitäre und formalistische Elemente zurück, während die Demokraten sich bevorzugt republikanisch, kapitalismusskeptisch, partikularistisch, egalitär, konservativ, rassistisch und antiformalistisch gaben. Damit sprachen sie sklavenhaltende Großgrundbesitzer im tiefen Süden ebenso an wie die *white yeomenry* im Mittelwesten und in den Piedmontgebieten des Südens sowie die säkularen oder katholischen Angehörigen der ungelernten Arbeiterschaft in den Städten des Mittelwestens und Nordens. Die Stammwähler der *Whigs* rekrutierten sich aus der liberalen und evangelikalen Mittelklasse, aber auch aus Handwerkern und protestantischen Facharbeitern sowie aus unionstreuen sklavenhaltenden Plantagenbesitzern im oberen Süden und in Louisiana.[11] Erkennbar handelte es sich bei diesen frühen Parteien eher um lokale und regionale, recht heterogene Interessenkoalitionen denn um zentralisierte, programmatisch klar definierte Parteien im europäischen Sinn. Dennoch lieferten sie eine politische Struktur für die komplizierten sozioökonomischen und kulturellen Gemengelagen der USA, innerhalb deren sich auch die Evangelikalen des frühen 19. Jahrhunderts verorten mußten. Die Kohäsionskraft dieser beiden Parteien ließ jedoch infolge der immer bitterer geführten Sklavereidebatte ab 1845 rasch nach. In den fünfziger Jahren des 19. Jahrhunderts zerfielen erst die *Whigs*, um den rein auf den Norden beschränkten Republikanern Platz zu machen, während die Demokraten spätestens 1860 ihre bundesweite Handlungsfähigkeit einbüßten und sich in zwei sektionale Flügel spalteten. An diesem Niedergang war die zweite evangelikale Erweckungsbewegung nicht gänzlich unschuldig.

Ausgelöst wurde die neuerliche Erweckungswelle gleichwohl nicht durch die genannten Spannungen und Widersprüche in der Gesellschaft der jungen amerikanischen Republik, obwohl sie im Lauf der Jahrzehnte zwischen 1790 und 1840 auf sämtliche von ihnen in irgendeiner Form reagierte. Es war vielmehr die spirituelle und gesellschaftliche Doppelkrise der neunziger Jahre des 18. Jahrhunderts, die zum Ausgangspunkt des *Second Great Awakening* wurde. Der Revolutionskrieg, die Unabhängigkeitserklärung und die Verfassungsdebatte der achtziger Jahre des 18. Jahrhunderts hatten wegen der mit ihnen verbundenen radikal egalitären Rhetorik und der Vertreibung der konservativen Loyalisten zu einer tiefgreifenden Legitimationskrise der etablierten Eliten geführt. Mithin war die Frage völlig offen, wer denn künftig das neue Staatswesen leiten würde und welche Ideen und Programme dabei zum Zuge kommen würden. In sämtlichen Einzelstaaten brachen in den achtziger und neunziger Jahren teilweise gewaltsam ausgetragene soziale Konflikte auf, meist zwischen den Siedlern in den westlichen oder nördlichen Grenzregionen und den Vertretern der urbanen, liberalen Eliten an der Atlantikküste, die keinesfalls davon angetan waren, um der revolutionären Gleichheitsideale willen ihre bisherigen Privilegien aufzugeben. Rasch wurden die *Federalists* zur Interessenvertretung der sozioökonomisch wie kulturell tonangebenden, weltanschaulich aber partiell delegitimierten gesellschaftlichen Führungsschichten. Dank ihrer besseren Organisation, ihres einheitlicheren Programms, ihrer hervorragenden Medienarbeit und ihres unbedingten Willens, zur Not auch zu bestenfalls halblegalen Mitteln des Machterhalts zu greifen, sowie dank der persönlichen Autorität George Washingtons setzten sie sich auf dem Verfassungskonvent 1787 durch. Dies änderte gleichwohl kaum etwas an den vorhandenen Spannungen, die nach 1795 immer weiter eskalierten. Mit dem Regierungsantritt des demokratisch-republikanischen Oppositionsführers Thomas Jefferson im Jahr 1800 endete die Herrschaft der *Federalists*, die sich allerdings in den Bundesgerichten eine Bastion sichern konnten.[12] Die von manchen *Federalists* befürchtete blutige Revolution der Demokraten blieb zwar aus, aber die egalitäre Rhetorik Thomas Jeffersons zeigte mittelfristig Wirkung. Das Legitimationsdefizit der Eliten wuchs. Als Andrew Jackson in den zwanziger und dreißiger Jahren des 19. Jahrhunderts Jeffersons Anliegen mit seiner radikalen *common-man*-Rhetorik von neuem aufgriff, bewegte er sich in einer elitenkritischen Tradition, die eng mit einem antiliberalen, partikularistischen Kommunalismus und Rassismus verbunden war, um ab 1840 in wachsendem Maße konservativ zu werden. Die urbanen Eliten bedurften, um ihre Stellung annähernd zu behaupten, weiterer Verbündeter. Diese fanden sie im evangelikalen Erweckungschristentum, wenngleich erst in einem zweiten Schritt.

Der erste Schritt hatte mit all diesen politischen und gesellschaftlichen Krisenerscheinungen kaum etwas zu tun, sondern war wesentlich religiös beziehungsweise spirituell begründet. Im Gefolge der Revolution hatten der charismatische Schwung und die millenaristische Endzeiterwartung der erweckten *New Lights* deutlich an Dynamik eingebüßt. Das alte Grundproblem, wie man eine permanent auf Prozeß und Bewegung ausgerichtete Form von Religion behutsam institutionalisieren konnte, war bestehen geblieben. Überdies waren die theologischen Probleme innerhalb des Calvinismus, die zum Zerfall des Puritanismus und zur ersten Erweckungswelle geführt hatten, nicht gelöst worden. Insbesondere die Prädestinationslehre war unter den Auspizien einer egalitären revolutionären Ideologie fragwürdig geworden. Schließlich hatte die Westexpansion seit 1763 dazu geführt, daß das Ringen um professionelle Standards der Geistlichkeit bei gleichzeitiger Wahrung der Fähigkeit, unter den Siedlern an der Grenze zu missionieren, erneut aufgebrochen war. Angesichts der offenkundigen Ähnlichkeit der Probleme überrascht es nicht sonderlich, daß die zweite Erweckungsbewegung strukturell dem *Great Awakening* der vierziger Jahre des 18. Jahrhunderts entsprach. Wieder handelte es sich um eine Doppelbewegung, die fast gleichzeitig bei neuenglischen Theologen an der Küste und charismatischen Wanderpredigern in den Grenzregionen des alten Westens ihren Ausgang nahm. Ursprünglich standen dabei Kentucky und Tennessee im Mittelpunkt, wo um 1790 die ersten mehrtägigen *camp meetings* der Erweckungsprediger stattfanden. Tausende von Menschen strömten zusammen, sangen, beteten, feierten und bekundeten ihren festen Willen, nunmehr nach den Geboten

Gottes und der Bibel leben zu wollen. Nach der Jahrhundertwende verschob sich der Schwerpunkt der *revivals* nach Norden, in die westlichen Regionen des Staates New York. Dort, im Umfeld der Städte Buffalo und Rochester, wurde bis 1825 der Erie-Kanal gebaut, eine der wichtigsten Verkehrsverbindungen der jungen Republik. Überfallartig erreichte die industrielle Moderne die bisherigen Grenzgebiete, was zu schweren geistigen und gesellschaftlichen Verwerfungen führte. Die Reaktion der dort lebenden Menschen fiel dementsprechend unsicher aus. Das westliche New York wurde als *burned-over district* bekannt, eine faszinierende Brutstätte religiöser Erneuerungsbewegungen.[13] Die Fülle von religiös-enthusiastischen, millenaristischen Aufbrüchen in dieser doch recht überschaubaren Region ist in der Tat verblüffend und deutet auf die enorme Fruchtbarkeit soziokultureller Krisenfaktoren hin. Neben Erweckungsbewegungen in der Tradition des *Great Awakening* fanden sich dort in enger Nachbarschaft die Ursprünge des Mormonentums[14] in den zwanziger Jahren des 19. Jahrhunderts und zwanzig Jahre später die Anfänge des Spiritualismus.[15] Alle drei theologisch so unterschiedlichen religiösen Stränge reagierten einheitlich auf die gegebene Situation. Sie alle waren partizipatorisch, patriotisch und marktkonform ausgerichtet. Die Mormonen kann man sogar ohne große Übertreibung als die amerikanischste aller Religionen bezeichnen, da sie so weit gingen, die Ereignisse der Heilsgeschichte und der kommenden Endzeit weitestgehend auf das Territorium der USA zu verlegen. Daß sie dennoch hartnäckig und mit heftigen Ausbrüchen exzessiver Gewalt verfolgt wurden, lag an ihrer mangelnden Kompatibilität mit den kulturellen Codes des viktorianischen Zeitalters. Sowohl ihre Geringschätzung der Bibel als Offenbarungsquelle als auch ihr notorischer Hang zur Polygamie entfremdeten sie der Gesellschaft und machten sie zu archetypischen Häretikern. Wenn evangelikale Protestanten und Katholiken, Abolitionisten und Sklavenhalter, Demokraten und *Whigs* sich auf gar nichts mehr einigen konnten, so zumindest auf den gemeinsamen Haß auf die Mormonen.[16] Die Spiritualisten wiederum entwickelten sich zu wahren Meistern im Umgang mit zeitgenössischen Marketing- und Propagandastrategien. Was den Mormonen ihr amerikanischer Patriotismus war, war für sie der Markt. Möglicherweise waren die Spiritualisten die Religion des 19. Jahrhunderts, welche die Gesetze des Marktes am besten zu instrumentalisieren wußte. Nicht zuletzt das Engagement des Zirkusdirektors und Varietébesitzers P. T. Barnum trug dazu bei. Er verkaufte den spiritistischen Umgang mit der Geisterwelt und dem Totenreich hemmungslos und machte aus den Seancen eine Show. Trotzdem blieb der Spiritualismus auch eine Religion, die den Anspruch erhob, dank fehlender Kultspezialisten und vermittels naturwissenschaftlicher Einsichten und Kenntnisse das Reich des Religiösen mit der demokratischen Moderne zu verbinden. Erst als nach dem Bürgerkrieg bekannt wurde, daß ein erheblicher Teil der spiritistischen Seancen schlicht Betrug gewesen war, brach die zeitweilig recht mächtige Religionsgemeinschaft mit ihren mutmaßlich weit über 10 Millionen Anhängern in sich zusammen.

Wichen die Mormonen und Spiritualisten im Endeffekt doch zu stark von dem ab, was die viktorianische Gesellschaft dauerhaft zu dulden bereit war, so traf dies auf die konventionelleren evangelikalen Erweckungen des *burned-over district* nicht zu. Sie verbanden sich seit den zwanziger Jahren des 19. Jahrhunderts mit größeren und kleineren *revivals* in der gesamten Union sowie mit der theologischen Erweckung an den Universitäten der neuenglischen Ostküste zu einer umfassenden, wenngleich äußerst heterogenen Bewegung, die um 1840 rund 90 Prozent des amerikanischen reformierten Christentums erfaßt hatte.[17] Ihre Hochburgen hatten sie dabei dort, wo die Revolutionen im Transport- und Kommunikationswesen besonders verdichtet stattfanden, also im westlichen New York, in Teilen Neuenglands sowie im Mississippi-Ohio-Raum. Aber auch im industriell rückständigen Süden fanden *revivals* statt, die jedoch eine deutlich andere Gestalt annahmen als in den Freistaaten des Nordens und Westens. Wie im 18. Jahrhundert gelangen den Evangelikalen auch diesmal keine nennenswerten Einbrüche in die Schar der ritualkirchlichen Gläubigen, das heißt bei Katholiken, Anglikanern und Lutheranern, die dem emotionalen Treiben der Enthusiasten mehr denn je mit einer Mischung aus Skepsis, offenem Widerwillen und unbändigem Haß begegneten.[18] Ansonsten wuchsen die Evangelikalen der zweiten Erweckungsbewegung binnen zweier Jahrzehnte (1790-1810) zu einer echten Macht im öffentlichen Leben der amerikanischen Republik heran.

In mancherlei Hinsicht bewegte sich die neue Erweckungsbewegung in dem von ihrer Vorläuferin wenige Jahrzehnte zuvor abgesteckten Rahmen. Kontinuität herrschte vor allem bei der sozialen Trägerschaft vor. In der antiformalistischen Frühphase der zweiten Erweckung, in der Zeit vor 1820/1830, waren es, neben den *New-Light*-Theologen, in erster Linie Angehörige der bäuerlichen Landbevölkerung in den genannten Gebieten, die sich auf den oft mehrere Tage währenden *camp meetings* bekehrten. Mit dem wachsenden, aus dem britischen Methodismus stammenden Formalismus der Bewegung änderte sich indes das Bild.[19] Nun fanden Angehöriger der klein- und mittelstädtischen sowie zunehmend der urbanen Mittelklassen den Weg in den Enthusiasmus. Handwerker, Facharbeiter, kleine Ladenbesitzer, Rechtsanwälte, Lehrer, in Ausnahmefällen sogar Fabrikanten und Bankiers nahmen den neuen Glauben an.[20] Sie alle entstammten dem vorhandenen reformierten Milieu des Methodismus, Baptismus, Kongregationalismus und Presbyterianismus sowie der großen Zahl denominational ungebundener Gläubiger und suchten neue, zeitgemäße Formen der Innerlichkeit und eines persönlichen Verhältnisses zu ihrem Gott. Man wird kaum zu weit gehen, wenn man vermutet, daß ein Großteil der inhärenten überschießenden Emotionalität der Bewegung auf den Sozialdisziplinierungsdruck just jener neuen Mittelklassen zurückzuführen war, die sich jetzt der evangelikalen Spiritualität hingaben.[21] Offenkundig war dieser Druck nicht allein für Immigranten und Arbeiter problematisch, sondern auch für die selbsternannte Avantgarde des Fortschritts. Es handelte sich um eine emotive Anpassungsstrategie, die eine gefühlte Verlustsituation kompensieren sollte, ohne jedoch sozial antagonistisch sein zu wollen. Vielmehr war es eine Reaktion ohne Opposition. Wie der Katholizismus konnte der Evangelikalismus daher klassenübergreifend sein, wenngleich nicht in Form einer einzigen Kirche, sondern in eine Vielzahl von Denominationen zersplittert, die dann wieder nach Klasse und gegebenenfalls politischen Überzeugungen ausdifferenziert waren.

Kontinuität herrschte ferner auf dem Gebiet medialer Glaubensvermittlung. Wie die Erweckungen um 1740 bedienten sich die neuen Evangelikalen des 19. Jahrhunderts souverän der vorhandenen Medien und Kommunikationstechnologien. Nur die katholischen Ultramontanen waren ihnen frühzeitig darin ebenbürtig, während die Parteien und andere gesellschaftliche Gruppierungen dem evangelikalen Vorbild erst ab etwa 1840 folgten. Bereits in den zwanziger Jahren des 19. Jahrhunderts wurden mit der *American Tract Society* und der *American Bible Society* zwei langfristig wirksame missionarische Institutionen geschaffen, die es unter anderem vermochten, die modernen Drucktechniken dazu zu nutzen, die Bibel in nahezu sämtlichen amerikanischen protestantischen Haushalten zu verbreiten. Darüber hinaus verteilten sie billige Pamphlete apologetischen und antikatholischen Inhalts. Zusätzlich existierten ab den dreißiger Jahren des 19. Jahrhunderts allerorten evangelikale Zeitungen und Monatsmagazine. Noch in den sechziger Jahren, im Verlauf des Amerikanischen Bürgerkriegs, nutzten die *Union Leagues*, die Propagandaorganisation der Republikanischen Partei, die personelle und sachliche Erfahrung der Evangelikalen.[22] Schließlich bedienten sich die Evangelikalen der Techniken, die dann später von P. T. Barnum und anderen kommerzialisiert wurden.[23] Beispielsweise wurden *camp meetings* bereits mehrere Tage vor dem Ereignis lautstark und spektakulär angekündigt. Musik und Gesänge spielten dabei eine wichtige Rolle. Die *revivals* waren somit immer auch ein gesellschaftliches Großereignis, das nicht selten mit Grillparties und, sehr zum Unmut der Prediger, mit Tanzvergnügen und Alkoholkonsum verbunden war. Gelegentlich dienten sie der verstreut lebenden Landbevölkerung als Heiratsmarkt.

Dieser Umgang mit Medien und einem verbreiteten gesellschaftlichen Unterhaltungsbedürfnis verweist bereits auf eine weitere, wichtige Kontinuität zu den *revivals* des vorigen Jahrhunderts. In dem Bemühen, die subjektive, emotionale Bibellektüre des einzelnen zu fördern, in der Fähigkeit zur Massenmobilisierung über Medien und Unterhaltung, im Appell an unter- und außerbürgerliche Schichten lag ein zutiefst demokratisch-partizipatorischer Grundzug, der auf der Basis aufbaute, welche Whitefield und andere Prediger um 1740 gelegt hatten.[24] Insofern fügten sich die Evangelikalen nahtlos in die antielitäre Grundstimmung des Zeitalters von Thomas Jefferson und Andrew Jackson. Dies war um so bedeutsamer, als sie mehrheitlich gerade keine Anhänger der Demokraten waren, sondern aus Gründen, auf die noch näher einzugehen ist, mit den *Federalists*, *Whigs* und Republikanern sympathisierten. Für das Gefüge des US-amerikanischen Parteiensystems wurden die Erweckten damit freilich unverzichtbar. Insbesondere die beiden ersten Parteien vertraten inhaltlich und sozial einen aristokratischen Liberalismus, der sich mit den Errungenschaften der Massenpartizipation und Fundamentalpolitisierung im 19. Jahrhundert generell schwertat. Die Parteiführungen mißtrauten den Massen, denen sie unterstellten, am besitzindividualistischen Prinzip des Staatsaufbaus und der Verfassung rütteln zu wollen. Folgerichtig standen sie allen Forderungen nach dem allgemeinen Wahlrecht für weiße Männer kritisch gegenüber. Die *common-man*-Rhetorik Jacksons stieß bei ihnen auf vehemente Opposition. In Rhode Island, einer Hochburg der Altliberalen, etwa dauerte es bis 1843, ehe das allgemeine Wahlrecht für weiße Männer eingeführt werden konnte, und auch dieser Schritt war nur das Resultat einer, immerhin unblutigen, Revolte. Der Untergang der *Federalists* nach 1814 war unter anderem auf diese strukturelle Schwäche des klassenbewußten Liberalismus zurückzuführen, dem es allen universalistischen Deklarationen zum Trotz primär um den Eigentumsschutz der Besitzenden ging.

Bei den *Whigs* sah die Situation dann schon anders aus. Als sie 1834 aus dem federalistischen Flügel der Demokraten, den *National Republicans*, hervorgingen, war das allgemeine Wahlrecht auf Unionsebene bereits durchgesetzt worden. Es war sinnlos geworden, gegen die Reform anzukämpfen, aber an den weltanschaulichen Vorbehalten der alten Eliten gegenüber den Teilhabeansprüchen der breiten Masse änderte dies kaum etwas. Das große Glück der *Whigs* war in diesem Moment die Loyalität der formalistischen Evangelikalen. Während die mehrheitlich baptistischen Antiformalisten den Demokraten weiterhin Gefolgschaft leisteten, wandte sich die formalistische Mehrheit in den dreißiger Jahren allmählich und ab den vierziger Jahren des 19. Jahrhunderts ganz überwiegend erst den *Whigs* und dann den Republikanern zu. Letztere waren die erste »liberale« Partei in den USA, welche die fundamentale Demokratisierung des Landes vorbehaltlos bejahte. Bei den *Whigs* sah es noch etwas anders aus. Aber so wie die Evangelikalen des 18. Jahrhunderts das Fußvolk der Revolution gestellt hatten, stellten sie nun das Fußvolk der *Whigs*; ein Fußvolk, das gleichwohl nicht mehr bereit war, sich der Parteiführung bedingungslos unterzuordnen. Vor allem in Fragen der Sozialreform entwickelten die Evangelikalen eine Leidenschaft und eine Dynamik, die den behäbigen Aufklärungsliberalen mit ihrem ausgeprägten Sinn für gesellschaftliche Stabilität weitgehend fremd war. Gerade in der Diskussion der Sklavenfrage zeigte ein Teil der Erweckten eine Radikalität, die aus liberaler Sicht lange unverständlich blieb.

Damit wären wir bereits bei den Diskontinuitäten innerhalb des amerikanischen Evangelikalismus der frühen Republik. Diese waren langfristig noch einmal deutlich folgenreicher als die Kontinuitäten zur ersten Erweckungsbewegung. Man wird kaum zu hoch greifen, wenn man im zweiten *awakening* die schlechthin folgenreichste religiöse Bewegung in der US-amerikanischen Geschichte sieht. Ein Aspekt war dabei besonders relevant. Eher unfreiwillig nämlich beförderten die Evangelikalen die Sache der Frauenbewegung in den Jahren ab 1830. Schon seit dem ausgehenden 18. Jahrhundert hatte es in Großbritannien und im Umfeld der Revolution auch in den USA Forderungen nach mehr Rechten für die Frauen gegeben. Dem stand allerdings die viktorianisch-bürgerliche Idee von der Frau als reinem, zartem Hort von Tugend, Reinheit und Vollkommenheit entgegen, die nicht vorsah, das weibliche Geschlecht den Unbilden und der Amoral des politischen Lebens auszusetzen.[25] Bestenfalls schienen Frauen dazu geeignet, als tugendhafte Patriotinnen republikanische Söhne zu erziehen. Mehr, so die Auffassung der männlichen Zeitgenossen, war von ihnen ohnehin nicht zu erwarten. Ungeachtet dieser Beschränkungen hatte die Ideologie der republikanischen Mutterschaft und der getrennten Lebenssphären der beiden Geschlechter etliche Schlupflöcher offengelassen, welche Frauen gerade im Umfeld der evangelikalen Erweckung zu nutzen verstanden. Zum einen verlangte die *Republican Motherhood* geradezu nach gut ausgebildeten Müttern, so wie die Erweckungsbewegung nach gläubigen Missionarinnen und Lehrerinnen verlangte. Da die überkommenen Formen der Mädchen- und Frauenausbildung dazu nicht ausreichten, ging man ab den dreißiger Jahren des 19. Jahrhunderts konsequent andere Wege. In Oberlin wurde das erste gemischte College, in Mount Holyoke das erste reine Frauencollege der USA gegründet. Beide bildeten in erster Linie protestantische Missionarinnen und Erzieherinnen aus der Mittelklasse aus. Zum anderen waren es vorrangig die Institutionen der Formalisten, die freiwillige Mitarbeiter benötigten. Diese Form der Öffentlichkeit aber stand Frauen auch im Rahmen des viktorianischen *gender*-Codes offen. Daher überrascht es nicht sonderlich, daß alsbald eine Vielzahl von Frauen in Organisationen wie die *Tract Society* oder die *Bible Society* strömte, darunter einige mit Abschlüssen aus Oberlin und Mount Holyoke. Obschon sie als Rednerinnen lange unerwünscht waren, gelang es ihnen dennoch, sich den Respekt der anderen Evangelikalen zu erwerben. Die eigentliche Chance aber bot sich den Frauen mit dem Aufkommen der Antisklavereibewegung innerhalb des abolitionistischen Lagers. William Lloyd Garrison, der Führer der radikalen Abolitionisten, war zwar persönlich eher ein liberaler Freigeist und kein Erweckter, aber er erkannte das Potential der evangelikalen Frauen. Hier und in der Antialkoholbewegung, dem *Temperance Movement*, engagierten sich daher viele dieser erweckten Mittelklassefrauen. Aber erneut hatten sie mit allerlei Schwierigkeiten zu kämpfen, darunter wieder der Frage, ob sie in der Öffentlichkeit reden durften. Mittelfristig führte dies dazu, daß sich ein Teil der nunmehr politisierten Frauen vom Evangelikalismus und vom Abolitionismus abwandte und eine eigenständige Frauenbewegung ins Leben rief. 1848 trafen sie sich in Seneca Falls, New York, um ein Manifest zu verabschieden, das zum Gründungsdokument des frühen amerikanischen Feminismus wurde. Ohne die alltagsgeschichtliche und sozialgeschichtliche Bedeutung des *awakening* wäre dieser Prozeß gewiß anders verlaufen.

Geschah die Politisierung und gesellschaftliche Mobilisierung bürgerlicher Frauen eher unabsichtlich, so vollzog sich der theologische Wandel von der ersten zur zweiten Erweckungsbewegung aus voller Überzeugung. Den Ausgangspunkt bildete dabei ein klassisches Problem des Calvinismus, die Frage nach Prädestination und Heilsexklusivität. Dies hatte ja bereits die Arminianer des 17. Jahrhunderts und Teile der ersten Erweckungsbewegung umgetrieben. Nun aber, zu Beginn des 19. Jahrhunderts, büßte der Gedanke der ausschließlich gnadengestützten Heilsexklusivität mehr und mehr an Überzeugungskraft ein. Er entsprach weder dem zeitgenössischen Fortschrittsoptimismus, noch gab er Antworten auf die drängenden sozialen Probleme in einer Zeit radikalen gesellschaftlichen und kulturellen Umbruchs. Manche Theologen aus Andover und Yale wagten sich daran, die Prädestinationslehre vorsichtig zu modifizieren, aber das blieb für die breiten Massen kaum nachvollziehbar.[26] Angesichts dieser Situation gaben die wichtigsten Prediger der zweiten Erweckungsbewegung, Lyman Beecher, Alexander Campbell und Charles Grandison Finney, die orthodoxe calvinistische Prädestinationslehre weitgehend auf und ersetzten sie durch einen heilsuniversalistischen Ansatz, der sich als äußerst folgenreich erweisen sollte.[27] Dabei näherten sie sich dem im Methodismus weitverbreiteten Arminianismus an, der sich auch bei Anglikanern und vielen Presbyterianern einiger Beliebtheit erfreute. Die Prediger bezeichneten sich mehrheitlich nicht unbedingt als Arminianer, aber ihre Theologie war deutlich von heilsuniversalistischen Elementen geprägt. Diese Entwicklung fand ihre Parallele im deutschen lutheranischen Pietismus, dessen hohe Wertschätzung einer Spiritualität der Herzensinnerlichkeit und Gottunmittelbarkeit ebenfalls dazu führte, die strengen Konsequenzen der paulinisch-augustinischen Gnadenlehre innerhalb der lutherischen Theologie zu vermeiden. Aus diesem theologischen Wandel ergab sich augenblicklich eine weitführende logische Konsequenz. Wenn alle Menschen gerettet werden konnten, dann mußten sie auch gerettet werden. Aktive Mission machte jetzt mehr Sinn als je zuvor. Gleichzeitig bekam die erweckte Theologie ein ausgesprochen voluntaristisches Gesicht. Es war der Mensch selbst, der durch seine Tätigkeit, seinen Willen zum Heil dieses Heil erreichte. Die traditionelle Gnaden- und Rechtfertigungslehre des europäischen Christentums sämtlicher Konfessionen wurde damit in einem erheblichen Maße obsolet. Die Anhänger einer traditionellen Theologie hatten kaum Unrecht, wenn sie den evangelikalen Predigern vorwarfen, eine Art pelagianischer Werkgerechtigkeit zu lehren. Das änderte gleichwohl wenig an der Überzeugungskraft der erweckten Argumentation, die nahtlos an das optimistische Menschenbild der Aufklärung und des Liberalismus anknüpfte. Der Mensch war in ihren Augen nicht mehr ein Spielball göttlicher und kosmischer Willkür, sondern freiwillentlich, verantwortlich und vor allem fähig, sein Heil zu erringen. Gleichzeitig aber vermieden die Prediger gekonnt die Untiefen des Aufklärungsrationalismus in der Theologie, indem sie primär auf das Gemüt und das Gefühl der Gläubigen abhoben. Die Begegnung mit Gott fand in den Herzen der Gläubigen statt, dementsprechend war dort der erste Ort, an dem sich Heil finden ließ, nicht im intellektuellen Räsonieren. Gleichzeitig aber verlangte die intime Herzensbeziehung zum Retter und Erlöser die nachfolgende oder begleitende Tat des Gläubigen, sei es im Bereich der Mission oder schließlich in der Gesellschaft. Ein Christentum der bloßen Kontemplation war den Evangelikalen fremd.

Das Tatchristentum des arminianischen Heilsuniversalismus wurde durch eine weitere, möglicherweise noch wichtigere theologische Neuerung zusätzlich radikalisiert. Abgesehen von den Millerites[28] hingen beinahe sämtliche Erweckungsprediger einer eigentümlichen Form von Apokalyptik an, dem Postmillenarismus. Anders als der protestantische *mainstream* des 18. und 19. Jahrhunderts war die Erweckungsbewegung in der Tradition ihrer Vorgängerin strikt apokalyptisch ausgerichtet. Das Gefühl, in der Endzeit zu leben, die Wiederkunft Christi noch zu Lebzeiten zu erfahren, machte einen Gutteil der drängenden Leidenschaftlichkeit und des Charismas der Evangelikalen aus. Die endzeitliche Naherwartung der Erweckten wurde generell durch eine millenaristische Grundhaltung strukturiert, wie sie die *Offenbarung des Johannes* 20, 1-15 vorzeichnete. Im Zentrum dieser Lehre stand der Glaube an ein Tausendjähriges Friedensreich – das Millennium – unter der unmittelbaren Herrschaft Christi, ehe dann nach dem finalen Sieg über Satan und Gog aus Magog das Endgericht Gottes über den Kosmos stattfinden würde. Dieser Millenarismus gehörte seit geraumer Zeit zur ideellen Grundausstattung des radikal-reformatorischen Christentums und war dementsprechend in den USA gleichfalls beheimatet.[29] Mit der neuerlichen Erweckung ab 1790 kam es innerhalb des millenaristischen Kontextes zu einer bemerkenswerten inhaltlichen Verschiebung. Der Wortlaut der Johannesoffenbarung legte im Grunde nahe, daß Christus in seiner Gnade vom Himmel herabsteigen würde, den Satan als Fürsten dieser Welt entthronen und fesseln würde, um anschließend gemeinsam mit seinen auserwählten Heiligen für tausend Jahre in Frieden zu herrschen. Diese wortwörtliche Exegese des einschlägigen Textes stimmte völlig mit der traditionellen theozentrischen beziehungsweise anthropozentrischen Gnaden- und Rechtfertigungslehre des etablierten Christentums ein. Sie wird normalerweise als Prämillenarismus bezeichnet und markiert die theologische Orthodoxie des apokalyptischen Calvinismus. Unter den erweckten Denominationen des frühen 19. Jahrhunderts wurde sie jedoch nur von den Millerites geteilt. Ansonsten bevorzugten die neuen Evangelikalen, konsequent ihrem anthropologischen und kosmologischen, faktisch an der Aufklärung ausgerichteten Optimismus folgend, eine ganz andere Lesart des Millenarismus. Das aber war der Postmillenarismus. Gemäß dieser Interpretation folgte die tausendjährige Endzeit weniger einem gnadenhaften Akt souveräner Herablassung seitens Gottes, sondern war ein Produkt menschlicher Mitwirkung an der Heilsökonomie. Die Christen selber waren also für die Heraufkunft des Millenniums verantwortlich, eine ausgesprochen anthropozentrische Art, Heil zu denken.

Der appellative, auf Unbedingtheit abhebende Charakter des Postmillenarismus wurde durch eine weitere, eng mit ihm verbundene Lehre intensiviert. Die Mehrheit der Postmillenaristen glaubte, es sei notwendig und möglich, Perfektion auf Erden zu erreichen, um auf diese Weise die Wiederkunft Christi zu beschleunigen.[30] Auch in diesem Fall trennte man sich deutlich von den Lehren der reformatorischen Orthodoxie und des Katholizismus, die allesamt immer bestritten hatten, daß Perfektion überhaupt unter den Bedingungen erbsündebeladener Kreatürlichkeit erreichbar sei. Der neue Adam entstand zwar nach ihrer Auffassung mit der Taufe, aber seine endgültige Heiligung und Perfektion blieb dem Jenseits vorbehalten. Der erweckte Postmillenarismus hingegen dachte vom innerweltlichen Menschen her. Wieder kamen weltanschauliche Elemente aus der anthropozentrischen Aufklärungstradition zum Tragen, welche deutlich machen, wie modern – und gerade nicht antimodern – die zweite Erweckungsbewegung war. Dies beschränkte sich keineswegs auf reine Theorie, ganz im Gegenteil. Der Perfektionismus der Postmillenaristen drängte regelrecht danach, gesellschaftspolitisch umgesetzt und aktiviert zu werden. Wenn das Tausendjährige Reich ein Produkt menschlicher Perfektion war, dann konnte diese perfekte Gesellschaft durchgesetzt werden. Und jedem war klar, daß dies in den USA geschehen mußte. Wie bei den Mormonen gehörte ein christlich-republikanischer Patriotismus zur weltanschaulichen Grundausstattung der Evangelikalen. Erneut nicht ganz schriftgemäß glaubten sie, Gott habe seinen Bund mit Israel und mit den christlichen Kirchen des verdorbenen, korrupten Europa gekündigt und einen neuen Bund mit den Vereinigten Staaten geschlossen. Ähnlich wie bei den Juden bedeutete das Wissen darum, Gottes auserwähltes Volk zu sein, gleichzeitig Freude und Last. Last vor allem, weil dieser Bund mit Gott die Amerikaner zur Perfektion und zur Vorbildhaftigkeit gegenüber der Welt verpflichtete. Hier schien, wenngleich deutlich modifiziert und seiner Einbindung in eine orthodoxe Rechtfertigungslehre beraubt, das alte *City-upon-the-Hill*-Motiv des Puritaners John Winthrope wieder durch. Allerdings konnten die gesellschaftlichen Folgen des postmillenaristischen Perfektionismus gänzlich unterschiedlich sein. Eine Mehrheit der Evangelikalen, insbesondere im Süden der USA, faßte diese Lehre in erster Linie rein individualistisch auf. Jeder Christ mußte sich so gut wie möglich darum bemühen, dem Anspruch auf Perfektion gerecht zu werden. Auch im Norden war diese Sichtweise verbreitet, entsprach sie doch weitgehend den Sozialdisziplinierungsansprüchen der frühen kapitalistischen, bürgerlichen Gesellschaft. Eine ständig wachsende, radikale Minderheit ging indes einen Schritt weiter. Sie wollte die Gesellschaft bewußt und radikal umgestalten, um so ein heiliges Staatswesen hervorzubringen. Die Sünde (und der Sünder) aber hatten darin keinen Platz mehr. Für die USA bedeutete dies, daß sie als christliche, protestantische Republik der Auserwählten definiert wurden. Dies stand durchaus in der reformierten Tradition einer Kirche des auserwählten heiligen Rests, die sich deutlich von der katholischen und lutherischen Idee einer Kirche der Heiligen und der Sünder unterschied. Das gleiche galt für den Blick der Erweckten auf eine optimale Zukunft. Das gesamte Denken des Evangelikalismus dieser Epoche war auf Zukunft ausgerichtet. Auch die individuelle Umkehr vollzog sich auf Zukunft hin, sie präfigurierte den auf Diskontinuität hin inszenierten Bruch im Konversionserlebnis, während demgegenüber die Ritualkirchen, vor allem der Katholizismus, von der Tradition, der Vergangenheit und der Kontinuität her dachten und handelten.

Es ist bemerkenswert, daß sich die gesellschaftspolitischen Reformvorhaben der Evangelikalen weitgehend mit denen der aufgeklärten liberalen Eliten deckten.[31] Gerade in Kreisen der urbanen Mittelklassen war das Bewußtsein sehr stark, daß die amerikanische Gesellschaft in dieser Umbruchs- und Krisenphase einer tiefgreifenden Reform bedurfte. Mitunter führte dies zu romantisch-visionären Projekten, zum Beispiel den utopischen Kommunen der Frühsozialisten oder Transzendentalisten. Die liberale und evangelikale Reform ging andere Wege. Sie akzeptierte generell den Rahmen der gegebenen Gesellschaft, allem voran den kapitalistischen Eigentumsbegriff und die Funktion des Marktes, wollte aber vorhandenen Ballast abwerfen. Dabei dachten beide in moralischen, weniger in funktionalen Kategorien. Ihr gemeinsames Ziel war es, charakterliche Stärke und bürgerliche Tugenden zu verbreiten, eine innengeleitete Form der (Selbst-)Kontrolle so zu etablieren, daß sämtliche Mitglieder einer Gesellschaft sich freiwillig an den herrschenden Werten ausrichteten. Freilich waren sich die Liberalen und Evangelikalen, bei aller Kompatibilität der Ausgangsanalyse und weitgehender Übereinstimmung in den Zielvorstellungen, nicht über den zu beschreitenden Weg einig. Ihr Unterschied läßt sich dabei nicht auf die allzu schlichten Pole rational versus irrational reduzieren, obwohl Emotionalität zu den kennzeichnenden Charakteristika der Evangelikalen zählte. Viel eher war es so, daß die Evangelikalen ältere Reformanliegen der Aufklärungsliberalen aufgriffen und in einem für das behäbige Stadtbürgertum unvorstellbaren Maße radikalisierten. Besonders deutlich wird dies in den Bereichen Abolitionismus und Temperenzreform.

Die Sklavenfrage gehörte von Beginn an zu den schwerwiegenden Problemen der jungen Republik.[32] Im ersten Jahrzehnt nach der Revolution waren viele wohlmeinende Gründerväter überzeugt, die Sklaverei werde aufgrund des allgemeinen Fortschritts der Menschheit alsbald von selbst verschwinden. Diese Einschätzung erwies sich rasch als zu optimistisch, nachdem sich die wirtschaftlichen Parameter mit dem Baumwollboom des frühen 19. Jahrhunderts verändert hatten. Plötzlich stand sogar eine weitere Expansion der Sklaverei auf der Tagesordnung, die vom Süden mit großer, an Fanatismus grenzender Hartnäckigkeit betrieben wurde. In dieser Situation griffen die liberalen Kritiker des Sklavensystems, denen es primär darum zu tun war, im Süden und Mittelwesten freie, auf Lohnarbeit basierende Märkte zu etablieren, auf Ideen der frühen Abolitionisten, mehrheitlich Quäker, zurück. Sie folgten der Ideologie des Gradualismus, der eine allmähliche Aufgabe der Sklaverei bei voller Entschädigung der Eigentümer ebenso vorsah wie das Bemühen, die Freigelassenen nach Afrika zu transportieren, um die rassische Reinheit der USA nicht zu gefährden. Im Hintergrund dieses Denkens standen erkennbar die Ziele, die Unantastbarkeit des Privateigentums und die Stabilität der Gesellschaft auch unter den Bedingungen umfassender Reform aufrechtzuerhalten. Unter den führenden *Whigs*, etwa bei Henry Clay, William H. Seward, Daniel Webster und auch Abraham Lincoln, erfreute sich diese Position bis in die fünfziger Jahre des 19. Jahrhunderts einiger Beliebtheit. Erst um 1830 kam es zu einem radikalen Schub innerhalb der abolitionistischen Gruppierungen, der von William L. Garrison eingeleitet wurde. Er verfocht den sogenannten Immediatismus, der eine sofortige, bedingungslose Befreiung sämtlicher Sklaven ohne Rücksicht auf die Eigentumsinteressen ihrer Besitzer proklamierte. Dies entsprach dem moralischen Verständnis einer abolitionistischen Minderheit unter den nordstaatlichen Evangelikalen erheblich besser als der vorsichtig abwägende Standpunkt der Gradualisten. Zunehmend engagierten sie sich in der immediatistischen Bewegung. Ihretwegen kam es zu weiteren Spaltungen in den evangelikalen Denominationen, einerseits durch die *comeouter*, die sich als strikt abolitionistische freie Gemeinden etablierten, andererseits durch Kirchenspaltungen zwischen Befürwortern der Sklaverei im Süden und Gegnern der Sklaverei im Norden seit den vierziger Jahren des 19. Jahrhunderts. Im Grunde nahmen die erweckten Denominationen die Spaltung der Union im Bürgerkrieg vorweg.[33]

Ein Hauptproblem lag dabei in der divergierenden Struktur der Erweckung in Nord und Süd. Im Gegensatz zur ab 1830 überwiegend urban-formalistischen und methodistischen Erweckung im Norden war der südstaatliche Evangelikalismus primär antiformalistisch, ländlich und baptistisch ausgerichtet.[34] Ihm war, schon wegen des Fehlens der auf die Städte bezogenen Modernisierungsprobleme im Norden, der Gedanke umfassender gesellschaftlicher Reform fremd. Statt dessen optierte er für eine individualistische, gänzlich innerliche Variante der religiös-spirituellen Umkehr. Gleichzeitig nahmen die südstaatlichen Evangelikalen aufgrund ihres ökonomischen Interesses und ihrer mehr am Wortlaut der Bibel ausgerichteten Bibellektüre eine gänzlich andere Haltung zur Sklaverei ein als die Nordstaatler. Galt diesen die Sklaverei als Sünde und der Sklavenhalter als Sünder, so verwiesen die Südstaatler gern darauf, daß die Heilige Schrift mit keinem Wort die Sklaverei ablehnte. Dabei berücksichtigten sie nicht, daß die Sklaverei im Alten und Neuen Testament sich nur auf Menschen mit einem minderen Rechtsstatus, der Hörigkeit, bezog, nicht aber auf die – im Süden übliche – kapitalistische Form der rassisch begründeten *chattel slavery*, in deren Rechtsverständnis die Schwarzen als bewegliches Eigentum den Tieren gleichgestellt waren. Sie gingen dann, vom Wortlaut des Offenbarungstextes abweichend, so weit, die Sklaverei zu einer Institution göttlichen Rechts zu deklarieren, an der der Mensch keineswegs rütteln dürfe. Allenfalls gerieten evangelikale Plantagenbesitzer mit ihrer Umwelt in Konflikt, wenn sie darauf beharrten, ihren Sklaven entgegen den gültigen Gesetzen das Lesen der Bibel beizubringen oder wenn sie gegen den aufkommenden naturwissenschaftlichen Rassismus im Süden darauf beharrten, daß auch die Schwarzen Menschen seien. Offenkundig existierte zwischen den beiden Positionen innerhalb der Erweckungsbewegung kein denkbarer dritter Standpunkt, der kompromißfähig gewesen wäre.

Trotz dieser schwierigen Ausgangslage engagierten sich seit den späten dreißiger Jahren des 19. Jahrhunderts immer mehr nordstaatliche Evangelikale innerhalb des Abolitionismus. Sie kämpften mit Pamphleten und Streitschriften, öffentlichen Auftritten, Demonstrationen und Petitionen gegen eine Institution, die sie als gottlose Abscheulichkeit ansahen. Der Süden wurde, gemeinsam mit dem Katholizismus, zur Projektionsfläche für alles, was die Evangelikalen mit der Ankunft des Antichristen verbanden. Es ist unmittelbar einsichtig, daß sich der Ton der Debatte verschärfte, nachdem sie sich einmal religiös aufgeladen hatte. Wenn beiderseits der Mason-Dixon-Linie Heilige gegen Sünder kämpften, war anderes ohnehin nicht zu erwarten. Manche Immediatisten, darunter einige evangelikale *comeouter*, gingen schließlich in den Untergrund, um Sklaven aus dem Süden, den sie inzwischen lediglich noch als brutales Massenbordell wahrnahmen, zu befreien und sie in den Norden und nach Kanada zu bringen. Angesichts dieses Hintergrundes verwundert es kaum, daß das einflußreichste Buch gegen die Sklaverei, *Uncle Tom's Cabin* von Harriet Beecher Stowe, der Tochter des berühmten evangelikalen Predigers Lyman Beecher, verfaßt wurde. Je länger der Sklavereikonflikt dauerte, desto schärfer wurde der Ton. Nachdem es 1857 in Kansas zu einem blutigen Vorbürgerkrieg gekommen war und zudem der *United States Supreme Court* unter seinem Oberrichter Roger B. Taney, einem katholischen Sklavenhalter aus Maryland, entgegen den Erwartungen der Abolitionisten die Sklaverei in *Dred Scott vs. Sanford* für rechtens erklärt hatte, fiel der bisherige Glaube an die Verfassung und damit an die Notwendigkeit, den abolitionistischen Protest konstitutionell zu legitimieren. Die evangelikalen Abolitionisten entwickelten nun die Doktrin des *higher law*, eines Rechts, das höher war als die Verfassung der USA. Gemeint war eine eigentümlich vage angelegte Mischung aus biblizistischen und naturrechtlich-philanthropischen Argumenten, die allesamt die Amoral und Illegitimität der Sklaverei darlegen sollten, um auf diese Weise ein abolitionistisches Widerstandsrecht zu begründen. Daß dies schnell in Gewalt münden konnte, war unbestreitbar. In der Tat kam es bereits 1856 in Kansas zu einem ersten Massaker an unbewaffneten Südstaatlern. Der fanatische Abolitionist und Terrorist John Brown schlachtete gemeinsam mit seinen Söhnen am Pottowatomie fünf unbewaffnete Südstaatler aus Missouri brutal ab. 1859 versuchte er dann, das Waffenarsenal der Unionsarmee im virginischen Harper's Ferry zu stürmen, um von dort aus einen Sklavenaufstand loszutreten. Unterstützung fand Brown bei transzendentalistischen, liberalen und evangelikalen Intellektuellen und Kaufleuten aus Boston, die ihre vormals pazifistische Grundhaltung wegen der Intransigenz des Südens aufgegeben hatten. Bis 1859/60 war eine Mehrheit der radikalen Abolitionisten eher dafür gewesen, dem Süden die Sezession zu gewähren, als weiterhin mit der Sünde der Sklaverei in einem Land, ausgerechnet dem neuen heiligen Land, leben zu müssen. Der Vorbürgerkrieg in Kansas und John Browns Aktivismus änderten dies.[35] Allerdings müssen in diesem Zusammenhang zwei Punkte näher ausgeführt werden:

Zum einen ging die Gewalt in den USA der Antebellumära im Normalfall gerade nicht von den Evangelikalen aus, sieht man von antikatholischen *Mobs* einmal ab. Ansonsten waren die Südstaatler und ihre bevorzugt irisch-katholischen Hilfstruppen im Norden der Union die eigentlichen Träger von Gewalt, die sich gegen Abolitionisten richtete. Religion spielte in diesen brutalen Konflikten bestenfalls eine untergeordnete Rolle. Im Kern drehten sich die Gewalttätigkeiten um säkulare Parteipolitik und sektionale Interessen. Von den 1218 gewalttätigen Unruhen, die man zwischen 1828 und 1861 in den USA nachgewiesen hat, gingen keine zehn auf abolitionistische Evangelikale zurück.[36] Das häufig propagierte

Bild von der Religion als zu zähmender, gesellschaftszersetzender Kraft kann hier nicht bestätigt werden. Selbst unter hohem Druck und trotz allen radikalen Eifers blieben die Evangelikalen lange Zeit dem funktionalen Verständnis von christlicher Religion als gesellschaftsstabilisierender Kraft und einem genuin christlichen Pazifismus verhaftet. Erst mit dem Ausbruch des Bürgerkrieges nahmen sie eine andere Haltung ein und forderten, die heilige Erde Amerikas mit dem Blut der Sünder zu reinigen.[37] Zum anderen war ausgerechnet John Brown kein Erweckter. Er entstammte einer konservativ calvinistischen, kongregationalistischen Familie aus Connecticut. In seiner Jugend hatte er sich seiner Gemeinde entfremdet und war dann ausgetreten. Dennoch verfocht er zeit seines Lebens einen rigiden orthodoxen Calvinismus und lehnte dementsprechend sämtliche perfektionistischen und postmillenaristischen Neuheiten ab. Wieder findet sich kein originärer Zusammenhang zwischen religiöser Erweckung und Gewalt. Der Beitrag der Evangelikalen zum Bürgerkrieg bestand nicht in einem gesteigerten Gewaltpotential (dies ging ihnen komplett ab), sondern in der moralischen Unbedingtheit ihrer Rhetorik, welche die Befürworter der Sklaverei in die Raserei trieb. Die Evangelikalen verschärften zweifellos einen Streit, der auch ohne ihre Einmischung gewaltsam eskaliert wäre, da auf seiten der Sklavenhalter ab 1850 jeglicher Wille zum friedlichen Ausgleich fehlte.

Andere liberal-evangelikale Reformvorhaben waren weniger brisant, aber auch in diesen Fällen legten die Erweckten eine größere Radikalität an den Tag als ihre Verbündeten. Ein sehr gutes Beispiel dafür ist die Temperenzbewegung.[38] Diesmal waren sich zur Abwechslung erweckte Christen aus sämtlichen Sektionen einmal einig. Wie die liberalen Reformer bekümmerte sie der immens hohe Alkoholverbrauch in der amerikanischen Republik. Zwischen 1800 und 1835 zählten die Vereinigten Staaten zu denjenigen Ländern der Erde mit dem höchsten Pro-Kopf-Verbrauch an reinem Alkohol pro Jahr. Man geht davon aus, daß jeder Amerikaner, gleichgültig ob Mann, Frau oder Kind, statistisch durchschnittlich 25-30

Liter reinen Alkohols im Jahr verzehrte. Amerika war im wahrsten Sinne des Wortes eine Republik von Alkoholikern. Dafür waren vielfältige Ursachen verantwortlich, von denen der Whiskeyverbrauch irischer Immigranten eher weniger wichtig war. Bereits im 18. Jahrhundert hatten die amerikanischen Kolonisten Unmengen von Rum vertilgt. Sie folgten damit den Standards vormoderner Gesellschaften, in denen insgesamt erheblich mehr als in der industriellen Moderne getrunken wurde. Alkohol wärmte, galt als gesünder als verunreinigtes Wasser und festigte durch standesübergreifende Geselligkeit und gemeinsamen Konsum den sozialen Zusammenhalt. Mit dem Aufkommen von Städten und der industriellen Wirtschaftsordnung verlor der Alkohol seine soziale Funktion, was aber am überkommenen Brauch, viel zu trinken, nichts änderte. Liberale und Evangelikale sahen das Problem, das sie vorrangig moralisch faßten. Offenbar fehlte manchen Menschen Selbstzucht und Charakter, um der Trunksucht, um des Dämons Alkohol, Herr zu werden. Gern wurde dies antikatholisch aufgeladen, indem man feststellte, gerade Katholiken seien Opfer des Alkoholkonsums. Nur am Rande wurde die Frage nach dem Zusammenhang von Armut und Alkoholismus aufgeworfen. Das Rezept war klar, wenigstens für die liberalen Philanthropen: Es galt, die Menschen durch Temperenzgesellschaften dazu zu erziehen, ihren Alkoholgenuß zu mäßigen. Wieder radikalisierten die Evangelikalen dieses moderate Programm. Wenn Alkohol satanisch war, ein Dämon, dann war der Genuß von Alkohol Sünde und mußte entsprechend verboten werden. Sie verwandelten die Temperenzgesellschaften in Gesellschaften von Antialkoholikern. In einer weiteren am Wortlaut der Bibel vorbeigehenden Interpretation stellten sie die These auf, Jesus habe nur Traubensaft und keinen Wein getrunken. Statt des Alkohols propagierten sie den sogenannten *tee-totalism*, der nichts mit dem Getränk Tee zu tun hatte, obwohl sie parallel dafür eintraten, anstelle von Rum den gesünderen Tee zu trinken. Mit *tee* war nicht *tea*, sondern der Buchstabe T gemeint, ein ganz großes T sozusagen für total totale Abstinenz.

Im weiteren Verlauf der Kampagne traten die Evangelikalen dann für gesetzgeberische Maßnahmen ein. 1850 wurde in Maine erstmals die Prohibition verhängt, das heißt der Ausschank harten Alkohols verboten. Im folgenden Jahrzehnt machten es sich evangelikale Mittelklassefrauen in anderen Staaten zur Aufgabe, notfalls mit Äxten bewaffnet, Pubs und Saloons zu stürmen, um so den Rum- und Whiskeykonsum einzuschränken. Wie im Abolitionismus bildeten sie damit das organisatorische Rückgrat der ausgesprochen gut durchorganisierten evangelikalen Temperenzbewegung, deren Erbe die USA gerade im Süden bis heute prägt. Nur nebenbei bemerkt, sollten die Temperenzgesellschaften in den siebziger und achtziger Jahren des 19. Jahrhunderts für die amerikanische Frauenbewegung ebenso wichtig werden wie der immediatistische Abolitionismus vor 1848, allen voran die *Women's Christian Temperance Union* (WCTU), die obendrein maßgeblich daran beteiligt war, die Prohibitionsphase von 1919 bis 1933 in den gesamten USA durchzusetzen. In den Wahlkämpfen von 1924 und 1928 brachte die Alkoholfrage die Demokratische Partei an den Rand der Spaltung. Katholische Befürworter des Alkoholgenusses aus dem urbanen Norden standen evangelikalen Gegnern aus dem Süden unversöhnlich gegenüber.

Vermutlich war die Antialkoholbewegung dessenungeachtet die am besten organisierte und gesamtgesellschaftlich wirksamste Kooperation liberaler und evangelikaler Reformer. Ab 1835 sank der Alkoholkonsum im Lande schlagartig, um sich dann im europäischen Durchschnitt einzupendeln. Organisatorisch wie inhaltlich war die Antialkoholbewegung für viele andere Reformbewegungen des 19. und frühen 20. Jahrhunderts maßgeblich. Bis heute hallen die *crusades* der Temperenzler in den Vereinigten Staaten nach, vor allem im tiefen Süden, in dem es weiterhin »trockene« Gebiete gibt, die durchweg über evangelikale Mehrheiten verfügen. Aber auch in anderen Fällen, über den Abolitionismus und die Temperenzbewegung hinaus kam es zur Zusammenarbeit zwischen liberalen und evangelikalen Reformern in den dreißiger und vierziger Jahren des 19. Jahrhunderts. An erster Stelle ist dabei die Schulbewegung zu nennen. Zwar hatten die USA im Norden bereits eine der höchsten Alphabetisierungsquoten unter allen fortgeschrittenen Industrienationen, trotzdem wurde vielen Liberalen um 1830 klar, daß das vorhandene, ganz auf lokale Gegebenheiten gegründete, recht uneinheitlich und willkürlich organisierte primäre Schulsystem den Anforderungen der Zeit kaum standhielt.[39] Viele Kinder aus bäuerlichen Familien besuchten den Unterricht nur höchst unregelmäßig, und von klar gegliederten Curricula konnte keine Rede sein. Hinzu kam ein weiteres Problem. Anders als in Europa, wo häufig die Armee als »Schule der Nation«, also als identitätsstiftende Größe diente, fehlte in den USA dieses Instrument. Die Anhänger Jeffersons und Jacksons in der Demokratischen Partei hielten eine stehende Armee für ein Instrument der Despotie und bevorzugten deshalb das existierende Milizsystem. Damit aber fehlte es an Institutionen, die in der Lage waren, für die eine und unteilbare Nation des liberalen Universalismus zu werben und partikularen Loyalitäten gegenüber Konfession, Sektion oder Ethnie das Wasser abzugraben. Diese Schwierigkeit verstärkte sich noch mit dem massenhaften Eindringen irischer und deutscher Katholiken seit den dreißiger Jahren. Gemäß den Vorgaben des Heiligen Stuhls bauten diese Katholiken, ihrer bedrängenden Armut zum Trotz, neben ihre Kirche immer wieder eine Parochialschule (konfessionelle Pfarrschule), um so ihre kulturelle und konfessionelle Eigenständigkeit zu bewahren. Dies aber war Liberalen und Evangelikalen gleichermaßen ein Dorn im Auge. Am Anfang waren es liberale Reformer, angeführt von Horace Mann, die sich dieses Problems annahmen. In Massachusetts und anderen Neuenglandstaaten schufen sie ein geregeltes Schulsystem, das nicht nur Bildung vermitteln sollte, sondern auch Patriotismus. In den Schulen sollten jene Werte gelehrt werden, auf deren Grundlage nach Ansicht der Reformer die Republik ruhte, die Werte der liberalen und protestantischen Mittelklassen. Bildung galt als Allheilmittel gegen Rückständigkeit, Aberglaube und Obskurantismus, allesamt Eigenschaften, die man in erster Linie den Katholiken zuschrieb. Schon aus diesem Grund wurde die *King-James*-Bibel zum bevorzugten Lehrbuch der neuen, modernen Schulen in den USA, obwohl Mann kein Evangelikaler war. Mit diesem Schritt aber versüßte er den Evangelikalen die Zusammenarbeit. Die Folgen dieses Kompromisses waren zwiespältig. Auf der einen Seite gelang es binnen weniger Jahrzehnte, ein solides, in der Breite gut funktionierendes, patriotisch-republikanisches Schulsystem zu etablieren. Auf der anderen Seite waren die dort vermittelten Inhalte alles andere als inklusiv. Die Nation wurde exklusiv als protestantische und liberale Nation dargestellt, Opposition war nicht erwünscht. Zwar waren etwa Katholiken bis zu einem gewissen Grad willens, die Gründungsmythen der Union, inklusive allerlei Legenden über die angeblich moralisch und intellektuell vorbildlichen Gründerväter, zu akzeptieren. Aber die Lektüre der protestantischen Bibel, die – wie alle reformatorischen Bibeln – auf der hebräischen Ausgabe des palästinischen Judentums der ersten nachchristlichen Jahrhunderte und nicht – wie die katholische Bibel – auf der kurz danach kompilierten alexandrinischen Septuagintaausgabe beruhte, war für sie schlechterdings nicht akzeptabel. Der Primat der *King-James*-Bibel bedeutete ja nicht nur, daß einige Bücher des Alten und Neuen Testaments, die in der katholischen Bibel vorhanden waren, nicht aufgeführt waren.[40] Er war zugleich Ausdruck des gemeinsamen kulturellen Hegemonialanspruchs von Liberalen und Evangelikalen, wenn es darum ging, die Inhalte der Nation verbindlich zu definieren. Die Katholiken und ihre demokratischen Verbündeten vermuteten nicht zu Unrecht, daß die Schulreformbewegung Ausdruck eines gesamtgesellschaftlichen Gestaltungswillens der liberal-evangelikalen Koalition war, der für katholische, konservative, parochiale und sektionale Partikularismen keinen Platz mehr lassen würde. Die Folge waren zuweilen gewalttätige Auseinandersetzungen in vielen amerikanischen Großstädten um die Frage, welche Bibel im Unterricht gelesen werden durfte. Dabei gingen beide Seiten nicht zimperlich vor. Bis in die siebziger Jahre des 19. Jahrhunderts konnten katholische Schüler an öffentlichen Schulen ausgepeitscht werden, wenn sie statt der *King-James*-Bibel die katholische Douay-Bibel im Unterricht lasen. Dagegen bildeten sich katholische *Mobs*, die sich gewaltsam gegen liberale und evangelikale Dominanzansprüche zur Wehr setzten. Nur in wenigen Städten, zum Beispiel in Boston, gelang es einem moderaten katholischen Klerus, diese *bible wars* zu vermeiden. In Philadelphia, New York oder Cincinnati hingegen kam es zu heftigen Ausschreitungen und langwierigen gesellschaftlichen Konflikten. Diese verloren erst ihre Schärfe, als ab den achtziger Jahren des 19. Jahrhunderts katholische Lehrerinnen in das öffentliche Schulsystem strömten, die bereit waren, den liberalen, nationalistischen Patriotismus zu teilen. Im Gegenzug verzichtete man, gegen den Widerstand der Evangelikalen, darauf, die protestantische Bibel weiterhin als Schulbuch einzusetzen. Paradoxerweise waren es somit die Katholiken, im Bunde mit anderen, nichtevangelikalen Konfessionen und den Liberalen, die für die Anfänge eines strikt säkularen Schulwesens in den USA sorgten. Wenn man schon kein katholisches öffentliches Schulsystem haben konnte, sollte es wenigstens kein protestantisches geben. Gleichzeitig deutete der Ausgang des Schulstreites in den achtziger und neunziger Jahren die Sollbruchstellen im Verhältnis liberaler und evangelikaler Reformer an. Die Liberalen wollten einen säkularen Staat, die Evangelikalen nicht.

Der Schulstreit brachte aber noch einen weiteren Konflikt zwischen Liberalen und Evangelikalen hervor. Beide Gruppen waren gewiß antikatholisch, aber aus ganz unterschiedlichen Gründen. Die Liberalen konnten zur Not mit assimilierten Katholiken leben. Ihnen stand ja, anders als in Europa, keine Phalanx monarchistisch-restaurativer Katholiken gegenüber. Mehrheitlich waren vor allem die Iren durchaus bereit, sich an die Wertewelt zumindest des Republikanismus anzupassen, was innerhalb des amerikanischen Katholizismus nicht ohne Differenzen abging.[41] Bei allen anstehenden Problemen war hier ein partieller Ausgleich im Interesse nationaler Inklusion denkbar.[42] Für die Evangelikalen war dies vollkommen ausgeschlossen. Seit ihren Anfängen in der Reformationsära war für sie der römische Katholizismus, war vor allem das Papsttum identisch mit der Hure Babylon und dem Antichristen der *Apokalypse*.[43] Da man sich permanent in der Endzeit wähnte, war ein Kompromiß mit den Widersachern Christi von vornherein ausgeschlossen. Im Denken der Evangelikalen des Nordens waren die Katholiken mindestens ebenso schlimm wie die Sklavenhalter des Südens. Man vermutete eine umfassende Verschwörung zwischen Sklavenhaltern, Katholiken und der Alkoholindustrie, *rum and romanism* lautete das einschlägige Schlagwort, oder *slavepower conspiracy*. Im Süden wiederum sahen die dortigen Evangelikalen die Katholiken als Alliierte der radikalen Abolitionisten.[44] Diese Angstphantasien der Evangelikalen führten zu einer extrem gewalttätigen Welle antikatholischer Ausschreitungen zwischen 1834 und 1860, an der Prediger wie Lyman Beecher und Alexander Campbell keineswegs unschuldig waren.[45] Sie glaubten, den Drachen der Endzeit endgültig bekämpfen zu müssen. Es überrascht daher kaum, daß die antikatholischen Pamphlete in den USA mit dem Aufkommen der Erweckungsbewegung immer hysterischer, alarmistischer und phantastischer wurden. Sadomasochistische, beinahe schon pornographische Schriften über sexuelle Gewaltorgien in Nonnenklöstern fanden in den Jahren ab 1830 reißenden Absatz.[46] Hier spielte eine explosive Mischung aus verklemmter, auf Kontrolle abhebender bürgerlich-protestantischer Sexualität, viktorianischem Unverständnis gegenüber alternativen zölibatären Lebensweisen jenseits der Familie und ein exklusiver Nationalismus, der die USA als protestantische Nation definierte, eine zentrale Rolle. Aus diesem Grund verbündeten sich die Evangelikalen vor dem Bürgerkrieg mit den fremdenfeindlichen Kräften der *American Party* oder *Know Nothings*, um der imaginierten Bedrohung gewaltsam Herr zu werden. Dies führte zu einem starken antikatholischen Flügel in den Reihen der *Whigs* und der Republikaner, der die Katholiken in die Arme der säkularistischen, partikularistischen und konservativen Demokraten trieb. Bis weit in die sechziger Jahre, mitunter bis in die unmittelbare Gegenwart hinein, war dieser protestantische Antikatholizismus abrufbar.

Während der Antikatholizismus und das damit verknüpfte Verständnis amerikanischer Nation durchaus eine mögliche zukünftige Sollbruchstelle zwischen liberaler und evangelikaler Reform aufzeigte, galt dies in anderen Bereichen gar nicht oder nur bedingt. Auf dem Feld der Gefängnisreform etwa funktionierte die Zusammenarbeit weitgehend problemlos, da beide Seiten nahezu identische Interessen hatten, und zwar bis ins späte 19. Jahrhundert hinein. Gemeinsam definierten sie Kriminalität als einen moralischen Kontrollverlust, eine Abweichung von universalen Rechts- und Moralstandards, die es zu beheben gelte. Nicht mehr die drastische, öffentlich vollzogene Strafe sollte im Mittelpunkt stehen, sondern die Erziehung zu moralischer Selbstkontrolle. Der Vollzug der Todesstrafe wurde damit nicht zwangsläufig obsolet, aber moderater reguliert als zuvor. Gleichzeitig entstanden neue Strafanstalten, die in mancherlei Hinsicht säkularen Klöstern mit Arbeitszwang und Schweigegebot ähnelten. Darin waren sie den in England und den USA von Liberalen und Evangelikalen eingerichteten Armen- und Waisenhäusern vergleichbar. Vergleichbares fand sich auch auf dem Feld der Kliniken für geistig Behinderte. Insgesamt strebte man eine verinnerlichte Selbstkontrolle an, zu der Bibellektüre und der regelmäßige Besuch protestantischer Anstaltsgeistlicher – auch für katholische Insassen – beitragen sollte. Viktorianische Mittelklasse, protestantischer *mainstream* und evangelikales Charisma fanden hier ein breites gemeinsames Betätigungsfeld.[47] Ähnliches galt im Bereich der Sabbatobservanzbewegung, die sich die Sonntagsheiligung im Interesse von Familienwerten, religiöser Kontemplation und allgemeiner Rekreation zum Ziel gesetzt hatte. Dies war den Evangelikalen zwar wichtiger als den Liberalen, aber für beide Gruppen akzeptabel.

Insgesamt war die Kooperation liberaler und evangelikaler Reformer in der Zeit vor dem Bürgerkrieg relativ harmonisch. Mochten die Erweckten vielfach radikaler sein als die Anhänger des aufgeklärten Liberalismus, so teilten sie doch eine Anzahl wichtiger ideeller Voraussetzungen. Beide glaubten an die Universalität und historische Notwendigkeit ihrer Mission, beide dachten in rigiden, innengeleiteten moralischen Kriterien, beide strebten eine bestimmte Form moderner Industriegesellschaft ebenso an wie eine präzise benennbare Variante des bürgerlichen Nationalstaats mit breitem, aber teilweise eingeschränktem Partizipationsangebot. Vor allem aber teilten beide Gruppen vorbehaltlos den Glauben an das aufkommende kapitalistische System. So wie die Prediger und Gläubigen der ersten Erweckungsbewegung das traditionelle Christentum in Ansätzen demokratisiert hatten, so machten es die Anhänger der zweiten Erweckungsbewegung bedingungslos marktkompatibel. Insbesondere Mark Noll und Robert Abzug haben dies wiederholt herausgearbeitet. Mit dem neuerlichen *awakening* verlor die Armut die beherrschende, moralisch positiv aufgeladene Stellung in der Mitte des christlichen Glaubens, die sie seit urkirchlichen Zeiten innegehabt hatte. Ganz im Sinne der entstehenden kapitalistischen Mittelklassen des urbanen Nordens wurde von den Predigern der Erwerb innerweltlichen Wohlstandes positiv konnotiert, während gleichzeitig Armut zu einer verwerflichen Verfallserscheinung deklariert wurde. Sogar Almosen wurden, wie im parallelen zeitgenössischen Liberalismus, strikt abgelehnt.[48] Armut wurde zur Schande, Produktivität, Effizienz und der Erwerb von Wohlstand zu hochgeschätzten normativen Prinzipien, in denen sich unmittelbar die Nähe zu Gott ausdrücken konnte. Gleichzeitig verwarfen die Evangelikalen, aufgeklärte Affekte teilend, jedwede Form kontemplativer Lebensweise. Auch diese Form der Nähe zu Gott erschien ihnen unproduktiv. Insofern lehnten sie das klösterliche Leben nicht allein der viktorianischen sexuellen Codes wegen ab, sondern auch aus einer tief verinnerlichten kapitalistischen Motivation heraus. Selbst ihre Gottesdienste kann man in diesem Sinn interpretieren. Bei allem emotionalen Kontrollverlust waren sie effizient, indem sie aktionsreich und massenhaft Umkehr produzierten. Im Grunde war diese Anpassung an den Markt das Rationale der gesamten Reformtätigkeit des urbanen, formalistischen Erweckungschristentums der Zeit nach 1830, das sich damit gemeinsam mit den viktorianischen Liberalen als Avantgarde des Fortschritts im Sinne der bürgerlichen Ideologie des 19. Jahrhunderts präsentierte. Man ging so weit, Religion direkt in eine Ware umzuwandeln, sie zu kommodifizieren. Die unterschiedlichen, im Rahmen der Erweckungsbewegung neuerlich ausdifferenzierten Denominationen stellten sich dem öffentlichen Wettbewerb und machten sich dadurch zur Ware. Nicht einmal in Großbritannien, das ansonsten viele Parallelen zu den USA der frühen industriellen Revolution aufwies, wurde der »Warenfetischismus« (Karl Marx) auf dem Gebiet des Religiösen derart weit getrieben. Dies erlaubte es dem Evangelikalismus bis gegen Ende des 19. Jahrhunderts, an der Definition des Amerikanischen, amerikanischer Zivilreligion und amerikanischen Nationalismus mitzuwirken. Dabei handelte es sich, wie im Fall der Demokratisierung des amerikanischen Christentums, weniger um einen Ursache-Wirkung-Zusammenhang in dem Sinne, daß die Evangelikalen den Kapitalismus in irgendeiner Weise bewirkt hätten. Vielmehr war ihr eigener Anpassungsprozeß eng und unauflösbar mit dem Entstehen einer amerikanischen nationalen Identität und eines amerikanischen Kapitalismus verbunden. Selbst als nach dem Bürgerkrieg der perfektionistische und postmillenaristische Protestantismus, der einst als Movens dieser Entwicklung gedient hatte, seine Anziehungskraft einbüßte, blieb der intrinsische Zusammenhang zwischen evangelikalem Protestantismus und marktkapitalistischer Mentalität bestehen, weil er nun als unentrinnbar amerikanisch definiert war.

Die der ganzen Entwicklung zugrundeliegende Kooperation mit dem bürgerlichen Liberalismus war dabei nur möglich, weil es im 19. Jahrhundert noch keine echten weltanschaulichen Probleme zwischen Liberalen und Evangelikalen gab. Weder hatten die amerikanischen Liberalen bis dahin die historisch-kritische Bibelexegese tiefer rezipiert, noch gab es

Konflikte wegen der modernen Naturwissenschaft. Ganz im Gegenteil, der viktorianische Liberalismus teilte den evangelikalen Glauben an die gesellschaftliche Relevanz der Heiligen Schrift, allerdings eher in einer moralischen Lesart, während bei den Evangelikalen darüber hinaus Fragen der Supranaturalität wichtig blieben. Insgesamt vermittelte die Bibel beiden Gruppen eine selbstverständlich geteilte normative Grundlage auf der Basis gemeinsamer viktorianischer Auslegungstraditionen. Gleichzeitig hielten beide Seiten an der Überzeugung fest, daß die Erkenntnisse der Naturwissenschaften eher dazu dienten, den Glauben zu bestärken, als ihn in Frage zu stellen. Diese Kongruenz von erwecktem Protestantismus und Liberalismus, in die zumindest im Norden auch der protestantische *mainstream* einbezogen werden konnte, bildete den Hintergrund für die scharfe Reaktion der Fundamentalisten zu Beginn des 20. Jahrhunderts gegen das, was sie als Verrat des liberalen Bürgertums an einer einstmals gemeinsamen Sache deuten mußten. Im Süden, wo die außerbürgerliche, nichturbane antiformalistische Erweckung vorherrschte, sah der Prozeß ein wenig anders aus. Dort fanden die Evangelikalen andere, vormoderne gesellschaftliche Strukturen vor, weswegen sie es gar nicht nötig hatten, die Modernisierungsbewegung der nordstaatlichen Enthusiasten mitzumachen. Sie blieben in der Tradition des 18. Jahrhunderts stehen, behielten aber genau deswegen ihren gesellschaftlichen Einfluß.

In einem weiteren Punkt herrschte vor 1865 Übereinstimmung zwischen Liberalen und evangelikalen Erweckten. Ihr Nationalismus war weder aggressiv noch expansiv. Die nationale Expansion wurde in diesem Zeitraum vorwiegend von säkularen, sklavenhaltenden Demokraten im Süden und ihren gleichfalls säkular-nationalistischen Verbündeten der Intellektuellengruppe *Young America* vorangetrieben. Das bedeutete, daß die Rezeption des europäischen Liberalismus in den USA ambivalent verlief, was auch mit dem ideologischen Mischcharakter der amerikanischen Parteien zusammenhing. Der aggressiv nationalistische Liberalismus wurde paradoxerweise bevorzugt von partikularistischen, republikanischen Südstaatlern befördert, während die marktkapitalistisch-utilitaristischen Liberalen, anders als in Europa, eher passiv und antiexpansionistisch eingestellt waren. Dies hing mit den jeweiligen Interessenkonstellationen zusammen. Die Kriege von 1812 gegen Großbritannien und 1846 gegen Mexiko wurden von den evangelikalen Formalisten und dem liberalen, urbanen Bürgertum Neuenglands rundweg abgelehnt. Nur eine antiformalistische Minderheit, allen voran südstaatliche und mittelwestliche Baptisten, unterstützte diese Konflikte, deren letzterer ausschließlich den Interessen der Sklavenhalter und der Expansion der Sklaverei diente.[49] Der Nationalismus der Gesellschaftsreformer war eher darauf ausgerichtet, die USA als leuchtendes, aber politisch passives Beispiel zu präsentieren, an dem sich andere Völker ausrichten konnten. Eine solche Sichtweise lag in der Kontinuität perfektionistischen und postmillenaristischen Denkens. Erst nach 1865 übernahmen die Republikaner, angeführt von dem alten *Whig* William H. Seward aus New York, das expansionistische Programm der Demokraten, die nun ihrerseits für fast ein halbes Jahrhundert einen antiexpansionistischen Kurs einschlugen.

Die theologischen und soziokulturellen Modifikationen der zweiten Erweckungsbewegung an der Gesamtheit reformierten Denkens erwiesen sich als wirksam und folgenreich. Nach 1840, als – sieht man von einzelnen Nachbeben der *revivals* 1857 und im Bürgerkrieg[50] einmal ab – der Reformimpuls und das Charisma der Bewegung zu erlahmen begannen, hatte sich ein spezifisch amerikanischer, demokratischer, teilweise pluralistisch-partizipatorischer, staatsunabhängiger, aber marktkonform-kapitalistischer Protestantismus herauskristallisiert, der sich in nahezu allen Belangen von seinem europäischen Vorbild unterschied. Dieser Protestantismus erwies sich angesichts fortschreitender Modernisierungsprozesse in den USA als ausgesprochen lebendig. Was ihn vom zeitgenössischen Liberalismus unterschied, waren sein leidenschaftlicher Enthusiasmus und seine Tendenz zu Antiintellektualismus und Antielitarismus. Beides konnte indes leicht mit dem damaligen

Modernisierungsparadigma, dem Fortschrittsdenken, in Einklang gebracht werden, da es in einen strikt demokratisch-kapitalistischen Rahmen eingefügt blieb. Der Erweckungsbewegung fehlte jeder restaurative Ansatz. Fast ist man mit Blick auf das sich fern am Horizont bereits abzeichnende Zeitalter der Massen versucht zu behaupten, die Evangelikalen seien darauf besser vorbereitet gewesen als die bürgerlichen Liberalen mit ihrer notorischen Angst vor der Mehrheit der Besitzlosen. Man wird dafür aber kaum umhinkönnen festzustellen, daß der Evangelikalismus in zentralen Bereichen, insbesondere in der negativen Sicht der Armut, vom Erbe des Neuen Testaments massiv abwich. Überdies darf man den Erfolg der zweiten Erweckungsbewegung nicht überbetonen. Es gab stets säkulare Konkurrenz, und selbst der bewußt konservative, marktskeptische und ultramontane Katholizismus erwies sich als ausgesprochen erfolgreich und überlebensfähig, wenngleich aus der Opposition heraus. Trotz dieser Einschränkungen wird man kaum übertreiben, wenn man festhält, daß ohne die zweite evangelikale Erweckungsbewegung das geistige und gesellschaftliche Leben der USA, so wie es sich uns heute darstellt, nicht denkbar wäre. Sie wirkten dabei mit, amerikanische Identität selbst für jene, die anders dachten, maßgeblich zu definieren. Allerdings sollten sie diese Macht nur zu bald einbüßen.

5
NEUE ZEITEN: DER AMERIKANISCHE FUNDAMENTALISMUS

Mit dem Ende des Bürgerkriegs veränderte sich die Gesellschaft der USA noch einmal schneller als je zuvor. Wieder betraf es vorwiegend den Norden und den Mittelwesten, da das revolutionär anmutende Reformprojekt der radikalen Republikaner im besiegten Süden nach 1872 grandios scheiterte. Einzig die Sklaverei wurde abgeschafft, ansonsten blieben die Eigentums- und Rassenverhältnisse unverändert. Ursprünglich hatten die radikalen Republikaner geplant, mit Hilfe der kleinen weißen Grundbesitzer, die keine Sklaven hielten, und der befreiten Sklaven die Gesellschaft des Südens komplett nach dem Vorbild des Nordens umzugestalten. Dies sollte den Republikanern eine dauerhafte Mehrheit sichern und die strukturellen soziokulturellen Differenzen, welche die USA in den Bürgerkrieg geführt hatten, auf Dauer überwinden. Eine einheitliche Nation sollte aus den Trümmern des blutigen Konflikts hervorgehen. Letztlich scheiterte dieses Vorhaben am anhaltenden Widerstand der weißen Südstaatler und am fehlenden Willen selbst vieler Republikaner, die Eigentumsverhältnisse im Süden dramatisch umzugestalten.[1] Hier standen sich die liberalen Werte von bürgerlicher Revolution und Heiligkeit des Privateigentums gegenseitig im Weg. Am Ende gelang es dem Süden, seine eigenen rassistischen Denkweisen in die nationale Ideologie der gesamten USA zu integrieren. Während er an seinem auf der Rassenhierarchie und der Baumwolle gegründeten Wirtschafts- und Gesellschaftssystem bedingungslos festhielt, vererbte ausgerechnet der besiegte Süden der gesamten Nation die Idee, die USA seien eine egalitäre Demokratie weißer Männer.[2] Die *herrenvolk democracy* der Antebellumära feierte bis weit in das 20. Jahrhundert hinein fröhlich Urständ. Dazu trug nicht zuletzt die Terrororganisation des Ku Klux Klan in den sechziger und siebziger Jahren des 19. Jahrhunderts bei.[3] Dank dieser Kontinuität über den Krieg hinweg, die freilich nie mit komplettem Stillstand gleichzusetzen war,[4] konnte der Süden auch seine religiöse Struktur weitgehend unverändert bewahren. Hier existierte der notwendige gesellschaftliche und kulturelle Resonanzraum für alle kommenden Erweckungsbewegungen, allen voran ein fest verwurzelter Baptismus unter der weißen Bevölkerung. Obendrein fanden sich im Süden die Vorbedingungen für das Entstehen der evangelikalen *black churches*, die ebenfalls im baptistischen oder methodistischen Milieu des rassisch segregierten Südens wurzelten. Allerdings war der Süden nie Ausgangspunkt neuer Erwekkungsbewegungen. Dazu war seine Gesellschaftsordnung zu statisch. Hinzu kam, daß der Süden nach 1865 in abgrundtiefer Armut und wirtschaftlicher Rückständigkeit versank. Bis in die fünfziger Jahre hinein vegetierte dort über ein Drittel der Menschen, gleich ob weiß oder schwarz, unterhalb der offiziellen Armutsgrenze. In Zeiten rapider Urbanisierung herrschte weiterhin eine ländliche Lebensweise vor. Über 66 Prozent der Bevölkerung lebten in Siedlungen mit weniger als 2500 Einwohnern.[5] In vielerlei Hinsicht ähnelte der Süden mehr einer rückständigen Kolonie als einem Bestandteil der fortschrittsbewußten, allzeit optimistischen Vereinigten Staaten, die überall in der Welt als Laboratorium der Moderne galten. Diese fortwährende sektionale Differenz in gesellschaftlicher und kultureller Hinsicht zeigt obendrein, wie beschränkt erfolgreich die liberale Nationalisierung der USA durch den Bürgerkrieg war. Nicht nur blockierte ein konservativer Oberster Gerichtshof bis weit in das 20. Jahrhundert hinein eine weitere Stärkung der Bundesregierung, vor allem in Fragen der Menschen- und Bürgerrechte, der Süden selbst hielt unbeirrbar an der Idee sektionaler Besonderheit fest und verharrte lange in seiner selbstgewählten Schmollecke. Auch die Parteistruktur spiegelte diese Problematik wider. Immerhin hatte sich mit dem Bürgerkrieg erstmals ein stabiles Zweiparteiensystem etabliert. Allerdings hatten sich diese Parteien weltanschaulich einander angenähert, während sie lebensweltlich weiterhin stark voneinander abwichen. In der Epoche nach dem Bürgerkrieg büßte das gemeinschaftsorientierte tugendrepublikanische Erbe in der Demokratischen wie der Republikanischen Partei stark an Gewicht ein. Zwar beharrten die Demokraten weiterhin auf der Rhetorik des kleinen Mannes, dessen Interessen sie im Süden und Westen gegen eine aggressiv voranschreitende Dominanz von Großindustrie und Großkapital zu verteidigen suchten, aber im Kern hatten sich beide Parteien einem materialistischen, wirtschaftsliberalen *rugged individualism* zugewandt. Dieser wurde dann jeweils mit anderen Schwerpunkten verfochten. Damit gelang es den Parteien, die fortwirkenden sektionalen Unterschiede ideologisch und nationalidentitär zu überwölben. Das neue, ganzheitliche Amerika wurde primär über seinen ökonomischen Erfolg und die gesellschaftliche Durchsetzungsfähigkeit seiner einzelnen Bürger definiert. Allein im Süden blieben Relikte der alten, auf organischer Gemeinschaft beharrenden Weltanschauung lebendig. Aufgrund der Niederlage im Bürgerkrieg und des gemeinsamen, klassenübergreifenden Kampfes der Weißen gegen die Reformabsichten der radikalen Republikaner bildete sich dort zudem eine Art faktischen Einparteiensystems heraus, das als solider Süden bekannt wurde. Bis weit in die sechziger Jahre führten die Republikaner in vielen Südstaaten eine Schattenexistenz. Schwarzen war überdies in aller Regel das Wahlrecht versagt. Für die Struktur der Demokraten bedeutete dies, daß sie mehr noch als ihre republikanischen Konkurrenten zu einer heterogenen Koalition konservativer Südstaatler und diverser sozialer Gruppen aus dem Norden, darunter Arbeiter, Kleinbauern und kleine Viehzüchter, aber auch Angehörige der Oberklasse und Intellektuelle, wurden. In konfessioneller und denominationaler Hinsicht führte die bloße Existenz des soliden Südens dazu, daß über eine breite Schicht antiformalistischer Baptisten sowie südstaatlicher Methodisten hinaus auch andere Erweckte ihren Einzug in die bis dahin säkular und katholisch geprägte Partei hielten. Evangelikal sein bedeutete nicht mehr automatisch Zugehörigkeit zu den Republikanern.

Es war der Norden, der folgerichtig den Boden für die neuen Entwicklungen bereitete. Dies entsprach durchaus seinem Selbstverständnis. Nordstaatliche, liberale Intellektuelle, Fabrikanten und Bankiers erwarteten vom Süden gleichermaßen, daß er sich dem, was man im Norden als Fortschritt definierte, vorbehaltlos anzupassen habe. Kulturelle Reaktionen auf diese brachiale Definitionshoheit wurden günstigenfalls als retardierende Momente im unaufhaltsamen Lauf des bürgerlichen Fortschritts, ansonsten als gänzlich unbegründete Abwehrreaktion notorischer Modernisierungsverlierer gewertet. Dort also, in den urbanen Zentren Neuenglands und der Mittelatlantikstaaten sowie im Umfeld der großen Seen in der Grenzregion zu Kanada, vollzog sich einmal mehr ein rapider sozialer und kultureller Wandel, der die Erfahrungen des Alltagslebens ebenso umfaßte wie das geistige Leben der Republik.[6] An der Oberfläche ließ sich dieser Wandel ohne sonderliche Schwierigkeiten beschreiben. Neue Erfindungen und Entdeckungen hatten den Aufbau innovativer Produktionstechniken ermöglicht. Neue Industrien entstanden, insbesondere im Montanbereich, aber ebenso in den Bereichen Chemie und Erdöl sowie schließlich die Automobilindustrie.[7] Im Lauf der siebziger und achtziger Jahre des 19. Jahrhunderts entwickelte sich aus der anfangs recht ungeordneten Vielfalt kleiner Industrieunternehmen ein Konglomerat von Megakorporationen, von Oligopolen und Monopolen, die weite Teile der amerikanischen Industrieproduktion unter sich aufteilten. Firmen wie *Standard Oil of New Jersey*, *American Harvester*, *Anaconda Copper*, *U. S. Steel*, *E. C. Knight*, *Westinghouse* und *Ford* beherrschten bis zu 90 Prozent eines bestimmten industriellen Segments. Orchestriert wurde diese Negation des marktwirtschaftlichen Wettbewerbs nicht nur von den an Profitmaximierung interessierten Firmenchefs, sondern vor allem von den Großbanken, darunter *J. P. Morgan* an führender Position.[8] Sekundiert wurde die Monopolbildung von einem Staat, der sich einerseits ganz als Nachtwächterstaat verstand und aus wirtschaftlichen Prozessen heraushielt, wenn man von einer zeitweilig recht massiven Schutzzollpolitik zum Schutz der einheimischen Produktion einmal absieht, und der andererseits ganz und gar von den Lobbyisten der Oligopole beherrscht wurde. Zwischen 1880 und 1910 war vor allem der amerikanische Senat – überspitzt gesagt – ein Gremium, in dem sich im wesentlichen Milliardäre und ihre Anwälte zum gemütlichen Plausch trafen.[9] Antielitäre Vorbehalte, wie sie unter anderem die Evangelikalen und Fundamentalisten dieser Epoche pflegten, waren angesichts dieser gesellschaftlichen Voraussetzungen nachvollziehbar.

In dieser Situation konnten Proteste und Gegenbewegungen nicht ausbleiben, zumal sich mehr und mehr ungelöste Probleme auftaten. Das ungestüme industrielle Wachstum, das die USA binnen weniger Jahrzehnte nach 1865 an die Spitze sämtlicher Industrienationen katapultierte, führte zu einer regen Nachfrage nach Arbeitern. Da man in den Vereinigten Staaten bis zu dreimal mehr verdienen konnte als in vergleichbaren europäischen Betrieben, wurde so eine bis dahin einmalige Einwanderungswelle stimuliert. Zwischen 1880 und 1920 strömten mehr als 20 Millionen Menschen ins Land. Viele davon wurden von den etablierten Amerikanern als rassisch oder religiös minderwertig eingestuft, darunter Italiener, Polen, Griechen, Juden und Katholiken.[10] Insbesondere Asiaten wurde die Einwanderung ganz verboten. Fremdenfeindliche Bewegungen wie die *American Protective Association* (APA), aber auch antikatholische Agitation griffen wie in den fünfziger Jahren des 19. Jahrhunderts um sich.[11] Zusätzlich wurde die Frage nach den Grundlagen amerikanischer Identität neuerlich aufgeworden. Vor allem Veteranenverbände wie die *Grand Army of the Republic* (GAR) beteiligten sich an massiven Amerikanisierungskampagnen, in denen beispielsweise der Fahnenkult mitsamt Fahneneid oder ein noch patriotischerer Schulunterricht propagiert wurden.[12] Selbst Sport, vor allem Baseball, und die neu aufkommende Hygienebewegung wurden in den Dienst der Amerikanisierung von Neueinwanderern gestellt.[13] Das Zusammenwirken von Industrialisierung und Massenimmigration führte überdies zu einem unkontrollierbaren Städtewachstum im Norden und Mittelwesten, dem die unprofessionellen, vormodernen Stadtverwaltungen kaum gewachsen waren. In vielen Großstädten der USA waren um die Jahrhundertwende mehr als 80 Prozent der Bevölkerung im Ausland geboren; Wachstumsquoten von weit über 100 Prozent binnen eines Jahrzehnts waren eher der Normalfall als die Ausnahme. Um 1920 lebten erstmals in der amerikanischen Geschichte mehr Menschen in städtischen Ballungsräumen als auf dem Land. Armut, Krankheiten, mangelnde soziale Fürsorge, Korruption, miserable Wohn- und Arbeitsverhältnisse führten häufig zu menschenunwürdigen Lebensbedingungen in den brodelnden, überbordenden Städten des Landes.[14] Gewerkschaften, denen es um mehr Rechte für die Arbeiter zu tun war, wurden rücksichtslos verfolgt, was immer wieder zu ungewöhnlich gewalttätigen Streiks und anarchistischen Attentaten führte, denen Dutzende von Menschen zum Opfer fielen. Revolutionsangst lag allenthalben in der Luft, insbesondere nach dem Sieg der bolschewistischen Revolution in Rußland.[15] Allein die korruptionsanfälligen urbanen Parteimaschinen bevorzugt demokratischer Provenienz sorgten in diesem Chaos für ein Mindestmaß an Ordnung, wie überhaupt die Suche nach Ordnung zum Leitmotiv des gesamten Zeitalters wurde.[16]

Ein wesentliches und unübersehbares Merkmal dieses Verlustes an gefühlter Ordnung war der Zerfall der viktorianischen Ehe- und Moralvorstellungen gerade in den großen Städten. Dies gehörte in den Gesamtzusammenhang eines markanten Stadt-Land-Gegensatzes, der ebensosehr sozial wie kulturell bedingt war. In den Städten und auf dem Land bildeten sich unterschiedliche Vorstellungen von Moderne heraus, lebte man in unterschiedlichen Geschwindigkeiten, und man handelte nach unterschiedlichen normativen Vorgaben. Gleichzeitig führten die veränderten Kommunikationsbedingungen, etwa durch das Aufkommen der Massenpresse seit den achtziger Jahren des 19. Jahrhunderts und des Radios ab 1920, sowie die beschleunigte Mobilität durch die Massenproduktion vergleichsweise billiger Automobile, allen voran des Ford T-Modells, zu einer weiteren Verdichtung von Raum und Zeit. Obwohl man auf dem Land anders lebte als in der Stadt, rückten Stadt und Land enger zusammen und wurden erstmals intensiv mit ihrer Divergenz konfrontiert. So konnte das, was man auf dem Land als Spezifik städtischer Lebensweise wahrnahm, allmählich ebenfalls Einzug halten. Im gesamten Land, vor allem aber in den Städten, stieg die Scheidungsrate dramatisch an. Die Anzahl unehelicher Kinder nahm ebenso zu wie der voreheliche Geschlechtsverkehr. In vielen Städten, allen voran New York, wurden die neue antiviktorianische Sexualität, Homosexualität eingeschlossen, und die damit verbundene Lebensweise offen zelebriert, der Lebensstil der ländlichen Bevölkerung hingegen eher despektierlich zur Kenntnis genommen. Umgekehrt hielt man auf dem Land und in den kleineren oder mittleren Städten an den überkommenen Vorbehalten der Ideologie Jeffersons gegenüber den moralisch korrumpierten Städten fest. Was im späten 18. Jahrhundert revolutionär und im 19. Jahrhundert die Regel gewesen war, entwickelte sich nun zu einer genuin konservativen Ideologie, die mit starken Verlust- und Bedrohungsängsten aufgeladen war.[17] Allerdings wäre es zu einfach, hier schlicht von einer Konfrontation zwischen Modernisierungsgewinnern und Modernisierungsverlierern zu sprechen, obwohl man den Konflikt damals und später oft so wahrgenommen hat. Es waren weniger soziale als kulturelle Probleme, die verhandelt wurden. Im Grunde drehte sich die Debatte um kulturelle Hegemonie, darum, wer das Modernitätspotential der USA definieren durfte. In genau diesem Kontext muß man auch die fundamentalistische Erweckung jener Jahre verorten.

Zuvor aber ist es unbedingt notwendig, sich der tieferen Dimensionen der soeben beschriebenen Phänomene zu vergewissern, da sie für das Selbstverständnis der Fundamentalisten unabdingbar waren. Neben dem hitzigen Stadt-Land-

Gegensatz waren die Dekaden um die Jahrhundertwende von einer doppelten Dialektik gekennzeichnet, die zum einen auf der Dichotomie von Massenproduktion und Massenkonsum, zum anderen auf derjenigen von Gewißheitsstreben und wachsender Verunsicherung basierte. Was genau ist damit gemeint? Beginnen wir mit dem ersten Punkt.[18] Die Grundlage der Frühindustrialisierung des 19. Jahrhunderts war in erster Linie der Rekurs auf Produktion und Produktivität gewesen. Die gesamten bürgerlichen Mittelklassewerte von später Aufklärung und Viktorianismus mit ihrer Achtung vor Selbstkontrolle und Effizienz hatten auf der Idee der industriellen Produktion gegründet, deren logische Folge der tiefgreifende Sozialdisziplinierungsprozeß gewesen war, der im Zusammenhang mit der zweiten Erweckungsbewegung geschildert worden ist. Diese produktionsorientierte Ideologie war nun keinesfalls an ihr Ende gekommen. Ganz im Gegenteil wurde die Notwendigkeit einer rationalen Organisation der Produktionsabläufe so intensiv betrieben wie nie zuvor. Frederick Taylor etwa, Sproß einer puritanischen Familie aus Neuengland, begann die einzelnen Arbeitsschritte in Fabriken und selbst im Sport ebenso monomanisch wie präzise zu analysieren, um sie anschließend in ein möglichst rationales, kleinteiliges Format zu bringen. Das *scientific management* wurde zum Leitbegriff einer neuen Generation von Industriellen. Dahinter steckte die Überzeugung, man müsse Körper (und Geist) so effizient wie irgend denkbar unter Kontrolle bringen und dabei sämtliche dem humanen Faktor geschuldeten Störungen des Betriebs ausschalten.[19] Im Fordismus mit seiner Mischung aus Akkordarbeit am Fließband, hohen Löhnen, billigen Produkten und kompletter Ausschaltung von innerbetrieblicher Partizipation seitens der Arbeiter wurde der tayloristische Gedanke noch einmal perfektioniert.[20] Bis zu einem gewissen Grad kollidierte indes diese betriebliche Disziplinierungs- und Kontrollstrategie mit einer gleichwohl ebenfalls auf die Fortentwicklung des kapitalistischen Systems zurückgehenden parallelen Entwicklung, dem Zug zum Massenkonsum.[21] Gerade die tayloristisch-fordistische Produktionsweise mit ihren strengen Kontrollmechanismen konstituierte überhaupt erst den Massenkonsum, der den Massen einen ganz anderen, positiveren Status einräumte als je zuvor, der aber zugleich andere Wertvorstellungen beförderte. Die schöne, neue Welt des Konsums konnte nicht mehr auf Selbstkontrolle, innerweltlicher Askese, Sparsamkeit und Disziplin beruhen, sondern erforderte genau die spiegelbildlichen Werthaltungen: Ausgabenfreudigkeit, Kontrollverlust, ein gerüttelt Maß an Disziplinlosigkeit. Dadurch fielen die Werte, denen man am Arbeitsplatz folgte, und jene, denen man sich in der Familie oder in der ganz neu entstehenden Welt der Freizeitindustrie, auf Reisen, in Kinos, in Sport- und Vergnügungsparks, hingab, vollkommen auseinander. Aus dieser dialektischen Spannung entstanden mehrere komplett divergierende Lebenssphären, die sich universalistischem Regelungsbestreben weitgehend entzogen. Fortan ergab sich die Chance (oder der Fluch), die eigene Identität nicht mehr vorrangig anhand traditionaler und universelle Gültigkeitsansprüche erhebender Vorgaben, also über das Herkommen, definieren zu müssen, sondern aus einer Vielfalt an individualisierten, pluralen Rollenmustern wählen zu können. Dies stellte den universalistischen Aufklärungsliberalismus vor ebenso gewichtige Probleme wie den gleichermaßen universalistischen Ordnungsanspruch der christlichen Konfessionen, so auch der Evangelikalen. Freilich suggerierte die konsumistische Pluralitätsverheißung mehr an Freiheit, als sie tatsächlich einzulösen vermochte. Schon der Kontrollanspruch des Arbeitslebens begrenzte das Individualisierungspotential in der Gesellschaft. Hinzu traten übergeordnete soziale und kulturelle Strukturen wie Klasse oder ethnische beziehungsweise religiöse Identität. Kulturelle, symbolische und materielle Aushandlungsprozesse erhielten in dieser auf der Akteursebene pluralisierten Massengesellschaft einen ganz anderen Stellenwert als in der vergleichsweise statischen Gesellschaft des 19. Jahrhunderts. Zudem darf nicht außer acht gelassen werden, daß all diese Vorgänge sich vor dem Hintergrund einer durch die Verfassung vorgegebenen politischen

Kultur vollzogen. Selbst die Mehrheit der Radikalen während der Weltwirtschaftskrise der dreißiger Jahre hielt uneingeschränkt an der Verfassungsordnung der USA fest.[22] Insofern verfügten die christlichen Denominationen, die ja bereits seit dem 18. Jahrhundert vielfältig ausdifferenziert waren und von Beginn an die politische Kultur des Landes mitgestaltet hatten, in ihrer Gesamtheit durchaus über das Potential, der neuen Mannigfaltigkeit von Lebensentwürfen gerecht zu werden. Der Evangelikalismus war eines dieser Angebote. Eine interessante Wendung, die sich für die protestantischen Gruppierungen aus diesem Prozeß ergab, war die wachsende soziale Differenzierung innerhalb des protestantischen Lagers. Menschen wechselten ihre religiöse Zugehörigkeit je nach sozialem Status. So galten Baptisten und Methodisten sozial als weniger angesehen als Presbyterianer, Kongregationalisten oder gar Episkopale, die Konfession der *country-club*-Elite. Die bereits einleitend angesprochene soziale Rangleiter protestantischer Denominationen in den USA hatte ihren Ursprung in den gesellschaftlichen Gegebenheiten des ausgehenden 19. und frühen 20. Jahrhunderts. Sie war die Folge eines sozial und kulturell strukturierten Spiels variabler Identitäten, das sich aus der Dialektik von Massenproduktion und Massenkonsum ergab.

Die zweite Dialektik, die Dialektik von Gewißheitsstreben und kulturrelativistischer Verunsicherung intensivierte den Zug zu Individualisierung und Pluralisierung nur noch. Zum Erbe des 19. Jahrhunderts und der Aufklärung hatte eine hohe Wertschätzung wissenschaftlich exakter Erkenntnis gehört. Die Physik und seit den sechziger Jahren des 19. Jahrhunderts die Biologie hatten dabei paradigmatisch als Leitwissenschaften gedient. Gegen Ende des 19. Jahrhunderts war dann die Soziologie hinzugetreten, die den Anspruch erhob, jenseits moralisch-normativer Vorgaben dazu beitragen zu können, die Gesellschaft wissenschaftlich zu analysieren und dadurch soziale Ordnung zu produzieren. In Zeiten einer vorrelativistischen Physik bedeutete dies aber stets, daß man in szientistisch-technizistischer Manier Aussagen mit absoluter Gewißheit anstrebte, die allein als »wissenschaftlich« gelten konnten. Das hieß, daß der Geltungsanspruch einer wissenschaftlichen Aussage aus ihrem naturgesetzlichen, streng deterministischen, linearen und daher quasi unfehlbaren Charakter abzuleiten war. Mochten die Geschichtswissenschaften, die Geisteswissenschaften allgemein und die Theologie gegen diesen Primat des naturwissenschaftlichen Szientismus auch lautstark protestieren, entziehen konnten sie sich ihm nicht. Der Glaube an die Problemlösungskompetenz der Wissenschaften war lange ungebrochen. Diese Wissenschaftsgläubigkeit verband sich zunehmend mit einer antimetaphysischen Erkenntnistheorie, die nur durch Beobachtung erkannte, experimentell wiederholbare Ergebnisse und Aussagen als relevant erachtete. Insbesondere in der Physik glaubte man gegen 1890 allen Ernstes, inzwischen zu wissen, was die Welt im Innersten zusammenhielt. Man formulierte Theorien und Gesetze, die möglichst penibel eine rein innerweltliche, empirische und dadurch materialistische Beschreibung und Erklärung physikalischer Phänomene bieten konnten. Vergleichbares, am Vorbild der deterministischen Physik, aber auch am Entwicklungsmodell der zeitgenössischen Geschichtswissenschaft orientiert, vollzog sich in der Biologie, der ab 1860 der Übergang von der Naturphilosophie zur Naturwissenschaft gelang. Dafür zeichnete in erster Linie der Darwinismus verantwortlich. Er bot in der Tat eine kohärente Theorie, mit deren Hilfe man elegant die Vielfalt der Arten entwicklungsgeschichtlich und ohne Rekurs auf Ursachen außerhalb der gegebenen Materie erklären konnte. Dies entsprach in hohem Maße dem wissenschaftstheoretischen Diskurs der Zeit.[23] Gleichzeitig hatte der Darwinismus einen weiteren Vorteil, der seine rasche und teilweise begeisterte Aufnahme in den USA zusätzlich begünstigte. In Gestalt des von dem Briten Herbert Spencer frühzeitig theoretisch grundgelegten Sozialdarwinismus wurde das darwinistische Entwicklungsdenken auch für die neu aufkommende Soziologie maßgeblich.[24] Diese erhielt durch den Sozialdarwinismus eine an den Naturwissenschaften ausgerichtete theoretische Grundlage, die ihren Anspruch, exakte Wissenschaft von der Gesellschaft zu sein, noch einmal untermauerte. Angesichts der überall sichtbar werdenden gesellschaftlichen Probleme in der Phase der Hochindustrialisierung mußte dies auf Reformer aller Art anziehend wirken. Hinzu kam, daß die Soziologie nun, ganz wie die Physik und die Biologie, behaupten konnte, die sozialen Probleme nicht mehr nur moralisch anzugehen, sondern anhand nachprüfbarer Gesetzmäßigkeiten zu analysieren, um dann mit realistischen Lösungsvorschlägen aufwarten zu können. Obwohl dieser empirisch-positivistische Ansatz meist mehr Behauptung blieb und tatsächliche normative, oft unreflektierte Geltungsansprüche der frühen Soziologie einfach überdeckte, übte diese Perspektive einen großen Reiz aus.[25] Schließlich darf in diesem Zusammenhang ein weiterer Aspekt nicht übersehen werden, der den Siegeszug des Sozialdarwinismus in den USA seit den achtziger Jahren des 19. Jahrhunderts nachhaltig begünstigte. Kaum eine Philosophie ließ sich so perfekt dazu instrumentalisieren, das herrschende kapitalistische System in den Vereinigten Staaten zu rechtfertigen. Die Idee des *survival of the fittest* im gesellschaftlichen Überlebenskampf deckte sich mit den positiv konnotierten Grunderfahrungen des amerikanischen Alltagslebens. Das bedeutete indessen nicht, daß sich nicht auch die politische Linke sozialdarwinistischer Ideen bedient hätte, um ihren eigenen gesellschaftlichen Umgestaltungsanspruch zu legitimieren. Allerdings geschah dies erst relativ spät, als der Zenit des Sozialdarwinismus in den zwanziger Jahren des letzten Jahrhunderts schon überschritten war. Ein weiterer wichtiger Punkt war, daß der Darwinismus und der Sozialdarwinismus eine Chance boten, die rassische Distinktion, wie sie faktisch in den USA existierte, zu legitimieren und naturwissenschaftlich zu begründen. Selbst eugenische und rassenhygienische Maßnahmen, die das Resultat einer anderen, nichtdarwinistischen weltanschaulichen Ausrichtung waren, ließen sich aus diesem Denken heraus rechtfertigen und wurden in den USA bis in die Mitte der zwanziger Jahre auch durchgeführt. Dann erst dann verbot der *Supreme Court* eugenische

Praktiken wie gesetzliche Heiratsverbote, staatlich verordnete Geburtenkontrolle, Zwangssterilisierung oder Zwangseinweisung rassisch oder geistig »minderwertiger« Personen.[26] Für unseren Zusammenhang ist dabei bemerkenswert, daß die fundamentalistische Erweckung diesen Aspekt von Darwinismus und Sozialdarwinismus ausgerechnet nicht kritisierte, da er sich mit ihren eigenen gesellschaftlichen Vorstellungen weithin deckte. Der Konflikt des konservativen Protestantismus mit der darwinistischen Moderne wurde auf einer ganz anderen Ebene geführt, während sich Katholiken primär an den gesellschaftlichen Folgen der Darwinrezeption stießen.[27] Im Grunde standen die Fundamentalisten in der szientistischen Gewißheitstradition des 19. Jahrhunderts, der sie gleichwohl andere Schwerpunkte gaben. Den gesellschaftlichen Gestaltungsanspruch der Wissenschaften zweifelten sie nicht grundsätzlich an.

Diese absoluten Gewißheitsansprüche kollidierten heftig mit einer Reihe ideeller Entwicklungen, die ebenfalls in den achtziger Jahren des 19. Jahrhunderts einsetzten, um dann ab den zwanziger Jahren des letzten Jahrhunderts spürbaren Einfluß auf die Wissenschaftstheorie zu bekommen. Ausgangspunkte waren zum einen die philosophische Kritik an den erkenntnistheoretischen Begründungs- und Geltungsansprüchen naturwissenschaftlicher Gesetzesaussagen, die gleichermaßen aus dem kantianischen Umfeld wie von Nietzsche formuliert wurden. Für die Zeit um 1900 aber war zum anderen das Aufkommen der Kulturanthropologie wesentlich. Diese hatte ihre Wurzeln in der wissenschaftlichen Beschäftigung mit den Kolonialvölkern Afrikas, Asiens und Australien/Ozeaniens. Nachdem man die kolonialen »Eingeborenen« unter dem Einfluß aufgeklärter, universalistischer Kategorien lange Zeit eher abwertend betrachtet hatte, begannen einzelne Forscher nun, das universalistische Paradigma anzuzweifeln und, im Sinne des romantischen Historismus, zu verlangen, jede Kultur aus sich heraus zu betrachten und zu verstehen. Für die USA war es vorrangig die Schule von Franz Boas, die für eine solche Form des Kulturrelativismus eintrat. Insbesondere kritisierten Boas und sein Schülerkreis das starre und stark wertende Rassenkonzept der zeitgenössischen Sozialwissenschaften in den Vereinigten Staaten.[28] Die philosophische und kulturanthropologische Kritik absoluter und universaler Geltungsansprüche betraf die szientistische Wissenschaftstheorie ebenso wie die klassische Metaphysik und die Theologie. Sie war Ausdruck eines Krisenbewußtseins, das zum *fin de siècle* weite Kreise des europäischen und nordamerikanischen Bürgertums erfaßt hatte, dessen ursprünglicher Glaube an einen unaufhaltsamen wissenschaftlichen Fortschritt allmählich ins Wanken geraten war. Mit dem Massensterben des Ersten Weltkriegs intensivierte sich dieses Gefühl nochmals. Fast zur gleichen Zeit sorgten neue Erkenntnisse in der Physik, die Relativitätstheorie und die Quantenphysik, dafür, daß das einst so schön geordnete deterministische Weltbild der klassischen Physik in Scherben zerfiel. Nur wenige Menschen begriffen dies damals als Chance, die Idee der Freiheit wieder in das kosmische Geschehen zu integrieren. Die Mehrheit, darunter auch viele Liberale, reagierte auf die neue Weltsicht mit erheblicher Verunsicherung und hielt instinktiv an dem Bemühen fest, klare Gewißheiten anstelle vager Möglichkeiten zu propagieren.

Die umfassende gesellschaftliche und kulturelle Krisensituation der Jahrhundertwende setzte eine Vielfalt variierender Antwortangebote frei, die alle auf ihre Weise auf den Fundamentalismus einwirken sollten. An erster Stelle wären der Progressivismus oder besser die Progressivismen der Jahre 1890 bis 1920 zu nennen.[29] Dabei handelte es sich um eine äußerst vielgestaltige Reformbewegung, die versuchte, der sozialen Schwierigkeiten der USA mit Hilfe neuerer sozialwissenschaftlicher Erkenntnisse und sozialstaatlicher, rationaler Planungsmaßnahmen Herr zu werden. Ein zentraler Ausgangspunkt solcher progressivistischer Überlegungen war die Tatsache, daß mit den Oligopolen in der Wirtschaft die Marktkräfte zugunsten rationaler, innerbetrieblicher Planung außer Kraft gesetzt worden waren. Für das Entstehen der fundamentalistischen Erweckungsbewegung ist allerdings ein anderer Umstand erheblich wichtiger, da sie nicht so sehr von der Kritik des Marktes her dachte. Mit dem Progressivismus wurde der klassische, universalistische Liberalismus des 19. Jahrhunderts allmählich in den linksliberal-sozialdemokratischen *liberalism* des *New Deal Order* und der *Great Society* transformiert. Das Kennzeichen dieses neuen *liberalism* war neben seinem Ideal der Plan- und Machbarkeit vor allem seine hohe Wertschätzung individueller Persönlichkeits- und Freiheitsrechte. Bei allem Glauben an wissenschaftliche Rationalität entschieden sich die neuen *liberals* dafür, gesellschaftliche Ordnung nunmehr weniger durch den Appell an abstrakte, universal vorgegebene Muster zu garantieren, sondern durch ein Wechselspiel individueller Freiheit, innengeleiteter, subjektiver, also ebenfalls am Freiheitsideal ausgerichteter Moral und rational-wissenschaftlicher Planung. Damit nahmen sie die spannungsreichen Dialektiken der hochindustriellen Moderne auf und interpretierten sie als Chance und positive Herausforderung. Sie verstanden zum Beispiel den Fordismus als eine reformistische Mischung aus *big government*, *big business* und *big unionism*, das heißt als konfliktträchtiges, aber in sich geordnetes Wechselspiel von Regierungshandeln, kapitalistischer Marktwirtschaft und arbeitnehmerfreundlicher, wohlfahrtsstaatlicher Politik. Gleichzeitig akzeptierten sie den Wandel im Frauen- und Familienbild und setzten auf eine allmähliche Integration von Migranten. Produktion und Konsum, Gewißheit und Relativismus gingen hier eine nicht immer harmonische Kombination ein, die vorwiegend vom Blickwinkel der großen Städte her konzipiert wurde.[30] In ihren Diskursen neigten sie freilich dazu, diesen Konstruktionsmodus zu vernachlässigen und die eigene Wahl, den eigenen Standpunkt zu verabsolutieren, indem sie ihren Umgang mit der Moderne als einzig gangbaren Weg stilisierten und andere Optionen systematisch als antimodern und restaurativ abwerteten. Oft genug agierten die progressivistischen *liberals*, allen guten Vorsätzen zum Trotz, wie paternalistische Eltern gegenüber Kleinkindern, was gerade bei Einwanderern ungute Gefühle der Bevormundung und Zurücksetzung hinterließ. Gleichzeitig drängte diese Transformation des Liberalismus in den *liberalism* des 20. Jahrhunderts die altliberalen Kräfte, die weiterhin an den Universalismus der Aufklärung glaubten, ins konservative Lager. Auf diese Weise entstand der moderne, säkulare, nationale und übersektionale *conservatism* in den Vereinigten Staaten. Dies hatte Folgen für die amerikanischen Evangelikalen. Ihrem ganzen Selbstverständnis nach blieben sie der Wertewelt des viktorianischen 19. Jahrhunderts verhaftet. Dies war eine deutliche Wende zur Tradition, die aber infolge der evangelikalen Tradition der Traditionslosigkeit weder nach ihrer positiven noch nach ihrer fragwürdigen Seite reflektiert werden konnte. Vielmehr mußten die Evangelikalen und ihre militante Speerspitze, die Fundamentalisten, immer hartnäckiger darauf beharren, daß die viktorianischen Werte sich unmittelbar aus der Schrift ableiten ließen, was meist nicht zutraf. Mit dem neuartigen progressivistischen *liberalism* verband sie deswegen herzlich wenig. Parallel zum Zerfall des Postmillenarismus führte das Aufkommen des *liberalism* dazu, das alte Handlungsbündnis zwischen Liberalen und Evangelikalen aufzulösen. Die inneren Widersprüche dieses Bündnisses, die einst durch gemeinsame Reformvorhaben überdeckt worden waren, traten jetzt offen zutage. Für die *liberals*, wenn sie nicht bereits vollkommen säkularisiert waren, wurde fortan die Zusammenarbeit mit den vormals konservativen protestantischen *mainstream*-Denominationen interessanter. Diese hatten sich über die *social-gospel*-Bewegung der modernen Sozialstaatlichkeit angenähert und waren zudem dabei, auch theologisch ihren Frieden mit der liberalen Moderne zu machen. Selbst der in der irischen, polnischen und italienischen Arbeiterschaft verwurzelte soziale Katholizismus[31] stand den *liberals* näher als die Evangelikalen und Fundamentalisten. Mehr und mehr orientierten sich daher letztere am *conservatism*, ohne sich in der ersten Hälfte des 20. Jahrhunderts jedoch parteipolitisch festzulegen. Eher könnte man von einer vorläufigen Entpolitisierung des Evangelikalismus sprechen, zumindest in parteipolitischer Hinsicht. Für Fragen der nationalen Identität bedeutete dies, daß erstmalig eine Trennung amerikanischer von protestantischer Identität auf breiter Ebene denkbar geworden war. Vor 1960 spielte dies faktisch noch keine so große Rolle, aber für die neofundamentalistische Erweckungsbewegung unserer Tage sollte dies zu einer langfristig entscheidenden Voraussetzung werden.

Mit zwei weiteren soziokulturellen Antwortversuchen auf die Herausforderungen der Industrialisierung wußten die Evangelikalen gleichfalls herzlich wenig anzufangen, da sie ihren ideellen Prädispositionen allzu radikal zuwiderliefen. Da war zum einen die in den USA mit ebenso großer Begeisterung wie der Sozialdarwinismus aufgenommene Psychoanalyse Sigmund Freuds. Sie bewegte sich auf einer grundsätzlich anderen Ebene als die politischen Reformbewegungen jener Zeit. Der Psychoanalyse ging es weniger um die Gesellschaft als um individuelle Sinngebung. Dort aber agierte sie gerade in den USA bevorzugt als Instrument sozialer Harmonie. Individuelle Fehlfunktionen sollten korrigiert und in Übereinstimmung mit den normativen Vorgaben der modernen Kultur gebracht werden. Dabei verlor sich allzuoft das, was in Europa anfangs als befreiendes Moment der Psychoanalyse betrachtet worden war, zugunsten einer umfassenden Suche nach Stabilität. Eli Zaretsky hat in seinem Werk zur Geschichte der Psychoanalyse zu Recht darauf aufmerksam gemacht, daß die Psychoanalyse in ihren Anfängen strukturell den charismatisch-enthusiastischen Sekten der calvinistischen Reformation geglichen habe, dann aber unter den gesellschaftlichen Bedingungen der angelsächsischen Demokratien rasch konservative, auf Erhalt der etablierten Ordnung bedachte Züge angenommen habe.[32] Wichtig blieb indes der psychoanalytische Verweis auf die wichtige Bedeutung der Innerlichkeit des Unbewußten, durch das erst jedes Subjekt zu einer unverwechselbar individuellen Person würde. Wie bei den *liberals* lief dies auf eine Abkehr von den starren, überindividuellen Universalismen der altliberalen Aufklärungstradition hinaus. Und wieder handelte es sich um einen Kompromiß zwischen den dialektischen Spannungspolen, die wir oben geschildert haben.

Zum anderen gab es noch sozialistische Strömungen in den USA, die ihre eigenen Antworten auf die Krisen der Moderne gaben, wenngleich mit wenig anhaltendem Erfolg ebenda. Sieht man von den Jahren um 1912 und der Großen Depression der dreißiger Jahre ab, blieb der Sozialismus eine randständige, vernachlässigenswerte Erscheinung. Die Arbeiterklasse im Lande war zu fragmentiert und die marxistische Weltanschauung mit dem Rahmen der amerikanischen politischen Kultur kaum zu vereinbaren. Daher waren Radikale, die sich dem genuin amerikanischen Erbe von individualistischem Freiheitsstreben, Verfassungskonformität und radikaler Rhetorik verpflichtet fühlten, in aller Regel deutlich erfolgreicher als Sozialisten und Kommunisten. Während der Weltwirtschaftskrise von 1893 bis 1897 wären etwa Henry George oder Edward Bellamy, in der Großen Depression Father Charles Coughlin, ein katholischer Priester, Huey Long, Gerald L. K. Smith, Thomas R. Amlie oder Francis Townsend mit ihren meist utopischen Reformvorschlägen zu nennen. Hier waren die Grenzen zu sozialistischem oder faschistischem Denken mitunter fließend, ohne daß indes das Verfassungssystem der USA wirklich in Frage gestellt worden wäre.

Zu diesen radikalen Bewegungen zählte schließlich der Populismus, der für den Evangelikalismus und Fundamentalismus in jeder Hinsicht interessanter und anschlußfähiger war als die bereits genannten politischen Gruppierungen mit Ausnahme der *conservatives*. Die Populisten konstruierten ihre Reformvorstellungen vom ländlichen Raum her und verbanden dabei eine konventionelle viktorianisch-protestantische Frömmigkeit mit dem modernen Glauben an die Macht des Staates, Ordnung zu schaffen. So zählte die Forderung, die Eisenbahnen zu verstaatlichen und andere für den landwirtschaftlichen Sektor wichtige Industrien und das Bankwesen von Staats wegen zu regulieren, zu ihren wichtigsten Programmpunkten. In der Forschung ist der Populismus lange als weltanschaulich inkohärent, ja protofaschistisch abgewertet worden. Erst in jüngerer Zeit ist ihm eine gewisse Ehrenrettung zuteil geworden, indem auf das ihm zugrunde liegende Erbe Jeffersons und Jacksons sowie auf sein meist vernachlässigtes Modernisierungspotential aufmerksam gemacht wurde.[33] Allerdings verebbte die populistische Welle rasch. Als die fundamentalistische Erweckung begann, gab es kaum noch Populisten, so daß auch hier ein politischer Anschluß schwerlich möglich war. So blieb den Fundamentalisten und Evangelikalen kaum anderes als das sektionale Bündnis mit den Südstaatendemokraten oder – außerhalb des soliden Südens – die Arbeit im vorpolitischen Raum. Dadurch waren sie erstmals auf eine ganz andere Art präsent als ihre evangelikalen Vorgänger im 18. und 19. Jahrhundert, in deren Kontinuität sie sich sahen. Anders als zuvor fehlte ihnen jedoch diesmal die Kooperation mit starken politischen Kräften. Dies machte es den Erweckten des frühen 20. Jahrhunderts organisatorisch schwerer. Obwohl es kaum möglich ist, exakte Zahlen zu eruieren, kann man davon ausgehen, daß die Erweckungsbewegung ab 1910/15 rein quantitativ schwächer war als die vorangegangenen und folgenden. Den Anteil von 90 Prozent aller kirchlich organisierten Protestanten, den die Evangelikalen der dreißiger Jahre des 19. Jahrhunderts für sich verbuchen konnten, erreichten sie jedenfalls nie. Dieser Verlust an politisch-gesellschaftlichen Kooperationspartnern erleichterte es zudem, die Evangelikalen und Fundamentalisten diskursiv ins Abseits der Modernisierungsverlierer zu stellen, obwohl sie im Prinzip Konservative waren, denen es um den Erhalt der Errungenschaften des viktorianischen Zeitalters unter veränderten Bedingungen zu tun war. Im Unterschied zu den *liberals* glaubten sie dabei weniger an wissenschaftlich aufweisbare, von akademischen Eliten erforschte Notwendigkeiten der Gesellschaftsveränderungen, denen die individuellen Akteure letztlich in Freiheit zuzustimmen hatten, sondern an eine an transzendente Normen gebundene Freiheit egalitärer Akteure. Die Evangelikalen und Fundamentalisten verstanden also Freiheit von der Tradition des 19. Jahrhunderts, die *liberals* von den (wissenschaftlich vorgeblich notwendigen) Optionen der Zukunft her.

Beide lösten damit die Dialektiken der Moderne in je unterschiedlicher Weise auf, allerdings interessanterweise stets von der Option der Freiheit her denkend, einer Freiheit, die für beide nie absolut war.

Kommen wir nun zur Entwicklung der fundamentalistischen Erweckungsbewegung im engeren Sinn. Ihr unmittelbarer Auslöser war, wie bereits bei der ersten und der zweiten Erweckung, theologischer Natur. Und wieder handelte es sich um eine zweigleisige Bewegung, die anfangs von Theologen ausging, um dann mit kurzem zeitlichem Abstand breitere Kreise zu erreichen. Im Hintergrund standen ernsthafte Spannungen innerhalb des amerikanischen Protestantismus, die sich an der Frage nach dem Umgang mit der Moderne entzündeten. In vielerlei Hinsicht glichen die dabei vertretenen Positionen jenen der früheren Erweckungen. Wie zuvor war die neue Erweckungsbewegung erst einmal eine Reaktion auf das Erlahmen des Enthusiasmus des vorangegangenen *awakening*. Zwar wäre es falsch zu behaupten, es hätte nach 1865 keinerlei Erweckungstheologie mehr gegeben. In erster Linie sei hier auf Dwight Lyman Moody oder Henry Ward Beecher, den Sohn Lyman Beechers, verwiesen, die sich bereits in den siebziger Jahren des 19. Jahrhunderts bemühten, das evangelikale Christentum in den Großstädten der Union zu verankern.[34] Beide waren aber mit anderen Erweckungspredigern kaum zu vergleichen. Moody galt als ausgesprochen ruhiger, sachlicher Prediger, dem das Charisma der Erweckten der Antebellumära gänzlich abging, während Beecher lange darunter zu leiden hatte, daß er im Mittelpunkt einer öffentlich gewordenen Ehebruchaffäre mit einer engen Mitarbeiterin stand.[35] Immerhin war es ihm und seinem Umfeld, allen voran Anthony Comstock, gelungen, 1873 den berüchtigten *Comstock Act* verabschieden zu lassen. Dieses Gesetz, das erst 1965 aufgehoben wurde, sah eine Postzensur für Informationen über Empfängnisverhütung vor und markierte wohl den Höhepunkt der Versuche, die viktorianischen Moralcodices legal abzusichern.[36] Daneben wäre insbesondere die Heilsarmee zu erwähnen, die sich gleichfalls darum bemühte, das Feuer der Erweckungsbewegung unter den Armen der Großstädte am Glühen zu halten. Von Großbritannien ausgehend erreichten die Sendboten der in den sechziger Jahren des 19. Jahrhunderts gegründeten Heilsarmee nur wenig später die Gestade der USA. Dort konnten sie rasch ihre Stützpunkte ausbauen. Mit einiger Sicherheit war die Heilsarmee der bedeutendste Ansatz der Evangelikalen, sich der sozialen Frage in den Brennpunkten der Großstädten anzunehmen. Außerdem war sie wichtig, weil sie die Missionsmethoden der zweiten Erweckungsbewegung wiederaufnahm und an die neue Zeit anpaßte. Obwohl das öffentliche Auftreten der Heilsarmee in Uniform und mit monotonem Blechbläserorchester gern verspottet wurde, fehlte es nicht an missionarischen Erfolgen.[37] Bei Licht betrachtet aber war das alles bestenfalls ein müdes Flackern, verglichen mit den massenhaften *revivals* der vorangegangenen Jahrzehnte. Wie schon zuvor zeigte sich auch diesmal, daß die fiebrige Erwartung der apokalyptischen Endzeit und der damit verbundene Schwung nicht auf Dauer aufrechtzuerhalten waren. Je länger sich die Wiederkunft Christi verzögerte, desto mehr büßte die Bewegung an Leidenschaft ein. Viele vormalige Evangelikale fanden ihren Weg in den protestantischen *mainstream* oder konvertierten zum Spiritualismus oder zu einer anderen zeitgenössischen Modereligion. Wieder andere kehrten dem organisierten Christentum den Rücken und pflegten eine mehr oder minder private Frömmigkeit.

Die geistige und spirituelle Initiative lag ab 1870 beim liberalen *mainstream*-Protestantismus. Seine soziale Basis fand sich primär in den städtischen Mittelklassen, seine Klientel reichte aber tief in die ländliche Bevölkerung hinein. Denominational umfaßte der *mainstream* des frühen 20. Jahrhunderts Lutheraner, Episkopale, Presbyterianer und Kongregationalisten, aber auch inzwischen etablierte Methodisten und Baptisten. Die Wende zum liberalen Protestantismus zeigte bald erste Folgen. Neben dem generell positiven, aufgeschlossenen Verhältnis zur industriellen Moderne zeichnete sich der *mainstream* durch zwei inhaltliche Schwerpunkte aus, die beide eine gewisse Abkehr vom bisherigen calvinistischen Erweckungschristentum beziehungsweise Modifikationen von dessen Positionen beinhalteten. Der erste Punkt betraf den Sozialprotestantismus, die *social-gospel*-Bewegung.[38] Seit den siebziger Jahren des 19. Jahrhunderts hatte eine aktive Minderheit liberaler Protestanten begonnen, sich der sozialen Frage anzunehmen. Ihnen war deutlich geworden, daß immer mehr Arbeiter den Weg in die Gemeinden nicht mehr fanden und dem Christentum entfremdet waren. Die soziale Frage der Industriegesellschaft war damit zu einem Problem des Christentums geworden. Viele Pastoren des *social gospel* konnten sich aber eine Gesellschaft ohne Christentum nicht vorstellen. Damit standen sie bis zu einem gewissen Grad in der Tradition der postmillenaristischen Erweckten. Gerade einer der führenden Vertreter des *social gospel*, Walter Rauschenbusch, entstammte der Erweckungsbewegung.[39] Ihnen fehlte jedoch deren apokalyptischer Zugriff auf die sozialen Schwierigkeiten des Landes. Sie gingen die Probleme weniger auf der sozialmoralischen Ebene an, obwohl sie ihre christliche Herkunft nie ganz vergaßen, sondern bevorzugten eine enge Kooperation mit soziologischen und nationalökonomischen Fachleuten, darunter dem in Wisconsin lehrenden Richard T. Ely, der seinerseits von den konservativen deutschen Kathedersozialisten geschult worden war. Ely sowie die protestantischen Geistlichen und Intellektuellen Rauschenbusch, Reinhold und Richard Niebuhr, Henry Codman Potter oder Washington Gladden befaßten sich mit durchaus profanen Fragen, beispielsweise Fabrikgesetzen für mehr Sicherheit am Arbeitsplatz, Lohnzahlungen, Jugend- und Frauenschutz, Wohnbedingungen etc. Dabei bedienten sie sich einer pragmatischen Mischung liberaler, religiöser und sogar staatssozialistischer und marxistischer Ideen. Der Sozialismus erschien den Geistlichen als passende Antwort auf die krisenhaften Transformationsprozesse ihrer Zeit. Allerdings waren sie weniger Marxisten als eine Art religiöser Sozialisten oder Linksliberale, die unter Sozialismus in erster Linie wohlfahrtsstaatliche Interventionen der Bundesregierung verstanden. Die

Bibel diente den Pastoren des *social gospel* mehr als ethischer Hintergrund ihrer Predigten und Schriften denn als ausschließliche Handlungsanleitung. Tatsächlich verstanden sie ihre Tätigkeit als Ausübung eines prophetischen, aber auf die Welt bezogenen Amtes, nicht in erster Linie als aktiven Schritt, eine perfekte Welt für die Wiederkunft Christi zu bereiten. Theologisch konnten sie, wie etwa Niebuhr, durchaus konservativ oder neoorthodox sein, aber ihr soziales Engagement stand dem Progressivismus allemal näher als dem Evangelikalismus. Für Evangelikale wirkten die Argumente des *social gospel* wie eine Abkehr vom rechten, biblischen Glauben.

Dies führte automatisch zum zentralen Punkt der Differenzen zwischen Evangelikalen und liberalen Protestanten, dem Verhältnis zur Bibel als Offenbarung Gottes. Damit war das eigentliche Kriterium, das beide Lager innerhalb des reformatorischen Protestantismus trennte, markiert. Die liberalen Protestanten hatten nämlich, obschon im Vergleich zu Deutschland und Skandinavien einigermaßen verzögert, die Wende von der Literalexegese zur historisch-kritischen Methode der Bibelinterpretation nachvollzogen. Was in Deutschland mit Hermann Samuel Reimarus und anderen bereits in der Epoche der Aufklärung im späten 18. Jahrhundert eingeleitet worden war, hatte in Großbritannien und den USA wegen der dortigen Dominanz der reformierten Bibeltheologie kaum Resonanz gefunden. Nun aber wandte man sich in beiden Ländern mit um so größerer Verve der neuen, modernen Form der Schriftinterpretation zu. Insbesondere bedeutete die Wende zur historisch-kritischen Methode, die Bibel als literarischen Text im Zusammenhang der gesellschaftlichen Umstände seiner Zeit zu lesen. Damit war der Bibeltext historisiert und nicht mehr in jedem Wort Offenbarung Gottes. Manche Textpassagen wurden nun als Mythos, Legende oder Erzählung angesehen und nicht mehr als wörtlich zu verstehende, inhaltstreue historische Darstellung. Bis zu einem gewissen Grad war dies eine Wiederentdeckung, denn die Idee, die Bibel müsse wortwörtlich als historisch nachprüfbare Wahrheit angesehen werden, hatte sich überhaupt erst am Ausgang des Mittelalters und im Gefolge der Reformation entwickelt. Zuvor, gerade auch in der Phase der Kanonbildung in den ersten nachchristlichen Jahrhunderten, als die biblische Tradition überhaupt ausformuliert wurde, hatte sich die Mehrheit der Theologen der allegorischen Auslegungsmethode bedient. Sowohl Paulus als auch Augustinus, Origenes und andere frühe Kirchenväter hatten vermittels der Allegorie und weniger aufgrund des tatsächlichen Wortlautes ein spirituell vertieftes Verhältnis zur Schrift gewonnen. Insofern war biblische Exegese stets darauf angewiesen, das Verhältnis zwischen Wortlaut und Allegorese auszutarieren. Der reformierte Evangelikalismus hatte sich dieser Schwierigkeit entzogen, indem er erstmals in der Geschichte der Exegese den Wortlaut der Bibel verabsolutiert hatte. Nun verwarfen die modernen historisch-kritischen Exegeten diese doppelte Idee von Verbalinspiration und Literalexegese.[40] Gleichzeitig verstellten sie sich aber auch den Weg zur traditionellen Allegorese, indem sie so taten, als hätte es in der Antike Autoren und ein Publikum gegeben, denen es um einen spezifisch historischen Sinn zu tun gewesen wäre. Daneben setzte eine Analyse der Traditionsgeschichte der kanonisch überlieferten Texte ein. Auf der Basis rationaler Kriterien sollte die Entstehungsgeschichte etwa der Evangelien oder des Pentateuch (der sogenannten fünf Bücher des Mose) geklärt werden. Mit Ausnahme einiger paulinischer Schriften wurde auf diese Weise die Autorschaft nahezu sämtlicher Schriften des Alten und Neuen Testaments fragwürdig. Man führte hypothetische Gemeindetheologien und verlorene Zwischentexte wie die Logienquelle Q ein, um Brüche und Widersprüche im vorliegenden Textbefund zu erklären. Die Mehrheit der historisch-kritischen Theologen lehnte überdies die Realität der biblischen Wundergeschichten als mit der modernen Naturwissenschaft und dem modernen Weltverständnis nicht vereinbar rundweg ab. Damit fiel ein wichtiger Pfeiler der traditionellen Apologetik des Christentums als wahrer Religion, die (übrigens entgegen dem Schriftbefund, der eher wunderkritisch ist[41]) gern mit der auf Wundern gegründeten Überlegenheit christlicher Lehre argumentiert hatte. Der weltanschauliche Hintergrund der historischen Bibelkritik war gemischt. Zu aufgeklärten, kirchen- und religionskritischen Motiven traten romantisch-historistische Ideen sowie Elemente der kantianischen oder hegelianischen Philosophie, die benötigt wurden, um Kriterien einer rationalen, zeitgemäßen Bibeldeutung zu entwerfen. Insgesamt wird man nicht sagen können, daß das Unternehmen der historisch-kritischen Methode von vornherein nur destruktiv oder antireligiös angelegt war, obwohl viele Evangelikale es so wahrnehmen mußten. Eher kann man den modernen Bibeltheologen einen gewissen Sinn für wissenschaftliche Wahrhaftigkeit zubilligen. Sie glaubten unter den erkenntnistheoretischen und wissenschaftstheoretischen Vorgaben der Moderne, nicht an den traditionellen Auslegungen der Schrift festhalten zu können. Das Christentum und seinen religiösen Wahrheitsanspruch wollten sie in ihrer Mehrheit nicht aufgeben.

Angesichts des hohen Stellenwertes der Heiligen Schrift im gesamten Protestantismus, vor allem aber im Calvinismus, standen die Anhänger der historisch-kritischen Methode freilich vor erheblichen Begründungsproblemen. Wenn man sich auf das Wort der Bibel nicht mehr unmittelbar und ohne eine intellektuelle Elite zwischengeschalteter Exegeten verlassen konnte, wie wollte man dann die Wahrheit des Christentums unverfälscht erfassen? Die Antworten der liberalen Theologen liefen im Prinzip darauf hinaus, die Offenbarung Gottes von der Schrift zu trennen und in die Innerlichkeit und das Gefühl des Subjekts zu verlegen. Die Schrift verlor dadurch ihren Absolutheitsanspruch und wurde regulativ und instrumentell verstanden. Religion aber vollzog sich wahrhaft im Gefühl der »schlechthinnigen Abhängigkeit« (Schleiermacher), im direkten Anruf Gottes an das Individuum. Ein solches Denken kam dem Individualitätsanspruch der industriellen Moderne in einem Maße entgegen, das den Evangelikalen uneinsichtig bleiben mußte. Ferner büßte der supranaturale Gottesbezug zugunsten einer innerweltlich gedachten Christologie seinen theologischen Primat ein. Nicht mehr der ferne, übernatürliche Gott in seiner unendlichen Majestät und Heiligkeit garantierte die Wahrheit des Christentums, sondern der Bezug des Individuums zu Jesus Christus als ethischem Lehrer und moralischem Vorbild in der Welt, wie er durch die recht verstandenen Bibeltexte mitgeteilt wurde. Dem heiligen Paulus wurde dabei dann die Rolle des Schurken zugewiesen, der aus einer ursprünglich einfachen, innerweltlichen Ethik eine supranaturale Religion geschaffen habe, eine Variation des alten aufgeklärten Topos vom Priestertrug. Wie immer in der Tradition der Aufklärung mutierte das Christentum von einer jenseitigen Heilslehre zur sittlichen Botschaft. Die Dogmatik des Christentums wurde demgegenüber historisch relativiert, wozu insbesondere das zeitgenössische Projekt der Dogmengeschichte unter historistischem Einfluß anregte. Dazu trug maßgeblich die Übernahme von Gedankengut aus der führenden deutschen theologischen Schule bei, derjenigen des 1889 verstorbenen Systematikers Albrecht Ritschl, zu dessen Schülern unter anderen der Dogmenhistoriker Adolf von Harnack zählte.[42] Einige bedeutende »Modernisten«, zum Beispiel der New Yorker Theologe Arthur Cushman McGiffert, hatten in Deutschland Theologie studiert und waren dabei stark von den Ritschlianern beeinflußt worden. Dies galt ebenfalls für die Speerspitze des liberalen Protestantismus in den USA, die Chicago-Schule. Die Ritschlianer waren überdies für den *social gospel* maßgeblich mitverantwortlich und wurden auf diese Weise zu einem Schreckgespenst für viele Evangelikale. Der Umstand, daß die liberalen Modernisierer dazu neigten, arrogant zu polemisieren, trug nicht eben dazu bei, sie beliebter zu machen. Sie behaupteten gern, die christliche Tradition sei eine einzige Geschichte der Verfälschung der ursprünglichen Lehre Jesu und trage zudem nichts zur Lösung der Gegenwartsprobleme bei.[43] Beides war kein notwendiges Resultat der historisch-kritischen Beschäftigung mit der Bibel, sondern Produkt liberaler Ideologie.

Diese polemische Rezeption der historisch-kritischen Methode war für die Mehrheit der amerikanischen Evangelikalen ein Schlag ins Gesicht. Sie teilten viele der Vorbehalte, welche konservative Theologen schon seit langem gegen die neue Art der Schriftlektüre vorgebracht hatten. Methodisch stellte sich etwa die Frage, ob man die einmalige Selbstoffenbarung Gottes mit denselben philologischen, textkritischen und historischen Mitteln angehen konnte wie jeden anderen beliebigen Text, stamme er von Homer oder Cicero. Obendrein konnte man deutlich erkennen, daß die Rationalitätskriterien der frühen Textkritik alles andere als rational waren. Dank der Nähe zur zeitgenössischen Philosophie sagten viele der frühen Arbeiten der historisch-kritischen Methode mehr über den Verfasser und seine Zeit aus als über die gesellschaftlichen Umstände der biblischen Epochen. Insbesondere die Versuche einer historischen Rekonstruktion des Lebens Jesu wirkten meist platt und willkürlich. Das war oft der bloße Nachhall idealistischer oder positivistischer Ideologie. Ähnliches galt für die Versuche, die ursprüngliche Textgestalt form- oder gattungskritisch herzustellen. Manche Quellenscheidung konnte bis hin zu abstrusen Exzessen durchgeführt werden, texthistorische Zwischenschritte wurden ohne jeden Beweis hypothetisch eingeführt. Selbst von der so bedeutsamen Logienquelle Q hat man bis heute keine Zeile finden können. Vor allem aber war der Jesus von Nazareth der Schrift nicht der wohlmeinende, etwas betuliche Künder einer neuen, bürgerlichen Vernunftmoral, zu dem ihn die Exegeten des 19. Jahrhunderts gemacht hatten. Er war ein radikaler, aggressiver, apokalyptischer Wanderexorzist, der Dämonen austrieb und das nahende Gottesreich verkündete, angesichts dessen den Menschen nichts blieb als echte und komplette Umkehr. Überdies war er nicht christozentrisch, sondern ganz und gar theozentrisch in seiner Theologie. Jesu Gott war persönlich, heilig und sehr nah. Womöglich hatte der heilige Paulus diese Radikalität besser begriffen als die historisch-kritische Exegese. Ähnliches traf auf die Evangelikalen, Fundamentalisten und pentekostalen Christen zu. Auch sie spürten, daß in den Texten der Bibel ein anderer Jesus durchschien, als er von den Liberalen verkündet wurde, insbesondere ein Gott, der liebend, zornig oder gerecht, immer aber real in eine als Heilsökonomie verstandene Geschichte eingriff, ein Gott also, der sich kümmerte. Jedoch vermieden sie es, diese Inhalte genauer zu reflektieren. Weiterhin inszenierten sie in ihren emotionsgeladenen Gottesdiensten Umkehr, in ihrem Alltag aber blieben sie bürgerlich-kapitalistischer Konformität verhaftet. Insgesamt verweigerten die Evangelikalen lange die Diskussion auf dieser methodischen und inhaltlichen Ebene, die implizit eine Anerkennung der Grundanliegen der historisch-kritischen Methode bedeutet hätte. Diese hatte ihren sachlichen Grund ja in den zahllosen stilistischen Brüchen und inhaltlichen Widersprüchen der biblischen Texte, über welche die Evangelikalen und die konservative Orthodoxie allzu gern schnell hinwegargumentierten, indem sie auf überkommene, harmonisierende und glättende Auslegungen verwiesen.

Statt auf der methodischen Ebene wurde der Konflikt in der Folge vornehmlich auf der Bekenntnisebene ausgetragen. Das war in der amerikanischen Religionsgeschichte insofern ein einmaliger Vorgang, als die Mehrheit selbst der konservativen Christen weniger an Bekenntnissen denn an aktueller Lebensführung interessiert war. Aber nicht nur die Evangelikalen, sondern auch moderate konservative Protestanten und die Mehrheit der katholischen Theologen teilten das Gefühl, daß der theologische Liberalismus ein komplett anderes, neues Christentum anstrebte. Das aber bedeutete, daß nur auf der Ebene des Bekenntnisses die entscheidenden Fehlleistungen der modernen Theologie herausgearbeitet werden konnten. Erst durch diesen Schritt sollte ein anfangs binnentheologischer Streit um die rechte Exegese der Bibel zu einer gesellschaftlichen Kontroverse werden. Spätestens ab den zwanziger Jahren ging es nicht mehr allein um die Bibel, sondern um den Gesamtkomplex der kulturellen Hegemonie in den sich wandelnden USA. Das aber war nur möglich, weil der evangelikale Protestantismus schon seit den Ursprüngen der Republik daran beteiligt gewesen war, nationale Identität und soziale Kohäsion zu stiften. Ohne diese grundlegende

Voraussetzung wären die Dramatik der Geschehnisse und die Tiefe der sich auftuenden Risse in der amerikanischen Gesellschaft kaum verständlich gewesen. Aber wir greifen den Ereignissen vor.

Im Jahr 1910 begann die eigentliche Auseinandersetzung, die dann den modernen Fundamentalismus hervorbringen sollte. Wie bei den früheren Erweckungswellen begann alles als theologischer Streit unter den Presbyterianern. 1910 beschloß nämlich die Generalsynode der nordstaatlichen Presbyterianer, fünf zentrale Glaubenssätze als verbindlich für alle Gläubigen des eigenen Bekenntnisses zu definieren. Sie richteten sich allesamt gegen die naturalistischen und säkularistischen Bestrebungen des zeitgenössischen liberalen Protestantismus, waren aber in sich kaum besonders revolutionär. Genaugenommen wiederholten sie in weiten Teilen einfach Passagen des Apostolischen Glaubensbekenntnisses. So wurde an der Göttlichkeit Jesu Christi und der Jungfrauengeburt ebenso festgehalten wie am stellvertretenden Sühnetod Jesu am Kreuz und der leiblichen Auferstehung Christi, alles Ideen, die unter liberalen Protestanten entweder umstritten oder von ihnen vollständig aufgegeben worden waren. Im Kern wurde hier das Problem der Supranaturalität Gottes verhandelt. Nach Auffassung der orthodoxen Presbyterianer war Jesus von Nazareth nicht nur ein umherziehender Prediger rationaler Moral gewesen, sondern der übernatürliche Retter einer in Sünde gefallenen und erlösungsbedürftigen Menschheit. Das war für sich genommen nichts sonderlich Fundamentalistisches. Anhänger der späteren dialektischen Theologie Karl Barths hätten all dies in ihrer Kritik der Einseitigkeiten des Kulturprotestantismus des späten 19. Jahrhunderts problemlos ebenfalls unterschreiben können. Es traten allerdings zwei weitere Punkte hinzu, die dann die folgenden Kontroversen bestimmen sollten. Zum einen wurde die Historizität der Wunderdarstellungen der Bibel als Glaubenstatsache definiert, zum anderen – und das war der Kernpunkt – die absolute Unfehlbarkeit der ihrem Wortsinn nach auszulegenden Heiligen Schrift, die ihrem gesamten Wortlaut nach unmittelbar von Gott stammte.[44] Mit diesem Punkt verließ die Synode den Boden des Apostolischen Glaubensbekenntnisses und setzte eine bestimmte Variante reformierter Bibelexegese absolut. Damit stellte sie sich in die bisherige Linie orthodox calvinistischer Bibeltheologie. Zugleich aber versuchten die Presbyterianer eines anderen Problems Herr zu werden. Vor dem Hintergrund der szientistischen Wissenschaftstheorie der Zeit bedurfte es absoluter Gewißheit, um wissenschaftliche Aussagen zu machen. Insofern stellten die Beschlüsse der Synode den Versuch dar, diese Gewißheit durch den Rekurs auf einen präzise benennbaren Text zu stiften, um nicht wie andere Angehörige der Neoorthodoxie auf die etwas schwammige Unterscheidung von Offenbarung und biblischer Überlieferung zurückgreifen zu müssen. Der frühe Fundamentalismus war in seinem Streben nach sicherer Erkenntnis geradezu das Spiegelbild des liberalen Modernismus. Relativistisch waren beide nicht, weder mit Blick auf ihre Werthaltungen noch in ihrer Wissenschaftstheorie.

Der nächste Schritt in der sich anbahnenden Kontroverse war noch wichtiger als dieser Synodenbeschluß. In den fünf folgenden Jahren veröffentlichte eine Reihe orthodox reformierter Theologen des *Princeton Theological Seminary*, unterstützt von Sympathisanten aus der Industrie, zwölf Pamphlete, die in ihrer Gesamtheit unter dem Titel *The Fundamentals: A Testimony to the Truth* bekannt wurden. Um 1920 entwickelte sich daraus dann der Begriff »Fundamentalist«, der damals zugleich Selbstbezeichnung und pejorative Fremdcharakterisierung war. Fast sämtliche frühen Fundamentalisten waren Universitätsprofessoren, andere angesehene Theologen im geistlichen Amt, darunter Clarence E. Maquarrie, John Roach Stratton und vor allem J. Gresham Machen, der sich selbst bestenfalls zögerlich als Fundamentalist bezeichnet hätte, aber unbeugsam darum bemüht war, die reformierte Orthodoxie gegen die Angriffe des säkularen und religiösen Liberalismus zu verteidigen. Dabei erwarb er sich sogar die Anerkennung ausgesprochen religionskritischer Intellektueller, allen voran Walter Lippmanns und H. L. Menckens.[45]

Erneut wird ersichtlich, daß der Ursprung des Fundamentalismus weniger bei den vom Modernisierungsprozeß überrollten, sozial marginalisierten gesellschaftlichen Formationen des Südens und Mittelwestens lag, die man gemeinhin mit diesem Konzept verbindet. Die neuerliche Erweckungswelle begann vielmehr als Rivalität zweier intellektueller Deutungseliten. Die frühen Fundamentalisten gründeten im breiten Traditionsstrom des Evangelikalismus, aber sie waren keine sozialen Außenseiter. Ihnen war es eher darum zu tun, nicht kulturell marginalisiert zu werden. Daher konkurrierten sie bewußt mit den liberalen Intellektuellen ihrer Zeit. Sie wollten eine kohärente, sinnstiftende Antwort auf die Transformationskrise der Hochindustrialisierung geben, die sich in den Bahnen einer vorgegeben religiösen und moralischen Tradition bewegte. Vor dem Hintergrund des 19. Jahrhunderts war dies nichts Außergewöhnliches, im Grunde war es der Normalfall gewesen. Im frühen 20. Jahrhundert hingegen war das für eine Mehrheit von Liberalen nicht mehr akzeptabel. Die Vorstellungswelten von christlicher Tradition und liberaler Weltanschauung waren bereits zu weit auseinandergerückt. Daher überrascht es kaum, mit welcher Heftigkeit die *Fundamentals* nicht nur den religiösen Liberalismus und Kulturprotestantismus der *Chicago School* angriffen, sondern auch eine Vielzahl anderer Erscheinungsformen der modernen Kultur. Unter anderem bekräftigten sie die Beschlüsse der Synode von 1910, zusätzlich aber verwarfen sie aus dem traditionellen antikatholischen Affekt des Calvinismus heraus den römischen Katholizismus, den Spiritualismus, das Mormonentum und die eben erst gegründete *Christian-Science*-Bewegung von Mary Baker Eddy. Bei all diesen Religionsformen handelte es sich in ihren Augen entweder um bereits bekannte Abweichungen vom rechten Glauben, wie der Katholizismus, der indes dabei war, seine gesellschaftliche Position in den USA durch die neue Immigrationswelle zu stabilisieren, oder um säkularistische Neureligionen, die den Kern des Christentums, vor allem die Transzendenz Gottes, preisgaben. Wichtiger als diese Kritik, die weiter nichts Neues enthielt, war der Generalangriff auf die Ideologien der Neuzeit. Neben dem Naturalismus der liberalen Protestanten wurden der deutsche Idealismus, der Kantianismus und der Sozialismus als Grundlage von Bibelkritik und *social gospel* gegeißelt, die in ihren Augen den Zugang zur wahren christlichen Lehre verstellten. Pikanterweise erinnerte die Schärfe der fundamentalistischen Angriffe auf diese Ideen an die päpstlichen Lehrverurteilungen von 1864 und 1907, in denen von katholischer Seite nahezu die gleichen Gegner ausgemacht wurden.[46] Was allerdings den Fundamentalismus vom katholischen Antimodernismus trennte, war mindestens ebenso bezeichnend wie das, was beide einte.[47] Das authentische Lehramt der katholischen Kirche verwarf den weltanschaulichen Liberalismus mitsamt all seinen Begleiterscheinungen, dem utilitaristischen Kapitalismus und dem Nationalismus. Selbst mit der nichtliberalen Demokratie tat Rom sich schwer, obwohl seit Papst Leo XIII. eine Abkehr vom hartnäckigen Monarchismus der Restaurationsära eingesetzt hatte.[48]

Die Fundamentalisten hingegen hielten, nunmehr lediglich losgelöst vom theologischen prämillenaristischen Hintergrund, in der Praxis unbeirrbar am nationalidentitären Erbe der ersten beiden Erweckungsbewegungen fest, der egalitären Demokratie im Rahmen der amerikanischen Verfassung und der kapitalistischen Marktkonformität. Sie kämpften gegen den *social gospel* mindestens ebensosehr aus religiösen wie aus wirtschaftspolitischen Überzeugungen heraus. Auch ein weiteres Erbteil des Liberalismus akzeptierten sie vor dem Hintergrund der evangelikalen Entwicklungen im 19. Jahrhundert vorbehaltlos: den Nationalismus. Die Fundamentalisten waren amerikanische Patrioten, genau wie ihre progressivistischen Gegner. Man kann noch einen Schritt weiter gehen. Der Fundamentalismus verstand sich geradezu als Bestandteil der progressivistischen Amerikanisierung Amerikas. Nachdem vor dem Hintergrund der Masseneinwanderungen seit den achtziger Jahren des 19. Jahrhunderts die Frage wieder drängender geworden war, was denn eigentlich das »Wesen« des Amerikanischen oder, moderner ausgedrückt, die nationale Identität der USA ausmachte, war es auf den unterschiedlichsten Sektoren des amerikanischen Geisteslebens zu antieuropäischen Reaktionen gekommen, denen es darum zu tun war, die amerikanische Identität vom europäischen Erbe abzugrenzen. Interessanterweise wurde die angelsächsische Rassengemeinschaft davon oft ausgenommen, nicht aber das englische Erbe. In diese Zeit fällt die massive und polemische Puritanismuskritik Menckens, der ungestüme Versuch, die amerikanische Identität in der Abgrenzung vom englischen Erbe zu konstruieren. Gleichfalls in diese Epoche fallen die Bemühungen eines Frederick Jackson Turner in der Geschichtswissenschaft,[49] die amerikanische Identität auf ein spezifisches Grenzerlebnis an der *frontier* zurückzuführen, eines Charles Sanders Pierce, William James oder John Dewey, eine amerikanische pragmatistische Philosophie jenseits der idealistischen Philosophien Deutschlands oder Englands zu begründen, eines Frank Lloyd Wright, eine von Europa unabhängige, amerikanische Architektur ins Leben zu rufen. In diesen Trend reihten sich die Fundamentalisten ein. Sie wollten sich von den Vorgaben der deutschen Theologie und Philosophie lösen, um eine genuin amerikanische Theologie zu begründen. Was sie jedoch, anders als die liberalen Progressivisten, keinesfalls akzeptieren konnten, war die inklusive Idee einer rein säkularen Nation. Dafür hatte der Evangelikalismus ihrer Ansicht nach zu viel für dieses Land getan. Deswegen hielten sie an der exklusiven Idee der USA als angelsächsischer *Christian nation* uneingeschränkt fest. Angesichts der wachsenden Schar nichtprotestantischer und – im Sinne der Zeit – nichtweißer Einwanderer aus Süd- und Osteuropa war die Praktikabilität dieser Festlegung zweifelhaft, da sie letztlich darauf hinauslief, großen Massen die Einbürgerung zu verweigern. Das änderte aber nichts daran, daß die Evangelikalen und Fundamentalisten in ihrem Nationalismus den Konventionen der Moderne folgten.

Bislang haben wir hauptsächlich eine Debatte intellektueller Deutungseliten über die kulturelle Hegemonie im Lager des amerikanischen Protestantismus verfolgt. Dies macht für sich genommen noch keine Erweckungsbewegung und keine gesamtgesellschaftliche Debatte aus. Beides war erst möglich, als sich die Fundamentalismus-Liberalismus-Kontroverse allmählich verbreiterte und darüber hinaus ein zusätzliches theologisches Moment die Stimmung anheizte. Ersteres geschah ziemlich rasch, was mit der egalitären und synodalen Struktur des amerikanischen Calvinismus zusammenhing. Angesichts der damit verbundenen laikalen Repräsentanz in den Gemeindegremien konnte es gar nicht ausbleiben, daß die Diskussionen über die Grenzen theologischen Expertentums hinausgriffen. Überdies hatten die *Fundamentals* dank ihres günstigen Preises weite Verbreitung gefunden. Dies wiederum hatte Geistliche der *Chicago School*, allen voran Henry Emerson Fosdick, und liberale Intellektuelle, darunter H. L. Mencken, dazu veranlaßt, eine regelrechte Kampagne von Predigten, Zeitungsartikeln, Vorträgen und Streitschriften gegen die Fundamentalisten zu starten. Dabei scheuten sie nicht davor zurück, einen Popanz aufzubauen. Denn, wie Mark Noll zu Recht feststellt,[50] war die große Mehrheit selbst der Evangelikalen am militanten Bekenntniskampf der Fundamentalisten überhaupt nicht interessiert. Ähnlich verhielt es sich auf liberaler Seite, wo die *Chicago School* nur eine radikale Minderheit innerhalb des *mainstream* ausmachte. Die Mehrheit der religiösen Gruppierungen und Gemeinden bevorzugte eine Glaubensform, die liberale und evangelikale Elemente mischte. Obendrein stand für sie mehr das Problem des rechten Lebens, also der Moral, im Vordergrund, nicht das der Orthodoxie, des rechten Glaubens. Dennoch wäre es vermutlich falsch, wollte man die ganze Kontroverse nur als Medienprodukt abtun. Der theologische Liberalismus und der Fundamentalismus stellten wichtige Fragen an oftmals selbstgenügsame und unreflektiert glaubende Gemeindemitglieder und zwangen damit zum Nachdenken und zur Entscheidung. Ein weiterer Impuls kam indessen hinzu, der dann der Debatte den Charakter einer neuerlichen Erweckungsbewegung gab, indem er den Intellektuellendiskursen ein volkstümliches Element hinzufügte: der Prämillenarismus in seiner dispensationalistischen Spielart.[51] Wir hatten bereits anläßlich des Niedergangs der postmillenaristischen zweiten Erweckungswelle darauf aufmerksam gemacht, daß der Postmillenarismus theologisch das Problem hatte, mit dem wörtlichen Schriftbefund der *Apokalypse* kaum vereinbar zu sein. Insofern bedeutete die Wende zum Prämillenarismus eine Wende zur Literalexegese, aber auch zur theologischen Tradition. Die prämillenaristische Naherwartung machte die unmittelbar bevorstehende Wiederkunft Christi wieder deutlich mehr als der Postmillenarismus vom Wirken der göttlichen Gnade abhängig. Normalerweise hätte dies auch eine Abkehr vom biblisch extrem problematischen Perfektionismus bedeuten müssen. Der aber war inzwischen derart tief in der amerikanischen kollektiven Mentalität, insbesondere im amerikanischen Individualismus, verwurzelt, daß er von den Prämillenaristen zwar nicht mehr offiziell gelehrt, aber dennoch auch nicht aufgegeben wurde. Insofern war die prämillenaristische Erweckung eine synkretistische Form der Naherwartung, die auf theologischen Vorgaben der zweiten Erweckung gründete, ohne aber deren sozialreformistisches Profil zu entfalten. Der Prämillenarismus dachte in erster Linie vom Individuum, seiner Perfektibilität und den daraus resultierenden Ansprüchen an eine moralisch perfekte Lebensführung her, weniger von der Gesellschaft. Insofern war er auch für den *social gospel* in keiner Weise offen.

In seiner dispensationalistischen Gestalt entfachte der Prämillenarismus aber seit den siebziger Jahren des 19. Jahrhunderts ein neues Feuer der endzeitlichen Erwartung von Christi Wiederkunft. Der Dispensationalismus hatte sich in den zwanziger Jahren des 19. Jahrhunderts in Großbritannien entwickelt. Einer seiner bedeutsamsten Vordenker war John Darby gewesen, weshalb man auch gern von *Darbyism* spricht. Der Kernpunkt von Darbys Theologie bestand in einer Art biblizistischer Heilsgeschichte. Demnach hatte sich Gott der Menschheit in aufeinanderfolgenden Bundesschlüssen (*covenants*) und auf diesen Bundesschlüssen beruhenden Zeitaltern oder Heilsökonomien (*dispensations*) offenbart. Diese

Offenbarungen waren progressiv, das heißt, sie vertieften die jeweils bereits ergangenen Heilsgeheimnisse und erweiterten sie. Bislang, so Darby, habe es sechs Dispensationen oder heilsökonomische Weltzeitalter gegeben, das der paradiesischen Unschuld, das des Gewissens von Adam bis Noah, das der Regierung von Noah bis Abraham, das der Patriarchen von Abraham bis Moses, das Zeitalter des mosaischen Gesetzes bis zum Auftreten Jesu von Nazareth und das derzeit andauernde Zeitalter der Kirche und der Gnade, das aber in Bälde durch das endzeitliche Millennium abgelöst würde. Das war nicht sonderlich neu und erinnerte an vergleichbare Weltzeitalterlehren, die sich etwa im Buch *Daniel* des Alten Testaments, der frühjüdischen Apokalyptik oder in den mittelalterlichen Schriften des Abtes Joachim von Fiore fanden. Aber für diese Theologie war außerdem ein typisch calvinistisch-erweckter, heftig antikatholischer, antianglikanischer und antidenominationaler, also antiformalistischer Aspekt kennzeichnend. Wie so häufig in der reformierten Tradition handelte es sich um den Versuch, die vorhandenen konfessionellen Differenzen durch einen unmittelbaren, von keiner Autorität und Tradition verstellten Blick auf das (angeblich) wörtliche Verständnis der Bibel zu überwinden. Damit sollte zugleich ein direkter Zugang zu einer persönlichen Beziehung des Individuums zu Gott eröffnet werden. In dieser Hinsicht war der Dispensationalismus die neueste Variante eines egalitären, institutionenkritischen und zutiefst individualistischen Erweckungschristentums. Er war in seinen Grundlagen keinesfalls notwendig fundamentalistisch, wohl aber evangelikal oder pentekostal. Erst im frühen 20. Jahrhundert verband er sich teilweise mit dem aufkommenden Fundamentalismus. In den USA hatte der Dispensationalismus seit den siebziger Jahren des 19. Jahrhunderts allmählich Fuß gefaßt. Der bereits erwähnte Dwight Moody zählte zu seinen führenden Protagonisten. Um 1900 fand dann eine Reihe anderer Prediger den Weg zum Dispensationalismus, darunter der ungemein einflußreiche Cyrus I. Scofield, dem es 1909 gelang, bei Oxford University Press seine *Scofield Refer-*

ence Bible drucken zu lassen. Diese im prämillenaristisch-dispensationalistischen Sinne kommentierte Bibelausgabe wurde zum Standardwerk der gesamten Bewegung. Gleichzeitig war es das wichtigste Referenzwerk der nunmehr umherziehenden Erweckungsprediger, darunter William J. Erdman und vor allem Lewis Sperry Chafer. Letzterer wurde wichtig, weil er mit dem *Dallas Theological Seminary* die neben dem *Moody Bible Institute* in Chicago einflußreichste theologische Ausbildungsstätte des nondenominationalen Prämillenarismus in den USA gründete. Besonders charakteristisch für die *Darbyites* war ihre äußerst skeptische Haltung gegenüber sämtlichen bestehenden religiösen Gruppierungen und Kirchen. Dadurch trugen sie, in der Konsequenz der *comeouter*-Sekten des 19. Jahrhunderts, dazu bei, das bereits vielfältig zersplitterte System der amerikanischen Denominationen noch einmal auszudifferenzieren, indem sie nun eigene Kleinstgemeinden gründeten, die sich keiner Gruppen mehr anschlossen und vollständig vom Charisma und der Autorität des jeweiligen Predigers, der, ganz im Sinne des ersten *awakening*, keine theologische Ausbildung benötigte, abhingen. Dieser spirituelle Lokalismus verband sich zwanglos mit einem ausgeprägt universalistischen, demokratisch-egalitären Nationalismus, was das Zusammengehen mit dem Fundamentalismus als gleichfalls egalitär nationalistischer Strömung begünstigte. Die Hochburgen der prämillenaristischen Erweckung lagen in den ländlichen oder kleinstädtischen Gebieten des amerikanischen Südens und Mittelwestens. Ihre soziale Grundlage hatte die neuerliche Erweckungsbewegung in den Kreisen der alten Mittelklassen mit ihrer produktionsbezogenen Moral, denen die lokalistischen, kleinen Kirchengemeinden als eine Art erweiterter Familie erschienen. Diese Gemeinden existierten bereits seit geraumer Zeit, als die Fundamentalismuskontroverse begann, weitere Kreise zu ziehen, ohne daß sie politisch oder gesellschaftlich besondere Aufmerksamkeit erregt hätten. Die Prediger beschränkten sich im großen und ganzen darauf, angesichts des Millenniums und der bevorstehenden Wiederkunft Christi einzelne Menschen zur radikalen, aber systemkonformen Umkehr aufzufordern. Sie sollten den Spagat zwischen christlicher Lebensweise und Bekenntnis zum liberalen Kapitalismus und zur amerikanischen Verfassungsdemokratie leisten, ohne daß der daraus resultierende Widerspruch des Nachdenkens wert geworden wäre. Nicht einmal den liberalen Kritikern fiel dies auf, da sie diese Prämissen ebenfalls teilten.

Um 1920 änderte sich die Konstellation. Die prämillenaristische Erweckungsbewegung wurde fundamentalistisch überformt und in den laufenden Streit mit der liberalen Theologie hineingezogen. Dies wurde insbesondere dadurch erleichtert, daß es den liberalen Theologen, aber auch ihren säkular liberalen journalistischen Schützenhelfern an jeglichem theologischen Unterscheidungsvermögen hinsichtlich der verschiedenen Gruppen auf der anderen Seite mangelte. Überdies neigten sie dazu, absolute Antworten auf Fragen zu geben, die im sozialmoralischen Milieu des Evangelikalismus zu diesem Zeitpunkt (noch) keinerlei Bedeutung hatten. Die Lebenswelt im Süden und Mittelwesten wich erheblich von derjenigen der industrialisierten Großstädte ab, in denen die liberalen Theologen und die *liberals* ihre Hochburgen hatten. Allerdings machten es sich die Fundamentalisten gleichfalls recht einfach, indem sie ganz unterschiedliche Varianten liberaler Theologie samt und sonders in einen Topf warfen. Der Kulturkonflikt der zwanziger Jahre des letzten Jahrhunderts lebte wesentlich von der Vereinfachung auf beiden Seiten. Im Mittelpunkt stand die symbolische Kontroverse um die Evolutionslehre und die Auslegung des Buches *Genesis*, genauer: der beiden Schöpfungsberichte in *Genesis* 1,1-2,4a, den die historisch-kritische Exegese der sogenannten Priesterschrift (um 550 v.Chr.) zurechnet, und dem um 900 v.Chr. niedergelegten, älteren jahwistischen Text in *Genesis* 2,4b-2,25. Vor dem Hintergrund des Synodenbeschlusses von 1910, vor allem aber des klassischen reformierten Textverständnisses, das ja Texte nicht von ihrer Bedeutung her hierarchisieren konnte, fehlte es vielen Evangelikalen, an der Möglichkeit, der darwinistischen Kritik am biblischen Schöpfungsverständnis durch eine in der Zeit allgemein übliche Kompromißtheologie auszuweichen. Gemäß dieser Kompromißtheologie stellten Naturwissenschaft und Theologie einfach nur verschiedene Fragen an denselben Sachverhalt, ohne sich inhaltlich oder methodisch in die Quere zu kommen.[52] Da zugleich noch ganz andere Themen, allen voran die Gültigkeit des viktorianischen Wertecodex, verhandelt wurden, bekam die Haltung der Fundamentalisten und der *liberals* eine unverkennbar kämpferische Note. Das bedeutete aber wie im 19. Jahrhundert nicht notwendig den Schritt zur Gewalt. Gewiß, es gab gerade in den Gebieten mit hohem fundamentalistischen Bevölkerungsanteil den zweiten Ku Klux Klan mit seiner zwei bis acht Millionen Menschen umfassenden Anhängerschar.[53] Der Klan war antikatholisch, antisemitisch, rassistisch und kämpfte für den Erhalt der bürgerlichen Welt des Viktorianismus. Aber er war keine fundamentalistische Kampforganisation, sondern seine Mitglieder, mehrheitlich respektable, kleinbürgerliche Familienväter um die Vierzig, rekrutierten sich aus dem gesamten protestantischen Spektrum des Südens und Mittelwestens. Unter ihnen waren Fundamentalisten, Evangelikale, Pfingstchristen, Angehörige des *mainstream* und religiöse Agnostiker. Es wäre daher völlig verfehlt, im Ku Klux Klan der zwanziger Jahre eine militant fundamentalistische Kampforganisation zu sehen. Er speiste sich eher aus dem Erbe der amerikanischen extralegalen Volksgewalt, die, abgesehen vom Antikatholizismus, zu keiner Zeit eine besondere Affinität zur Religion aufgewiesen, sondern sich am säkularen Gedankengut Jeffersons und Jacksons orientiert hatte. Die Fundamentalisten führten ihren Kreuzzug gegen die liberale Moderne dagegen ganz den Vorgaben bisheriger Erweckungsbewegungen entsprechend. Ihre Predigten, Vorträge und Ansprachen waren leidenschaftlich, erregt und bedienten sich einer streng dualistischen, kämpferischen Rhetorik. Gerne bauten sie, wie der bekannte Prediger Billy Sunday,[54] allerlei Showelemente in ihre Predigten ein, was die Selbstkommodifizierung und Marktkonformität der evangelikalen Religion weiter vorantrieb. Selbst farbige liturgische Gewänder wurden, entgegen den ursprünglichen Zielen des Evangelikalismus, in vielen Gemeindegottesdiensten eingeführt, um die eigene Sache lebendiger verkaufen zu können. Der alte Nichtritualismus blieb dabei vielfach auf der Strecke. Die Gegner des Fundamentalismus wurden dann in diesen Gottesdiensten gern wahlweise als Gottlose, Heiden oder Diener Satans tituliert. Die *liberals* antworteten, indem sie die Fundamentalisten als *hillbillies* und dumpf-brutale *rednecks* stigmatisierten und sie einer antidemokratischen Weltanschauung beschuldigten. Wie ihre Vorgänger nutzten die Prediger intensiv die neuen Kommunikationsmedien. Frühzeitig entdeckten sie den Wert des Radios. Seit der Mitte der zwanziger Jahre gehörte der mal väterlich ruhige, mal als *hell and damnation preacher* geifernde evangelikale Radioprediger zum unverzichtbaren Bestand amerikanischer Populärkultur. Insgesamt führten die Chancen der Massenkommunikation dazu, den theologischen und gesellschaftlichen Diskurs zu verflachen und in einen von beiden Seiten auf der Ebene der Verbalinjurie äußerst militant geführten Kampf um Hegemonie zu verwandeln.

Den absoluten Höhepunkt erreichte diese Entwicklung mit dem Scopes-Prozeß, der rasch zur *cause célèbre* einer ganzen Generation geriet. Bis hinein in die Filmgeschichte hat dieser Prozeß das amerikanische, ja ein weltweites Publikum beschäftigt. *Inherit the Wind* (1960) mit Spencer Tracy in der Hauptrolle[55] war eine kaum veränderte Adaption des Scopes-Prozesses, der auch als *Monkey Trial* (Affen-Prozeß) berühmt wurde. Allerdings hatte der Film einen großen Nachteil, den er mit der wissenschaftlichen Literatur zu dem Medienereignis der zwanziger Jahre teilte – er basierte fast ausschließlich auf dem, was H. L. Mencken geschrieben hatte. Erst 1998 hat sich Paul Conkin erneut der Prozeßakten angenommen und den gesamten Scopes-Prozeß einer umfassenden Analyse unterzogen, die in vielerlei Hinsicht dem gängigen Bild widerspricht.[56]

Die Vorgeschichte des Scopes-Prozesses hing eng mit der fundamentalistischen Erweckungsbewegung im amerikanischen Süden zusammen. Neben dem baptistischen Prediger John Roach Stratton waren es ein weiterer Geistlicher, William Bell Riley, und der frühere Politiker William Jennings Bryan, die als hauptsächliche Agitatoren eines kämpferischen Fundamentalismus hervortraten. Bryan war unter diesen die in jeder Hinsicht interessanteste Persönlichkeit.[57] Selbst kein Kind des Südens, war der aus Nebraska stammende Bryan schon in seiner aktiven Zeit als Politiker zum Symbol einer bestimmten Form des demokratischen Populismus geworden. Als dreifacher, allerdings notorisch erfolgloser Präsidentschaftskandidat der Demokraten (1896, 1900 und 1904) hatte er sich zum Anwalt des *common man* aufgeschwungen und diesen kleinen Mann gegen die Interessen des Großkapitals und der Oligopole zu verteidigen gesucht. Dies war für die Populisten Grund genug, ihn als ihren Präsidentschaftskandidaten zu akzeptieren. Mit Bryan drang die Rhetorik Andrew Jacksons schließlich auch in den Fundamentalismus ein, ein untrügliches Zeichen für das bevorstehende Ende der liberal-evangelikalen Interessenkoalition des 19. Jahrhunderts. In seiner farbenfrohen, barock anmutenden Person verband er einen ausgeprägten Humanismus mit pazifistischen Idealen – so trat er 1913 als Außenminister der Wilson-Administration zurück, weil er Wilsons Kriegspolitik nicht mit seinem Gewissen vereinbaren konnte – und einem guten Maß an Starrsinn. In seinen Augen war der liberale Protestantismus ein weiterer Versuch des Kapitals und der Ostküsteneliten, die traditionellen Wertgrundlagen des einfachen, guten und humanen Amerika zugunsten einer aggressiv imperialistischen Kriegspolitik zu unterminieren und zu korrumpieren. Dies veranlaßte den evangelikalen Christen, sich dem fundamentalistischen Kreuzzug anzuschließen. Seine Hauptschwierigkeit bestand freilich darin, daß er von Theologie keine Ahnung hatte und sich auch nicht sonderlich dafür interessierte. Um so mehr verstand er von Politik. Darum drängte er darauf, die Lehre des darwinistischen Evolutionismus an den öffentlichen Schulen zu verbieten. Laut Verfassung war dies Sache der Einzelstaaten. 1923 erarbeitete er deshalb einen entsprechenden Gesetzentwurf für Florida. Ein Jahr zuvor hatte Kentucky bereits ein solches Gesetz angenommen, fast gleichzeitig begann die Diskussion in Tennessee und den Staaten des tiefen Südens (Arkansas, Alabama, Mississippi). 1925 verabschiedete der Staat Tennessee dann den *Butler Act*, der ebenfalls die Lehre des Darwinismus an Schulen unter Strafe stellte. Dieses Gesetz war von John Washington Butler, einem Demokraten aus dem Nordosten Tennessees, eingebracht worden. Butler war nun ausgerechnet, und das verlieh der ganzen Angelegenheit einen gewissen Reiz, kein Fundamentalist. Er entstammte den *Primitive Baptists*, einer strikt altgläubigen calvinistischen Gruppierung, die so ziemlich alles ablehnte, was den Evangelikalismus der diversen Erweckungsbewegungen ausmachte, von der Sonntagsschule über *revival*-Gottesdienste bis hin zum Glauben an die Perfektibilität des Menschen. Statt dessen beharrten die *Primitive Baptists* auf der heilsexklusiven calvinistischen Prädestinationslehre des alten Puritanismus. Interessanterweise war Butler dann aber radikaler als Bryan. Der nämlich war eigentlich dagegen, die Antievolutionsgesetze mit einer Strafandrohung zu versehen und sie auf öffentliche *Colleges* und Universitäten auszudehnen. Zudem sollte nur festgeschrieben werden, daß Lehrer die Evolutionstheorie nicht als wahr bezeichnen durften. Butler aber fügte seinem Gesetz eine Strafandrohung von 100 Dollar bis 500 Dollar hinzu. Zugleich wurde sogar verboten, die Evolutionslehre als wissenschaftliche Hypothese im Unterricht zu behandeln, wobei unklar blieb, ob sich dies nur auf Schulen oder auf das gesamte höhere Bildungswesen erstreckte. Der *Butler Act* sorgte in Tennessee für einigen Wirbel, da die Mehrheit der *mainstream*-Denominationen ihn ablehnte, so etwa die Episkopalen, Presbyterianer, Methodisten und *Disciples of Christ*, also auch vormals erweckte Bewegungen. Dennoch passierte das Gesetz nahezu einstimmig die Staatslegislatur. Der Gouverneur Peay, ebenfalls ein Demokrat, unterschrieb das Gesetz nur, weil es mit einer Bildungsreform für Kinder aus armen, ländlichen Distrikten verbunden war. Danach vergaß man das Gesetz erst einmal.

Vermutlich wäre der *Butler Act* wie all diese Gesetze im amerikanischen Süden nie zur Anwendung gekommen, wenn sich an diesem Punkt nicht die *American Civil Liberties Union* (ACLU) eingemischt hätte. Dabei handelte es sich um eine erst kurz zuvor gegründete Organisation progressivistischer Libertärer,[58] die in höchst idealistischer Manier an das vom ersten Verfassungszusatz garantierte Recht auf freie Rede glaubten. Die ACLU strebte einen Musterprozeß an, der bis vor das oberste Bundesgericht gebracht werden sollte, um das verfassungsmäßige Recht auf freie Rede durchzusetzen. Sie suchte einen jungen Lehrer, der sich bewußt über den *Butler Act* hinwegsetzte, und fand John Scopes, der an einer öffentlichen Schule Naturwissenschaften (*science*) unterrichtete. Damit aber begann ein Spektakel, das ein Beobachter, Mencken, als größtes Medienereignis seit der Kreuzigung Jesu bezeichnete. Weder der Staatsanwalt von Dayton noch die ACLU hatten das geplant. Eine direkte Auseinandersetzung mit dem fundamentalistischen Lager war überhaupt nicht vorgesehen. Aber rasch fanden sich drei Personen ein, die den Scopes-Prozeß zu einem historischen Ereignis machten und ihm eine zuvor ungeahnte Publizität verschafften: Zuerst meldete sich Bryan, um als Ankläger aufzutreten. Dies führte dazu, daß sein alter Intimfeind, der prominente Anwalt Clarence Darrow, sich der ACLU zur Verfügung stellte. Darrow war berühmt geworden, weil es ihm gelungen war, die beiden »Jahrhundertmörder« Nathan Leopold und Richard Loeb vor der Todesstrafe zu bewahren, die einzig um einen perfekten Mord zu begehen, einen Bekannten getötet hatten. Religiös war er ein Skeptiker, Spötter und Freigeist in der Tradition Voltaires, der sich schon mehrfach in Zeitungen Gefechte mit Bryan geliefert hatte. Darrow und Bryan waren alte Männer, denen es darum ging, noch einmal im Scheinwerferlicht der öffentlichen Aufmerksamkeit zu stehen. Dafür sorgte der Dritte im Bunde, H. L. Mencken. Er war, gemeinsam mit Walter Lippmann, der berühmteste Journalist seiner Zeit, engagiert, aber zynisch, polemisch und mitunter menschenverachtend. Mindestens so egoman wie Bryan und Darrow, avancierte er zum

Idealtyp des progressivistischen investigativen Journalisten.[59] Das Erscheinen Menckens war keine Idee der ACLU gewesen, sondern ging auf eine Initiative ortsansässiger Geschäftsleute zurück, die hofften, eine landesweite Berichterstattung über den Prozeß werde den Tourismus in Dayton befördern. Diese Idee erwies sich als der Rohrkrepierer des Jahrhunderts. Mencken mobilisierte Heerscharen von Journalisten der nordstaatlichen Massenpresse. Selbst die Kinowochenschauen berichteten ausführlich und in sensationeller Aufmachung über das Ereignis. Allerdings stellte sich bald heraus, daß keiner der Journalisten von den komplexen religiösen, sozialen und kulturellen Hintergründen der Kontroverse eine Ahnung hatte. So besuchte der Medientroß den außerordentlich emotionalen Gottesdienst einer nichtfundamentalistischen schwarzen Pfingstgemeinde und war dermaßen entsetzt, daß sich die Journalisten in abwertenden, vorurteilsbeladenen Berichten gegenseitig überboten. Dabei setzten sie schonungslos die Pfingstchristen mit Fundamentalisten gleich, obwohl sich die Schwarzen in Dayton für den Prozeß und dessen Thematik nicht im mindesten interessierten. Der weißen Bevölkerung von Dayton erging es keineswegs besser. Obwohl es am Ort keine fundamentalistische Gemeinde gab, da moderate Evangelikale und Anhänger der *mainstream*-Denominationen das Feld beherrschten, und obwohl die Einwohner, inklusive der Juroren, dem Prozeß eher mit freundlich-neugierigem Desinteresse folgten, zeichneten Mencken und die anderen Journalisten das Bild einer fanatisierten, obskurantistischen Meute, die Scopes am liebsten gelyncht hätte.

Die Berichterstattung über den Prozeß folgte demselben ideologischen Muster. Bis heute hält sich hartnäckig die Legende, der »*monkey trial*« sei eine katastrophale Niederlage der Fundamentalisten gewesen. In der Tat war die Jury bereit, Scopes nicht zu verurteilen, und nur auf das Drängen der Verteidiger hin, die ja durch sämtliche Instanzen gehen wollten, und weil der Wortlaut des Gesetzes nichts anderes zuließ, wurde Scopes zur Mindeststrafe von 100 Dollar verurteilt. Aber das war nicht der eigentliche Aufhänger der Legende.

In dieser ging es um die berühmte Konfrontation zwischen Darrow und Bryan. Darrow war es gelungen, den Nebenkläger Bryan als Bibelexperten in den Zeugenstand zu bringen, indem er an die Eitelkeit seines alten Feindes appellierte. Was dann geschah, war wirklich verheerend, aber für beide Seiten. Bryan war bereits todkrank, schlecht vorbereitet, aber voller ungebremsten Selbstbewußtseins und hatte immer noch keine Ahnung von biblischer Theologie und der Evolutionslehre. Auf der anderen Seite erging sich Darrow in platter Religionskritik im Stil des 18. Jahrhunderts, war über den Darwinismus ebensowenig informiert wie sein Gegenüber und war dabei dermaßen anmaßend und beleidigend, daß die ACLU ihn aus dem Anwaltsteam entfernen wollte. Im Grunde war sein Schriftverständnis ähnlich fundamentalistisch wie das Bryans. So konnte er sich langwierig über die Frage auslassen, im Bauch welchen Fisches Jona wohl nach Ninive gelangt sei. In der Rückschau nimmt sich dieses so berühmt gewordene Duell intellektuell eher bescheiden aus. Selbst der Höhepunkt, an dem Bryan zugab, daß Gott die Welt nicht in sechs Tagen erschaffen hatte, war bei genauerem Hinsehen alles andere als ein Triumph Darrows. Selbst in der Gegenwart glaubt nur eine winzige, sektiererische Minderheit von Fundamentalisten an eine Schöpfung in sechs Tagen, wie überhaupt die angeblich wörtliche Auslegung der *Genesis*-Berichte immer noch höchst unklar und gerade nicht wörtlich ist. Bryan hatte tatsächlich an diese Lehre nie geglaubt und schon zuvor in aller Öffentlichkeit erklärt, ihm sei es völlig egal, wie lange Gott für sein Schöpfungswerk benötigt habe. Nicht einmal Bischof Usshers Berechnungen in der *King-James*-Bibel hielt Bryan für verbindlich.

Angesichts dieses Zusammenstoßes, den die meisten Zeugen als Remis wahrnahmen, ging die Argumentation Bryans weitgehend unter, obwohl sie für den frühen Fundamentalismus sehr aussagekräftig ist. Seine Kritik am Darwinismus war nämlich in Wahrheit eine Kritik am sozialkulturellen Deutungsanspruch von intellektuellen und akademischen Experten. Im Hintergrund stand das hohe Ansehen, das akademische Experten im Rahmen des Progressivismus genossen. Sie erhoben den Anspruch, aufgrund ihres überlegenen Wissens und ihrer abgesicherten, präzisen Methoden über die angesichts von Modernisierungskrisen notwendige Problemlösungskompetenz zu verfügen. Bryan bestritt dies rundweg und verwies auf das demokratietheoretische Problem, über welche Legitimation eine Funktionselite akademischer Experten in einer Demokratie verfüge. Hier kam wieder der alte Anwalt des kleinen Mannes zum Vorschein, mitsamt allen antielitären und antiintellektuellen Affekten des Evangelikalismus.

Der wahre Widerpart Bryans war nicht der Skeptiker Darrow, sondern der katholische Scheidungsanwalt Dudley Malone aus New York, ein alter politischer Gefolgsmann Bryans, der aber dessen Fundamentalismus nicht teilte. In seinem Plädoyer verfocht er die Position der moderaten Vermittlungstheologie. Malone wandte sich gegen jede Form von Dogmatismus und kritisierte den Antiintellektualismus der Fundamentalisten. Seiner Ansicht nach befaßten sich Religion und Naturwissenschaft mit divergierenden Lebenssphären und konnten bei rechter Betrachtung nicht in Widerspruch geraten. Als er seine Ansprache beendet hatte, brachen die braven Bürger Daytons im Gerichtssaal spontan in Beifall aus. So weit zu ihrem fundamentalistischen Obskurantismus.

Mit dem Urteil in Dayton war der Scopes-Prozeß aber noch nicht beendet. Die ACLU ging in Berufung und mußte, von der medialen Öffentlichkeit unbeachtet, eine schwere Niederlage hinnehmen. Zuerst zerstritt sich das Verteidigerteam mit Darrow, dann lehnte das oberste Berufungsgericht von Tennessee es im Januar 1927 ab, das Urteil aufzuheben. Indem es zugleich die Geldstrafe von 100 Dollar auf 50 Dollar senkte, machte es eine weitere Berufung an den *Supreme Court* in Washington unmöglich. *Tennessee vs. Scopes* wurde somit nie zum gewünschten Präzedenzfall. Scopes wurde aus dem Schuldienst entlassen und versank in der Vergessenheit. Erst 1967 wurde der *Butler Act* in Tennessee abgeschafft, 1968 erklärte das oberste Bundesgericht ein entsprechendes Gesetz des Staates Arkansas für verfassungswidrig. Spätestens seit 1962 war bereits klar gewesen, daß alle Antievolutionsgesetze der zwanziger Jahre ungültig seien. Sie waren allerdings seit dem Scopes-Prozeß nie wieder angewendet worden.

Juristisch war der *monkey trial* kein Triumph der ACLU und ihrer Verbündeten. Ganz anders sah es die öffentliche Meinung in den USA und weltweit. Es schien vielen so, als habe der Fundamentalismus eine vernichtende Niederlage erlitten und in der amerikanischen Gesellschaft massiv an Boden verloren. Teilweise stimmte diese Sicht auch. Ob dies allerdings auf den Prozeß zurückzuführen war, darf füglich bezweifelt werden. Am ehesten wirkten die Ergebnisse von Dayton sich auf den universitären Theologenfundamentalismus im Norden aus. Der wurde tatsächlich im öffentlichen Diskurs delegitimiert. Völlig anders sah es im Süden und Mittelwesten aus. Hier erlahmte nur der enthusiastische Schwung der dritten evangelikalen, prämillenaristischen Erweckungsbewegung, an die der Fundamentalismus zuvor angedockt hatte. Wieder einmal war das Millennium ausgeblieben und die Naherwartungseuphorie ebbte allmählich ab. Evangelikalismus und Fundamentalismus zogen sich gleichsam in ihre soziokulturellen und institutionellen Ruheräume zurück. Sie verschwanden keinesfalls, wurden aber in der Öffentlichkeit nur noch als randständige Erscheinung wahrgenommen. Dies hing auch damit zusammen, daß sich die gesellschaftlichen Konstellationen geändert hatten, die in den zwanziger Jahren den Kulturkonflikt der liberalen und der fundamentalistischen Theologie überhaupt erst ermöglicht hatten. Mit der Weltwirtschaftskrise büßte die konsumistische neue Moral der zwanziger Jahre des letzten Jahrhunderts schlagartig an Zugkraft ein. Sie war ein Kind des wirtschaftlichen Aufschwungs gewesen. Sein Ende führte dazu, die alten Grenzen in der Sexualität ebenso wieder stärker zu betonen wie die Forderung nach Selbstkontrolle und Effizienz.[60] Ein symbolischer Höhepunkt der Erneuerung strikter Werte war der Moralkodex für Hollywoodfilme 1934, der das Ende der konsumistisch-libertären Ära des Vamps und der sexuell eigenständigen *femme fatale* einläutete.[61] Damit aber büßte ein wesentlicher Teil des fundamentalistischen Kreuzzuges, der immer auch ein viktorianischer Protest war, seine *raison d'être* ein. Annähernd gleichzeitig verschwand auch der Hauptfeind der Fundamentalisten, der liberale Protestantismus. Der Sieg von 1925 war für die *Chicago School* bestenfalls ein Pyrrhussieg gewesen. Ihre liberale, fortschrittsgläubige Theologie war längst ein Riese auf tönernen Füßen geworden, nachdem der Erste Weltkrieg mit seinen sinnlosen industrialisierten Massenschlächtereien vor Verdun, bei Ypern oder an der Somme dem anthropologischen Optimismus des 19. Jahrhunderts einen schweren, ja tödlichen Schlag versetzt hatte.[62] Auf breiter Front brach die liberale Theologie ein. In den dreißiger Jahren wandten sich die beiden Niebuhr-Brüder von der *Chicago School* und dem *social gospel* ab und der Neoorthodoxie zu.[63] Andere schlossen sich der Prozeßtheologie Alfred North Whiteheads an, die immerhin weite Teile des evolutionären Denkens zu integrieren vermochte. Der Zerfall der liberalen Schule brachte zwar kein Ende der historischen Bibelkritik mit sich, ganz im Gegenteil. Allmählich übernahmen selbst bewußt orthodoxe Theologen die neue Methode. Aber sie entschärfte den Kulturkonflikt der zwanziger Jahre, was umgekehrt den Eindruck entstehen ließ, als seien Evangelikalismus und Fundamentalismus irrelevant geworden.

Jenseits der theologischen Diskussionen waren die säkularen *New Deal liberals* die eigentlichen Gewinner der Depression. Sie knüpften an den Progressivismus des frühen 20. Jahrhunderts an, verzichteten aber darauf, religiöse Fragen allzu intensiv zu thematisieren, schon um die prekäre Koalition der Demokratischen Partei, in der die evangelikalen Südstaatenkonservativen weiterhin präsent waren, nicht zu gefährden. So entstand während der Depression ein Bild der USA als einer modernen, säkularen und liberalen Nation, die mit Blick auf den Modernisierungsgrad kaum von Kontinentaleuropa abwich. Nach 1945 wurde diese Vorstellung einer USA, die so nie existiert hatte, sogar zum Normalfall der frühen, normativen Modernisierungstheorie gemacht. Dies war ein Bild, das sich fast ausschließlich aus der Kenntnis der industrialisierten Großstädte vornehmlich im Nordosten, im Westen und im Mittelwesten speiste. Doch die Religion war selbst dort keinesfalls völlig verdrängt worden. In den fünfziger Jahren waren die organisierten christlichen Religionsgemeinschaften zahlenmäßig stärker als zu irgendeinem früheren Zeitpunkt der amerikanischen Geschichte. Das immer noch existente andere Amerika des ländlich-kleinstädtischen Evangelikalismus wurde ohnehin im hegemonialen Diskurs kaum noch zur Kenntnis genommen. Aber auch die Evangelikalen hatten sich der vorherrschenden religiösen Konformität des *New Deal Order* angepaßt, die wesentlich vom *mainstream* vorgelebt wurde. Inzwischen waren aber Katholizismus und Judentum ebenfalls hoffähig geworden. Gemeinsam mit dem protestantischen liberalen und moderat evangelikalen *mainstream* bildeten sie im Kalten Krieg eine konventionelle Religiosität aus, die sich bestens in das konsensliberale Klima der Zeit einfügte. Man legte Wert darauf, einer anerkannten Religionsgemeinschaft anzugehören, und betonte überkonfessionell Familienwerte, Patriotismus, Antikommunismus, Anstand, Fleiß, Disziplin und Selbstkontrolle. Die Religion in den USA war funktional geworden, indem sie dem bürgerlichen Leben in einer saturierten, gleichwohl von atomaren Vernichtungsängsten heimgesuchten, fordistischen Mittelklassengesellschaft einen Hauch transzendenten Sinns und familiärer Wärme vermittelte. Präsident Dwight D. Eisenhower verlieh dieser Stimmung gekonnt in einem Bonmot Ausdruck, als er bemerkte, ihm sei egal, welche Religion ein Amerikaner habe, Hauptsache er habe überhaupt eine. Von dieser eingehegten Religion, die der konservative Kulturpessimist Will Herberg als Mißverständnis echter Religion charakterisierte,[64] waren keine emotionalen Auf- und Ausbrüche mehr zu erwarten. Um so überraschter reagierten die Beobachter, als es dennoch zu einer vierten Erweckungswelle kam.

6
DER KREUZZUG FÜR EIN CHRISTLICHES AMERIKA: DIE NEOFUNDAMENTALISTISCHE WELLE

Seit den sechziger Jahren häuften sich auf ganz verschiedenen Ebenen die Anzeichen für eine neuerliche Transformationskrise des kapitalistischen Systems.[1] Elemente einer gesamtgesellschaftlichen Veränderung mischten sich mit offenkundigen Symptomen eines tiefgreifenden Wertewandels, der in mancherlei Hinsicht an die Kulturkonflikte der zwanziger Jahre anknüpfte.[2] Angesichts dieser Prozesse war es kaum verwunderlich, daß der Fundamentalismus aus seinem jahrzehntelangen Dornröschenschlaf erwachte und gleichzeitig eine neue Erweckungswelle über das Land rollte. Nun stellte sich heraus, daß das evangelikale Lager deutlich lebensfähiger und lebendiger war, als sozialwissenschaftliche und publizistische Beobachter es durch die Brille der Modernisierungstheorie wahrgenommen hatten. Wie vierzig Jahre zuvor verschärfte die Radikalität des Neuaufbruchs die Reaktionen der Evangelikalen und Neofundamentalisten, aber es waren nicht in erster Linie die Ereignisse des Jahres 1968 und der Nonkonformismus der Studentenbewegung, welche die neue Erwekkungsbewegung verursachten. Diese hing vielmehr von tiefergehenden Ursachen ab.

Zu den bedeutendsten Veränderungen der fünfziger und sechziger Jahre zählte ohne Zweifel die rasch fortschreitende Suburbanisierung.[3] Bereits seit den achtziger Jahren des 19. Jahrhunderts waren mit dem Aufkommen neuer Transporttechniken, etwa der Trambahn oder des *commuter train*, außerhalb der mit Immigranten und ethnisch-rassischen Minderheiten übervölkerten Innenstädte der urbanen Zentren der USA neue Vororte entstanden. Dort hatten sich anfangs vor allem Angehörige der oberen Mittelklassen beziehungsweise der Oberklasse, allesamt weiße, protestantische Angelsachsen, eingefunden und eine vergleichsweise homogene Gesellschaft aufgebaut. Mit dem Automobil, aber auch mit dem wachsenden Wohlstand weiterer gesellschaftlicher Schichten unter den Bedingungen einer keynesianisch geplanten sozialen Marktwirtschaft nach dem Zweiten Weltkrieg änderte sich dieses Bild. Schon während des Krieges, besonders aber im Zusammenhang des Kalten Krieges ab 1947, hatten die Bundesregierung, viele Einzelstaaten und einige Kommunen begonnen, neue und andere Vorstädte zu finanzieren. Auf diese Weise entstand eine Reihe suburbaner Mustersiedlungen. Diese hatten ihr Vorbild in den Levittowns an der Ostküste, die ganz in tayloristisch-fordistischer Manier standardisiert waren. Man konnte in der Regel zwischen drei Haustypen wählen, die aber alle recht ähnlich aussahen und in kürzester Zeit auf der grünen Wiese gebaut werden konnten. Jedes Gebäude verfügte über einen kleinen Vorgarten, eine Garage und ausreichend Raum für eine gleichfalls standardisierte Zwei-Kind-Familie. Im Lauf der fünfziger Jahre wurde die neuen *suburbs* zu den normalen Wohngebieten der weißen Mittelklassen und der ebenfalls weißen Facharbeiterschaft. Diese relative soziale und ethnische Homogenität war auch politisch gewollt, da man glaubte, vor allem die Facharbeiter durch Grundbesitz und eigenen Wohnraum gegenüber dem Kommunismus zu immunisieren. Erst gegen Ende der fünfziger Jahre wurde diese einheitliche Lebensweise ein wenig relativiert, da nun weiße Katholiken und Juden zuziehen durften. Dies war ein weiteres Zeichen für die neue Akzeptanz beider Gruppen nach dem Zweiten Weltkrieg. Erst in allerjüngster Zeit haben Angehörige der neuentstandenen schwarzen und hispanischen Mittelklasse in die ganz eigene Welt *Suburbias* ihren Einzug gehalten.

Die Problematik der Suburbanisierung wurde schon in der Gründungsphase von US-amerikanischen Soziologen diskutiert. Sie hing eng mit dem angestrebten Lebensstil in den Vororten zusammen. Die politische Führung und die beteiligten Unternehmer wollten homogene Mittelstandssiedlungen, die angesichts der hohen Mobilität in der amerikanischen Gesellschaft als Zentren sozialer Stabilität fungieren sollten. Just darin aber lag die Schwierigkeit begründet. Man züchtete regelrecht Langeweile und Konformität. Es waren nicht zuletzt Mittelklassekinder aus den *suburbs*, die 1968/69 an der Spitze der studentischen Protestbewegung marschierten. Sie wollten aus der bedrängenden Enge eines Lebens ausbrechen, in dem es oft nur noch darum ging, ob man sich einen Zweitwagen oder doch den Drittfernseher anschaffte, und das von der Geburt bis zum Tod die gleiche öde, materialistische Eintönigkeit verbreitete. Dabei existierte die extremste Variante des sozialen Konformismus, die *gated communities*, noch gar nicht. Diese kamen erst in den siebziger Jahren auf, als die Angst der weißen Mittelklassen vor den Minderheiten des Landes nach den Rassenkrawallen der sechziger Jahre noch einmal angewachsen war. Nun verschanzte man sich hinter Zäunen, umgab sich mit Wachdiensten und ging im Extremfall so weit, den Angehörigen einer *gated community* vorzuschreiben, wen man zu wählen hatte.[4] Gleichzeitig kapselten sich die Lebenswelten der suburbanen Mittelklassen von denen der urbanen Unterklassen und ethnisch-rassischen Minderheiten ab. Armut war in *Suburbia* kein Thema, wohl aber sozialer Aufstieg durch eigene Leistung. Daher lag hier ein wichtiger Nährboden für die Abkehr der amerikanischen Mittelklassen von den Sozialprogrammen des keynesianischen *welfare state*, denen viele einst ihren eigenen sozialen Aufstieg verdankt hatten. Das Zerrbild des gierigen, schwarzen oder hispanischen Wohlfahrtsempfängers, der sich auf Kosten hart arbeitender Steuerzahler einen faulen Lenz machte, fand gerade in den konservativen Vorstädten fruchtbaren Boden.[5] Die *suburbs* intensivierten die sowieso schon vorhandene Fragmentierung der amerikanischen Gesellschaft, indem sie zusätzlich zu allen Klassen-, Rassen- und Konfessionsschranken die Lebenssphären der verschiedenen sozialen Formationen strikt trennten.

Für unseren Zusammenhang ist indes ein anderes Element

der voranschreitenden Suburbanisierung bedeutsam. Es waren überwiegend Amerikaner aus dem ländlichen, klein- oder mittelstädtischen Raum, die es in die neuen Vororte zog, sobald sie Berufe in den urbanen Zentren der Nation gefunden hatten. Sie brachten damit gleichsam das Land an die Ränder der Städte und wurden nicht umgekehrt zu Vorposten der Städte im ländlichen Raum. Die Bewohner *Suburbias* hielten an den konservativen Werten ihrer Herkunftsgebiete, die oft genug im Süden und Mittelwesten der USA lagen, unbeirrbar fest. Dies sagt einiges über deren Beharrungskraft aus, die von liberalen Beobachtern oft unterschätzt wurde, wenn sie ihre eigene Position wie selbstverständlich mit der Modernisierung des Landes gleichsetzten. Seit den siebziger Jahren wählten die Vororte dann ganz überwiegend republikanisch. Wenn man sich die genauen Wahlergebnisse von 2000, 2002, 2004 und 2006 ansieht, macht man nicht so sehr einen Stadt-Land-Gegensatz aus, sondern einen Gegensatz zwischen den städtischen Zentren und den Vororten. Dies galt insbesondere für den Bereich der Religion. Während die Bewohner der Innenstädte eine konventionelle *mainstream*-Religiosität pflegten, Katholiken, Juden oder Angehörige einer *black church* sein konnten, wenn sie nicht einen säkularen Lebensstil bevorzugten, entwickelten sich die Vororte zu Hochburgen der neofundamentalistischen Erweckungswelle des ausgehenden 20. Jahrhunderts. Wie in den vorangegangenen *awakenings* waren es keine sozial marginalisierten Modernisierungsverlierer, die sich dem Neofundamentalismus und anderen evangelikalen Strömungen anschlossen, sondern kulturell Marginalisierte, durchaus mit Collegeabschluß, darunter Ingenieure, Mathematiker, Physiker, Ärzte und Rechtsanwälte, die aufgrund ihrer spezifischen, homogenisierten Lebensweise an dem traditionellen Wertehorizont der nunmehr idealisierten fünfziger Jahre festhielten. Unter diesen suburbanen *reborn Christians* fanden sich vor allem Sozialaufsteiger, die stolz auf ihre eigene Leistung waren und deswegen mit einiger Verachtung auf die Verlierer in den städtischen Zentren herabblickten.[6] Die enge Verbindung von

Neofundamentalismus, republikanischem, wirtschaftsliberalem *conservatism* und Kampf gegen den Wohlfahrtsstaat hatte ihre direkten Wurzeln in den *suburbs*. Als Sozialaufsteiger neigten die vorstädtischen Evangelikalen und *conservatives* dazu, gesellschaftliche Probleme als ausschließlich individuelle und moralische Fragen zu interpretieren. In der Tat war für sie jeder seines eigenen Glückes Schmied, während man dem Staat auf diesem Gebiet jede Ordnungskompetenz absprach. Der Trend zum suburbanen Evangelikalismus wurde noch durch das Fehlen konkurrierender Sinnangebote in den neuen Vororten intensiviert In einer Umwelt, die durch Materialismus, Leistungsdenken, Karrierestreben, Langeweile und Fremdheit gekennzeichnet war, suchten die Neuankömmlinge ein Stück der alten Heimat – und fanden es in den lokalen Gemeinden. Die waren strukturell ganz anders aufgebaut als die traditionellen evangelikalen Gemeinden des ländlichen Südens und Mittelwestens. Sie repräsentierten nicht mehr ein gewachsenes, festgefügtes Gemeinschaftsleben mit überkommenen Werten und Formen der Vergemeinschaftung, sondern sie zelebrierten soziale Kontinuität so, wie sie weiterhin religiöse Umkehr inszenierten. Daraus resultierte eine unreflektierte Spannung von inszeniertem Bruch und inszenierter Kontinuität, die für den Neofundamentalismus seit den sechziger Jahren charakteristisch wurde. Hier ist übrigens obendrein der soziale Ort der Teleevangelisten und ihrer *megachurches*. Sie fingen medial auf, was vor Ort nicht immer gelang. In einem zweiten Schritt richteten sie dann ebenfalls lokale Gemeinden ein, in denen sich die suburbane Mittelschicht nicht nur sonntäglich treffen konnte.[7] Die erweckten Gemeinden fungierten in einem umfassenden Sinn als erweiterte Familie, selbst wenn sie gelegentlich riesige Ausmaße annahmen. Sie organisierten die Freizeit ihrer Mitglieder, sorgten für Abwechslung, Nähe sowie einen großen, politisch wie religiös homogenen Bekanntenkreis und vermittelten das Gefühl eines sinnvollen Miteinanders. Darüber hinaus glichen die Gemeinden jene Schwierigkeiten aus, die sich aus dem Fehlen eines probaten sozialen Netzes in den USA ergaben, das heißt, sie milderten die permanent vorhandenen Abstiegsängste von Angehörigen der amerikanischen Mittelklassen.[8] Ohne diesen alltagsweltlichen Hintergrund ist die Überlebensfähigkeit der neofundamentalistischen Erweckung überhaupt nicht zu verstehen. Wichtig ist aber, daß es in den Gemeinden selten um Bekenntnisfragen ging. Anders als der frühe Fundamentalismus zehrte der Neofundamentalismus von seiner Fähigkeit, dem Alltag seiner Anhänger eine sinnhafte Struktur zu geben. Die Orthodoxie folgte der Orthopraxie, wenngleich in abgeschwächter, für das Alltagsleben irrelevanter Form, dann auf dem Fuß. Darüber hinaus zeigten die suburbanen Gemeindeformen, daß die Evangelikalen nichts verlernt hatten, wenn es um den Einsatz modernster Medien und die marktkonforme Kommodifizierung der Religion ging.

Der zweite für den Neofundamentalismus maßgebliche soziale Trend der Nachkriegszeit hing mit der Suburbanisierung eng zusammen. Es handelte sich um den gesamtgesellschaftlichen Einflußgewinn des amerikanischen Südens, ein Prozeß, den man unter dem Stichwort *Southernization* zusammenfaßt. Die *Southernization*, die wie die Suburbanisierung vor allem nach 1945 einsetzte, hatte zwei ineinander verwobene Dimensionen, eine ökonomische und eine kulturelle.[9] Zum einen gelang es seit den fünfziger Jahren langsam, den Süden zu industrialisieren. Es waren vorrangig militärkeynesianische Maßnahmen der Bundesregierung, die ab 1941 dafür den Grundstein gelegt hatten.[10] Dies entbehrt insofern nicht der Ironie, als viele weiße Südstaatler sich dessen ungeachtet bis heute eine staatskritische Haltung bewahrt haben. Trotz dieser seit 1865 bestehenden Vorurteile hatte bereits die Roosevelt-Administration der dreißiger Jahre sich darum bemüht, im Süden moderne Industrien aufzubauen. Während des Zweiten Weltkriegs wurden unter anderem Luftfahrtunternehmen und Rüstungsproduktionen dort angesiedelt. Später kam die Raumfahrtindustrie hinzu. Gleichzeitig brachen Unternehmen aus klassischen Produktionssparten, etwa der Montanindustrie, ihre Zelte im Rostgürtel des hochindustrialisierten Nordens ab. Sie suchten billige, gewerkschaftlich möglichst nicht organisierte Arbeiter, die sie im Süden fanden. Denn dies war das andere grundlegende Kennzeichen der *Southernization*: Obschon der wirtschaftliche Aufstieg mit dem Sieg der schwarzen Bürgerrechtsbewegung einherging und man durchaus davon sprechen konnte, daß der Süden nunmehr amerikanisiert wurde, beharrten die weißen Südstaatler mit einigem Erfolg auf ihrer Kultur. Sie blieben konservativ, religiös,[11] staatsskeptisch, aber national und patriotisch, und bis zu einem gewissen Grad rassistisch. Zudem gelang es ihnen, ihre kulturellen Werte selbst dann weiterzutradieren, wenn sie in die *suburbs* des Nordens oder Westens zogen, während sich umgekehrt Amerikaner aus anderen Sektionen des Landes bevorzugt der Lebensweise des Südens anpaßten, wenn sie dorthin kamen. Die kulturellen Folgen der *Southernization* wurden ab den siebziger Jahren besonders spürbar, als sie sich im Bereich der Politik niederschlugen. Da sich die Demokratische Partei nach der Präsidentschaft John F. Kennedys mehr und mehr mit den Zielen der schwarzen Bürgerrechtsbewegung identifiziert hatte und dann ab 1968 politisch deutlich nach links gerückt war, kam es zu gewaltigen Wählerbewegungen unter weißen Südstaatlern. Diese lernten zwar im Lauf der Zeit, die Ergebnisse der Desegregation zu akzeptieren, aber erstmals seit dem Ende der Rekonstruktionsära 1877 brach der solide Süden auf. Angeführt von dem ultrakonservativen Senator J. Strom Thurmond, der zwischen 1932 und seinem Tod 2003 das politische Leben South Carolinas und den südstaatlichen Flügel der Demokraten, die sogenannten *Dixiecrats*, beherrscht hatte, wandten sich die weißen Wähler des Südens von den Demokraten ab. Dies geschah nicht an einem Tag. Thurmond trat 1964 wegen des *Civil Rights Act* von Präsident Lyndon B. Johnson, dem womöglich »sozialdemokratischsten« Präsidenten der US-amerikanischen Geschichte, zur Republikanischen Partei über. Im Lauf der siebziger Jahre folgten ihm dann weitere weiße Politiker und schließlich ab 1980, mit dem Wahlsieg Ronald Reagans, die Mehrheit der weißen Wähler. Für die Republikaner bedeutete dies, daß jetzt ausgerechnet sie, die Partei der Abolitionisten und Abraham Lincolns, zu den Sachwaltern des weißen, konservativen Südens wurden. Das hieß zusätzlich, daß der Evangelikalismus sich ebenfalls ab den achtziger Jahren in seiner überwältigenden Mehrheit, zumindest sofern er weiß war, den Republikanern zuwandte. Die von Bryan begründete Nähe gerade der Fundamentalisten zu den Demokraten fand ein abruptes Ende. Damit aber rückten die Demokraten in wichtigen gesellschaftspolitischen Debatten noch ein Stück weiter nach links und wurden zu Repräsentanten des urbanen Amerika. In den siebziger Jahren öffnete sich der linke Flügel der Partei sogar den Zielen der einstigen *radicals*. Die sogenannte Regenbogenkoalition trat unter dem Stichwort der *privacy* und der individuellen Partizipation nicht mehr nur für die Rechte der schwarzen Minderheit ein, sondern auch für diejenigen von Homosexuellen oder für einen radikalen Feminismus. In diesen Zusammenhang gehörte zudem das Eintreten für die vielgescholtene *political correctness*, ein postmoderner Sprachphilosophie entliehener Versuch, gesellschaftliche Konflikte durch eine hegemoniale Sprachpolitik zu entschärfen. All diese Ziele wurden bevorzugt von akademischen und urbanen Eliten vertreten und entfremdeten einen Teil der demokratischen Stammwählerschaft, darunter vor allem gewerkschaftlich organisierte irisch-katholische Wähler, die dann als *Reagan Democrats* zu den Republikanern überliefen. In den achtziger Jahren wählten – mit Ausnahme des Erdrutschsieges Nixons im Jahr 1972 – erstmalig mehr Katholiken die Republikaner als die Demokraten, ihre einstige Stammpartei. Evangelikale oder gar fundamentalistische Positionen fanden in den Reihen der Demokraten unter diesen Umständen so gut wie kein Gehör mehr, was wiederum die Republikaner fast alternativlos zur Partei der weißen Evangelikalen werden ließ. Insgesamt verschoben sich damit die politisch-gesellschaftlichen Gewichte in den USA. Ganz so, wie es der republikanische Politikberater Lee Atwater eingangs der sechziger Jahre prognostiziert hatte, sicherten sich die Republikaner dank des weißen, evangelikalen und konservativen Südens eine strukturelle Mehrheit im Lande, die erst seit dem Beginn des Irakkrieges 2003 wieder zu bröckeln beginnt.[12] In der Folge dieser politischen Verschiebung, die auf der *Southernization* beruhte, verschärfte sich der Ton amerikanischer politischer und gesellschaftlicher Debatten. Beide Parteien waren ideologischer und konfrontativer geworden und standen sich aufgrund ihrer separaten Wählerschaft feindseliger gegenüber. Die Evangelikalen und Fundamentalisten vollzogen diese Radikalisierung teilweise einfach mit, teilweise aber beeinflußten sie sie infolge ihrer Programmatik auch.

Diese Entwicklung wurde durch einen dritten, allerdings übernationalen Trend noch beschleunigt und intensiviert, in dem erneut wirtschaftliche, kulturelle und politische Veränderungen Hand in Hand gingen. In der bisherigen Forschung wird dieser Wandel mit einer Reihe divergierender Konzepte theoretisch erfaßt. Man spricht vom Übergang in eine postmoderne, postmaterialistische, postfordistische Gesellschaft, von der zweiten oder reflexiven Moderne oder von Globalisierung.[13] Allein schon diese konzeptuelle Vielfalt legt nahe, daß über den möglicherweise epochalen Wandel zwischen den sechziger und neunziger Jahren derzeit noch nicht hinreichend präzise nachgedacht wird. Deswegen können die folgenden Thesen nur vorläufiger Natur sein. Hier befindet sich interpretatorisch noch einiges im Fluß. Generell wird man freilich sagen können, daß spätestens um 1965 viele vormals sichere Gewißheiten der fordistischen Ära fragwürdig wurden oder sich ganz auflösten. Die wachsende weltwirtschaftliche Verflechtung, die Globalisierung der Finanzmärkte, das Aufkommen neuer Informationstechnologien und die neuen Migrationsströme, von denen die USA durch die Masseneinwanderung katholischer *Hispanics* und nichtchristlicher Asiaten in hohem Maß betroffen waren, stellten frühere Konzepte nationaler Identität in Frage.[14] Darüber hinaus wandelten sich die vorherrschenden *gender*-Muster. Mehr als je zuvor wurden Frauen in den Arbeitsprozeß eingegliedert, wodurch traditionelle Frauen- und Familienbilder ins Wanken gerieten.

Hinzu kam die durch die neuen technischen Methoden zur Empfängnisverhütung erstmalig gegebene Fähigkeit, Sexualität und Reproduktion voneinander zu trennen. Insgesamt wurde die Situation im Vergleich mit den immer öfter idealisierten fünfziger Jahren, welche das 19. Jahrhundert als geistigen Referenzrahmen konservativer Kreise ablösten, deutlich vielschichtiger, die Gesellschaft wirkte unübersichtlicher und unsicherer. Auch war die strukturelle Stütze, die vom Bündnis von *big government*, *big business* und *big unionism* ausgegangen war, infolge des Scheiterns der keynesianischen Planungseuphorie und des Aufkommens neoliberaler Ordnungsvorstellungen zerbrochen.[15] Bis zu einem gewissen Grad reproduzierte die Ära nach 1965 die umfassenden Unsicherheiten der Jahre um 1920. Daher verwundert es nicht, daß es zu vergleichbaren Antwortversuchen kam, die in den USA wie selbstverständlich eine neue Erweckungswelle beinhalteten. Dieser Reaktionsmodus auf Transformationskrisen der Moderne war zu tief im kollektiven Bewußtsein der amerikanischen Kultur und Gesellschaft verwurzelt, um nicht aktiviert zu werden. Wie in den zwanziger Jahren interpretierten die Evangelikalen das Geschehen als primär moralische, kulturelle Verfalls- und Verlustgeschichte, wobei sie den handelnden Akteuren eine große Handlungsfreiheit, im Amerikanischen gern als *agency* bezeichnet, zubilligten. In ihren Augen war es möglich, durch göttlich inspirierte Umkehr eigenständig einen neuen, stabilen gesellschaftlichen Ordnungsrahmen zu schaffen. Umgekehrt begriffen die *liberals* sowie die studentischen *radicals* das Ganze als strukturell notwendigen sozialen Wandel, der gleichwohl in ihren Augen zum einen Bestandteil eines linearen Fortschrittsprozesses war und mithin, zum anderen, individuelle Freiheitspotentiale freizusetzen vermochte. Die Problematik abweichender Freiheitsbegriffe und Analysekategorien hatte sich seit 1925 in keiner Weise geändert.

Der fundamentale Wandel dieser Phase wurde durch eine Vielzahl paralleler, kurzfristiger soziokultureller und ökonomischer Konjunkturen noch intensiviert. Ein besonders wichtiger Punkt war dabei, daß sich der Anfang dieser Prozesse in einer Periode wirtschaftlichen Wachstums abspielte. Zwischen 1947 und 1973 wuchs die Wirtschaft in sämtlichen Industrienationen des nordatlantischen Raums in bislang ungeahnter Weise. Dadurch verschoben sich die normativen Vorstellungen erst einmal bei Jugendlichen, dann aber auch in der gesamten Gesellschaft wieder vom Primat der Produktion zum Primat des Konsums.[16] Insofern kann man die *counterculture* der sechziger und frühen siebziger Jahre dieser Entwicklung ebenso zuordnen wie die emphatische Befreiungsrhetorik der studentischen Protestbewegungen jener Jahre, die entsprechend auch nicht zufällig zu Beginn der siebziger Jahre mit Hilfe ökonomischer Kommodifizierung in einen breiter gewordenen liberalkapitalistischen *mainstream* zurückgeholt werden konnten. Dessen ungeachtet war die Protestkultur der sogenannten 68er für die Evangelikalen – wie für sämtliche *conservatives* – ein dauerhaft nachwirkendes Trauma, das sich im Lauf der Zeit regelrecht zum Schreckgespenst entwickelte. Der dramatische, aggressiv inszenierte Nonkonformismus und antimaterialistische Antikapitalismus der aufsässigen Jugendlichen wirkte dabei ebenso abstoßend wie der bewußte Verzicht auf bürgerliche Umgangsformen, Kleidung und Hygiene. Ähnliches galt für die publikumswirksam öffentlich demonstrierte Abkehr von älteren sexuellen Tabus. Die neomarxistische Rhetorik war dann nur noch eine Beigabe in einer Auseinandersetzung, die sogar viele einstige Konsensliberale als Kulturkrieg begriffen. So wurden die sechziger Jahre mit einiger Notwendigkeit zur Geburtsstunde eines erneuerten *conservatism.* Die gegenwärtige republikanische Koalition aus Neofundamentalisten und säkularen, altliberalen Neokonservativen verdankt sich wesentlich der gemeinsamen Erfahrung dieser Protestgeneration und ihrer Abkehr von bürgerlichen Werten.[17] Dies war allerdings oft das einzige, was die beiden sehr unterschiedlichen Gruppen zusammenhielt. Für die Evangelikalen ergab sich außerdem die Schwierigkeit, daß sie ihren traditionellen egalitären und antiintellektuellen Antielitarismus plötzlich und viel stärker als in den dreißiger Jahren des 19. Jahrhunderts bei den *Whigs* in den Dienst einer sozialen, wirtschaftlichen und intellektuellen Elite im Rahmen der Republikanischen Partei stellen mußten. Diese Widersprüchlichkeit wurde jedoch wie so viele Widersprüche und Brüche in der evangelikalen Argumentation nicht reflektiert, um nicht die einzig verbliebene politische Option zu verlieren. Was politisch mit der Wahl von Ronald Reagan gelang, sollte nun auf der kulturell-gesellschaftlichen Ebene in einem umfassenden *conservative backlash* nachgeholt werden: die Rückgewinnung der kulturellen Hegemonie durch das konservative Amerika. Diese Koalition verstand sich von Beginn an nicht als Bewahrerin einer alten Tradition, sondern als kämpferische, wenngleich brüchige Avantgarde eines anderen, konservativen Amerika.[18] Es ist dabei bemerkenswert, daß gerade die Evangelikalen und mitunter die Fundamentalisten dabei von »Überläufern« aus dem Umfeld der einstigen *counterculture* profitiert haben. Tatsächlich fand eine Reihe früherer *Hippies* zum evangelikalen Glauben, wenngleich wohl bevorzugt im linksevangelikalen Milieu.[19]

Das Unbehagen der *conservatives* wurde noch verstärkt, als im Umfeld der *stagflation* – einer vom Keynesianismus nicht prognostizierten Mischung aus Stagnation und Inflation mit hoher Arbeitslosigkeit – nach 1973 rasch deutlich wurde, daß das alte fordistische Wechselspiel zwischen Produktions- und Konsumethik zugunsten einer umfassenden Konsumethik selbst in Phasen wirtschaftlicher Rezession abgelöst worden war. Auch die seit Beginn der achtziger Jahre einsetzende Aids-Epidemie änderte nichts mehr an der generell konsumistischen Ethik unter den Bedingungen postfordistischer Produktion. Vielen erschienen daher die ethischen Individualisierungsprozesse mitsamt ihrer Tendenz zu einer emotivistischen Moral irreversibel. Dies hing mit gleich zwei postfordistischen Entwicklungen zusammen, einmal der Relativierung des Klassenkonzepts zugunsten des Konsumentenkonzepts, das wiederum eng an das Aufkommen der von Kulturkritikern so bezeichneten »Spaßgesellschaft« gekoppelt war. Im

Marktgeschehen zählte nun nicht mehr primär der Klassenstatus, insbesondere sofern er mit traditionell verwurzelten Konsumbeschränkungen einherging, sondern einzig der Status als Konsument, der notfalls durch die Vergabe großzügig gewährter Kredite erheblich gesteigert werden konnte. Dank dieser Tendenz verschärfte sich das schon zuvor problematische Wechselspiel zwischen Familienwerten und Werten des Berufslebens noch einmal. Eine konsumistische Marktordnung mußte auf allen Ebenen gegen zu rigide Moralvorstellungen und traditionelle Bindungen vorgehen, da diese einerseits dem Konsum Zügel anlegten und andererseits Alternativen zu einer auf strenge Gegenwärtigkeit angelegten Gesellschaft aufwiesen. Während daher im familiären Bereich bürgerliche sozialdisziplinatorische Kontrolle durch mediale Ablenkung und eine vergleichsweise liberale Moral ersetzt wurde, sah man sich im Beruf zunehmend mit der totalen Herrschaft inhumaner Profitinteressen konfrontiert. Familie und Beruf waren stärker getrennt als je zuvor.

Zum anderen hatte das Unbehagen mit veränderten Modi der industriellen Produktion zu tun. Es war im Grunde nicht korrekt, wie manche es taten, von einer postindustriellen Ära zu sprechen, da die schwerindustrielle Produktion ja nicht verschwand, sondern schlicht in andere Gebiete verlagert wurde. Daneben aber wurden neue Medien und Informationssysteme, wie das Fernsehen und vor allem Computer und Internet, zu ökonomisch relevanten Faktoren, die zugleich gesellschaftsverändernd wirkten. Wieder konnten die Folgen aus abweichenden Perspektiven heraus analysiert werden. Wo die einen das Aufkommen einer Wissens- und Informationsgesellschaft sahen, vermuteten die anderen kulturkritisch das Abgleiten in eine Medien- und (oberflächliche) Kommunikationsgesellschaft, die letztlich durch Vereinzelung, Einsamkeit und sinnleere Inhaltslosigkeit gekennzeichnet sei.[20] Gerade *conservatives* warfen den neuen Medien vor, einseitig liberale Ideologien zu verbreiten. Dies führte allerdings selbst bei Fundamentalisten nicht zu einem einseitig negativen Urteil gegenüber den neuen Technologien. Ganz im Gegenteil wußten sie sehr schnell mit diesen Technologien umzugehen, ein weiterer Beleg für ihre selektive Modernität. Über die Teleevangelisten wurde bereits berichtet. Neokonservative und evangelikale beziehungsweise neofundamentalistische Intellektuelle lernten darüber hinaus, sich den Gesetzen der Medien anzupassen. Sie nutzten ihre Chance, eigene Sender oder Sendungen aufzubauen, präsentierten sich entweder gepflegt und zurückhaltend, als Experten oder aber als hitzige Diskussionspartner. Damit nutzten sie die Gesetze der neuen Medien geschickt aus, und es gelang ihnen, ein gesteigertes Maß an Aufmerksamkeit und direktem Einfluß in den Massenmedien zu gewinnen.[21] Insbesondere paßten sie sich dem Finanzgebaren der kommerziellen Sender sowie den von diesen propagierten Sehgewohnheiten einer konsumorientierten Zuschauerschaft an. Wesentliche Teile der Sendungen bestanden aus Aufrufen zu Spendenaktionen, die vorgeblich der Evangelisierung dienten, aber wiederholt zum Anlaß von Steuerskandalen wurden. Gleichzeitig wurden die übertragenen Gottesdienste ritualistischer und formalistischer. Wie in den zwanziger Jahren griff das Tragen liturgischer Gewänder um sich, große Chöre untermalten die Gottesdienste mit feierlicher Musik, oft von Posaunen unterstützt. Die Bilder waren in der Regel mit Weichzeichnern unterlegt. Nirgendwo war die Kommodifikationstendenz des amerikanischen Evangelikalismus so deutlich erkennbar wie hier. Das alles änderte indes nichts an seinem Klagehabitus, den er seit den sechziger Jahren aufgebaut hatte. Ein gewisses Maß an larmoyanter Weinerlichkeit scheint gleichwohl zur postfordistischen Mediendemokratie zu gehören, da liberale Intellektuelle davon gleichfalls nicht frei sind. In einem Punkt war die Larmoyanz der Evangelikalen nicht ganz unberechtigt. Die Medialisierung der Produktion und des Konsums bis hin zur Freizeit- und Unterhaltungsgestaltung führte dazu, daß die Entwicklung der sechziger Jahre zu einer freizügigeren Konsummoral nachhaltig stabilisiert wurde. Die früheren normativen Pendelschläge des fordistischen Zeitalters fielen jetzt moderater aus, dafür wurde der Tonfall der daraus resultierenden normativen Konflikte gereizter und militanter. Die wachsende Radikalität der Debatte hing wohl zudem damit zusammen, daß seit den achtziger Jahren der alte äußere Feind, das kommunistische Lager, schwächer wurde. Notgedrungen mußte sich die amerikanische Gesellschaft wieder mehr mit sich selber befassen. Dadurch wurden die rivalisierenden ideologischen Optionen nicht mehr von einem gemeinsamen Ziel zusammengehalten, sondern auf sich selbst und den mehr und mehr zum Feind werdenden soziokulturellen Gegner zurückverweisen, zumal Globalisierung und Massenmigration die Frage nach den Inhalten amerikanischer nationaler Identität mit neuer Wucht aufwarfen.

Damit sind die Grundlagen der neuerlichen Erweckungswelle seit den sechziger Jahren benannt. Hervorzuheben ist, daß es sich von Beginn an in erster Linie um eine gesellschaftspolitisch-kulturelle Bewegung handelte, während das eigentlich theologisch-religiöse Moment etwas im Hintergrund stand. Diesmal fehlte zudem die für die früheren *awakenings* so zentrale universitäre Komponente. Zwar gab es im theologischen Bereich in den sechziger Jahren eine gewisse Radikalisierung. Gabriel Vahanian und andere propagierten eine postchristliche »Gott-ist-tot«-Theologie,[22] die man getrost als extreme Variante der alten liberalen Theologie bezeichnen kann. Diese radikalen Theologen verzichteten vollständig auf das Konzept eines persönlichen, transzendenten Gottes. Für die Evangelikalen war dies allerdings bestenfalls alter, liberaler Wein in neuen, radikalen Schläuchen; eine Theologie, der es an christlicher Authentizität mangelte, da sie sich allerlei *à-la-mode*-Spekulationen hinzugeben schien. Daher gab es keine »Professorenerweckung«, die sich dann mit einer Erweckung von unten verbunden hätte, sondern am Anfang standen politische Ziele, die mit einer weiteren prämillenaristischen Naherwartungseuphorie gekoppelt wurden. In Zeiten der Krise wandte sich ein erheblicher Teil der Amerikaner erneut der Hoffnung zu, das Ende der Zeiten sei nah und die Wiederkunft Christi sowie das Millennium stünden unmittelbar bevor. Dies ist insofern erstaunlich, als diese Erwartung in den vergangenen 400 Jahren nie erfüllt worden ist. Man könnte denken, daß das zu einer gewissen Skepsis gegenüber derartigen Verheißungen führt, tatsächlich ist das aber nicht der Fall. Vermutlich läßt sich das nur durch die anhaltende Konstanz des evangelikalen Lagers in den USA, seine Verwurzelung in amerikanischen Identitätsdiskursen und durch eine gewisse Tendenz der amerikanischen Gesellschaft zu mangelnder historischer Reflexion erklären.[23] Mit dem Prämillenarismus übernahm der Neofundamentalismus im Grunde das komplette Erbe der vergangenen Erwekkungswellen, ohne ihm sehr viel Neues hinzuzufügen. Man könnte sagen, er verwaltete, seinen Intentionen entsprechend, das Erbe der Vergangenheit. Die Neofundamentalisten waren in ihrer Mehrheit, von winzigen sektiererischen Gemeinden und Bewegungen am äußersten rechten Rand des Fundamentalismus einmal abgesehen, so systemkonform wie alle *awakenings* zuvor. Sie akzeptierten eine egalitäre, an einer engen, traditionell konservativen Auslegung der Verfassung orientierte Form der Demokratie, sie blieben absolut und vorbehaltlos dem marktkapitalistischen System und der (Selbst-)Kommodifizierung verpflichtet, und sie standen in der patriotisch-nationalistischen Tradition des früheren Fundamentalismus. Einzig im Bereich des Organisatorischen und der Medienpräsenz fügten sie der vorhandenen evangelikalen Weltanschauung etwas Originelles hinzu.

Personell wie inhaltlich knüpfte die neofundamentalistische Erweckungsbewegung an die in den Ruheräumen des Südens und Mittelwestens verborgenen Relikte des vormaligen Fundamentalismus der zwanziger Jahre und den parallel dazu weiter existierenden Evangelikalismus an. Jim Owen, ein Sympathisant des Fundamentalismus, hat die Geschichte der Bewegung in den Jahrzehnten zwischen 1925 und dem Kalten Krieg nachgezeichnet.[24] Dabei bemüht er sich, sie gegen den Vorwurf zu verteidigen, sie hätten angesichts der Härten der großen Depression und des Holocausts geschwiegen. Teilweise gelingt ihm dies sogar. Allerdings zeigt selbst seine apologetische Darstellung, wo der eigentliche Schwerpunkt fundamentalistischer Agitation in der Phase nach Dayton lag, nämlich im Antikatholizismus und einem nationalistischen Antikommunismus. Beides war ausgesprochen verschwörungstheoretisch angelegt.[25] Ihrem eigenen Selbstverständnis nach war es die Aufgabe der Fundamentalisten, die Nation und die amerikanische Demokratie, die für sie stets nur eine christlich-protestantische Demokratie sein konnte, vor feindlichen Attacken zu schützen. Während der Antikatholizismus sich ganz in den hysterisch-alarmistischen Bahnen der klassischen Erweckungsideologie bewegte, aber an Boden verlor, war der Antikommunismus vor dem Hintergrund des Kalten Krieges als alles umfassender Bezugsgröße dieser Zeit eher anschlußfähig.[26] Vor allem der wichtigste Evangelist im Zeitraum zwischen dem Niedergang des Fundamentalismus und dem Aufkommen des Neofundamentalismus, Billy Graham, argumentierte von einer deutlich antikommunistischen Position her.[27] Es ist überhaupt erstaunlich, inwieweit der baptistische Evangelikale viele Inhalte des späteren Neofundamentalismus bereits vorwegnahm. In seinen *crusades* kämpfte er vor großem Publikum gegen Abtreibung und Homosexualität, für den Vietnamkrieg und die Todesstrafe. Außerdem war er bereits ein Meister im Umgang mit den Medien und wurde so für viele spätere Evangelisten zum Vorbild. In einem zentralen Punkt aber unterschied er sich von seinen Nachfolgern. Graham blieb im Ton, trotz seiner Nähe zum republikanischen Establishment, durchweg sachlicher, unpolemischer und weniger hysterisch als spätere Prediger, die stärker und offener politisiert waren und einem anderen medialen Umfeld Rechnung tragen mußten. Für ihn waren Spiritualität und Frömmigkeit noch weitaus bedeutsamer als die Koalition mit dem politischen *conservatism*. Allerdings darf nicht vergessen werden, daß er seine größten Erfolge in der Zeit vor dem gesellschaftlichen Wandel der sechziger Jahre hatte. Aber selbst danach wurde er nicht radikaler. Billy Graham diente dem Neofundamentalismus gleichzeitig als Vorbild und als Folie, der gegenüber man sich abgrenzte.

Den unmittelbaren Auftakt für die neue Erweckungswelle bildete dann bezeichnenderweise eine Reihe von Urteilen des *Supreme Court* in den Jahren 1962 bis 1973. Bereits seit 1954 hatte das oberste Bundesgericht seine gesellschaftspolitische Funktion neu und im Sinne des liberalen juristischen Aktivismus definiert. Damals war es in *Brown vs. Board of Education of Topeka* darum gegangen, die noch 1896 vom *Supreme Court* in *Plessey vs. Ferguson* gebilligte Rassentrennung im Süden der USA aufzuheben. Für viele *conservatives* war das nicht nur wegen ihres Rassismus ein Schlag ins Gesicht. Sie hielten an der überkommenen Idee fest, daß es einzig Aufgabe des Gerichtshofes sei, die Verfassung ihrem originalen Wortlaut und den ursprünglichen Intentionen der Gründerväter gemäß auszulegen, nicht aber selbständig Politik – und schon gar nicht die Politik der *liberals* – zu betreiben. Die neue Richtergeneration der fünfziger bis achtziger Jahre war da anderer Ansicht. Sie wollte die Gesellschaft tatsächlich im liberalen Sinne fortschrittlich gestalten.[28] Damit aber war eine Bastion des amerikanischen *conservatism* in die Hände der *liberals* gefallen. Neben den südstaatlichen Rassisten waren die überzeugten Evangelikalen die ersten, die diesen Wandel zu spüren bekamen. Für sie war das Gericht dabei, ihren historischen Anteil an der Entwicklung der amerikanischen Identität einfach zu negieren. Von da an zählte der Kampf um eine neue, konservative Mehrheit für sie, aber auch für katholische und säkulare *conservatives* zu den Hauptaufgaben ihrer Bewegung.

Das erste maßgebliche Urteil, das dann die neue Erweckungswelle initiieren sollte, war *Engel vs. Vitale* von 1962.[29] In einer 7:1-Entscheidung verbot der oberste Gerichtshof der USA amtlich angeordnete Gebete an öffentlichen Schulen und zog damit einen Schlußstrich unter den 15 Jahre dauernden Kampf säkularistischer Organisationen wie der ACLU gegen eine Tradition, die seit dem 19. Jahrhundert für viele Amerikaner selbstverständlich gewesen war. Besonders die Evangelikalen reagierten bestürzt, denn immerhin hatten sie das amerikanische öffentliche Schulsystem einst maßgeblich mitinstalliert. Vor allem aber hatten sie den berühmten *wall of separation*, den von Thomas Jefferson theoretisch begründeten Schutzwall zwischen Staat und Kirche, dem der erste Verfassungszusatz gewidmet war, stets anders gelesen als die Richter des *Supreme Court*. Für die Evangelikalen war der erste Verfassungszusatz in erster Linie ein Schutz vor staatlichen Eingriffen in die Belange der Religionsgemeinschaften. Dies entsprach vollkommen ihrem denominationalistischen, reformierten und pluralistischen Kirchenverständnis. Sie waren aber nie auf die Idee gekommen, den Artikel andersherum zu lesen, nämlich als Schutz vor einem Eingreifen der Religionen in die Belange des Staates. Das hatte im 19. Jahrhundert auch nie zur Debatte gestanden. Darauf wies dann Richter Potter Stewart in seiner abweichenden Meinung hin. Er warf, wie die Evangelikalen, der liberalen Mehrheit vor, daß es gar nicht in der Intention des ersten Verfassungszusatzes liege, das Schulgebet zu verbieten, solange daraus keine Staatskirche entstünde. Alles andere seien überzogene Intepretationen, die nicht durch den Wortlaut der Verfassung gedeckt seien. An diesem Punkt, den William Rehnquist und andere konservative Richter in den achtziger Jahren wiederaufgriffen,[30] zeigte sich die Frontlinie zwischen dem *original-intent*-Denken der Konservativen und dem gesellschaftspolitischen Aktivismus der liberalen Richter mit ihrer weiten Verfassungsauslegung. Für die Evangelikalen stand aber noch mehr auf dem Spiel. Angesichts der nationalintegratorischen Funktion des amerikanischen öffentlichen Schulsystems mußten sie befürchten, daß ihr Konzept der USA als christlicher oder judäo-christlicher Nation nunmehr zugunsten eines liberalen Säkularismus preisgegeben würde, und zwar gegen den erklärten Willen einer demokratischen Mehrheit in den USA. Seit 1961 haben sich tatsächlich regelmäßig mehr als 75 Prozent der Amerikaner in Umfragen dafür ausgesprochen, das Schulgebet wieder einzuführen.[31] Dies machte sämtliche antielitären Affekte der Evangelikalen wieder lebendig, denn in ihren Augen war eine fanatische liberale und elitäre, vorzugsweise akademische Minderheit dabei, die traditionelle Ordnung der Dinge in den Vereinigten Staaten ohne Not auszuhebeln und damit die Moral der Bevölkerung von innen heraus zu zersetzen. In ihrer Argumentation neigten sie jedoch dazu, einerseits die Wirkung des häufig nur oberflächlich heruntergebeteten allmorgendlichen Schulgebets auf die öffentliche Moral dramatisch zu überschätzen, während sie andererseits offenkundig keine Antwort auf die ethnokulturellen und religiösen Pluralisierungsprozesse in den USA zu geben vermochten.

Das zweite, anfangs allerdings fast unbemerkte Urteil, das die vierte Erweckungswelle auslöste, war *Griswold vs. Connecticut* von 1965.[32] Die Entscheidung war für niemanden sonderlich überraschend gewesen und betraf auch kein Kernanliegen der Evangelikalen. Im Grunde drehte es sich darum, ein – bereits erwähntes – gesetzliches Relikt des 19. Jahrhunderts aus den Rechtscodices von Connecticut zu entfernen. Es besagte, daß es nicht statthaft sei, Informationen über Empfängnisverhütung mit der Post zu verschicken. Dabei handelte es sich um die einzelstaatliche Übernahme des *Comstock Act* von 1873. Für die Evangelikalen war dies insofern zweitrangig, als im Unterschied zur katholischen Kirche die Frage der künstlichen Empfängnisverhütung nur für eine Minderheit von ihnen ein moraltheologisches Problem darstellte. Für sie galt weder die Enzyklika *Casti Connubii* Papst Pius XI. aus dem Jahr 1931 noch die »Pillenenzyklika« *Humanae Vitae* Papst Paul VI.,[33] die sich beide einer für reformierte Christen kaum akzeptablen naturrechtlichen Argumentation bedienten. Aus diesem Grund konnte man unter Evangelikalen relativ entspannt mit dem Komplex der künstlichen Empfängnisverhütung zumindest unter Ehepartnern umgehen, obwohl man die Gefahr verstärkter nicht- und außerehelicher Sexualität wohl erkannte. Aber die evangelikale Kritik an dem *Griswold*-Urteil entzündete sich überhaupt nicht an Fragen der Sexualität, sondern an einem ganz anderen Punkt, der eher konservativ als religiös definiert war. Das Gericht hatte nämlich den vorliegenden Fall zum Anlaß genommen, eine Reihe seit den zwanziger Jahren gewährter Individualrechte systematisch zu einem *right to privacy* zusammenzufassen. Darunter fiel unter anderem das Recht auf Auslandsreisen, auf Fremdsprachenunterricht, auf sexuelle Reproduktion, auf Schutz vor Zwangsoperationen und das Recht, Kinder auf private Schulen zu schicken, eine ebenso ansehnliche wie willkürliche Zusammenstellung. Eine Mehrheit von sieben Richtern befand, man könne aus der Verfassung ein bis dahin nicht definiertes, aber implizit vorhandenes Recht auf *privacy* herauslesen, was auf den heftigen Widerstand konservativer Juristen stieß. Wieder war es Potter Stewart, der eine Minderheitenmeinung vertrat. Nun aber kam ihm der juristisch weitaus qualifiziertere Hugo L. Black zu Hilfe, der den Aktivismus der liberalen Mehrheit scharf kritisierte, ohne freilich das zur Debatte stehende Gesetz zu billigen. Da es sich bei der *Griswold*-Entscheidung um eine ungemein komplexe fachliche Problematik handelte, blieb die öffentliche Diskussion eher zurückhaltend. Aber die Koalition aus Evangelikalen und verfassungsrechtlich Konservativen verdichtete sich allmählich.

Zur eigentlichen Explosion kam es nach dem dritten Urteil des *Supreme Court Roe vs. Wade* aus dem Jahre 1973.[34] Hierbei handelte es sich möglicherweise um das bekannteste und umstrittenste Urteil des obersten Bundesgerichts. Erstmals nahmen die Richter für die gesamte Union verbindlich Stellung zur Abtreibungsfrage, die als Strafrechtssache bis dahin in der Gesetzgebungskompetenz der Einzelstaaten gelegen hatte. Dies hatte dazu geführt, daß über ein Dutzend höchst unterschiedlicher Gesetze vorlagen, von sehr liberalen der Neuenglandstaaten bis hin zum Antiabtreibungsgesetz des Staates Texas, das Abtreibung beinahe wie Mord behandelte und unter hohe Strafen stellte. Die liberale Mehrheit des Gerichts, wieder waren es sieben Richter, diesmal gegen Byron R. White und den aufsteigenden Stern des juristischen Konservatismus William H. Rehnquist, kam zu dem Schluß, daß ein generelles Abtreibungsverbot mit dem in *Griswold* definierten *right to privacy* nicht vereinbar sei. Aus einem Strafdelikt wurde, zumindest für die ersten drei Monate, ein gänzlich straffreies Recht der Mutter auf eigene Entscheidung über ihr Reproduktionsverhalten. Erst ab der zweiten Triade kamen dem Fötus Rechte zu, die ab dem siebten Monat dann die Freiheitsrechte der Mutter – von Ausnahmen abgesehen (Spätabtreibungen) – überwogen. *Roe vs. Wade* lag, wie die beiden Urteile zuvor, in der Konsequenz liberalen Verfassungsdenkens, das vom absoluten Primat individueller Freiheitsrechte gegenüber gemeinschaftsbezogenen Sichtweisen und dem Rekurs auf gesellschaftliche Tradition und Konvention gekennzeichnet war. Rein juristisch waren sie allesamt problematisch, da ihre Rechtsgrundlage – darauf zu verweisen wurden Black, Rehnquist und andere *conservatives* in den folgenden Jahren nicht müde – bestenfalls prekär war.[35] Da die Liberalisierung der Abtreibung aber zu den Kernprojekten des liberalen Amerika zählte, entwickelte sich die ethische Debatte rasch zum politischen Kampf.

Dabei waren es zu Beginn überhaupt nicht die Evangelikalen und Fundamentalisten, die auf das Abtreibungsurteil reagierten, sondern die konservativen Katholiken. Für den innerlich zerstrittenen Katholizismus war die Abtreibungsdiskussion eine Gelegenheit, die rivalisierenden liberalen und konservativen Flügel wieder zu vereinigen, da, anders als in der Frage der künstlichen Empfängnisverhütung, eine rigide Haltung zur Abtreibung innerkatholisch mehrheitsfähig war. Mit William F. Buckley, Pat Buchanan, Richard Viguerie, Paul Weyrich und Phylis Schlafly entstammten anfänglich alle intellektuellen Vordenker der neuen religiösen Rechten dem Katholizismus. Erst Monate nach dem Urteil radikalisierten sich die evangelikalen Prediger und ihre Gemeinden. Anfänglich hatten sie noch gezögert, gemeinsam mit den ungeliebten Katholiken zu agieren, doch diese Vorbehalte schwanden bald dahin. Es sollte allerdings bis 1979 dauern, ehe die Evangelikalen dem katholischen *National Right to Life Committee* eine vergleichbar schlagkräftige Organisation zur Seite stellen konnten. Dann erst gründeten Tim und Beverly LaHaye die *Concerned Women of America* (CWA), die zum Ausgangspunkt des evangelikal-fundamentalistischen Kampfes gegen die Freigabe der Abtreibung wurden.[36] Zwischenzeitlich hatte der *Internal Revenue Service* (IRS) 1978 noch erwogen, die

Steuerprivilegien für konfessionelle Privatschulen abzuschaffen, was die brüchige Allianz zwischen konservativen Katholiken und Evangelikalen erst einmal erheblich erleichterte. Beide befürchteten nun, von einer liberal-säkularen Welle an die Wand gespült zu werden und ihren gestalterischen Einfluß auf Kultur und Gesellschaft der USA komplett zu verlieren.

Dies war dann der Ausgangspunkt für das Entstehen der religiösen Rechten in den USA. Man darf diese religiöse Rechte nicht einfach mit dem Fundamentalismus zusammenwerfen, da in ihr von Beginn an ausgesprochen diverse Gruppen zusammenkamen, die weltanschaulich und organisatorisch kaum unter einen Hut zu bringen waren.[37] Dies zeigte sich beispielsweise schon bei den Wahlen in Oklahoma 1980, wo es in einer Hochburg der Evangelikalen diesen nicht gelang, ihren Kandidaten gegen einen moderateren *conservative* aus dem katholischen Lager durchzubringen.[38] Erst nach 1980 änderte sich dies. Die Frage, wie man Evangelikale, Katholiken, Fundamentalisten, säkulare *conservatives* und Konservative aus dem *mainstream*-Protestantismus zu einer aktionsfähigen Einheit verschmelzen konnte, wurde für die religiöse Rechte und die Republikanische Partei, die vom Entstehen dieser Bewegung am meisten profitierte, zur Schicksalsfrage. Die Abtreibungsdebatte war da einer der ganz wenigen Punkte, bei dem alle an einem Strang zogen. Deswegen wurde sie auch zu dem alles beherrschenden Thema der religiösen Rechten. Da man sich sonst auf wenig bis nichts einigen konnte, diente sie als kohäsionsstiftendes Moment. Dies allein zeigt aber bereits, daß man den generellen politischen Einfluß der religiösen Rechten – und damit auch der Fundamentalisten und Evangelikalen innerhalb der Organisationen der religiösen Rechten – keinesfalls überschätzen darf. Gewiß, es gab immer wieder einflußreiche Politiker aus deren Lager, aber insgesamt dürfte Pattersons abgewogenes Urteil, daß die religiöse Rechte selbst innerhalb der Republikaner keines ihrer Ziele auf nationaler Ebene durchsetzen konnte, zutreffen.[39] Insbesondere von Ronald Reagan und George H. W.

Bush wurden sie eher instrumentalisiert, als daß ihnen echter politischer Einfluß zugekommen wäre.

Was der religiösen Rechten aber allemal gelang, war zum einen eine zuvor nie erreichte organisatorische Dichte im evangelikalen Lager und zum anderen eine nahezu monopolartige Stellung in der politischen Repräsentation des evangelikalen Protestantismus. Dies hing insbesondere damit zusammen, daß sie die Kontrolle über die *Southern Baptist Convention* erlangte. An sich waren die Südstaatenbaptisten eine vormals antiformalistische Erweckungsgruppierungen, die aber inzwischen zum konservativen *mainstream* zählte. Mit der neuerlichen Erweckung seit den sechziger Jahren, die weder antiformalistisch noch nichtritualistisch war, wurden zumindest die offiziellen Gremien der südlichen Baptisten von Neofundamentalisten und Rechtsevangelikalen majorisiert. Der populistische Linksevangelikalismus stellte zwar mit Jimmy Carter aus Georgia, gleichfalls ein *Southern Baptist*, wie später auch Bill Clinton aus Arkansas, noch einmal einen demokratischen Präsidenten (1977-1981), dann aber zerfiel er in der öffentlichen Wahrnehmung annähernd zur Bedeutungslosigkeit. Fast alle wichtigen evangelikalen und fundamentalistischen Prediger fanden sich nun in den Reihen der Republikaner wieder. Zu den wenigen Ausnahmen zählte der Evangelist Oral Roberts, der bis weit in die neunziger Jahre Wert auf politische Unabhängigkeit legte. Die Mehrheit indes wurde politisiert und radikalisiert, wozu die Ende der siebziger Jahre entstehenden nationalen Organisationen maßgeblich beitrugen.[40] Nun waren es in der Tat neofundamentalistische Führer, welche die Agenda der religiösen Rechten vorgaben. Das sollte freilich nicht ohne Spannungen abgehen, da die Vorbehalte vor allem zwischen Katholiken und Neofundamentalisten keineswegs abgebaut waren, obgleich man sich Mühe gab, sie zu übertünchen. Nicht zuletzt der katholische Episkopat sah die Allianzen der religiösen Rechten äußerst ungern, was sich auf den organisierten Verbandskatholizismus stärker auswirkte als auf republikanische katholische Intellektuelle. Unübersehbar blieben Katholiken daher nach

1979/80 in den neuen Organisationen der religiösen Rechten in der Minderheit.

Die mit Abstand wichtigste Gruppierung der frühen religiösen Rechten war neben den CWA die *Moral Majority* des baptistischen Predigers Jerry Falwell, der ein ausgewiesener Neofundamentalist war, aber auch Katholiken zur Mitarbeit bewegen wollte. Andere waren da skeptischer, insbesondere jene Neofundamentalisten, die aus dem Umfeld der extrem antikatholisch-fundamentalistischen Bob Jones Universität in South Carolina kamen. Aber auch die LaHayes, die mit Falwell eng befreundet waren, hatten antikatholische Vorbehalte. Wieder andere, darunter Pat Robertson, Jimmy Swaggert oder Jim Bakker, waren zu ehrgeizig, um sich Falwells Führungsanspruch unterzuordnen. Überdies tendierten sie, anders als der traditionelle fundamentalistische Falwell und die LaHayes, zu Mischformen neofundamentalistischer und pentekostaler Spiritualität, was die Zusammenarbeit mit der *Moral Majority* nicht gerade erleichterte. Bakker gründete mit der *Praise-the-Lord*-Bewegung eine unglaublich erfolgreiche neofundamentalistische Fernsehmission, die zum Vorbild für viele andere Prediger wurde. Mitte der achtziger Jahre war die frühe neofundamentalistische Welle auf ihrem Höhepunkt angekommen. Mit ihren weit über zwei Millionen Mitgliedern, darunter allein 500 000 bei den CWA, die damit stärker waren als sämtliche liberalen und radikalen Frauenorganisationen zusammen, beherrschten die Neofundamentalisten die religiöse Szene im Süden und Mittelwesten der USA. Trotz aller internen Differenzen kämpften diese Organisationen gemeinsam gegen die liberale Rechtsprechung in der Abtreibungsfrage, gegen Pornographie, für das Schulgebet und Familienwerte sowie zunehmend auch gegen das *Equal Rights Amendment* (ERA), das die rechtliche Gleichstellung von Männern und Frauen in der Verfassung verankern sollte. Für Neofundamentalisten und konservative Katholiken war dies ein zusätzlicher Versuch der *liberals* und *radicals*, die Fundamente des traditionellen Amerika, allen voran die Familien, zu zerstören. Dabei scheuten sie vor heftigster Polemik und plattester Argumentation nicht zurück, wenn sie etwa behaupteten, nach dem ERA würden separate Toiletten für Männer und Frauen abgeschafft werden und alle Frauen müßten Militärdienst an der Waffe leisten. 1982 scheiterte das ERA am gemeinsamen Widerstand von Katholiken, *conservatives* und neuer religiöser Rechter.[41] Fast gleichzeitig ernannte der persönlich allenfalls agnostische Präsident Ronald Reagan zwei prononcierte Protestanten zu Mitgliedern seiner Administration. Einer war der prämillenaristische Apokalyptiker James Watt, der als zuständiger Innenminister erklärte, man bedürfe keines Umweltschutzes, da die Endzeit unmittelbar bevorstehe. Der andere war der Evangelikale C. Everett Koop, der demgegenüber mehr Augenmaß bewies und als einziger in der Reagan-Administration erkannte, daß man der AIDS-Epidemie nicht mit bloß moralischen Aufrufen begegnen konnte.[42] Wie die Katholikin Rita Süßmuth in der Bundesrepublik Deutschland plädierte er für den Einsatz sexueller Aufklärung an den Schulen und für Kondome, was ihm einen Teil der Evangelikalen entfremdete. Dies sollten gleichwohl die einzigen erkennbaren politischen Erfolge der ersten neofundamentalistischen Welle bleiben, denn ab 1985 begann ein schlagartiger Zerfall.

Schuld daran war ausgerechnet die ethische Unzulänglichkeit der nationalen Führung. Binnen weniger Jahre erschütterten mehrere heftige Skandale die neofundamentalistische Szene. Jimmy Swaggart und Jim Bakker wurden des Ehebruchs überführt, Bakker 1989 sogar zu 45 Jahren Haft wegen Steuerhinterziehung und Betrugs verurteilt. Bakker mußte zwar nur fünf Jahre absitzen, aber der Gefängnisaufenthalt führte zu einem bemerkenswerten Umdenken in seiner Theologie. Er räumte ein, seine auf Wohlstand und Marktkonformität abhebende Theologie des Reichtums sei unbiblisch. Außerdem wandte er sich neuen Ansichten über die bevorstehende Endzeit zu, indem er erklärte, die Christen würden unter der Zeit der Bedrängnis ebenso leiden wie die Juden und Heiden. Aus der Sicht orthodoxer Prämillenaristen grenzte dies an Ketzerei.[43] Dies hinderte ihn freilich nicht, umgehend in das religiöse Showgewerbe zurückzukehren. Die Fälle Swaggart und Bakker, neuerdings müßte man Ted Haggart hinzufügen, der wegen Drogenmißbrauchs und homosexueller Beziehungen in die Diskussion geraten ist, verweisen gleichwohl auf eine Stärke des zeitgenössischen Evangelikalismus. Zum einen sind die Gläubigen bei öffentlich vorgetragener Reue sehr wohl bereit, ihren »Stars« zu verzeihen. Negativ formuliert könnte man sagen, daß sie ihnen gegenüber mitfühlender sind als gegenüber Außenstehenden. Zum anderen verweist der Umgang mit diesen Skandalen auf ein im öffentlichen Diskurs kaum wahrgenommenes strukturelles Moment des neofundamentalistischen Evangelikalismus: Sosehr sein politischer Einfluß von nationalen Führern abhängt, im Alltagsleben der Gläubigen zählen diese weniger als die Gemeinden mit ihren lokalen Predigern. Die Handlungsfähigkeit der Evangelikalen hing nie von den nationalen Großorganisationen und ihren Anführern ab.

Angesichts dieser beharrlichen Überlebensfähigkeit des tief im amerikanischen Selbstverständnis verankerten evangelikalen Erbes verwundert es weiter nicht, daß in den neunziger Jahren ein weiterer Anlauf unternommen wurde, die religiöse Rechte unter neofundamentalistischer Leitung neu zu formieren. Sie war inzwischen für die Republikaner ein zu bedeutsamer Faktor geworden, als daß man sie hätte dauerhaft vernachlässigen können. In einem Land, in dem im Durchschnitt weniger als 50 Prozent der Wahlberechtigten tatsächlich wählten, war eine organisatorisch geschlossene und durch Kampagnen mobilisierbare, weltanschaulich konservative Gruppe wie die religiöse Rechte für die Republikaner unverzichtbar. Dies galt um so mehr, als die Republikaner seit der Mitte der achtziger Jahre dabei waren, den *conservative backlash* in politischer und ökonomischer Hinsicht durch die *culture wars* um kulturelle Hegemonie auf der Ideenebene zu vollenden.[44] Sie wollten nicht weniger als die kulturell-gesellschaftliche Deutungsmacht, die sie in den sechziger Jahren an die *liberals* und *radicals* verloren hatten, zurückgewinnen. In einem merkwürdigen Salto bedienten sie sich dabei der Techniken der

68er-Bewegung: *single-issue grassroots-movements* entwickelten sich zu den erfolgreichsten Instrumenten der *conservatives* in den Kulturkämpfen der achtziger und neunziger Jahre. Der einstige *conservative* Michael Lind hat in diesem Zusammenhang behauptet, die *culture wars* dienten hauptsächlich dazu, die absolutistische Klassenherrschaft einer winzigen finanzoligarchischen Elite über die Mehrheit der Amerikaner zu verschleiern, indem man wertkonservative Angehörige der Mittel- und Unterklassen dazu brachte, sich gegen ihre Interessenvertreter in Gewerkschaften und Demokratischer Partei zu stellen, um sich dabei in nutzlosen ideellen Gefechten aufzureiben.[45] Diese These reflektiert ältere konservative und populistische Vorbehalte gegenüber den wirtschaftlichen Eliten der USA. In der Tat hatten diese Eliten während der Reagan-Ära und danach ungemein von der neoliberalen Wirtschaftpolitik jener Jahre profitiert. Ein Prozent der Amerikaner verfügte über weit mehr als 50 Prozent der Wirtschaft- und Finanzkapazität des Landes, mit steigender Tendenz.[46] Dennoch reagierte die breite Masse der Amerikaner nicht mit Protest, sondern mit einem aktiven Kampf um konservative Werte. Viele *liberals*, Intellektuelle, Akademiker und Gesellschaftskritiker antworteten darauf mit Unverständnis und Kopfschütteln. In alter amerikanischer Tradition vermuteten sie dahinter, wie Lind, eine Verschwörung, in der nicht zuletzt die Neofundamentalisten den Part des Klassenverräters innehatten. Methodisch war diese Analyse gleichwohl nicht sonderlich überzeugend, da sie stark vereinfachend davon ausging, daß es möglich sei, gewissermaßen von oben herab gegen die Interessen der Beteiligten eine Art Kulturkampf zu befehlen. Nach den eigentlichen Interessen der Beteiligten wurde nicht gefragt. Vor allem aber wurden die eigenen Versäumnisse nie reflektiert. Der linke Flügel des *liberalism* hatte sich mit seinen akademischen Diskussionen derart weit von den Ideenwelten der Mehrheit jener Amerikaner, die er zu repräsentieren vorgab, entfernt, daß er sich über seine (Selbst-)Marginalisierung im Lauf der *culture wars* der achtziger und neunziger Jahre nicht zu wundern brauchte.

Nach einer Schwächephase gegen Ende der achtziger Jahre gewann der *conservatism* nach dem Wahlsieg des äußerst umstrittenen liberalen Zentristen Bill Clinton zu Beginn der neunziger Jahre des letzten Jahrhunderts wieder an Zugkraft, wovon auch die Neofundamentalisten und die religiöse Rechte insgesamt profitierten. Der Ruf nach einer schlagkräftigen Organisation, welche die heterogenen Gruppen und Grüppchen der religiösen Rechten enger an die Republikaner binden könnte, wurde lauter. Es war der von den Skandalen der achtziger Jahre unbelastete Pat Robertson, der diesen Gedanken aufnahm und 1989 die *Christian Coalition of America* (CCA) gründete.[47] Die Republikaner waren von der religiösen Rechten derart angetan, daß der Sohn des Präsidenten Bush, der spätere Präsident George W. Bush, eigens abgestellt wurde, um den Kontakt zu halten. Allerdings hatte Robertson einen gehörigen Nachteil. Er war zwar, wie einst Falwell mit der *Moral Majority*, zur Kooperation mit Katholiken und sogar Juden bereit, neigte aber persönlich zu verunglimpfenden Ausfällen, darin Falwell ebenfalls ähnlich.[48] Man benötigte also einen geschmeidigen, diplomatischen und persönlich umgänglichen Administrator, der in der Lage war, die auseinanderdriftenden Lager innerhalb der CCA zusammenzuhalten. Den fand man auch in Gestalt von Ralph Reed, der bis 1997 als Generalsekretär der CCA fungierte. Reed war anfangs ein echter Glücksgriff. Charmant, intelligent und ein überzeugender Redner, war er schon immer ein republikanischer *conservative* gewesen, der 1983 den Weg ins evangelikale Christentum gefunden hatte und sich aktiv im Kampf gegen die Abtreibung profilierte. Vor allem aber war er der geborene Politiker. Man könnte sagen, er war der Vertreter der Republikaner in der religiösen Rechten und nicht umgekehrt. Reed kümmerte sich darum, daß die neofundamentalistischen Prediger sich konzilianter gaben, als sie es tatsächlich waren, und milderte insgesamt den Ton der CCA-Kampagnen, um weitere Einbrüche in die Mitte der amerikanischen Gesellschaft zu erreichen. Sein Hauptziel war daher der Kampf um Familienwerte. Der Hauptgegner war Bill Clinton, ein notorischer Frauenheld und zudem ein Kriegsdienstverweigerer der Vietnamgeneration, der unter eingefleischten Republikanern und bei der religiösen Rechten haßerfüllt aufgenommen wurde. Nicht nur konnte man die Niederlage bei den Wahlen von 1992 nicht verwinden, der Gedanke, ausgerechnet gegen Clinton verloren zu haben, heizte die Stimmung zusätzlich an. Clinton stand gemäß den Überzeugungen der *conservatives* und der religiösen Rechten paradigmatisch für die Folgen des verhaßten liberalen Systems, das nur zu noch höheren Scheidungsquoten, einem allgemeinen Verfall der Sittlichkeit, einer Sexualisierung der Jugend durch Sexualkundeunterricht und zur Akzeptanz von Homosexualität geführt habe. Letzteres war angesichts der gesellschaftlichen Erfolge des *gay and lesbian movement* bis in die Reihen des Militärs für die religiöse Rechte ein Schlag ins Gesicht, da die Bibel Homosexualität in scharfen Worten verurteilte.[49] Immerhin vermied man es in der Öffentlichkeit, nur biblisch zu argumentieren. Die religiöse Rechte entwickelte statt dessen die Idee, Homosexualität sei nicht angeboren, sondern ein freiwillentlich gewählter Lebensstil, den man durch psychologische Behandlung und Gebet kurieren könne. Demgegenüber propagierte die Clinton-Administration eine eher liberale Sicht auf Homosexualität als naturgegebene Form der Sexualität. Ein Kompromiß war hier nicht denkbar.[50] Zusätzlich drehte sich der Konflikt um unterschiedliche Vorstellungen über Geschlechterrollen. Es wäre falsch, der religiösen Rechten generell zu unterstellen, sie wolle Frauen nur auf den Haushalt beschränken. Unter ihren Aktivisten fanden sich bemerkenswert viele berufstätige Frauen. Aber im Mittelpunkt ihrer Überlegungen stand immer die bürgerliche Familie, wie sie im 19. Jahrhundert entstanden war, mit dem Mann als patriarchalischem Haupt und der Frau als Kameradin und Helferin. Innerhalb dieser traditionellen Rollenaufteilung kam es in der Praxis aber durchweg zu subtilen Verschiebungen, Arrangements und Kompromissen mit der gesellschaftlichen Praxis innerhalb der kapitalistischen Wirtschafts- und Gesellschaftsordnung. Wenn die Generallinie der Argumentation nicht polemisch angetastet wurde, waren gerade die Evangelikalen zu mancherlei Zugeständnissen bereit.[51]

Der Sieg der Republikaner bei den Zwischenwahlen von 1994 unter der Führung Newt Gingrichs heizte den Konflikt zusätzlich an. Die *conservatives* witterten Morgenluft und verschärften den Kulturkampf gegen das liberale Amerika. 1996 befanden sich Reed und die CCA auf dem Höhepunkt ihrer Macht. Clinton schien angeschlagen, Skandale schwächten seine Administration, das Ringen um Charakter und Familienwerte schien zugunsten der *conservatives* auszugehen. Die CCA verfügte zu dieser Zeit über rund eine Million Mitglieder. Aber Clinton gewann die Wahl, und Reed versank im Sumpf eines Steuerskandals, der jedoch nie zur Verurteilung führte. Die Attacken auf Clinton gingen weiter, aber bald waren auch die Republikaner angeschlagen. Ein Vorkämpfer für Familienwerte nach dem anderen wurde als Ehebrecher oder Homosexueller enttarnt, was das Verhältnis der Partei zur religiösen Rechten zeitweilig ins Schwanken brachte. Da traf es sich gut, daß die Republikaner 2000 mit George W. Bush erstmals einen Evangelikalen als Kandidaten ins Rennen schickten, der es verstand, die brüchiger werdenden Reihen der religiösen Rechten trotz des Niedergangs der CCA hinter sich zu vereinen.

Zu den Problemen der CCA zählte insbesondere, daß sie den ultrarechten Rand der religiösen Rechten nie unter Kontrolle bekam. Nach Reeds Rücktritt sanken die Chancen auf eine moderate Ausrichtung der CCA, weswegen 2002 die konservativen Katholiken die *Christian Coalition* demonstrativ verließen. Den Katholiken war der Antikatholizismus ihrer Bündnispartner stets bewußt geblieben.[52] Selbst in der Abtreibungsfrage, dem gemeinsamen Programmpunkt schlechthin, unterschieden sich katholische und neofundamentalistische Positionen inzwischen voneinander. Die organisierten Katholiken drängten ganz im Sinne Papst Johannes Pauls II. darauf, die Abtreibungsdebatte in einen Zusammenhang mit der Frage der Todesstrafe und des Wohlfahrtsstaates zu stellen. In ihren Augen war es widersprüchlich, gegen Abtreibung, aber für die Todesstrafe zu sein und obendrein alle wohlfahrtsstaatlichen Maßnahmen zugunsten ungewollt schwangerer Frauen abzuschaffen. Hier fehlte den biblizistischen Neofundamentalisten der für die katholische Soziallehre so wichtige naturrechtliche Anknüpfungspunkt. Ganz in evangelikaler Tradition lehnten sie jede sozialreformistische oder gar sozialrevolutionäre Theologie zugunsten einer strikt schriftbezogenen Verkündigung ab.[53] Der neofundamentalistische Kampf gegen den Wohlfahrtsstaat folgte also nicht notwendig aus einem theistischen Offenbarungsglauben, sondern lag in der Konsequenz eines rigiden Biblizismus in Verbindung mit einer pessimistischen Anthropologie. In derselben Konsequenz lag auch das Eintreten für die Todesstrafe.

Auch von jüdischer Seite stand man den neofundamentalistischen Bündnisangeboten skeptisch gegenüber. Unleugbar setzten sich vor allem die *Christian Zionists* lautstark und unbedingt für die Interessen Israels ein.[54] Umgekehrt fand im jüdischen Milieu der USA seit den sechziger Jahren ebenfalls eine Erweckung statt, von der vorrangig die Orthodoxie profitierte, während die Sinnangebote des liberalen Judentums an Einfluß einbüßten.[55] Allerdings waren sich selbst die jüdischen Orthodoxen darüber im klaren, daß sie im Weltverständnis der apokalyptischen *Christian Zionists* unter den Neofundamentalisten bestenfalls instrumentell vorkamen. Über Israel und die Juden führte der Weg in die Apokalypse. Dann aber, so der Glaube dieser Apokalyptiker, würde das Judentum sich zu Christus bekehren und verschwinden. Das war besser als der klassische Antisemitismus der Evangelikalen, aber weiterhin aus jüdischer Perspektive kaum befriedigend. Eine dauerhafte wertkonservative Koalition im Rahmen der judäo-christlichen Tradition ließ sich so nicht zimmern.

Noch problematischer für das von Robertson und Reed angestrebte Bündnis mit den Republikanern waren zwei weitere Entwicklungen, die sich am äußersten rechten Flügel des Neofundamentalismus abspielten beziehungsweise nur für ihn, nicht aber für die anderen Kräfte der religiösen Rechten und des *conservatism* wichtig waren. Einerseits radikalisierte sich in den neunziger Jahren, parallel zu den *culture wars*, der Kampf gegen die Abtreibung. Eine Minderheit von Neofundamentalisten verbündete sich mit Kräften der Milizbewegung,[56] die am extremsten Flügel des rechten *lunatic fringe* angesiedelt war und eine staatsfeindliche Form der agrarutopischen Ideologie von Thomas Jefferson vertrat. In dieser explosiven Gemengelage fanden sich überdies antisemitische und rassistische Kräfte, die allesamt über ein hohes Gewaltpotential verfügten und für ein rein weißes, ausländer- und minderheitenfreies Amerika kämpften.[57] In deren Augen war die amerikanische Bundesregierung nur noch eine zionistische Okkupationsbehörde – das *Zionist Occupation Government* –, die im Auftrag der Vereinten Nationen, der EU, des Judentums und anderer Verschwörungen daran arbeitete, das amerikanische Volk seiner Waffen und seiner Freiheiten zu berauben. Das waren Ansichten, die bis weit in die Mitte der amerikanischen Gesellschaft, etwa von der einflußreichen *National Rifle Association* (NRA), gleichfalls verfochten wurden und die unter Rechtsevangelikalen und Neofundamentalisten einige Anhänger hatten. Die Clinton-Administration trug dazu bei, durch ungeschicktes und gewaltsames Vorgehen der Sicherheitskräfte, vor allem des FBI und der Antiwaffenbehörde ATF, die Situation eskalieren zu lassen. Der von den Sicherheitsorganen verschuldete Tod von über 70 *Branch Davidians*, einer von David Koresh gegründeten, extrem apokalyptischen Sekte in Waco, TX am 19. April 1993 und von Angehörigen der militant rechtsradikalen Weaver-Familie in Ruby Ridge, ID im August 1992 verschärfte die Situation und führte letztendlich zu dem verheerenden Bombenattentat auf das Bundesgebäude in Oklahoma City am 19. April 1995, dem zweiten Jahrestag von Waco, durch Timothy McVeigh und seine Mitverschwörer. Danach zerfiel die Milizbewegung, da selbst in ihren Reihen der Tod von 186 Unschuldigen, darunter viele Kinder, nicht gebilligt wurde. Dies war der Kontext für das Aufkommen einer spezifisch neofundamentalistischen Form von Gewalt, die sich vornehmlich gegen Abtreibungskliniken, deren Personal und Abtreibungsärzte richtete. Es geschah zum ersten Mal seit den abolitionistischen Terrorakten John Browns, daß genuin religiös motivierte Gewaltakte aus den Reihen einer evangelikalen Erweckungsbewegung durchgeführt wurden. Die neue Attentatsserie resultierte aus den vergeblichen Versuchen von militanten Abtreibungsgegnern der achtziger Jahre, den Zugang zu Kliniken durch Sitzblockaden und andere Akte zivilen Ungehorsams zu unterbinden. Als das Scheitern dieser Taktik erkennbar wurde, wandte sich ein Teil der Aktivisten, unterstützt von einer kleinen Sympathisantenszene, der offenen Gewalt zu. Die Öffentlichkeit war empört, zumal die Gewaltserie im mittleren Westen dazu führte, daß beispielsweise für die Staaten North und South Dakota sowie Montana zu Beginn des 21. Jahrhunderts nur eine einzige Abtreibungsklinik zur Verfügung stand.

Freilich wird man sich davor hüten müssen, den Anteil von Gewalttätern innerhalb der neofundamentalistischen Szene zu hoch anzusetzen. Auf dem absoluten Höhepunkt der Bombenattentate im Jahr 1994 starben vier Menschen, insgesamt kamen in den neunziger Jahren sieben Menschen bei Angriffen auf Abtreibungskliniken ums Leben.[58] Verglichen mit dem allgemeinen Gewaltniveau der amerikanischen Gesellschaft oder selbst verglichen mit dem Gewaltpotential der extremen Rechten in den USA fielen die Neofundamentalisten kaum aus dem Rahmen.[59] Darüber hinaus waren die meisten Täter pathologische Persönlichkeiten. Darin wichen sie von ihrem Sympathisantenumfeld nicht ab. Die absolute Mehrheit der Neofundamentalisten, mehr als 95 Prozent, verhielt sich demgegenüber bei aller verbalen Militanz systemkonform und griff, trotz der Tradition extralegaler Volksgewalt in den USA, nicht auf terroristische Gewalt zurück. Religiöser Fanatismus allein führte gerade nicht notwendig in den Terrorismus. Prägnanter formuliert: Es gab gewalttätige Fundamentalisten, aber keinen gewalttätigen Fundamentalismus.[60] Wichtig war indes die symbolische Agenda dieser Attentate. Die gewalttätigen Fanatiker zwangen die Clinton-Adiministration zu legalen Gegenmaßnahmen, was wiederum das

Mißtrauen gegenüber der Bürokratie und dem Sicherheitsapparat in Kreisen der religiösen Rechten und des *lunatic fringe* verschärfte. Überdies erzeugten sie ein umfassendes Klima der Angst, des Mißtrauens und der Feindseligkeit und verstärkten dadurch den dualistischen, kompromißlosen Grundzug in den gesellschaftspolitischen Diskursen der USA, von dem beide Seiten, *liberals* und *conservatives*, gleichermaßen betroffen waren.[61] Im Lager der religiösen Rechten war es das *Genocide Awareness Project* (GAP), das in den neunziger Jahren diese manichäische Tendenz aufgriff. Es agitierte zwar auf friedliche Weise, radikalisierte jedoch die Diskussionen, indem es permanent Abtreibungen mit dem Holocaust verglich. Viel wirkungsvoller als diese Vorfälle physischer und psychischer Gewalt war allerdings der neuerliche Rekurs auf den Gedanken des *higher law*, eine unverkennbare Wiederaufnahme abolitionistischen Gedankenguts des 19. Jahrhunderts. Nach diesem Argumentationsmuster stand der Wille Gottes in der Abtreibungsfrage, aber ebenso hinsichtlich der Homosexuellenehe oder der Debatte um die Familienwerte und das Schulwesen, im Wortsinn himmelweit über dem Willen des säkularen Gesetzgebers, der Mehrheit der Bevölkerung oder gar der Verfassung. Für sich genommen ist das aber kaum sonderlich bemerkenswert. Pluralistische Gesellschaften sind pluralistisch, weil es in ihnen Konflikte gibt. Sämtliche Befürworter einer liberalen Abtreibungsregelung oder der Homosexuellenehe begannen ihre politische Karriere als gesellschaftliche Außenseiter, welche die Norm ihres Gewissens über diejenige der Mehrheit stellten. Sie waren also einst selbst eine radikale Minderheit, die ihrem *higher law* folgte. Darüber hinaus ist der weltanschaulich neutrale Verfassungsstaat im strengen Sinne in seinen Beschlüssen, seinem Handeln und seinen Regelungen tatsächlich niemals weltanschaulich neutral, sondern basiert auf der Rivalität von Weltanschauungen. Ebensowenig befaßt er sich nur mit vorletzten Dingen, wie es liberale Verfassungstheorie gern suggeriert. Bei den Kontroversen um die Todesstrafe oder die Abtreibung ist dies unmittelbar evident. Aber gerade Religionen leben nie nur von transzendenter Heilserwartung. Sie verknüpfen Heil durchweg mit innerweltlichen individuellen und gemeinschaftlichen Regelwerken, die durchaus auch vorletzte Dinge, beispielsweise die Ehe, betreffen. Insofern können sie auch niemals reine Privatsache sein. Angesichts dieses konfliktären Grundzugs pluralistischer Gesellschaften kommt es auf prozedurale Mechanismen des geregelten Konfliktaustrags an. Dies hatten schon die Gründerväter der USA erkannt, als sie, entgegen den eigenen sozialharmonistischen Überzeugungen, der Not gehorchend ein vielfältiges Parteiensystem zuließen. Die Neutralität des modernen Verfassungsstaats liegt also ausschließlich auf der prozeduralen Ebene. Diese Ansicht aber teilt die überwältigende Mehrheit der evangelikalen, fundamentalistischen und pentekostalen Christen in den USA. Sie akzeptieren weiterhin die prozeduralen Vorgaben der amerikanischen Verfassung, inklusive des calvinistischen wie aufgeklärten Vorgaben entstammenden 1. Zusatzes über die Trennung von Staat und Kirche, wenngleich sie dies in der konsensualen Tradition des 19. Jahrhunderts interpretieren. Darin liegt zugleich die Bedeutung der regelmäßig wiederkehrenden Debatten darüber, wer zum Richter am Obersten Gerichtshof ernannt werden soll, begründet. Das tiefer liegende Problem für die amerikanische Gesellschaft ist der beiderseitige Absolutheitsanspruch in der Argumentation. Wo sich die einen auf vorgeblich notwendige Zwänge der Modernisierung oder überzeitlich gültige Menschen- beziehungsweise Frauenrechte berufen, handeln die anderen nach dem angeblichen Willen des absoluten Gottes. Unter den Vorgaben der gegenwärtigen Mediengesellschaft und der politischen *culture wars* führte dies seit den achtziger Jahren zu einem schleichenden Verlust an Anstand, Würde, Ernsthaftigkeit und Tiefe der Argumentation. Hierzu haben insbesondere die radikalen Fundamentalisten beigetragen. Allzu bereitwillig präsentieren sie sich immer aufs neue als *Jerry Springer Show* für gesellschaftlich und religiös Engagierte. Mit dieser Anpassung an den Publikumsgeschmack erhalten sie sich freilich ihre Kampagnenfähigkeit, was für ihre politischen Handlungsoptionen unerläßlich ist. Ohne emotionalisierbare Themen zerfällt die instabile gesellschaftspolitische Front der Evangelikalen, Fundamentalisten und Pentekostalen augenblicklich in ihre zahllosen Splitter. Das Schicksal der CCA mag als Beleg für diese These dienen.

Andererseits trugen gerade ideologische Eigenheiten der Neofundamentalisten zum Zerfall der CCA bei. Dazu zählte in erster Linie ihr Rückgriff auf den antidarwinistischen Kampf ihrer fundamentalistischen Ahnen aus den zwanziger Jahren. Dies entbehrte nicht grotesker Züge, da sich inzwischen die naturwissenschaftlichen Hinweise zugunsten der Evolutionstheorie deutlich verdichtet hatten. Der Kampf für die Literalexegese des Buches *Genesis* betraf nun nicht mehr nur einen Teil der Biologie, sondern bezog die Geologie, die Astronomie sowie Teile der Chemie und Physik, wenn es etwa um Datierungsmethoden ging, ein. Überdies hatten sämtliche anderen Religionen, selbst wenn sie konservativ waren, längst ihren Frieden mit einer theistisch modifizierten Evolutionslehre geschlossen. Für die Bündnispolitik der CCA war der Konflikt um den Darwinismus eher kontraproduktiv. Dennoch hielten die Neofundamentalisten von Anfang an rücksichtslos daran fest. Immerhin rührte diese Debatte an den Grundfesten ihrer Weltanschauung, die sich seit 1910 kein Stück verändert hatte. Bereits in den sechziger Jahren hatten sie damit begonnen, Institutionen aufzubauen, die ihrer eigenen kreationistischen Sicht ein scheinbar wissenschaftliches Gesicht geben sollten.[62] 1961 war das Buch *The Genesis Flood* von Henry Morris und John C. Whitcomb erschienen, das seitdem den Ausgangspunkt für die kreationistische Argumentation der radikalsten Antidarwinisten, der sogenannten *Young Earth School* bildet. Sie gehen davon aus, daß gemäß dem Ussher Kommentar zur *King-James*-Bibel die Welt nur rund 6000 Jahre alt sei.[63] 1970 gründete Morris dann das *Institute for Creation Science*, das 1972 zu einer unabhängigen Institution wurde. Ziel dieser pseudowissenschaftlichen Ausbildungs- und Forschungsstätte war es, die darwinistische Evolutionslehre zu desavouieren und im Schulunterricht durch den biblizistischen Kreationismus zu ersetzen. Die langfristige Strategie bestand darin, sich als wissenschaftliche Experten zu profilieren oder zumindest so zu tun, als verfüge man über eine wissenschaftliche Argumentation. Neben Morris zählten Ken Ham, der zahllose kreationistische Kinderbücher verfaßt hatte, und John Safarti zu den bekanntesten Kreationisten.

Allerdings war die Bewegung nie einheitlich. Wie schon vor 1925 zerfiel sie in eine Vielzahl konkurrierender und offen rivalisierender sektenartiger Organisationen, von den Einzelkämpfern ganz zu schweigen. *Young-Earth*-Aktivisten bekämpften *Old-Earth*-Gläubige, die an den Positionen William Jennings Bryans festhielten, daneben existierten weitere kreationistische Varianten. Am moderatesten waren die theistischen Evolutionisten, die bestritten, daß es einen Konflikt zwischen Evolutionismus und Bibelgläubigkeit überhaupt gebe. Letztere bewegten sich außerhalb des neofundamentalistischen Spektrums, waren aber unter Evangelikalen weit verbreitet. Was all diese Gruppen zusammenhielt, war ihre feste Überzeugung von der Unzulänglichkeit des Darwinismus. Sie glaubten, daß der Darwinismus die sittlichen und religiösen Grundlagen der amerikanischen Republik untergrabe, wenn er die Autorität der Bibel angreife. Darin wurden sie durch die jenseits wissenschaftlicher Methode liegenden Angriffe von Richard Dawkins, einem führenden Evolutionstheoretiker, bestärkt. Dawkins' Polemik zwang sogar einen moderaten Evangelikalen wie Alister McGrath in eine unfruchtbare Debatte über die Grenzen von Theologie und Naturwissenschaften.[64] Insgesamt reagierten die Evolutionisten gereizt und nicht selten äußerst aggressiv, da für sie die Grundlagen wissenschaftlichen Arbeitens ebenso gefährdet waren wie für die Fundamentalisten die Basis ihres Glaubens.[65] Obwohl vor allem Dawkins offenkundig vom Relativismus der neueren kulturwissenschaftlichen Wissenschaftstheorie und der Erkenntnis, daß selbst naturwissenschaftliche Fakten soziokulturellen Konstruktionsprozessen unterliegen, weitgehend unberührt geblieben war und obendrein die Bandbreite der

Evolutionstheorien zugunsten der von ihm favorisierten neodarwinistischen Interpretation einschränkte,[66] waren die intellektuellen Defizite der Kreationisten erheblich ausgeprägter. Hätten sie nur einen Bruchteil der Kritik, mit der sie sich den Methoden der Gegner widmeten, auf die eigene Argumentation verwendet, gäbe es heute keinen Kreationismus mehr. Im Grunde muß man sagen, daß beide Seiten im Verlauf der Kontroverse wissenschaftstheoretische Standards unterschritten und diskursive Grenzen überschritten haben. Dessenungeachtet waren die Kreationisten auf der gesellschaftlichen Ebene recht erfolgreich. Gewiß, ihr Ziel, den Biologieunterricht an den öffentlichen Schulen für den Kreationismus zu gewinnen, scheiterte auf breiter Front. Einzig auf lokaler Ebene und in Kansas auf einzelstaatlicher Ebene hatten die Kreationisten einige Erfolge zu verzeichnen.[67] Dafür gelang es ihnen, weite Teile der Öffentlichkeit davon zu überzeugen, daß die Evolutionslehre falsch oder doch zumindest lückenhaft sei. Inzwischen glauben laut Umfragen über 45 Prozent der Amerikaner nicht mehr daran, daß die Evolutionslehre gültig sei, was aber nicht notwendig bedeutet, daß sie gleich Kreationisten oder Neofundamentalisten wären. Laut einer Umfrage der Fernsehgesellschaft CBS aus dem November 2004 glaubten 55 Prozent aller Amerikaner, Gott habe die Menschen unmittelbar geschaffen, 27 Prozent glaubten, er habe den Entwicklungsprozeß zum Menschen hingelenkt, während nur 13 Prozent Gott keinerlei Anteil an der Evolution des Menschen zusprachen. Ferner plädierten 66 Prozent der amerikanischen Bevölkerung dafür, verschiedene Varianten des Kreationismus im Biologieunterricht zusätzlich zum Evolutionismus zu lehren. 33 Prozent wollten sogar die Evolutionslehre vollkommen aus dem Unterricht verbannen.[68] Interessanterweise waren diese Umfragewerte seit 1982 erstaunlich stabil. Seitdem die Kontroverse wieder aktuell wurde, war es den Darwinisten nie auch nur annähernd gelungen, eine Mehrheit der amerikanischen Bevölkerung hinter sich zu vereinigen, nicht einmal unter den Anhängern der Demokraten. Dies bedarf einer Erklärung. Hier kommen mit einiger Sicherheit traditionelle antielitäre Vorbehalte zum Vorschein. Immer noch lehnt eine Mehrheit der Amerikaner die Idee einer akademisch gebildeten Expertokratie als undemokratisch und antiegalitär ab. Darüber hinaus verweisen die Heftigkeit der Reaktion und das zähe Festhalten an überkommenen, obsolet gewordenen Ideen auf die zumindest erspürte Dramatik der Umbruchsituation, in der man sich befindet. In dieser Lage erscheint jedes Nachgeben als falsches Signal der Schwäche an die andere Seite. Das Fehlen eines staatlich kontrollierten Religionsunterrichts im Namen des *wall of separation* führt zudem dazu, daß religiöse Alternativen nicht in der Schule diskutiert werden.[69] Dies berührt ein tieferes Problem der US-amerikanischen Curricula im primären Bildungssystem. Da dort bevorzugt Inhalte gelehrt werden, die zum einen patriotisch und systembejahend sind, sich aber, auch unter dem Einfluß der inzwischen abflauenden *political correctness*, ansonsten auf in standardisierten Tests abrufbares, vergleichbares, formales und quantifizierbares Wissen beschränken, fehlt es an Gelegenheiten, das kritische Abwägen argumentativer Plausibilitäten einzuüben. Dieses setzt nämlich die Fähigkeit voraus, Argumente zu hierarchisieren und zu qualifizieren, also aktiv zu bewerten, was wiederum der prozessualen Harmoniesucht des amerikanischen *High-School*-Systems zuwiderläuft. Dieser Aspekt wird durch die Gesetze der konsumistischen Mediengesellschaft noch intensiviert, da es die schiere Vielfalt der Medien erlaubt, sich nur noch solche Informationen und Argumente herauszusuchen, welche die eigenen Überzeugungen bestärken. Allerdings darf man diese Umfragen auch nicht überschätzen. Im Grunde fallen sie recht ambivalent aus. Es gibt kein klares Bekenntnis einer Mehrheit von Amerikanern zum neofundamentalistischen Weltbild. In Wahlen siegen außerhalb der evangelikalen Hochburgen weiterhin säkulare *conservatives* und *liberals*. Man wird abwarten müssen, wie der Kreationismus sich nach dem absehbaren Abflauen der derzeitigen Erweckungswelle weiterentwickeln wird.

Eine mögliche Richtung dieser Entwicklung zeichnete sich seit der Mitte der neunziger Jahre ab. Es handelte sich um die *Intelligent-Design*-Bewegung, die den Kreationismus dahingehend modifizierte, daß man auf den Ausdruck Gott und einen engen Biblizismus in der Argumentation verzichtete. Dies hatte sicherlich mit rechtlichen Überlegungen zu tun. Es war angesichts der amerikanischen Verfassung nahezu unmöglich, den rigiden biblizistischen Kreationismus an Schulen zu lehren. Im Gewand einer wissenschaftlichen Theorie aber erschien es eher denkbar. Aus diesem Grund formierte sich eine Gruppe von Wissenschaftlern, darunter allerdings kein einziger Biologe, die versuchten, eine naturwissenschaftliche Theorie zu formulieren, welche die darwinistische Evolutionslehre aushebeln sollte. Dabei griffen die Vordenker des *Intelligent Design*, darunter Philipp Johnson, William Dembski und Charles B. Thaxton, bevorzugt auf wahrscheinlichkeitstheoretische und physikalische Theorien zurück, die in keiner unmittelbaren Verbindung zur Evolutionstheorie standen. Gängig waren zum Beispiel Argumentationsmuster, die auf die Irreduzibilität komplexer Phänomene, die Frage der Feinabstimmung komplexer Lebensformen und des gesamten kosmischen Aufbaus oder den zweiten Hauptsatz der Thermodynamik zurückgriffen. Dies wurde mit einer Strategie verknüpft, die seit den siebziger Jahren von amerikanischen *conservatives* mit einigem Erfolg angewendet worden war. Man baute »wissenschaftliche« Forschungsinstitute, sogenannte *think tanks* auf, die in medialen Diskussionen jeweils mit »Experten« vertreten waren und der Theorie damit ein wissenschaftliches Gepräge gaben. Sehr bekannt waren etwa das *Discovery Institute* oder die *Foundation on Thought and Ethics.* In Kansas war man mit diesem Versuch, sich einen wissenschaftlichen Anstrich zu geben, erfolgreich, in Pennsylvania hingegen entschieden die Gerichte im Fall *Kitzmiller vs. Dover Area School District* (2005), auch die *Intelligent-Design*-Lehre sei Religion und keine Wissenschaft. Umgekehrt kann man aber argumentieren, daß die *Intelligent-Design*-Lehre, bei allen methodischen Unzulänglichkeiten, mit denen sie behaftet ist, einen ersten Schritt des kreationistischen Lagers zu einer Argumentation darstellt, die sich nicht an der Literalauslegung der Schöpfungsberichte festklammert. Gleichwohl ist einzuräumen, daß nur eine Minderheit der Neofundamentalisten gegenwärtig diesem Konzept anhängt.

Eine weitere Entwicklung ist gleichfalls schon heute zu beobachten. In kaum einem Segment des Neofundamentalismus wurde die seit der zweiten Erweckungsbewegung spürbare Selbstkommodifikation des evangelikalen Christentums derart weit vorangetrieben wie bei den Kreationisten. Der obenerwähnte Ken Ham etwa hängte sich an den Erfolg des Spielfilms *Jurassic Park* an und publizierte beim eigens zu kreationistischen Zwecken gegründeten Verlag *Master Books* eine Reihe von Kinderbüchern, die sich mit dem Verhältnis von biblischer Schöpfungslehre und Dinosauriern befassen. Ein weiterer Schritt aber wird derzeit gerade vorbereitet. Es entstehen in Tennessee und Florida Themenparks, in denen das kreationistische Weltbild möglichst anschaulich und familiengerecht vermittelt werden soll. Dies schließt an eine Entwicklung an, die momentan für amerikanische Innenstädte kennzeichnend ist, die sogenannte *Disneyfication.*[70] Damit bezeichnet man den von privatwirtschaftlicher Seite durchgeführten Versuch, die verödeten amerikanischen Innenstädte umzugestalten und mit neuem Leben zu versehen. Ganze Stadtviertel werden demnach aufgekauft und in thematische, sozialharmonische Kunstlandschaften verwandelt, die dann den Konsum befördern sollen. Die Kreationisten haben dies sofort aufgegriffen und ihrem eigenen Anliegen angepaßt. Zu den Themenparks gehören neben den obligatorischen Hotels und Schnellrestaurants auch Kinos, in denen Dokumentarfilme gezeigt werden, die eine dramatisierte Version der biblischen Schöpfungsberichte darstellen. Meist wird eine grob materialistische Darstellung des Schöpfungsaktes vermittelt, die aber kindgerecht gemacht ist. Im Unterschied zu vielen liberalen Wissenschaftlern, die ganz vormodern an die Macht des wohlgesetzten Wortes glauben, bewegen sich die Kreationisten mit diesen Mitteln an der Speerspitze eines postfordistischen Konsumismus.

Vergleichbares gilt für einen anderen Bereich des Neofundamentalismus, die prämillenaristische Apokalyptik. Inhaltlich hat sich im Vergleich zu vorangegangenen Jahrzehnten tatsächlich kaum etwas geändert. Weiterhin hält eine Mehrheit daran fest, die *Offenbarung des Johannes* ebenso wörtlich beziehungsweise in der prämillenaristischen Auslegungstradition zu verstehen wie die Schöpfungsberichte. Das schließt vor allem die Idee einer Phase der Bedrängnis und Trübsal ein, *the tribulation*, von der nur die auserwählten erweckten Christen, die 144 000 Heiligen der Bibel, verschont bleiben. Diese, so die Auffassung der Mehrheit, würden in einem Akt der *rapture* rechtzeitig vor Beginn der Trübsal von der Erde entfernt, um sich bereits vor allen anderen der seligen Anschauung Gottes zu widmen. Der Rest werde gegen die Mächte Satans kämpfen müssen, um sich zu bewähren und im Endgericht gerettet zu werden. Die *rapture* ist freilich weniger der Schrift entnommen als vielmehr ein Relikt des reformierten Prädestinationsglaubens. Die auserwählten Heiligen Gottes würden demnach von jeder Anfechtung und Trübsal der Endzeit verschont bleiben. Diese Hoffnung, die gleichzeitig Ausdruck eines gewissen Überlegenheitsgefühls ist, ist für viele Neofundamentalisten dermaßen wichtig, daß sie äußerst verärgert auf Jim Bakkers biblizistische Attacken auf das *rapture*-Dogma reagiert haben. Möglicherweise kann diese derzeit laufende Diskussion dazu führen, sich der theologischen Auslegungstradition, in der man steht, reflexiv zu vergewissern. Die Chancen dafür sind aber angesichts der fehlenden Reflexionsbereitschaft im Neofundamentalismus eher gering.

Schließlich hat die Wende zum Jahr 2000 mitsamt der um den *y2k*-Computervirus in den USA entfachten Aufregung dafür gesorgt, daß die endzeitliche Naherwartung in den vergangenen Jahren wieder deutlich angestiegen ist. Dies führte gleichzeitig zu einer intensivierten Kommerzialisierung der Apokalypse, was dann doch Zweifel an der generellen Ernsthaftigkeit der Parusieerwartung unter amerikanischen Millenaristen weckt. Ich habe daher in der Einleitung von Verbalapokalyptikertum gesprochen, denn was, von winzigen Minderheiten abgesehen, fehlt, ist eine echte Umkehr und Abkehr von den Belangen dieser Welt. Die μετάνοια, welche die Evangelien einfordern und die vor allem im Verzicht auf weltliche Güter bis hin zur Aufgabe familiärer Bindungen besteht, kommt überhaupt nicht in den Blick. Statt dessen wird die Endzeit zum epischen Ereignis, das den herrschenden Konsumgesetzen gemäß dargestellt wird. Ein gutes Beispiel dafür ist der Erfolg der *Left-Behind*-Serie von Tim LaHaye und Jerry B. Jenkins.[71] Dabei handelt es sich um eine zwölfteilige Buchreihe, in der die Ereignisse der Apokalypse vom Moment der Entrückung der Heiligen, der *rapture*, an detailliert und romanhaft nachgezeichnet werden. LaHaye und sein Koautor Jenkins setzen dabei ungefragt voraus, daß ein hochsymbolisch aufgeladener Text wie die *Offenbarung des Johannes* wörtlich zu verstehen ist und eine exakte Prophetie kommender Ereignisse darstellt. Im Kern entspricht das der evangelikalen Tradition. Es ist in der Tat nicht der erste Versuch, die Endzeit zu popularisieren. Schon in den zwanziger Jahren gab es vergleichbare Ansätze, die aber bei weitem nicht diesen Publikumserfolg hatten. Immerhin wurden rund 60 Millionen Exemplare der *Left-Behind*-Serie weltweit verkauft, mehr als von *Harry Potter*.[72] Inhaltlich sind vor allem vier Punkte interessant. Zum einen ist der theologische Duktus humaner, als man annehmen könnte. Ganz im biblischen Sinne bleibt den Akteuren bis zum Schluß die Chance der Umkehr und der Vergebung. So kann etwa Hattie Durham, eine der weiblichen Hauptfiguren, eine Ehebrecherin und zeitweilige Verbündete des Antichristen Nicolae Karpathia, nach ihrem Märtyrertod mit Vergebung rechnen. Ein zweiter Punkt muß dessenungeachtet auf die enorme Brutalität der Darstellung eingehen. In kolossalen Schlachten und andauernden Einzelgefechten werden Hekatomben von Menschen dahingemetzelt. Dies entspricht den Seh- und Lesegewohnheiten eines Publikums, das von den kommerziellen Medien andauernd mit Gewaltszenarien konfrontiert wird. Der dritte Punkt betrifft den inhärenten Antikatholizismus, der kaum offen angesprochen wird, aber in verschiedensten Szenarien, insbesondere in der Gestalt des rumänischen Antichristen (der Verweis auf Rom als

Hure Babylon der puritanischen Apokalyptik ist ebenfalls kaum verborgen) Karpathia, unterschwellig präsent ist. Schließlich ist, viertens, der amerikanische Nationalismus für die Bücher charakteristisch. Die meisten positiv konnotierten Darsteller sind Amerikaner, die Finsterlinge oft Europäer. Überwiegend konzentriert sich die Handlung auf die USA, der damit eine wichtige Funktion im apokalyptischen Geschehen zukommt. Erst die letzten endzeitlichen Ereignisse werden im Sinne des *Christian Zionism* nach Palästina verlegt.

Wichtiger noch als der Inhalt ist jedoch das kommerzielle Beiwerk der Buchserie. Sie ist nicht nur ein Bestseller, es existieren inzwischen ein Computerspiel, ein Spielfilm, Hörbücher, Brettspiele und zahllose Gimmicks, die im kombinierten Marketing über eine Website vertrieben werden. Diese Website wiederum verweist auf Buchhändler, bei denen man die Bücher erwerben kann, beantwortet wichtige oder triviale Fragen zum Werk, man kann darüber abstimmen, welche Figur man in der Serie am sympathischsten findet, und erfährt, in welchen Radiostationen der Soundtrack gespielt wird. Im dazugehörigen *Prophecy Club* wird zusätzlich erörtert, inwieweit die gegenwärtigen Schlagzeilen der internationalen Presse auf das nahe Ende hindeuten und wie man die Rolle der USA in die *Offenbarung* hineinlesen kann. Das politische und sozioökonomische System der USA werden als vorbildlich und international nachahmenswert angesehen. Umkehr wird rein individualmoralisch verstanden, im Sinne eines glücklichen Ehelebens und persönlicher Erfüllung in Gebet und Bibellektüre, aber keinesfalls als Bruch mit der Welt, wie sie in den USA Realität geworden ist. All das ist professionell gemacht, deutet aber gerade nicht darauf hin, daß man den Einbruch der endzeitlichen Ereignisse wirklich erwartet, obwohl die Anhänger des Neofundamentalismus in Umfragen zu erkennen geben, daß sie noch zu ihren Lebzeiten mit *rapture* und *tribulation* rechnen. Insgesamt zeichnet sich das Unternehmen durch einen gewissen Mangel an Ernsthaftigkeit aus, eine Art *Apocalypse light.* Insofern paßt es gut zu den generellen Trends im amerikanischen Neofundamentalismus.

Mit dem Wahlsieg des bekennenden Evangelikalen George W. Bush (im Gegensatz zu manchen Deutungen ist Bush kein Neofundamentalist) ausgerechnet im Jahr 2000 schien es, als habe die vierte Erweckungsbewegung endgültig die Zentren der Macht in den USA erreicht. Sofort etablierte der neue Präsident ein *Presidential Prayer Team*, und selbst säkular konservative und jüdisch-neokonservative Mitglieder seiner Administration wurden mehr oder weniger genötigt, an den morgendlichen Schriftlesungen und Gebeten des Präsidenten und seiner Berater teilzunehmen.[73] Sein erster Justizminister John Ashcroft war Mitglied der *Assemblies of God*, einer pentekostalen Denomination, die in den zwanziger Jahren entstanden war und von Jimmy Swaggart und Jim Bakker neofundamentalistisch geformt worden war. Schließlich verdankte Bush seinen knappen Wahlsieg dem Umstand, daß weit über 80 Prozent der Evangelikalen, Neofundamentalisten und Pentekostalen für ihn gestimmt hatten. All dies legte den Schluß nahe, die religiöse Rechte sei schließlich an ihrem Ziel angekommen, ein christliches Amerika zu errichten. Man wird jedoch differenzieren müssen. So ist zum Beispiel im Bereich der Außenpolitik kein unmittelbarer Einfluß der religiösen Rechten festzustellen. Man kann sämtliche Aktionen der Bush-Administration nach den Angriffen des 11. September 2001 zwanglos auf eine Kombination von Angst, patriotischer Entrüstung, ökonomischen Interessen der säkularen Fiskalkonservativen um Vizepräsident Richard Cheney und um Donald Rumsfeld sowie die elitär-idealistischen Ziele der gleichfalls säkularen, jüdischem oder katholischem Hintergrund entstammenden Neokonservativen zurückführen. Man wird viel eher sagen können, daß die außenpolitischen Ziele der Bush-Regierung, das heißt der Versuch, die Macht der USA zu steigern, die liberale Demokratie, die Menschenrechte und den Kapitalismus im nationalen Interesse der USA weltweit zu verbreiten und sich von den europäischen Bündnispartnern nach Möglichkeit nicht dreinreden zu lassen, mit den Zielen der religiösen Rechten kompatibel sind, zumal die religiöse Rechte mehrheitlich über kein ausgefeiltes außenpolitisches Programm verfügt. Einzig die christlichen Zionisten machen da eine Ausnahme, aber sie waren in den entscheidenden Gremien in Washington zu keinem Zeitpunkt aussichtsreich vertreten. Ein erheblicher Teil der Evangelikalen war sogar schon frühzeitig gegen den Krieg, so auch George W. Bushs eigene Denomination, die Methodisten, die ja aus der zweiten Erweckungsbewegung stammen.

Deutlich anders sieht es im Feld der amerikanischen Innenpolitik aus. Dort betätigte sich die religiöse Rechte von jeher, denn ihr eigentliches Anliegen war stets die christliche Identität der USA. Darum muß Präsident Bush in diesem Bereich auf seine Klientel besondere Rücksichten nehmen. Dies betrifft etwa seine Position zur Todesstrafe und zu verschärften Gesetzen einschließlich des *USA Patriot Act* von 2001. Für die religiöse Rechte war dies ein echter Schlag gegen den liberalen Freiheitsbegriff der ACLU und anderer libertärer Organisationen. Noch wichtiger waren die gleichwohl halbherzigen Versuche der Administration, die Rechtsprechung zur Abtreibung zu verändern oder die Stammzellenforschung zumindest auf staatlicher, nicht aber auf privater Seite einzuschränken. Überdies zeigte die Regierung eine gewisse Sympathie, wenn Neofundamentalisten und andere evangelikale Christen versuchten, öffentliche Büchereien von unerwünschter Literatur zu säubern, christliche Privatschulen zu stärken oder den Unterricht der Evolutionslehre einzuschränken. Im Kontext betrachtet blieb es aber bei Teilerfolgen der Erweckten, die nur dort stattfanden, wo die säkular konservative Mehrheit der etablierten Politiker der Republikaner vergleichbare Interessen verfolgten.

Derzeit macht es eher den Eindruck, als sei die neofundamentalistische Welle am Abflauen. Dies dürfte damit zusammenhängen, daß sich Rechtsevangelikale, Neofundamentalisten und die vom Fundamentalismus überformten Teile der Pfingstbewegung politisch zu eng an die Republikanische Partei gebunden haben, von deren Eliten sie nur als Stimmvieh benutzt wurden. Nun, da der Irakkrieg sich allmählich zum Desaster auswächst und die Bush-Administration in diversen Skandalen, insbesondere nach dem Wirbelsturm *Katrina*, aber auch im Zusammenhang mit der miserablen Verwaltung der Veteranenkrankenhäuser, ihre politische Unfähigkeit zusehends offenbart, werden die Neofundamentalisten in den Strudel der republikanischen Krise hineingerissen. Im Unterschied zum Evangelikalismus fehlt es ihnen an religiöser Substanz und intellektueller Redlichkeit. Sie waren ja von Beginn an wesentlich eine politische Bewegung, die sich gern von der Republikanischen Partei instrumentalisieren ließ und die ihr Auftreten an den Vorgaben medial inszenierter Politik der Gegenwart ausrichtete. Deswegen mangelt es ihr in Zeiten der Krise und des Niedergangs an den Autoimmunisierungstechniken der Religion. Darüber hinaus ist ein gewisses Abflauen der millenaristischen Erregung sichtbar. In evangelikalen Colleges wird nicht nur kontrovers über den Krieg diskutiert, sondern inzwischen zusätzlich über Probleme des Umweltschutzes, der Bewahrung der Schöpfung und selbst über soziale Fragen. Die Neofundamentalisten und Evangelikalen verlieren derzeit an Zulauf in den Städten und müssen zunehmend Antworten auf die Frage nach der sozialen Ungleichheit in den USA geben. Ob ihre Anhänger sich auf Dauer mit einem rigorosen biblizistischen Individualismus zufriedengeben werden, erscheint ungewiß. Mit dem momentan vorherrschenden Antiintellektualismus werden sie diese Schwierigkeiten auf alle Fälle nicht bewältigen können. Ein Blick in das reiche Erbe des vorfundamentalistischen Evangelikalismus könnte ebenso hilfreich sein wie Anleihen bei zwei höchst lebendigen Alternativen, der evangelikalen *black church* und der Pfingstbewegung. Besonders schwerwiegend ist dessenungeachtet ein ganz anderes, alltägliches Problem. Evangelikale und Neofundamentalisten sind weiterhin recht erfolgreich, wenn es darum geht, individuell Sinn und Gemeinschaft zu stiften. Gleichzeitig gelingt es ihnen, vermittels der religiösen Rechten auf dem Feld der Gesellschaftspolitik Einfluß zu bewahren, wenngleich mit beschränkten Ergebnissen. Die dazwischenliegende Ebene des Familienlebens wirft indessen massive Probleme auf. Laut – von evangelikaler Seite jedoch kritisierter – Statistik haben evangelikale und fundamentalistische Christen eine mindestens ebenso hohe Scheidungsrate wie säkulare Amerikaner; die Scheidungsquote der konservativen Baptisten ist sogar die höchste unter sämtlichen religiösen Gruppierungen des Landes.[74] Für sich genommen wäre das kaum problematisch, da der Protestantismus keine sakramentale und damit unauflösliche Ehe kennt. Aber als gesellschaftspolitisches Signal ist es für die evangelikalen Christen besorgniserregend, da es ihren viktorianischen Vorstellungen von Ehe und Familie widerspricht. Ähnliches kann wohl über die Problematik des vor- und außerehelichen Geschlechtsverkehrs gesagt werden. In beiden Bereichen haben weder die Bewegung der *Promise Keeper*, die eheliche Treue propagierte, noch die Jungfräulichkeitsbewegung unter Schülern, die zum Verzicht auf vorehelichen Geschlechtsverkehr aufrief, den vorherrschenden Trend umkehren können. Es ist nicht einmal ganz klar, ob es unter Evangelikalen weniger Abtreibungen gibt als im statistischen Mittel der weißen amerikanischen Bevölkerung. Offenbar ist die Kohäsionskraft des evangelikalen und fundamentalistischen Christentums auf der Ebene der Familie längst nicht mehr so hoch wie auf der Gemeindeebene oder im politischen Bereich. Dies dürfte langfristig eine echte Gefahr für das Selbstverständnis dieser Denominationen bilden, es sei denn, sie verdrängen die mit dieser Entwicklung verbundenen Fragen. Angesichts des Primats der alltäglichen Orthopraxie in der amerikanischen Religion wäre dies freilich verhängnisvoll.

7
DIE ALTERNATIVEN: *BLACK CHURCH* UND PFINGSTBEWEGUNG

Bereits der Begriff der *black church* wirft erhebliche Probleme auf, da er mehr suggeriert, als eigentlich gemeint ist. Der Singular legt nahe, daß es sich tatsächlich um eine geschlossene religiöse Gruppe handelt, die sich durch eine einheitliche Theologie und eine einheitliche gemeindliche Praxis auszeichnet. Der Begriff *black* scheint darauf hinzudeuten, daß es sich um eine religiöse Repräsentation der farbigen Amerikaner schlechthin handelt, und der Begriff *church* verweist auf geschlossene institutionelle Strukturen. Im Grunde sind alle diese Konnotationen falsch. *Black church* bezeichnet eine Ansammlung recht heterogener, aber durchweg evangelikal oder pentekostal ausgerichteter Denominationen, deren größte die *Black Baptists* sind, gefolgt von den *Black Methodists* und den *Black Pentecostals*, zu den bekanntesten institutionell durchgeformten Gemeinschaften zählt beispielsweise die *African Methodist Episcopal Church* (AME). Andere Glieder der *black church* bestehen in der Regel als nondenominationale, rein lokalistische Gemeinden.[1] Nach einer soziologischen Studie aus dem Jahr 1991 gehörten 52,7 Prozent der US-amerikanischen Schwarzen diversen baptistischen und 11,7 Prozent methodistischen Denominationen an, 15 Prozent waren Mitglieder nondenominationaler oder lokalistischer Gemeinden, 3,2 Prozent pentekostal, 6,3 Prozent römisch-katholisch, gerade einmal 8 Prozent bezeichneten sich als Agnostiker oder Atheisten. Der Rest war in messianisch-nationalistischen Sekten, darunter der heterodox muslimischen *Nation of Islam* organisiert. Nach allen Erkenntnissen, die uns derzeit vorliegen, ist die religiöse Affiliation der Schwarzen seitdem weitgehend stabil geblieben, obwohl die großen *mainstream*-Konfessionen an Mitgliedern eingebüßt haben.[2] Darin ähneln sie weitgehend den weißen evangelikalen Gruppierungen. Was sie von diesen in erheblichem Maße unterscheidet und immer unterschieden hat, ist der aus ihrer Geschichte her verständliche ganz andere Schwerpunkt ihres Biblizismus und ihre divergierende sozialkulturelle Struktur. Dies gilt es im Folgenden genauer darzustellen, wobei gleich vorweg angemerkt werden muß, daß die *black church* bislang eher ein Stiefkind der religionshistorischen Forschung war. Sie stand meist im Schatten der weißen Evangelikalen und Fundamentalisten, was ein Spiegelbild der gesellschaftlichen Position der schwarzen Minderheit in den USA darstellt.[3] Ferner ist unter sozialhistorischen Gesichtspunkten anzumerken, daß die *black church* unter anderem deshalb so vergleichsweise stabil existieren konnte, weil sie ihren Schwerpunkt im Süden der USA hatte und deswegen vom sozialen Wandel in den USA aufgrund der spezifischen Situation dieser Sektion weniger stark betroffen war als Religionen, die eher in den Industriezentren angesiedelt waren.

Von Beginn an war die *black church* durch die Umstände ihrer Entstehung nachhaltig geprägt. Sie bestand aus den mehr oder minder illegalen religiösen Gruppen jener afrikanischen Sklaven, die seit dem frühen 17. Jahrhundert überwiegend in den Süden der damaligen britischen Kolonien auf dem nordamerikanischen Festland und nach Westindien gebracht worden waren. Dies führte zu einer Reihe spiritueller und theologischer Eigenheiten. Im Zentrum afroamerikanischer Spiritualität stand nämlich nicht, wie bei den weißen Evangelikalen, die apokalyptische Endzeit, sondern das Exodusereignis, die Befreiungstat Gottes an Moses und seinem Volk Israel. Zum mosaischen Exoduserlebnis, das für das Judentum ebenfalls zentrale Bedeutung hatte, trat die theologische Besinnung auf das babylonische Exil oder besser die babylonische Gefangenschaft der Juden. Die Schwarzen identifizierten sich, wenngleich in ganz anderer Form als die Puritaner und ihre Erben, mit den Juden als Gottes auserwähltem Volk. Dabei dachten sie nicht von der kommenden Glorie des Millenniums, sondern von den Bedrückungen und dem

Elend der Gegenwart her. Schwarze evangelikale Theologie war dementsprechend immer messianische Befreiungstheologie und Theologie der Hoffnung. Dies bedeutete aber zusätzlich eine ganz andere Reflexion auf gesamtgesellschaftliche Mißstände, darunter die Sklaverei und die soziale Ungleichheit nach dem Ende der Sklaverei, als gerade bei den individualistischen Prämillenaristen. Religion war für die Schwarzen eine Sache der Lebenden, die ihre unmittelbaren Nöte und Ängste ebenso ansprechen mußte wie die Umstände ihrer Existenz. Infolge dieser auf spirituelle Kontinuität und gesellschaftliche Reform bedachten theologischen Grunddisposition fehlte bei den afroamerikanischen Denominationen das beständige Auf und Ab der Fieberwellen enthusiastischer Naherwartung. Im sozialen Kontext der schwarzen Amerikaner wurde die Heilige Schrift als Offenbarung Gottes mit einer anderen Mentalität gelesen als im weißen Amerika. Offenbar legte sich die Bibel nicht selbst aus. Darüber hinaus sammelten sich in der *black church*, wieder anders als bei den Weißen, tatsächlich sozial marginalisierte Modernisierungsverlierer, was allerdings nicht dazu führte, daß die schwarzen Evangelikalen etwa radikaler gewesen wären als ihre weißen, kulturell marginalisierten Glaubensbrüder. Ganz im Gegenteil, es wird noch zu zeigen sein, daß die *black church* einen maßgeblichen Anteil daran hatte, daß der schwarze Protest gegen die schwerwiegenden Ungerechtigkeiten der amerikanischen Gesellschaft sich durchgehend in friedlichen Bahnen vollzog. Ein weiteres grundlegendes Merkmal afroamerikanischer protestantischer Spiritualität war das Fehlen synkretistischer Religionsformen. Während in überwiegend katholischen Regionen, zum Beispiel in Louisiana und Lateinamerika sowie den französischen Kolonien in der Karibik, häufig religiöse Mischformen entstanden, in denen sich ein volkstümlicher Katholizismus mit westafrikanischen Kulten verband – Voodoo und Santería dürften die bekanntesten sein[4] –, fehlt dies im Rest der USA fast vollständig. Die protestantische, vorwiegend evangelikale Mission legte größten Wert auf eine strikt biblische Grundlage aller Glaubensäußerungen. Mit dem ritualistischen Sakramentalismus und der Heiligenverehrung der katholischen Kirche fehlte der evangelikalen Mission und damit dem gesamtgesellschaftlichen Umfeld, in dem die Sklaven und freien Schwarzen sich bewegten, jedweder Anknüpfungspunkt für synkretistische Religionen. Einzig im liturgischen Bereich gab es die Möglichkeit, kulturelle Eigenheiten der Schwarzen zu integrieren. Diese Freiheiten nutzten die Schwarzen augenblicklich aus. Schon im späten 18. Jahrhundert zeichneten sich ihre Gottesdienste durch eine größere Emotionalität, durch mehr tänzerische Elemente und eine dezidiert afrikanische Musikalität aus. Hier lagen die Grundlagen für ganze musikalische Richtungen, die im Lauf der Zeit von New Orleans und dem restlichen Süden aus über Chicago und New York in die amerikanische Populärkultur eindrangen und dort einen bis heute nachwirkenden Einfluß entfalteten. Ohne den schwarzen *gospel*, ohne *soul* und *blues*, die alle ihren ursprünglichen Sitz in der Liturgie und Spiritualität der schwarzen Christen hatten, wären weder der Jazz noch andere musikalische Fortentwicklungen denkbar gewesen. Und selbst noch der moderne *Rap* läßt sich auf afroamerikanische musikalische Traditionen zurückführen, die von den farbigen Evangelikalen bewahrt worden waren.[5] So entstand eine indigene afroamerikanische Kultur primär auf dem Boden der *black church*.

Der historische Ausgangspunkt für das Entstehen der *black church* lag in den fünfziger bis siebziger Jahren des 18. Jahrhunderts, im Umfeld von erster Erweckungsbewegung und amerikanischer Revolution. Damals kamen die ersten unabhängigen Gemeinden schwarzer protestantischer Christen auf. Sie entstanden annähernd gleichzeitig auf dem flachen Land in Virginia, den Carolinas oder in Georgia sowie in den damaligen Städten, darunter Philadelphia, New York, Boston und Baltimore, da dort die besten Konditionen bestanden, sich zu organisieren. In den Städten konnten dann auch reguläre Prediger ausgebildet und ordiniert werden, während es den Sklaven auf dem Land zugute kam, daß der reformierte Protestantismus die Chance eröffnete, sich ohne weitere Ausbildung selbst zum Prediger zu ernennen und eine Gemeinde zu gründen. Dies nutzte der erste bekannte schwarze Baptistenprediger George Liele, der 1772 ordiniert wurde. In diesem Zusammenhang entstand dann auch die typische Exodustheologie der farbigen Christen, die für die kollektive Identität des schwarzen Amerika so unglaublich bedeutsam wurde. Die schwarzen Gemeinden ermöglichten den inneren Zusammenhalt der gesamten farbigen Bevölkerung, gleichgültig ob sie Sklaven oder Freigelassene waren oder auf dem Land beziehungsweise in der Stadt lebten.[6] Die Grundlagen für eine weitere baptistische Mission waren allerdings denkbar ungünstig. Ein erheblicher Anteil der Plantagenbesitzer hatte entweder kein Interesse daran, seine Sklaven zu christianisieren, oder war bestenfalls daran interessiert, ihnen Gesetz, Ruhe und Ordnung predigen zu lassen. Zudem fehlte es an Pfarrern. Aus dem 19. Jahrhundert sind Berichte überliefert, wonach weiße Prediger sich weigerten, schwarze Säuglinge oder Erwachsene bei der Taufe zu berühren, weil sie rassistische Vorbehalte hatten. Schwarze Prediger aber wurden auf den großen Plantagen lange Zeit nur ungern geduldet. Eine evangelikale Minderheit unter den Sklavenhaltern hatte demgegenüber ganz andere Schwierigkeiten. Sie war der Meinung, daß die Sklaven unbedingt getauft werden mußten. Dies aber schloß ihrer Ansicht nach die Fähigkeit ein, die Bibel zu lesen und zu verstehen. Das Lesen und Schreiben war den Sklaven jedoch strikt verboten. Dennoch fanden sich – wie oben bereits erwähnt – gelegentlich weiße Sklavenhalter, die es ihnen aus religiösen Gründen beibrachten und deswegen vor Gericht gestellt wurden. Es verwundert weiter nicht, daß erst in der ersten Hälfte des 19. Jahrhunderts die Sklaven und Freigelassenen systematischer missioniert wurden. Dann allerdings wandten sie sich ausgesprochen rasch dem protestantischen Christentum zu. Ab den zwanziger Jahren des 19. Jahrhunderts formierte sich die *black church* als weitgehend durchinstitutionalisierte gesellschaftliche Größe, die trotz der widrigen Umstände des Sklavensystems eine große Anziehungskraft unter den Schwarzen entfaltete.

Die soziale Funktion der *black church* war ausgesprochen vielfältig. Sie gab den versklavten Schwarzen ein organisatorisches Rückgrat, indem sie ihnen Zusammenkünfte ohne weiße Aufsicht erlaubte. Neben den regulären sonntäglichen Gottesdiensten waren es die Nächte, in denen die Sklaven ihre eigene Kultur leben konnten. Die weißen Sklavenhalter wußten nur zu gut, daß sie in der Nacht keine Kontrolle über ihre Sklaven hatten, vor allem, wenn es sehr viele waren. Dies war die Zeit der Tänze und Gesänge, des Erzählens subversiver Geschichten und der Hoffnung auf eine bessere Zukunft. Insofern waren die Nächte und die Sonntage eng miteinander verbunden. Sie garantierten das Überleben der bedrängten Gemeinschaft. Überdies regulierte die Sklavenreligion auch das Familienleben. Entgegen den Erkenntnissen der Geschichtswissenschaft und Soziologie der fünfziger und sechziger Jahre hatte die Sklaverei keinen Zerfall der schwarzen Familienstrukturen zur Folge gehabt.[7] Obwohl es protestantischen Sklavenhaltern im Gegensatz zu Katholiken nicht verboten war, Familienmitglieder getrennt zu verkaufen, entwickelten die Sklaven mit Hilfe der *black church* Kommunikationswege, um die Familienbeziehungen selbst in diesem Fall aufrechtzuerhalten. Gerade die Wanderprediger dienten, neben den Kutschern, als äußerst wichtige Träger von Kommunikation zwischen den Plantagen. Auf den Plantagen selbst sorgten die schwarzen Prediger dafür, daß das Familienleben der Farbigen im Sinne evangelikaler Religiosität geregelt wurde. Es wäre gleichwohl völlig falsch, die Tätigkeit der *black church* ausschließlich als Instrument der Herrschaftsstabilisierung zu deuten, obwohl dies den Interessen der Sklavenhalter am ehesten entsprochen hätte. Von Beginn an war der schwarze Evangelikalismus mit den Abolitionisten der jungen Republik, allen voran den Quäkern und später den postmillenaristischen Immediatisten, verbunden. Ohne die Prediger der *black church* wäre die *underground railroad*, die legendäre Fluchthelferorganisation der Abolitionisten für die schwarzen Sklaven, niemals so erfolgreich gewesen.[8] Ganz in der Konsequenz ihrer Theologie deuteten die befreiten Sklaven ihre Flucht als Exodus ins gelobte Land Kanaan.

In einem Punkt allerdings lagen die Sklavenhalter gar nicht so falsch, nämlich wenn es um die soziale Funktion der *black church* ging. Obwohl die Forschung seit den sechziger Jahren das Ausmaß des gewaltsamen Widerstands der Sklaven deutlich höher einschätzt als zu Zeiten, in denen man noch an den Mythos der humanen Sklaverei im US-amerikanischen Süden glaubte, ist doch auffällig, daß es in den USA keine Blutorgien im Stil des Aufstandes von Santo Domingo 1791 gab, bei denen Hunderte weißer Sklavenhalter getötet wurden. Dabei spielte gewiß der Umstand eine Rolle, daß in der Karibik oft ganze Stämme mitsamt ihren Kriegern als Sklaven eingesetzt wurden, in den USA aber bevorzugt Einzelpersonen aus unterschiedlichen Gebieten Westafrikas. Dennoch dürfte sich der befriedende Einfluß der *black church* kaum leugnen lassen. Dies zeigte sich besonders deutlich nach der Emanzipation der Sklaven im Gefolge der konföderierten Niederlage 1864/65. Ungeachtet des Chaos und des Zerfalls jeglicher öffentlichen Ordnung und ungeachtet der elenden Lage, in der sich die befreiten Schwarzen befanden, kam es zu keinem Zeitpunkt zu den von den weißen Südstaatlern und der Demokratischen Partei prognostizierten Ausschreitungen. Es gab kaum Racheakte; Morde und Vergewaltigungen blieben die Ausnahme. Die Anwesenheit der Unionsarmee reicht dafür als Begründung keinesfalls aus, da sie genügend Schwierigkeiten hatte, den Ku Klux Klan in den Griff zu bekommen und nicht überall präsent sein konnte. Entgegen der rassistischen Propaganda, die schwarze Männer entweder als debile Kinder oder als viehische Bestien und sexuelle Lüstlinge gezeichnet hatte, waren es die Weißen, die zur terroristischen Gewalt griffen, und nicht die Schwarzen. Das sollte bis weit in die sechziger Jahre auch so bleiben. Schwarze waren sehr wohl in der Lage, sich zu wehren, aber ihre tiefe Verwurzelung im evangelikalen Christentum hinderte sie daran, systematisch zur Gewalt als Mittel der Befreiung zu greifen. Freiheit war für sie in erster Linie ein gnadenhaftes Geschenk Gottes, das man durch Gewaltakte nur beschmutzt hätte.

Auch nach der Emanzipation, in Zeiten der Rekonstruktion und der anschließenden Rassentrennung, blieb die *black church* das unverzichtbare Identifikationsmerkmal der Schwarzen im amerikanischen Süden.[9] Es waren weiterhin die schwarzen Gemeinden, die als institutionelles Gerüst der schwarzen Gesellschaft des Südens dienten. Hier rekrutierte man die eigenen Politiker, die bis in die achtziger Jahre des 19. Jahrhunderts in den Staatslegislaturen Dixies agieren konnten. Insbesondere den Predigern kam eine nahezu unangefochtene Leitungsposition zu. Sie waren die am besten ausgebildeten Angehörigen der *black community*. Außerdem verfügten sie über eine hohe moralische Kompetenz, da sie in der Zeit der Sklaverei und danach die Leiden ihres Volkes geteilt hatten. Daher legten viele Schwarze großen Wert auf segregierte Kirchengemeinden. Anders als im Bildungssystem, in Restaurants oder bei Badestränden, wo Integration angestrebt wurde, waren die schwarzen Gemeinden für die Mehrheit der Farbigen kein Ausdruck der Benachteiligung, sondern Grundlage ihres Stolzes. Selbst in der katholischen Kirche, die aus ekklesiologischen Motiven heraus generell gegen segregierte Kirchen eintrat, forderten Schwarze eigene Gemeinden und eigene Priester, um ihre spezifische Spiritualität leben zu können.[10] Es war darum alles andere als ein Zufall, daß die schwarze Bürgerrechtsbewegung des 20. Jahrhunderts ihren hauptsächlichen Rückhalt in der *black church* mit ihrer besonderen Variante der Befreiungstheologie fand. Schon die liberal-integrationistische *National Association for the Advancement of Coloured People* (NAACP), die 1909 gegen die Rassensegregation und das *lynching* gegründet worden war, basierte im Süden wesentlich auf den Strukturen der *black church*. Noch deutlicher wurde deren Einfluß ab 1955 mit dem *Montgomery Bus Boykott*, in dessen Verlauf sich die *Southern Christian Leadership Conference* (SCLC) gründete, an deren Spitze durchweg Baptistenprediger wie Martin Luther King, Ralph Abernathy und der radikalere Fred Shuttlesworth standen. Wieder war es die *black church*, die sich dafür einsetzte, die gesellschaftlichen Konflikte des Südens gewaltfrei zu lösen.[11] Der Erfolg ließ nicht lange auf sich warten. Ungeachtet des fortbestehenden Rassismus hatte sich die Lage der Schwarzen im amerikanischen Süden rechtlich wie im Alltagsleben ab 1965 maßgeblich verändert. Endlich erhielten sie das Wahlrecht zurück (bis etwa 1885 hatten Schwarzen wählen dürfen), das ihnen fast ein Jahrhundert lang verwehrt worden war, und die Segregation wurde im Lauf der folgenden zehn Jahre deutlich abgebaut. Heutzutage gibt es im Süden mehr schwarze Politiker, Geschäftsleute und Sheriffs als irgendwo sonst in den USA. Es wird dennoch abzuwarten bleiben, ob und wie es der *black church* gelingt, sich auf den rapiden gesellschaftlichen Wandel im postfordistischen Süden einzustellen. Analog zum weißen Süden scheint es allerdings so, als ob die *black church* in der Lage sei, ihre historisch gewachsene Identität zu bewahren.

Deutlich anders sieht es außerhalb der Südstaaten aus. Seit den achtziger Jahren des 19. Jahrhunderts, verstärkt ab 1910/15 setzte eine Massenwanderung von Schwarzen in den Norden, Mittelwesten und Westen ein, die versuchten, den Fährnissen ihrer Heimat zu entkommen. Es handelte sich um eine der größten Binnenmigrationen in der Geschichte der USA. Die Zuwanderer siedelten sich bevorzugt in den urbanen Industriezentren an, wo sie auf die bereits etablierten *black communities* aus der Zeit der *underground railroad* trafen, mit denen sie sich gemeinsam in den Ghettos der inneren Großstädte ansiedelten.[12] Dies war insbesondere kulturell von enormer Bedeutung. Als zum Beispiel in den Jahren um 1910 progressivistische Reformer in New Orleans Gesetze einbrachten, welche praktisch den Betrieb der dortigen Bordelle lahmlegten, wanderten viele der Jazzmusiker, die bislang dort gearbeitet hatten, in den Norden aus, um sich in Chicago und New York anzusiedeln. Bald bildete sich im New Yorker Stadtviertel Harlem ein regelrechtes intellektuell-künstlerisches Zentrum des schwarzen Amerika. In der *Harlem Renaissance* der zwanziger Jahre entdeckten viele Schwarze, nicht zuletzt von Frankreich her beeinflußt, wo in dieser Zeit in der Kunst die koloniale Exotik große Triumphe feierte, ihr afrikanisches künstlerisches Erbe wieder. Literaten, Intellektuelle, bildende

Künstler und Musiker schufen so eine lokale Szene, in deren Bars, Pubs und Restaurants sich bis zum Beginn der großen Depression auch das weiße Stadtbürgertum New Yorks traf, zumal man dort, entgegen den Bestimmungen der Prohibition, Alkohol konsumieren konnte.[13] Gleichzeitig entstand im Umfeld der *Harlem Renaissance* die Idee des *New Negro*, der es vor allem um ein ganz neues schwarzes Selbstbewußtsein zu tun war. Dank karibischer radikaler Vordenker kritisierten die Anhänger dieser Strömung das ihrer Ansicht nach zu passive Verhalten und den angepaßten Traditionalismus der *black church*. Diese war außerhalb des Südens insgesamt an ihre Grenzen gestoßen. Unter den Bedingungen einer urbanen Industriegesellschaft gelang es ihr bei weitem nicht so gut wie im Süden, die Schwarzen zu integrieren, obschon eine große Mehrheit den Idealen der schwarzen Evangelikalen treu blieb. Aber es bildeten sich reichlich oppositionelle Strömungen. Neben einem säkularen schwarzen Nationalismus (Marcus Garvey und die *United Negro Improvement Association*, UNIA), der sich religiös-kulturell gern auf Äthiopien als Vorbild berief, waren es insbesondere messianisch-nationalistische Sekten, die den Dominanzanspruch der etablierten *black church* in Frage stellten. In einigen Fällen wandten sich diese radikalen Nationalisten zur Gänze vom Christentum ab, dem sie vorwarfen, die Religion der Sklavenhalter und Rassisten zu sein. Die bekannteste dieser Gruppen war die spätere *Nation of Islam*.[14] Diese stand in der Nachfolge des *Moorish Science Temple* von Drew Noble Ali und propagierte eine etwas krude Mischung aus schwarzem Nationalismus, Rassismus und einem äußerst heterodoxen Islam, der von der *'umma*, der islamischen Weltgemeinschaft, nie anerkannt wurde. Zu den Grundlehren der *Nation of Islam* zählte unter anderem, daß Gott nur die schwarzen Menschen geschaffen habe, während die Weißen, allen voran die Juden, ein Abfallprodukt eines wahnsinnigen wissenschaftlichen Experiments seien, das – ähnlich wie der Schöpfungsakt der *Young-Earth*-Fundamentalisten – rund 6000 Jahre zurückliege. 1934 verschwand der Gründer der *Nation*, Farad Muhammed, und wurde von seinem Nachfolger Elijah Mohammed, der sich selbst zum neuen Propheten erklärte, zu Gott erhoben. Unter Elijah Mohammed missionierte die *Nation of Islam* bevorzugt in den schwarzen Ghettos des Nordens und in den Gefängnissen, wo Schwarze deutlich überrepräsentiert waren. Da die Religionsgemeinschaft eine äußerst strenge, puritanisch anmutende Ethik vertrat, gelang es ihr rasch, eine homogene und loyale Gefolgschaft an sich zu binden, die in den *black communities* sozialdisziplinierend und identitätsstiftend wirkte. Erst in den sechziger Jahren, parallel zur Radikalisierung der schwarzen Bürgerrechtsbewegung, erlangte die *Nation of Islam* dann auch politischen Einfluß. Mit Malcolm X, der nicht nur sektional, sondern auch politisch und religiös zum Gegenspieler des *black-church*-Führers Martin Luther King avancierte, verfügte sie über einen ebenso charismatischen Anführer wie begnadeten Redner. Allerdings wurde er von einem Mitglied der *Nation of Islam* 1968 erschossen, als er nach einer Pilgerfahrt nach Mekka den Islam als universalistische und nicht rassistische Heilslehre für sich entdeckte, Elijah Mohammed Betrug an den Gläubigen vorwarf und politisch moderater wurde. Seit den neunziger Jahren war es dann der neue Führer der Bewegung, Louis Farrakhan, der mit radikal antisemitischen und nationalistischen Parolen auf sich aufmerksam machte. Die *Nation of Islam* stellt derzeit wohl das kohärenteste und diszipliniertestes Gegenmodell zur *black church* im Norden dar.

Die Probleme der *black church* und der auf sie gegründeten Bürgerrechtsbewegung mit King und den anderen Baptistenpredigern an der Spitze lagen primär in der völlig anderen gesellschaftlichen Situation des Nordens auch in Bürgerrechtsfragen begründet. Hier duften Schwarze offiziell wählen und galten als gleichberechtigt. Das änderte indes nichts daran, daß sie ausgegrenzt, arm und verachtet waren. Der Rassismus des Nordens war ein alltagsweltlicher Rassismus, weniger ein legaler, was es schwermachte, ihn zu bekämpfen. Gegen Vorurteile konnte man schlecht vor Gericht ziehen. Das Resultat war Frustration, die sich in den heißen Sommern der Jahre

1964 bis 1969 in selbstzerstörerischer Gewalt entlud.[15] Schwarze Jugendliche zündeten Häuser und Geschäfte in den Ghettos an und wurden daraufhin von der Polizei zusammengeschossen. Hunderte von Toten waren die Folge. Selbst Martin Luther King scheiterte mit seinen Konzepten, etwa einem öffentlichen Hausbauprojekt in Chicago. Wegen der sozialen Lage im Norden und dem Vietnamkrieg näherte er sich gegen Ende seines Lebens sogar Malcolm X an, ehe er – ebenfalls 1968 – von einem weißen Rassisten in Memphis, TN erschossen wurde. Seitdem ist die Lage der Schwarzen in den urbanen Zentren kaum besser geworden; manche ehemalige Mitarbeiter Kings glauben sogar, sie habe sich verschlimmert. Weder die staatlichen Regulierungsmaßnahmen des *welfare state* noch der neoliberale Glaube an den freien Markt und die Selbstheilungskräfte des Individuums konnten daran etwas ändern. Die Mischung aus Rassismus, sozialer Unzulänglichkeit und zusätzlich die durch *crack*, einem Kokainderivat, ausgelöste Rauschgift- und Verbrechenswelle seit den frühen neunziger Jahren machten im Verein mit der AIDS-Epidemie dem schwarzen, großstädtischen Amerika schwer zu schaffen und wirken bis heute nach.

Für die *black church* bedeutete dies, daß es notwendig war, sich theologisch an die veränderten gesellschaftlichen und weltanschaulichen Problemlagen anzupassen. Eine ganze Reihe ihrer Theologen war daher seit den sechziger Jahren bemüht, das überlieferte geistige Fundament des schwarzen Evangelikalismus zu durchforsten und dem Denken der Zeit gemäß zu modifizieren. Zu den bekanntesten Vordenkern dieser schwarzen Theologie zählte James Cone.[16] Er griff auf die afroamerikanischen volkstheologischen Traditionen zurück, um auf ihrer Grundlage und angeregt vom schwarzen Nationalismus eines W. E. B. Du Bois aus der Progressiven Ära eine authentische schwarze Befreiungstheologie zu kreieren. Damit wollte er die Theologie der *black church* von den ideellen Vorgaben des weißen Christentums lösen, um zu einer eigenständigen, den Bedürfnissen der Schwarzen Rechnung tragenden theologischen Sprache zu gelangen. Im

Grunde drehte sich sein Denken also um die Vermittlung genuin christlicher Werte in die Vorstellungswelt des radikalen schwarzen Nationalismus. Im Lauf der Zeit fügte er dem zusätzlich feministische Momente hinzu und erwies sich dadurch als ausgesprochen moderner Theologe. Anders als im weißen Evangelikalismus führte dies innerhalb der schwarzen Theologie nicht zu einer heftigen Kontroverse, denn die Themen *black agency*, *black empowerment* und Exodus als Befreiung standen von jeher auf der Tagesordnung der schwarzen Christen. Andere haben diesen Weg weiter beschritten und zu einer revolutionären sozialen Befreiungstheologie fortgeschrieben, die dann aber kaum noch evangelikale Elemente aufwies.[17] Daneben hielt sich innerhalb des klassischen schwarzen Evangelikalismus eine Strömung, die weiterhin Christentum und Sozialreform miteinander kombinierte. Insgesamt wird man aber sagen müssen, daß die Theologie der *black church* trotz des befreiungstheologischen Moments nie liberal wurde. Die Mehrheit der schwarzen Gemeinden ist in theologischen Fragen ausgesprochen konservativ, verbindet dies aber mit einem gesellschaftlichen Engagement, das wiederum den weißen Rechtsevangelikalen fremd ist.

Dieser Aspekt der *black church* im Norden und im Süden wurde durch die Kooperation mit der Demokratischen Partei noch intensiviert. Seitdem Franklin D. Roosevelt die Demokraten im Rahmen seines *New Deal Order* vornehmlich im Norden zu einer liberalen Partei der moderaten Gesellschaftsreform gemacht hatte, waren die Republikaner mehr und mehr dazu übergegangen, sich im Lager des altliberalen *conservatism* zu positionieren. Infolge des *realignment* der sechziger und siebziger Jahre, als die weißen konservativen Rassisten des Südens von den Demokraten zu den Republikanern überliefen, wurde diese Entwicklung noch weiter befördert. Für die Schwarzen bedeutete dies nichts anderes, als daß ihnen kaum eine politische Option blieb, als der Partei Abraham Lincolns und der Abolitionisten die Gefolgschaft zu kündigen und zu den Demokraten überzulaufen. Im Norden begann dies in den dreißiger Jahren, im Süden, nachdem das

Wahlrecht in den sechziger Jahren zurückerlangt war. Spätestens in den siebziger Jahren zählten die Schwarzen, sofern sie überhaupt wählten, zu den unverzichtbaren Stammwählern der Demokraten, wo sie die katholischen Arbeiter allmählich aus dieser Position verdrängten. Das durchaus interessegeleitete Wahlverhalten drückte sich vornehmlich in den speziellen Programmpunkten aus, die sie den Wahlplattformen der Demokraten zufügten. Kaum eine Minderheit trat so aktiv für den Erhalt des Wohlfahrtsstaates ein wie die Schwarzen. Außerdem waren sie wohl diejenige Gruppe in den USA, die der Todesstrafe gegenüber am kritischsten eingestellt waren, und dies, obwohl die Mehrheit der Opfer von Gewaltverbrechen Schwarze waren. Allerdings traf dies auch auf die Täter zu. Der implizite Rassismus im amerikanischen Gerichtssystem führte dazu, daß überproportional viele Schwarze zum Tode verurteilt und hingerichtet wurden, insbesondere wenn die Opfer Weiße waren.[18]

Die *black church* griff diese Anliegen der schwarzen Demokraten auf, ja sie gab ihnen weiteren Rückhalt. Neben der katholischen Kirche, die seit dem ausgehenden 19. Jahrhundert die Belange der katholischen Arbeiter im Blick gehabt hatte, dürfte die *black church* die amerikanische Religion sein, die sich am intensivsten um sozialstaatliche Belange kümmerte.[19] Freilich lagen in diesem Engagement einige Probleme begründet. Vor allem standen die Schwarzen vor einer ähnlichen Schwierigkeit wie die Neofundamentalisten: Ihre theologisch-gesellschaftlichen Inhalte waren nur mit Hilfe einer der beiden Parteien, der Demokraten, durchzusetzen. Das aber bedeutete, daß man auf Gedeih und Verderb an die Demokraten und ihr Schicksal gebunden war und keine Chance hatte, durch wechselnde Koalitionen eventuell mehr zu gewinnen. Genau wie die Neofundamentalisten zementierten sie auf diese Weise die Ideologisierung des amerikanischen Parteiensystems nach 1960 und trugen zum Entstehen der *culture wars* mit bei. Einige Führer der *black church* sahen darin keine Gefahr, allen voran der Geistliche Jesse Jackson, der für sich in Anspruch nahm, das Erbe Martin Luther Kings zu repräsentieren. Er wurde regelrecht zum Haupt der linken Regenbogenkoalition innerhalb der Demokraten, wobei er sich auf ein enggestricktes Netzwerk vorwiegend baptistischer schwarzer Prediger in den Großstädten des Nordens stützen konnte. Dieses diente ihm als Parteimaschine für die Organisation seiner Präsidentschaftswahlkämpfe in den achtziger Jahren. Im Verlauf seiner Versuche, zum Präsidentschaftskandidaten der Demokraten zu werden, gab Jackson sogar seine ursprüngliche abtreibungskritische Haltung auf, was ihm selbst seitens der *black church* einige Kritik eintrug. Am meisten schadeten ihm jedoch sein radikal linker *liberalism* und seine gelegentlichen antisemitischen Ausfälle, von den Vorbehalten weißer liberaler Wähler ganz abgesehen.[20] Andere Prediger der schwarzen evangelikalen Denominationen waren vorsichtiger, obwohl sie weithin das Programm Jacksons teilten.

Es ist heute nur schwer abzusehen, wohin der Weg der *black church* führen wird. Sie stellt gewiß das radikalste evangelikale Gegenkonzept zum weißen marktkapitalistischen und apokalyptischen Neofundamentalismus dar, leidet aber unter einigen strukturellen Defiziten, die ihr zukünftiges Handeln mitbestimmen werden. Da wäre in erster Linie die ausgeprägte Homophobie ihrer Mitglieder zu nennen. So sozial progressiv die schwarzen Evangelikalen sein mögen, so biblizistisch und konservativ ist ihre Theologie. Entsprechend sehen viele schwarze Evangelikale in der Homosexualität wahlweise eine Todsünde oder eine schwere Krankheit, wenn sie nationalistisch denken, vor allem die Krankheit des weißen Mannes. Schwarz und homosexuell zu sein ist in diesem Denken von vornherein ausgeschlossen. Dies wirkte sich bis in die Bürgerrechtsbewegung hinein aus. Einer ihrer Führer, Bayard Rustin, litt schwer darunter, daß er als Homosexueller von seiten der anderen Anführer praktisch keinerlei Solidarität erfuhr.[21] Die Homophobie der schwarzen Gemeinschaft ist jedoch nicht nur religiös bedingt. Sie hängt eng mit Formen des *machismo* zusammen, eines öffentlich inszenierten Kultes um schwarze Männlichkeit als Gegengewicht zu der drückenden sozialen Lage in den Ghettos und der Entmännlichung und Dehumanisierung zu Zeiten der Sklaverei. Sehr deutlich wird dies im Rahmen des *Rap*, besonders des *Gangsta Rap* der Westküste, wo Männlichkeitskult, Homophobie, Gewalt und Frauenfeindschaft Hand in Hand gehen. Aber nicht einmal der frauenfeindliche *machismo* beschränkte sich auf außerkirchliche Kreise. Führende Frauen in der Bürgerrechtsbewegung, darunter Fanny Lou Hamer und besonders Ella Baker, bekamen früh mit, daß sie von den Predigern der *black church*, auch von King, nicht für voll genommen wurden.

Ein weiteres Problem der *black church* ist der in weiten Teilen der schwarzen Bewegung, sei sie bürgerrechtlich-integratorisch oder nationalistisch-exklusiv ausgerichtet, grassierende Antisemitismus. Wiederum handelt es sich um eine Mischung aus religiösen und gesellschaftlichen Motivationen, die zu diesen ideologischen Vorbehalten gegenüber Juden und dem Staat Israel geführt haben, obwohl gerade in der Bürgerrechtsbewegung, besonders der NAACP, von Anfang an viele Juden mitgewirkt hatten. Zum einen war dafür vermutlich der christliche Antijudaismus des Südstaatenbaptismus verantwortlich, der sich dann in den sechziger Jahren zum Rassenantisemitismus auswuchs. Nicht nur Angehörige der *Nation of Islam* oder der marxistisch-antikolonialistischen *Black Panther Party* identifizierten das amerikanische Judentum mit dem zionistischen Israel, das wiederum als kolonialistischer Verbündeter der rassistischen und imperialistischen USA angesehen wurde. Darüber hinaus unterstellte man jüdischen Landeigentümern und Pfandleihern, für die miserable soziale Lage der Schwarzen in den Ghettos verantwortlich zu sein. Zum anderen war es wohl die Selbstidentifikation der schwarzen Evangelikalen mit der Exodustradition Israels, die für den Antijudaismus und Antisemitismus[22] in der *black church* mitverantwortlich zeichnete. Da die Schwarzen das auserwählte Volk Israel waren, das von Gott befreit wurde, konnten es die Juden nicht mehr sein.

Die beiden anderen Probleme der schwarzen Evangelikalen sind weniger ideell-theologischer Natur, sondern sozialer

Art. Das erste teilen sie mit den weißen Evangelikalen, den Zerfall der Familien. Auch im Bereich der *black church* scheint gerade in den großen Städten individuelle Frömmigkeit nicht mehr auszureichen, ein traditionelles Familienleben aufrechtzuerhalten. Das zweite Problem ist spezifischer ein Produkt der Entwicklung seit den sechziger Jahren. Ungeachtet des generellen Fehlschlags der liberalen Wohlfahrtspolitik hat sich in den vergangenen zwei bis drei Jahrzehnten eine schwarze Mittelklasse gebildet, die nun wie die Weißen in den Vororten lebt und politisch in wachsendem Maße konservativ eingestellt ist. Diese neue schwarze Mittelklasse wählt republikanisch und lehnt die *welfare-state*-Ideologie der *black church* mitunter rundweg ab. Häufig teilt sie die Ideen der weißen Rechtsevangelikalen und Neofundamentalisten über individuelles Glücksstreben, Wettbewerbskapitalismus und Marktkonformität, weswegen viele dieser Schwarzen inzwischen Mitglieder weißer Gemeinden geworden sind. Für die *black church* und die gesamte *black community* ist dieser schleichende Zerfallsprozeß eine Katastrophe, da ausgerechnet die erfolgreichen Vorbilder für einen sozialen Aufstieg der Gemeinschaft den Rücken kehren und damit die traditionelle Homogenität und Solidarität der gesamten Gemeinschaft aufkündigen.[23] Noch handelt es sich nur um Ausnahmen, Colin Powell und Condoleeza Rice sind die wohl bekanntesten davon, aber es ist absehbar, daß sich derartige Fälle häufen werden.

Bei allen Schwierigkeiten, mit denen sich der schwarze Evangelikalismus derzeit konfrontiert sieht, stellt er doch zumindest in theologischer Hinsicht eine Alternative zur neofundamentalistischen Engführung des bibeltreuen Christentums in den Vereinigten Staaten dar, zumal er eine Vielzahl seiner Inhalte mit den weißen Linksevangelikalen teilt. Gewiß, in soziokultureller Hinsicht handelt es sich um ein spezifisch schwarzes Phänomen, das nicht unmittelbar kopiert oder übertragen werden kann. Aber der schwarze Evangelikalismus zeigt, daß es keinen spirituellen Substanzverlust bedeutet, wenn man sich nicht an die wörtliche Auslegung der

Schöpfungsberichte klammert oder diesen Gedanken zumindest nicht prominent hervorhebt. Obendrein belegt die *black church*, daß man auch vom Exodusereignis her evangelikal sein kann und nicht unbedingt von der Apokalypse ausgehen muß.

Die zweite Alternative zum gegenwärtigen geistigen Stillstand in der neofundamentalistisch-rechtsevangelikalen Szene stellt, wenigstens der Möglichkeit nach, die charismatische oder Pfingstbewegung dar.[24] Beide Begriffe beziehen sich auf Religionsformen, die durch eine besondere persönliche Erfahrung des Heiligen Geistes gekennzeichnet sind. Während jedoch charismatische Bewegungen sich vornehmlich im Raum etablierter Großkirchen abspielen, wie zum Beispiel die charismatische Gemeindeerneuerung innerhalb der römisch-katholischen Kirche, sind Pfingstgemeinden von den überkommenen Kirchen unabhängig. Wie die Mehrheit der neueren evangelikalen und fundamentalistischen Gemeinschaften haben sie eine lokalistische Struktur. Derzeit handelt es sich bei ihnen um die am schnellsten wachsende christliche Konfession überhaupt, und zwar nicht allein in Nordamerika oder der angelsächsischen Welt, sondern global. Vor allem in der südlichen Hemisphäre besticht die Bewegung durch ihre rasant ansteigenden Zuwachsraten. Allerdings darf, ebenso wie bei der *black church*, dies nicht den Blick für die Tatsachen verstellen. Das pentekostale Christentum ist alles andere als eine monolithische Größe. Bei genauerem Hinsehen fällt sofort auf, daß es innerhalb der Pfingstbewegung mannigfaltige Reibungspunkte in theologisch-dogmatischer und praktischer Hinsicht gibt. Da der soziokulturelle Entstehungskontext der pentekostalen Bewegung mit demjenigen des Fundamentalismus um 1915 und des Neofundamentalismus seit den sechziger Jahren identisch ist, kann hier darauf verzichtet werden, ihn erneut eigens nachzuzeichnen. Wichtig ist gleichwohl, daß die schiere Existenz der pentekostalen Alternative zum Evangelikalismus und Fundamentalismus belegt, wie vielfältig die religiösen Reaktionsweisen auf Transformationskrisen der Moderne sein können. Das Pfingstlertum weist zwar teilweise inhaltliche Elemente auf, die sich mit dem Fundamentalismus überschneiden – Hempelmann spricht zu Recht vom Geist- und vom Wortfundamentalismus als den zweitgeborenen Stiefbrüdern der Moderne[25] –, aber generell überwiegen auch hier die theologischen Unterschiede. In der Folge werden daher zuerst die historischen Abläufe geschildert, in denen sich die Pfingstbewegung herauskristallisierte, ehe dann in einem zweiten Schritt die theologischen Differenzen und Überschneidungen zum Fundamentalismus herausgearbeitet werden können. Auf eines sei aber bereits vorab aufmerksam gemacht. Das Pfingstlertum weicht vom Fundamentalismus in einem Punkt maßgeblich ab. Es hat sich von vornherein als globale Erweckungsbewegung verstanden. Obwohl Pfingstchristen in den USA durchweg ebenso patriotisch sind wie andere Christen, fehlt den Pfingstgemeinden der nationalistische Anspruch der Fundamentalisten und Rechtsevangelikalen.[26] Mehr, als es der Fundamentalismus je sein konnte, ist die Pfingstbewegung die Religionsform der Globalisierung. Dies macht die Pentekostalen gerade für ethnokulturelle Minderheiten und Migranten in den USA so interessant, zumal ihre Geisttheologie durchaus mit befreiungstheologischen Ansätzen kompatibel ist, obwohl sie sich mehrheitlich als bewußt unpolitisch verstehen.[27] Es ist wohl kein Zufall, daß sie vor allem unter Schwarzen und zunehmend unter *Hispanics* weit verbreitet sind.

Die Pfingstbewegung kann in ihren Wurzeln bis in die neutestamentarische Epoche zurückgeführt werden. Im lukanischen Geschichtswerk, insbesondere in der *Apostelgeschichte* spielte die Leitung der apostolischen Gemeinden der Urkirche durch den Heiligen Geist ebenso eine herausragende Rolle wie in den paulinischen Briefen, allen voran der *1. Korintherbrief*. Spätestens seitdem am ersten Pfingsten nach der Himmelfahrt Christi der Geist über die Apostel ausgeschüttet worden war und ihnen das Charisma der Vielsprachigkeit verliehen worden war,[28] verstand sich die christliche Kirche als geistgeleitet. Auch die johanneischen Gemeinden beriefen sich darauf, daß Jesus von Nazareth seinen gläubigen Anhängern einen weiteren Beistand oder Tröster für die kommende Endzeit verhießen habe, den Parakleten, der im Lauf der Zeit mit dem Geist Gottes verschmolz.[29] Diesen Geist aber hatte Jesus auch gemäß der johanneischen Überlieferung an seine Apostel weitergegeben.[30] Mit dem Nachlassen der endzeitlichen Naherwartung war der Aspekt der unmittelbaren Inspiration durch den Geist im Christentum zugunsten der kirchlichen Institutionen und des Rekurses auf die im Kanon festgelegten heiligen Schriften des Alten und Neuen Testaments sowie zugunsten trinitarischer Spekulationen deutlich zurückgetreten. Die Idee des Charismas wurde im Katholizismus bald in erster Linie mit dem Amtscharisma des speziellen Weihepriestertums verknüpft. Fast könnte man sagen, daß eine Theologie des persönlichen und endzeitlichen Geistbezugs im Mittelalter und der frühen Neuzeit häufig heterodoxe christliche Gemeinschaften charakterisierte. Erst mit der Reformation traten zeitweilig wieder verstärkt apokalyptische Pfingstgemeinden hervor, allerdings am radikalen Rand der Reformation. Weder das Luthertum noch der Calvinismus waren dezidiert pfingstlich ausgerichtet. Zwar lehnten sie den Primat des Weihepriestertums zugunsten des allgemeinen Priestertums aller Gläubigen ab, aber infolge ihrer Anhänglichkeit an das überlieferte Wort hatten sie kein Gespür für eine charismatische Spiritualität. Dies ging so weit, daß mit der Aufklärungstheologie und dem liberalen Kulturprotestantismus die weltimmanente Christologie die transzendentale Trinitätslehre und damit den Bezug auf den Geist vollkommen überlagerte. Fast kann man von einer Geistvergessenheit der protestantischen Theologie sprechen. Erst Karl Barth und die dialektische Theologie sollten hier gegensteuern.[31] Damit aber fehlte jeglicher theologische Anknüpfungspunkt für ein genuin protestantisch-reformatorisches oder gar liberales Pfingstchristentum. Erst gegen Ende des 19. Jahrhunderts kam es dann vor allem im angelsächsischen Raum zu einer neuen Welle pfingstlich-charismatischer Erweckungen. Wie nicht anders zu erwarten, standen sie im Zeichen eines antielitären Protests gegen die überkommenen Strukturen des liberalen Protestantismus und seiner säkularistischen Frömmigkeitspraxis. Den eigentlichen Kontext bildete der sogenannte *restorationism*, eine Theologie, die ein typisches Anliegen des gesamten Protestantismus aufnahm, nämlich die Rückkehr zur Norm des Anfangs, zu den urchristlichen Ursprüngen des ersten Jahrhunderts.[32] Nun konnten diese Anfänge, wie die Schrift, von ganz unterschiedlichen Blickwinkeln her interpretiert werden. Die Pfingstbewegung stützte sich auf die johanneisch-paulinisch-lukanische Geisttradition und bemühte sich von daher um eine lebendige Neuinterpretation der christlichen Botschaft. Den engeren Zusammenhang bildeten die zeitgleich, gegen Ende des 19. Jahrhunderts, einsetzenden Heiligkeits- und Heilungskulte, die ihren lokalen Schwerpunkt in Kalifornien hatten. Dort waren wegen der späteren Besiedlung, die bis weit ins ausgehende 19. Jahrhundert hinein auf Migration gründete, weder die konventionellen kirchlichen Strukturen so intensiv ausgebaut worden wie an der Ostküste, noch waren die Denominationen der klassischen amerikanischen Erweckungsbewegungen dort so präsent. Kalifornien, Oregon und der Staat Washington, der gesamte Westen der USA, wurden zu Zentren religiöser Aufbrüche, die sich nicht notwendig in den Bahnen älterer Überlieferungen abspielen mußten. Dazu gehörte eine Fülle selbständiger Kulte messianisch-apokalyptischer Natur, aber auch die Heiligungsbewegung und in deren Anschluß die Pfingstgemeinden.[33] Die wichtigste Eigenheit des Heiligungschristentums, das seine ideellen Wurzeln in der zweiten Erweckungsbewegung, insbesondere im Methodismus, hatte, war das Streben nach tatsächlicher, innerlicher und lebenspraktischer Umkehr der Gläubigen. Entsprechend bediente man sich enthusiastischer Gottesdienstpraktiken der Erweckungsbewegungen, ergänzte sie aber zusätzlich um geistheilerische Praktiken und die Aufforderung, im Alltag die Sünde, etwa Alkohol und ähnliches, zu meiden. In dieses kalifornische Umfeld gehörte zum Beispiel Aimee Semple McPherson, eine der bekanntesten Predigerinnen der zwanziger und dreißiger Jahre. Sie verkündete eine moderate, fast liberal anmutende biblische Botschaft, betonte die vergebende Liebe Jesu und vermied die ansonsten üblichen Drohungen mit Hölle und Verdammnis.[34] Darüber hinaus waren Geistheilungen ein unabdingbarer Bestandteil ihrer Gottesdienste, denen Kritiker vorwarfen, sie würden zum einen mit der sexuellen Attraktivität der Predigerin spielen und zum anderen zu sehr auf mediengerechte Showelemente abheben. Tatsächlich war Sister Aimee ein perfektes Beispiel für die Selbstkommodifizierung der amerikanischen Religion außerhalb des engeren evangelikal-fundamentalistischen Lagers. Sie war eng mit dem Filmbetrieb in Hollywood verbunden und verfügte durchaus über Geschäftssinn und ein Wissen um dramatische Auftritte. Allerdings sank ihr Stern nach einer obskuren angeblichen Entführungsaffäre und einem Nervenzusammenbruch infolge der anschließenden hitzigen Pressekampagne gegen ihre Person.

Um 1900 entstand die Pfingstbewegung aus dem Heiligungsumfeld und dem *restorationism* heraus. Meist handelte es sich bei den Gründervätern um frühere Methodistenprediger, die mit dem Formalismus und dem engen Biblizismus dieser Gruppierung unzufrieden waren und nach neuen, intensiveren Formen der Heiligung und der Mission suchten. Der Missionsgedanke war überhaupt für den Pentekostalismus unaufgebbar. Vielfach warf man den älteren erweckten Denominationen vor, gerade auf diesem Feld zu versagen. Überdies, und das war gleichfalls Bestandteil der Heiligungstheologie, führten die Prediger der Heiligungsbewegung den Perfektionismus der zweiten Erweckungsbewegung zu seinem logischen Ende. Ganz in der Konsequenz reformatorischer Rechtfertigungslehre mit ihrer strikten Trennung von anfänglicher gnadenhafter Rechtfertigung von außen und folgendem Heiligungsprozeß von innen her glaubten sie daran, vermittels eines zweiten Gnadenaktes den Gläubigen schon im Diesseits zur perfekten Heiligung führen zu können. Dies lehnte der Methodismus ab. Er verlegte die letztgültige Heiligung in das Jenseits. Innerweltliche Perfektion war für die Methodisten und andere Erweckte der zweiten Welle eher eine soziale als eine religiöse Kategorie gewesen. Gleichzeitig fand der pentekostale Glauben eine andere Lösung des Gewißheitsproblems in der Zeit der frühfordistischen Wissenschaftsgläubigkeit. Wo der Fundamentalismus seine Gewißheit aus der Unfehlbarkeit der objektiv gegebenen Heiligen Schrift bezog, fanden die Pentekostalen ihre Gewißheit innen, in der subjektiven, persönlichen und damit rational nicht einholbaren Begegnung mit dem Heiligen Geist. Dadurch ging von der Bewegung ein neuerlicher Individualisierungsschub aus, der das denominationale Gewirr in den USA weiter verstärkte. Dies intensivierte die inhaltliche Flexibilität und Vielfalt des religiösen Lebens, was wiederum die Überlebensfähigkeit christlicher Religion insgesamt begünstigte.

Zu den ersten pentekostalen Gemeinden zählte die spätere *Church of God* in Anderson, IN. Ihr Gründer war Daniel Sidney Warner, dem rasch eine Reihe weiterer methodistischer Heiligungsgemeinden folgte, die dann ab 1881 eine eigene Gruppe bildeten. 1895 gründete Phineas F. Bresee eine unabhängige Nazarenergemeinde in Los Angeles, die zum Vorläufer der ersten kalifornischen Pfingstgemeinden wurde. 1907 entstanden ebenfalls in Los Angeles pentekostal-nazarenische Gemeinden, die großen Wert auf den Beitrag des Heiligen Geistes zum Heiligungsprozeß legten, denen aber wesentliche Elemente des späteren Pfingstglaubens, insbesondere die Glossolalie, das geistgewirkte Zungenreden, abgingen. Parallel dazu lehrte der texanische Wanderprediger Charles Fox Parham die Notwendigkeit einer neuerlichen Geisttaufe mit Heiligem Geist und Feuer, die über die rituelle Wassertaufe der bestehenden christlichen Gemeinden hinausgehen sollte. Zum eigentlichen Startpunkt der Pfingstbewegung im engeren Sinne wurde die *Apostolic Faith Gospel Mission* des schwarzen Predigers William J. Seymour, die 1906 wiederum in Los Angeles, dem anfänglichen Zentrum der Pentekostalen, ihren Ausgang nahm. Seymour war ein Gefolgsmann Parhams, allerdings alles andere als ein Radikaler. Er vermied rhetorische Exzesse und ein allzu demonstratives Auftreten. Statt dessen versuchte Seymour in seiner Gemeinde in der Azusa Street, die in einem Industrie- und Arbeiterviertel angesiedelt war, möglichst integrativ vorzugehen. Weiße, Schwarze und *Hispanics* versammelten sich gleichermaßen, was in den USA im Zeitalter der Rassensegregation mehr als nur unüblich war. Für viele war es nachgerade verwerflich, vor allem für südstaatliche evangelikale Rassisten. Außerdem waren in den ersten Pfingstgemeinden Frauen als vollkommen gleichberechtigte Mitglieder zugelassen, was ebenfalls der Praxis der Evangelikalen und Fundamentalisten mit ihrer Anhänglichkeit an die viktorianischen Geschlechterrollen widersprach. Daher verwundert es kaum, daß die Pentekostalen in Kalifornien und zunehmend auch im Mittelwesten zur medialen Sensation wurden. Dazu trugen selbstverständlich ihre gottesdienstlichen Praktiken, die enthusiastischen Trancezustände, das Reden in Zungen, das inbrünstige Gebet, die emotionalen, hymnischen Gesänge, das verzückte Tanzen bei. Der wichtigste Punkt aber waren die Krankenheilungen. Blinde wurden buchstäblich sehend, und Lahme konnten wieder gehen. Die Pentekostalen konnten vor allem psychisch bedingte Krankheiten bessern oder ganz heilen, indem sie die psychischen Kräfte des Wunderglaubens mobilisierten. Damit traten sie zugleich dem apokalyptischen Weltverständnis der dispensationalistischen Prämillenaristen entschieden entgegen. Für diese war nämlich die Zeit der Wunder abgelaufen. In der letzten Dispensation vor dem Millennium mußten demnach die Gläubigen die Phase der Trübsal und der Anfechtungen ohne Wunder bestehen, sieht man von der *rapture* einmal ab. Für die Pentekostalen war dies schlicht Unfug. Sie hatten bis zu einem gewissen Grad ein optimistischeres Bild der Endzeit. Gott überließ die Menschen nicht einfach den Anfechtungen der Endzeit, sondern stand durch seinen Heiligen Geist an ihrer Seite, sofern sie sich zur Umkehr bewegen ließen.

Es blieb freilich nicht beim anfänglichen Enthusiasmus. In den Jahrzehnten nach 1906 institutionalisierte sich die Pfingstbewegung und wurde exklusiver, obwohl der lokalistische und inklusive Charakter ihrer Gründungsphase bis heute erkennbar geblieben ist. Beispielsweise formierten sich überwiegend weiße Gruppierungen, wie die *Assemblies of God*,[35] die zusätzlich fundamentalistisch überlagert wurden. Das war insgesamt ein Problem der Jahre ab 1920, vor allem aber ab den sechziger Jahren mit der neofundamentalistischen Erweckungswelle. Die theologisch recht deutliche Trennlinie zwischen Pfingstchristentum und Fundamentalismus wurde immer wieder überschritten. Wieder einmal zeigte es sich, daß die Orthodoxie im Vergleich zur Orthopraxie zweitrangig war. Ähnliches galt für andere pentekostale Gruppen, darunter die afroamerikanische *Church of God in Christ*[36] oder Mischformen wie die *Church of Christ (Holiness)*, die einen südstaatlich-baptistischen Hintergrund hatte. Mehrheitlich aber blieben die Pfingstgemeinden unabhängig. Sozial sprachen sie, wenigstens außerhalb der *black community*, bevorzugt Angehörige der besonders mobilen Mittelklassen an.[37] Genau dies aber wurde für die weißen pentekostalen Gruppierungen zum Problem. Der Funke anfänglicher Begeisterung zündete bei ihnen längst nicht so wie in den schwarzen Gemeinden. Bald kam es zum offenen Schisma, als der weiße Pfingstprediger William Durham, der zwar bei Seymour seine Geisttaufe empfangen hatte, dann aber in Chicago lehrte, dazu überging, sich und seine Predigten, nicht aber die Geisterfahrungen seiner Gemeindemitglieder in das Zentrum der Gottesdienste zu stellen. Durham blieb seiner ursprünglich baptistischen Theologie auch als Pentekostaler treu. Deswegen rückten er und seine Gefolgsleute vom geistzentrierten Trinitarismus der Heiligkeits-Pfingstbewegung zugunsten einer mehr protestantischen christozentrischen Theologie ab. Gleichzeitig nährte er den Glauben, Gott werde über die Pfingstbewegung ganz neue Offenbarungen erfolgen lassen, was die ursprünglichen Pfingstler heftig bestritten. Bald entwickelte sich eine primär baptistische Pfingstbewegung, die zum einen die Wiedertaufe ihrer Gläubigen verlangte und zum anderen über den Baptismus hinausging, indem sie die Trinität leugnete. Ende der zwanziger Jahre war die Pfingstbewegung daher ihrerseits in mehrere Gruppierungen zerfallen.[38] In den Jahren ab 1930 stagnierte dann die gesamte pentekostale Erweckung etwas. Das hieß aber nicht, daß sie vollkommen wirkungslos geblieben wäre. Sie veränderte nur ihre Qualität und beeinflußte in wachsendem Maß die theologische Entwicklung der *mainstream*-Religionen bis hin zum Katholizismus. In den vierziger und fünfziger Jahren fanden sich relativ viele Theologen dieser eingesessenen Kirchen und Konfessionen, denen es gleichfalls um eine Spiritualität zu tun war, in welcher der Heilige Geist und damit die innerliche, persönliche Erfahrung und das Gefühl einen höheren Stellenwert haben sollten als bislang üblich. Im episkopalen Bereich wäre Richard Winkler, bei den Lutheranern Harald Bredesen zu nennen.[39] Für den Katholizismus wäre neben Yves Congar als Theologen des Heiligen Geistes primär der Moderator des II. Vatikanischen Konzils (1962-1965) Kardinal Suenens anzuführen, einer der Gründerväter der charismatischen Gemeindeerneuerung.

Verglichen mit den Fundamentalisten war die Fortentwicklung der Pentekostalen ungeachtet aller Schwierigkeiten solider fundiert. Sie benötigten keine weltanschauliche Konfrontation, um sich allmählich weltweit auszudehnen. Die Pfingstchristen missionierten aus ihrem anfänglichen religiösen Impuls heraus und vermieden es in ihrer Mehrheit lange, sich vor den politischen Karren des Neofundamentalismus, mit dem sie theologisch eigentlich nichts gemein hatten, spannen zu lassen. Trotzdem entstand die zweite pentekostale Erweckungsbewegung in den sechziger Jahren annähernd zeitgleich und vor dem Hintergrund identischer Ausgangsbedingungen wie die vierte evangelikale Welle. Aber ein entscheidender Unterschied war vorhanden. Das Pfingsterwachen vollzog sich diesmal mehr als zuvor nicht nur in den USA, Kanada und Australien, sondern überdies in Afrika, Asien und Lateinamerika. Es beschränkte sich nicht nur auf die binnenamerikanischen Gegebenheiten und Themen, sondern stellte vielmehr eine hybridisierte, gewissermaßen postkoloniale Variante eines ursprünglich angelsächsischen Religionsimpulses dar. Dies ermöglichte ihm ein rapides Wachstum in den Ländern der Dritten Welt. Mehr als die Neofundamentalisten und mehr als die überkommenen Ritualkirchen vermochten es die Pfingstler offenkundig, sich der spirituellen Nöte und Anliegen der Menschen der südlichen Hemisphäre anzunehmen. In Lateinamerika, vor allem in Brasilien und Guatemala, gelang es ihnen, der katholischen Kirche Millionen von Gläubigen abspenstig zu machen. Dies geschah interessanterweise genau zu dem Zeitpunkt, als dort die marxistisch inspirierte Befreiungstheologie ihren Höhepunkt erlebte. Auf der lateinamerikanischen Bischofskonferenz von Medellin in Kolumbien 1968 bekannten sich die katholischen Bischöfe Lateinamerikas zur »Option für die Armen« und wandten sich von ihrem bisherigen Bündnis mit den rechtskonservativen Militärdiktaturen ab. Zur selben Zeit strömten pentekostale Missionare aus den USA nach Lateinamerika, um dort Proselyten zu machen. Ihr Erfolg läßt sich wohl darauf zurückführen, daß viele Lateinamerikaner die eigene Befreiungstheologie als zu innerweltlich und materialistisch ansahen; ein Vorwurf, der auch von asiatischen Befreiungstheologen erhoben wurde. Unter katholischen Geistlichen hält sich hartnäckig das Gerücht, diese Koinzidenz sei kein Zufall gewesen, sondern auf finanzielle Interventionen der US-Großindustrie zurückgegangen.[40] Dies wird sich kaum je beweisen lassen, undenkbar ist es freilich nicht, da die Pfingsterwekkung der sechziger Jahre in den USA von Beginn an mit dem dortigen Großkapital verflochten war. So wurde die *Full Gospel Business Men's Fellowship International*, eine pfingstlerisch ausgerichtete Organisation von Geschäftsleuten, 1961 von dem kalifornischen Millionär Demos Shakarian gegründet. Ihr wichtigster Prediger war Oral Roberts, der sich darum bemühte, den charismatischen Pfingstglauben in den Gruppierungen des christlichen *mainstream* zu verbreiten. Allan Anderson bemerkt in seinem Standardwerk zur Pfingstbewegung, die *Fellowship* habe durchgehend ein ausgeprägt kapitalistisches Ethos verkündet.[41] Dies war ebenso typisch für Pentekostale wie für Evangelikale, wenigstens in den USA.

Seit Beginn der neunziger Jahre beschleunigte sich die Ausbreitung des pentekostalen Glaubens noch einmal. Wie im Fall der Neofundamentalisten dürfte die Nähe des Milleniumswechsels im Jahr 2000 mitsamt den damit verbundenen Endzeiterwartungen eine gewisse Rolle gespielt haben. Pfingsttheologie war immer endzeitliche Theologie gewesen. Ausgehend von Toronto, wo es 1992 zum sogenannten Toronto-Segen, einer pentekostalen Evangelisierung kam, organisierten sich die Pfingstgemeinden neu und erweiterten ihr missionarisches Engagement.[42] Für diesen neuen Aufbruch war eine gewisse Nähe zu den Anliegen und Praktiken des Neofundamentalismus charakteristisch. Zwar rangen sich die Pentekostalen nie dazu durch, das Schriftverständnis der Neofundamentalisten vorbehaltlos zu übernehmen, aber sie akzeptierten in den USA bestimmte politische Elemente aus dem Baukasten neofundamentalistischer Ideologie. Insbesondere kam es zu einer vorbehaltlosen Akzeptanz des kapitalistischen Wohlstands und der religiösen Selbstkommodifizierung, indem man etwa ein besonderes Schwergewicht auf die Heilungswunder und andere Showeffekte legte. Außerhalb der USA und des angelsächsischen Sprachraums waren die Pfingstgemeinden deutlich vorsichtiger, sich mit der kapitalistischen Moderne zu versöhnen. Die lateinamerikanischen Pentekostalen zeichnen sich inzwischen sogar durch eine gewisse Nähe zur Befreiungstheologie aus und sind dabei, ihren politischen Quietismus hinter sich zu lassen, ohne sich der religiösen Rechten anzunähern. Daher ist es nicht auszuschließen, daß von den Pfingstmissionen der südlichen Hemisphäre der ursprüngliche Impuls der Bewegung weitaus authentischer bewahrt wurde als in den Vereinigten Staaten. Das wäre dann eine – im Vergleich zum protestantischen *mainstream* konservative – Theologie, aber mit einer größeren Offenheit gegenüber sozialen Problemen als die amerikanische fundamentalistisch-pentekostale Frömmigkeit. Obendrein haben es die Pfingstler nicht nötig, sich von den Erkenntnissen der neueren Naturwissenschaften infolge eines literalen Verständnisses der Offenbarung abzukapseln, da die Schrift für sie im Vergleich zum Geistkontakt eher sekundär ist. Dies erlaubt ihnen ein insgesamt dynamischeres Offenbarungsverständnis, als es für den Fundamentalismus jemals zu erwarten ist. Schließlich sind die Pfingstler von ihrer Theologie her nicht genötigt, sich einem bestimmten politischen Lager anzuschließen. Derzeit haben sie noch alle Optionen, und es hängt von den diversen politischen Strömungen ab, ob und inwieweit sie die Pfingstgemeinden an sich binden können beziehungsweise verhindern können, daß sie geschlossen zur religiösen Rechten überlaufen. Mit Hilfe der derzeitigen Massenmigration wird diese spezifische Erweckungsbewegung mit Sicherheit wieder Nordamerika und auch Westeuropa erreichen. Der amerikanische Religionswissenschaftler Philip Jenkins geht sogar davon aus, daß die Zukunft des Christentums bis hin in seine liberalen Formationen im 21. Jahrhundert maßgeblich von der pentekostalen Spiritualität geprägt werden wird, wenngleich im Rahmen dessen, was er als Neoorthodoxie und Abkehr vom liberalen Christentum bezeichnet.[43] Das aber bedeutet, daß man sich in den Industrienationen umfassender und differenzierter mit pentekostaler Spiritualität wird auseinandersetzen müssen, als dies bislang geschieht.

Worin aber liegen nun die Besonderheiten der Pfingsttheologie?[44] In erster Linie natürlich in den Charismen des Pfingstereignisses. Im *1. Korintherbrief* setzte sich Paulus ausführlich mit den aus der Geisterfahrung resultierenden Gnadengaben auseinander.[45] Wenn man dem Apostel folgt, war der Umgang mit den frei verfügbaren Charismen zumindest ein steter Quell unerquicklicher Differenzen in den frühen Gemeinden. Letztlich führte dies dazu, daß das charismatische Element in der frühen Christenheit schon sehr früh eingehegt wurde. Paulus nennt als wesentliche Gaben des Geistes Weisheit, die Vermittlung von Erkenntnis, Glaubenskraft, die Fähigkeit, Kranke zu heilen, Wunderkräfte, prophetisches Reden, die Fähigkeit, die Geister zu unterscheiden, das heißt wohl, Orthodoxie von Häresie zu trennen, die Zungenrede und die Gabe, die Zungenrede zu deuten. Bei aller Kritik, die bei ihm sehr deutlich wird, erkennt Paulus die Charismen des Geistes wohl als integralen Bestandteil des Gemeindelebens an. Allerdings wird, wenn man einen genaueren Blick auf seine Theologie der Charismen wirft, rasch deutlich, wo die Divergenzen zwischen dem paulinischen Verständnis der Charismen und dem gegenwärtigen pentekostalen Zugriff liegen. Paulus kennt vor allem das organische Nebeneinander von außergewöhnlichen Gnadengaben, wie der prophetischen Rede, der Zungenrede und der Wunderheilung, auf der einen und der »regulären« Amtscharismen auf der anderen Seite. Letzteres ist entscheidend, da hier die Grundlage für jedwede spätere institutionelle Ekklesiologie liegt. Im Grunde aber sind das für den Apostel die entscheidenden Geistgaben, nämlich jene, die dem Aufbau und Erhalt der Gemeinde dienen. Beide Gattungen stehen schließlich unter dem Primat der Liebe: »Die Liebe hört niemals auf. Prophetisches Reden hat ein Ende, Zungenrede verstummt, Erkenntnis vergeht.«[46] Demgegenüber legt die gegenwärtige Pfingstbewegung andere Schwerpunkte. Das Außergewöhnliche, Wunderhafte und medial Vermittelbare steht in einem Maße im Vordergrund, das mit der paulinischen Charismenlehre kaum vereinbar ist. Insbesondere die Heilungswunder und die Prophetie, aber auch das Zungenreden werden von den Pfingstpredigern geradezu als Bestätigung ihres Anspruches, allein das wahre Christentum zu repräsentieren, angeführt. Dabei steht oft die Glossolalie im Vordergrund, vor allem, wenn sie mit ekstatischer Trance verbunden ist. Dann beginnen einige Prediger und Gläubige damit, melodiöse, aber unverständliche Worte und Wortfetzen auszustoßen. Das ist oft spontan, kann aber auch gelehrt werden und erinnert dann an archaische Ekstasetechniken, wie man sie im Schamanismus findet. Für die Pfingstler aber gehört die Glossolalie zu den unverbrüchlichen Merkmalen ihrer einzigartigen und darum allein wahren Berufung. Dies stößt indes auf heftige Kritik all jener Gruppen, die nicht aus dem pentekostalen Umfeld stammen, und sorgt auch im Verhältnis zu den Neofundamentalisten, die ja denselben Absolutheitsanspruch erheben, für Verstimmung. Daher erlaubt es die spezifisch pentekostale Charismentheologie, mit allen notwendigen Vorbehalten von einem eigenständigen Geistfundamentalismus zu sprechen, der mit dem Wort- oder Schriftfundamentalismus aus dem evangelikalen Lager nicht identisch ist, aber vergleichbare Züge selektiver Modernität annehmen kann. Allerdings fehlen den Pfingstlern all jene spezifischen Momente, die überhaupt erst die Aggressivität des Schriftfundamentalismus ausmachen. Daher ist der pentekostale Geistfundamentalismus einer Art Solitär, der gesellschaftlich und politisch unproblematisch sein kann, wenn er nicht mit neofundamentalistischen Anliegen und der religiösen Rechten in eins gesetzt wird.

Ein zweites theologisches Differenzkriterium der Pfingstbewegung liegt in der Geisttaufe, die bei Evangelikalen und Neofundamentalisten gleichermaßen strikt abgelehnt wird. Dabei handelt es sich erst einmal nur um eine Konsequenz der klassischen Erweckungsfrömmigkeit, wie man sie nicht zuletzt im Baptismus findet, der ja auch nur die Erwachsenentaufe am Ende einer Bekehrung kennt. Für die Pentekostalen steht die Taufe durch den Geist ebenfalls am Ende ihrer Bekehrung. Sie ist gleichsam Ausdruck ihrer Heiligung und Auserwähltheit. Aber dieser Exklusivitätsanspruch kann zu Schwierigkeiten führen, besonders dann, wenn andere christliche Gruppierungen für sich im selben Maße wie die Pentekostalen reklamieren, im Besitz der Wahrheit zu sein. Dies macht den ökumenischen Dialog mit den Pfingstgemeinden ebenso schwierig wie den mit den Neofundamentalisten.

Der dritte und letzte Punkt bezieht sich auf die pfingstliche Ekklesiologie. Auch sie steht im Kern in der Tradition des evangelikalen Erweckungschristentums und damit der calvinistischen Reformation. Allerdings neigen die pentekostalen Christen dazu, den Denominationalismus der Calvinisten noch einmal zu radikalisieren, indem sie großen Wert auf die vollständige Unabhängigkeit der Einzelgemeinden legen. Lokalismus und Partikularismus sowie ein strikter Individualismus machen das Zentrum des pentekostalen Kirchenverständnisses aus. Das stärkt die Gemeinden, da sie ihre jeweiligen Wurzeln am Ort äußerst ernst nehmen und zugleich theologisch und von der Praxis her oft so untereinander vernetzt sind, daß man im Zuge moderner Mobilität ohne große Mühen von einer Gemeinde zur anderen wechseln kann. Zudem erleichtert diese Organisationsform das Überleben verinnerlichter Formen der Spiritualität, da es keine Rückbindung an abstrakte, übergeordnete und damit notwendig bürokratische Strukturen gibt. Somit handelt es sich um eine außerordentlich pluralistisch ausdifferenzierte Religionsform. Trotzdem erschwert es der lokalistische Ansatz, sich als Weltkirche zu verstehen, und den Universalismus, der im christlichen Heilsangebot durchschimmert, tatsächlich erlebbar zu leben.

Trotz aller theologischen und praktischen Probleme befindet sich das Pfingstchristentum derzeit nicht nur in den USA – und dort besonders bei ethnischen Minderheiten – im Aufschwung. Zu Panik und Abwehrreaktionen besteht indes kein Anlaß. Wenn sich die pentekostale Bewegung aus der eisernen Umklammerung des Neofundamentalismus und der religiösen Rechten löst, hat sie durchaus eine Chance, zu einem modifizierten Verhältnis zur Moderne zu finden, da sie es nicht nötig hat, sich am Buchstabensinn des Offenbarungswortes festzuklammern. Was ihre amerikanische Spezifik angeht, so steht sie ganz in der langen Tradition des Evangelikalismus. Sie ist egalitär-demokratisch, aber nicht liberal, sie ist marktkompatibel und bejaht die kapitalistische Wirtschaftsordnung, sie ist medienkonform und nationalistisch-patriotisch. Diese Grundmerkmale amerikanischer Religion haben sich, trotz säkularer Widerständigkeiten, als bemerkenswert stabil erwiesen. Ohne sie ist religiöses Leben in den Vereinigten Staaten kaum noch denkbar. Selbst alte europäische Formen des Christentums wie der Katholizismus haben sich im Lauf der Zeit diesen Vorgaben anpassen müssen. Der Pfingstbewegung wird dies um so leichter fallen, als sie ihren Wurzeln nach aus den USA stammt. Schon deshalb wird man dort auf Dauer mit ihr leben müssen, womöglich sogar noch dann, wenn der Neofundamentalismus längst zu einer Fußnote der evangelikalen Geschichte geworden ist.

8
AM ENDE EINES LANGEN WEGES

Der amerikanische Protestantismus in seinen evangelikalen und pentekostalen Varianten hat inzwischen eine lange und wechselhafte Geschichte hinter sich gebracht. Das, was ursprünglich einmal von den Puritanern erstrebt worden war, ein reformatorisches Neues Jerusalem, ein Gottesstaat des Neuen Bundes auf der jungfräulichen, reinen Erde einer Neuen Welt, ist nie eingetreten. Was vom Puritanismus blieb, war ebenso ernüchternd wie zukunftsweisend – eine kulturelle Disposition zu Subjektivität und Individualismus sowie die Übernahme englischen Traditionsgutes, insbesondere im Bereich des Rechtswesens. Kaum etwas hat die amerikanische Mentalität so geprägt wie der intime Anschluß an die englische Rechtsstaatlichkeit. Darüber hinaus waren es Spezifika des europäischen Calvinismus, die subjektive Bibellektüre, eine denominationale Ekklesiologie und ein je und je näher zu bestimmendes Maß an Heilsexklusivität und missionarischem Auserwähltheitsglauben, den die Puritaner auf den neuen Kontinent mitbrachten. Sehr amerikanisch war all dies noch nicht, aber es trug in sich die Anlagen, die dann in der Folgezeit, dank einer Vielzahl inhaltlich inkohärenter Erweckungsbewegungen, den amerikanischen Protestantismus konstituierten. Wenn man freilich von diesen *awakenings* spricht – vier evangelikalen und zwei pentekostalen in zwei Jahrhunderten –, darf man zwei retardierende Momente nicht außer acht lassen. Zum einen ist nicht jede amerikanische Religion zugleich Erweckungsreligion. Die Erweckungen vollzogen sich nach einem bestimmten Schema. Am Anfang stand in aller Regel eine intensiv antiformalistische, enthusiastische Phase, die dann in eine formalistisch-institutionelle Phase überging. Die Erweckung endete dann darin, daß die zuvor enthusiastischen Denominationen allmählich in einen moderaten *mainstream* mündeten. Am Beispiel der Methodisten und Baptisten läßt sich dies sehr schön nachvollziehen. Das heißt aber zugleich, daß der amerikanische Protestantismus spätestens seit dem 18. Jahrhundert durch das doppelte Wechselspiel von Erweckungsbewegung und institutionalisiertem *mainstream* sowie von Evangelikalismus und nichtevangelikalen, wahlweise orthodoxen oder liberalen, Strömungen gekennzeichnet war. Für unseren Zusammenhang ist dabei wichtig, daß es über die aktuellen Erweckungsbewegungen hinaus durchgehend eine langfristig wirksame evangelikale Grundströmung in den USA gab, die fruchtbar genug war, in Krisenzeiten immer neue Erweckungen aus sich hervorzubringen. Zum anderen darf die Dialektik zwischen *awakening* und Säkularisierung keinesfalls vergessen werden. Gerade zwischen den Erweckungsbewegungen kennt die amerikanische Religionsgeschichte intensive und nachhaltig wirksame Phasen der Säkularisierung. Besonders prominent wären die Jahrzehnte zwischen 1870 und 1910 oder während des *New Deal Order* von 1930 bis etwa 1980 zu nennen. Auch wenn der Evangelikalismus die amerikanische Identität bis weit hinein in den Bereich der Zivilreligion mitgestaltet hat, agierte er nie allein, sondern stets bezogen auf ein säkulares, aber nicht notwendig religionsfeindliches Amerika. Das Verhältnis zwischen säkularisierenden und evangelikalen Tendenzen war dabei tatsächlich nie einheitlich. Es changierte zwischen antagonistischer Konfrontation, vor allem im 20. Jahrhundert, und Kooperation beziehungsweise gegenseitiger Anschlußfähigkeit im 18. und 19. Jahrhundert. Das bedeutete aber auch, daß gerade in der formativen Phase amerikanischer nationaler Identität und politischer Kultur die Religion, näherhin die evangelikale protestantische Spiritualität, entscheidend für das Selbstverständnis der jungen Republik gewesen war.

Die evangelikalen und pentekostalen Erweckungsbewegungen entstanden stets vor dem Hintergrund von Transformationskrisen der Moderne, die ihrerseits meist mit veränderten

Modi von Produktion und Konsum zusammenhingen, ohne indes gänzlich darin aufzugehen. Wie die säkularen, liberalen oder konservativen Kräfte, wie die Katholiken und der *mainstream* in den Vereinigten Staaten bemühten sich die evangelikalen und pentekostalen Protestanten darum, Antworten auf die gesellschaftlichen Herausforderungen ihrer jeweiligen Gegenwart zu geben. Es gehört zu den unbestreitbaren Stärken der auf Konfliktregelung bedachten, prozeduralen Momente in der amerikanischen politischen Kultur, daß sie mit Ausnahme des Revolutionskriegs und des Bürgerkriegs in der Lage war, die Transformationskrisen so zu bewältigen, daß nicht die gesamte gesellschaftliche Ordnung auseinanderflog. Auch hier war der Beitrag der erweckten Christen ambivalent. Sie legten eigene Ordnungsentwürfe vor, die sich am Biblizismus und einem zumeist unreflektierten viktorianisch-bürgerlichen Bild einer guten Gesellschaft ausrichteten, waren aber zugleich oft ebenso aggressiv und auf Wahrung gesellschaftlicher und kultureller Hegemonie bedacht wie ihre säkularen Mit- und Gegenspieler. Es wäre jedoch völlig falsch, in den Erweckten die Hauptschuldigen für das hohe Ausmaß an Gewalt in der amerikanischen Gesellschaftsgeschichte auszumachen. Mehrheitlich handelte es sich bei ihnen um beinahe schon überangepaßte, absolut systemkonforme Bürger, deren Gewaltpotential vor dem Hintergrund einer überaus gewalttätigen Gesellschaft eher schwach ausgeprägt war. Sowohl nach innen wie nach außen waren es die säkularen Kräfte in den USA, die zu gewalttätigen, imperialistischen oder kulturell assimilatorischen Lösungen neigten, obwohl zu konzedieren ist, daß konservative Evangelikale sich immer wieder mit dieser Aggressivität der Moderne identifizieren konnten.

Ansonsten handelte es sich bei den Erweckungen um die Versuche des evangelikalen Christentums, wichtige Impulse aus den Transformationskrisen mitzunehmen und seinem eigenen Verständnis von Christentum anzupassen. Anders als in Europa, vor allem als beim europäischen ultramontanen Katholizismus, waren die Evangelikalen bereit, den Prozeß der Modernisierung aktiv mitzugestalten. Dies gilt freilich bevorzugt für die weißen Gruppierungen. Die *black church*, gleichgültig ob sie evangelikal oder pentekostal ausgerichtet ist, konnte nie mit der gleichen Radikalität wie die weißen Gemeinden kulturelle und soziale Teilhabe einklagen, da es ihr einerseits am sozialen und rassischen Status mangelte, sie aber andererseits die vormodernen Elemente des Christentums treuer bewahrt hatte, weswegen sie sich stärker auf die Verkündigung konzentrieren konnte. Die gesellschaftlichen Geltungsansprüche der weißen Evangelikalen und Pentekostalen waren und sind ein Produkt ihrer Adaptionsleistungen an die Moderne. Vor dem Neofundamentalismus verharrten sie dabei jedoch nie im Gestus der totalen Verweigerung, sondern wiesen Alternativen zum liberalen Moderneverständnis auf oder waren sogar noch radikaler als die Liberalen, wenn es darum ging, die Gesellschaftsordnung der USA den neuen Gegebenheiten anzupassen. Insofern leisteten sie ihren Beitrag zum sozialen Pluralismus in den USA, was es ihnen gleichzeitig ermöglichte, lebendig zu bleiben und so protestantische Kirchlichkeit in wachsendem Maße in der amerikanischen Gesellschaft zu implantieren. Allerdings geschah dies stets vor dem Hintergrund eines Basisparadoxes der gesamten evangelikalen und pentekostalen Bewegung: Ihr wesentlicher religiöser Impetus gründete in ihrem spontanen Enthusiasmus, ihrem bewußten Pluralismus und ihrer rigiden Subjektivität. Sobald sie aber versuchten, dies in konkrete gesellschaftspolitische Koalitionen mit klaren Zielen umzusetzen, verloren sie ihre religiösen Grundlagen. Man blicke nur auf das Schicksal der *Moral Majority* und der CCA. Hielten sie jedoch an diesen Grundlagen fest, büßten sie ihren gesellschaftspolitischen Gestaltungsanspruch ein. Dies allein sollte ausreichen, um angesichts der verbalen Radikalität auch gegenwärtiger evangelikaler, fundamentalistischer und pentekostaler Partizipationsforderungen nicht in unangebrachten Alarmismus zu verfallen. Ganz im Gegenteil! Dem evangelikalen Christentum fällt im Rahmen der amerikanischen Ideengeschichte, aber auch der Verfassungspraxis eine immens wichtige Aufgabe zu. Indem es gesellschaftliche Alternativen zu den vorgeblichen Notwendigkeiten der Moderne aufzeigt, weist es dem Staat und der Gesellschaft Grenzen zu, so wie eine weiterhin von säkular-liberalen Kräften dominierte Gesellschaft dem Staat und der Religion Grenzen zuweist. Erst in diesem konfliktträchtigen Dreieck von Staat, Gesellschaft und kritischer Religion entsteht aber der Raum für partizipatorische Freiheit. Es ist fraglich, ob der liberale *mainstream* diese Funktion übernehmen kann, da er allzu sehr dazu neigt, sich mit der Gesellschaft zu identifizieren. Ohne die Dialektik von selektiver Modernität und Moderne- beziehungsweise Liberalismuskritik aber geht die Religion ihrer grenzziehenden Funktion dauerhaft verlustig. Die dabei entstehenden Konflikte muß eine offene Gesellschaft aushalten, denn das evangelikale und pentekostale Christentum sind genau die Religionsformen, die herauskommen können, wenn man in einer offenen Gesellschaft die Menschen in die Mühe des Selberdenkens entläßt. Die Evangelikalen und Pentekostalen sind dabei weniger die Kinder dieser Gesellschaft als Bestandteil ihrer Identität.

Deswegen war es so wichtig, was die Erweckungsbewegungen angesichts der vielfältigen Transformationskrisen der Moderne in das Selbstverständnis des amerikanischen Protestantismus einbrachten. In den vierziger bis siebziger Jahren des 18. Jahrhunderts bestand das Problem im Aufkommen eines imperialen Marktes und den daraus resultierenden konsumistischen und soziopolitischen Teilhabeansprüchen der Kolonialbevölkerung. Die erste evangelikale Erweckungsbewegung reagierte darauf mit einer vorrevolutionären, am Lockeanismus und dem aufgeklärten Naturrecht ausgerichteten individualistischen, egalitären und antielitären, insgesamt also partizipatorischen Ideologie, die wesentlich zum Entstehen eines revolutionären Bewußtsein in den amerikanischen Festlandskolonien des britischen Weltreichs beitrug. Die zweite evangelikale Erweckungsbewegung reagierte auf das Aufkommen einer frühindustriellen Gesellschaft mitsamt den daraus resultierenden schwerwiegenden gesellschaftlichen und kulturellen Problemlagen der Urbanisierung, der Massenmigration und einer nationalen Marktgesellschaft. Überdies hatte sie es mit dem hausgemachten Konflikt zwischen ruralen Sklavenstaaten im Süden und den frühindustriellen Staaten im Norden zu tun. Die Erweckten paßten sich generell dem neuen marktkapitalistischen System ohne große Vorbehalte an. Hierin liegt wohl das wesentliche Kriterium, das die amerikanische Religiosität von einer konventionellen, deutlich konservativeren und marktkritischeren Religiosität unterscheidet. Die amerikanischen Erweckten begrüßten, zumindest im Norden, den Kapitalismus und seine Prinzipien mit enormer Begeisterung und fügten ihre religiösen Doktrinen ohne große Rücksicht auf den propagierten Biblizismus in die ökonomischen und kulturellen Gegebenheiten ein. Von nun an war der erweckte Protestantismus auf Profitmaximierung, Selbstkommodifikation und Marktteilhabe ausgerichtet. Demokratie und Kapitalismus wurden ihm eins. Insofern war er fast bedingungslos modern, auch wenn sich dies in den folgenden Jahrzehnten teilweise ändern sollte. Die ersten beiden Erweckungsbewegungen waren auf alle Fälle Motoren der selektiven Modernität im amerikanischen Protestantismus. Mit dem Übergang zur fordistischen Hochindustrialisierung änderte sich das gesellschaftliche Umfeld der Erweckung erneut. Zum ersten Mal geriet sie mit der selbstbewußt gewordenen liberal-naturwissenschaftlichen Moderne wegen ihres Biblizismus in Konflikt. Der egalitäre Antielitarismus und Antiintellektualismus der evangelikalen Tradition wurde nun zum Angelpunkt einer rabiaten Kritik des Liberalismus und seines Weges in die hochindustrielle Moderne. Gleichzeitig sorgte die mangelnde Reflexion der Evangelikalen auf das ihrer Weltanschauung innewohnende viktorianische und bürgerliche Denken dafür, daß man sich im Namen der Bibel auch gegen Entwicklungen stellte, die man nur als libertinistischen moralischen Verfall interpretieren konnte. Damit gaben die fundamentalistischen Erweckten der zehner und zwanziger Jahre des letzten Jahrhunderts auch dem antielitären, demokratischen Populismus neue

Nahrung. Man darf dieses zutiefst demokratische Wesen des frühen Fundamentalismus, das aus der evangelikalen Geschichte seit 1740 resultierte, keinesfalls unterschätzen, sonst versteht man die gesamte Bewegung nicht. Parallel dazu waren die Evangelikalen und Fundamentalisten maßgeblich daran beteiligt, das nationalpatriotische Selbstbewußtsein der USA in dieser entscheidenden Phase ihrer Geschichte zu formen, diesmal freilich in Konfrontation mit einem inklusiven Liberalismus. Erst mit dem Eintreten der Neofundamentalisten in die republikanische Koalition der *culture wars* in den achtziger Jahren änderte sich dies. Erstmals stand das egalitäre Prinzip der Evangelikalen im Dienste der herrschenden Klassen. Die inzwischen total kommerzialisierte, also durchaus moderne Religion der Evangelikalen wurde zur Hilfstruppe eines politisch-kulturellen Zieles säkularer *conservatives* umgewandelt. Der ursprüngliche Enthusiasmus wandelte sich in kapitalistische und nationalistische Verbalapokalyptik und intellektuelle Leere. Mit dem Neofundamentalismus droht der Evangelikalismus sein Gesicht zu verlieren. Er ist ein intellektuell unredliches Dekadenzphänomen, das antimoderne und selektiv moderne Züge miteinander zu verbinden sucht. Es sind die Pfingstgemeinden, die möglicherweise die große Chance haben, wenn es ihnen gelingt, sich aus der Umklammerung der Neokonservativen zu lösen, die verkrustete und erstarrte Struktur des Evangelikalismus wieder aufzubrechen. Dies kann aber nur geschehen, wenn es zu einem vertieften Nachdenken über die eigenen, möglicherweise rein aufgrund nationaler Gegebenheiten oder kultureller Praktiken existierenden Traditionen kommt und wenn überdies die theologische Reflexion auf die Grenzen vorrangig des fundamentalistischen Offenbarungsverständnisses stattfindet. Es ist dabei interessant zu sehen, wie sehr dies nicht mehr vom Boden der USA ausgeht, ja vermutlich gar nicht ausgehen kann, da die amerikanische Religiosität so eng mit der nationalen Identität verkoppelt ist. Seit dem Zerfall des Puritanismus hatte sich amerikanische Spiritualität wesentlich innerhalb der Grenzen des eigenen Landes, wenn auch eng mit transnationalen Erweckungen verbunden, vollzogen. Dies trifft für die Anfänge der Pfingstgemeinden ebenfalls zu, nicht aber für ihr heutiges Wirkungspotential. Während die inneramerikanischen Pfingstgemeinden am geistigen Niedergang des evangelikalen Christentums partizipierten, kommt derzeit eine erneuerte Pfingstbewegung in die USA zurück, die um 1920 von dort ihren Ausgang genommen hatte, in der Zwischenzeit aber durch den Kulturkontakt mit Lateinamerikanern, Afrikanern und Asiaten ein ganz anderes Gesicht bekommen hat. Heute stellt sich angesichts des Übergangs zur postfordistischen Kommunikations- und Mediengesellschaft und der ökonomischen Globalisierung die Frage neu, wie sich ein an den Vorgaben der Schrift ausgerichtetes Christentum mit Blick auf soziale Fragen, auf Armut, Ausbeutung und gesellschaftliche Spaltungen in Treue zur eigenen Tradition und zum Auftrag des Religionsstifters positionieren soll. Dabei dürfte freilich zwei wichtigen Gemeinsamkeiten sämtlicher *awakenings* weiterhin eine zentrale Funktion zukommen: dem durch die denominationale, lokalistische Ekklesiologie garantierten Pluralismus des amerikanischen Erweckungschristentums und dem Primat der lebensweltlichen Orthopraxie gegenüber einer doktrinären Orthodoxie. Beides verleiht der genuin amerikanischen Religiosität eine besondere Lebendigkeit und Elastizität, die mit dazu beigetragen hat, daß die Religion in den USA tatsächlich einen Sonderweg hinter sich gebracht hat.

ANMERKUNGEN

I
PROTESTANTISMUS IN DEN USA – EIN SONDERWEG?

1 Die entsprechenden Zahlen finden sich bei George M. Marsden, *Religion and American Culture*, Fort Worth 1990, S. 1; Robert Laurence Moore, *Selling God. American Religion in the Marketplace of Culture*, New York 1994, S. 4, und Rainer Prätorius, *In God We Trust. Religion und Politik in den USA*, München 2003, S. 16.

2 Zu den europäischen Vergleichszahlen siehe Britta Waldschmidt-Nelson, *Looking Beyond Stereotypes. The Role and Perception of Religion in Europe and America*, in: Britta Waldschmidt-Nelson, Markus Hünemörder und Meike Zwingenberger (Hgg.), *Europe and America: Cultures in Translation*, Heidelberg 2006, S. 83-98, siehe bes. S. 83-86. Waldschmidt-Nelson bietet darüber hinaus eine kluge kulturwissenschaftliche Kritik des zur Verfügung stehenden statistischen Materials. Dies ändert jedoch nichts an der generellen Tendenz, um die es uns hier zu tun ist.

3 Roger Finke und Rodney Stark, *The Churching of America. Winners and Losers in Our Religious Economy*, New Brunswick 1992, S. 1-21, bes. S. 16.

4 Vgl. z. B. Manfred Henningsen, *Der Aufstand der Fundamentalisten. Die Sehnsucht nach der heilen Welt und die amerikanische Gegenrevolution*, in: ›Merkur‹ (Sonderheft) 53:9/10 (1999), S. 901-910; Claus Leggewie, *America First? Der Fall einer konservativen Revolution*, Frankfurt/Main 1997, S. 205-226. Sehr abgewogen in seiner Analyse Prätorius, *In God We Trust.*

5 Zit. n. Sara Diamond, *Not By Politics Alone. The Enduring Influence of the Christian Right*, New York 1998, S. VIII.

6 David Domke, *God Willing? Political Fundamentalism in the White House, the War on Terror and the Echoing Press*, London 2004; Barbara Victor, *Beten im Oval Office. Christlicher Fundamentalismus in den USA und die internationale Politik*, München 2004.

7 Diese These vertritt in feuilletonistischer Manier Thomas Frank, *What's the Matter with Kansas? How Conservatives Won the Heart of*

America, New York 2004. Einen ähnlichen Ansatz, aber stärker auf die kulturelle Bedeutung des US-amerikanischen Südens ausgerichtet, verficht Peter Applebome, *Dixie Rising. How the South is Shaping American Values, Politics, and Culture*, San Diego 1996. Allg. vgl. Leggewie, *America first?*, und Michael Lind, *Up from Conservatism. Why the Right is Wrong for America*, New York 1997, S. 138-155, zur Funktion der *culture wars*. Eine systematische Methodenkritik an Frank bietet Larry Bartels, *What's the Matter with* What's the Matter with Kansas? (Ms. Redemanuskript für die Jahrestagung der *American Political Science Association*, 2005). [Für die Hinweise danke ich Thorsten Kathke, M. A., München].

8 Steve Fraser und Gary Gerstle (Hgg.), *The Rise and Fall of the New Deal Order, 1930-1980*, Princeton 1989; Alan J. Matuson, *The Unraveling of America. A History of Liberalism in the 1960s*, New York 1984.

9 Vgl. dazu Michael Hochgeschwender, *Freiheit in der Offensive? Der Kongreß für kulturelle Freiheit und die Deutschen*, München 1998, und Julia Angster, *Konsenskapitalismus und Sozialdemokratie. Die Westernisierung von SPD und DGB*, München 2003.

10 Will Herberg, *Protestant – Catholic – Jew. An Essay in American Religious Sociology*, Chicago 1955.

11 Denomination bezeichnet protestantische, mehrheitlich calvinistische Gruppen in den USA, die für sich nicht in Anspruch nehmen, die Kirche Gottes schlechthin zu sein, sondern gewissermaßen als Gemeinde oder als übergemeindlich organisierte Religionsgemeinschaft die eine und wahre Kirche zu repräsentieren. Dieses Kirchenverständnis, für das Kirche durchgehend eine unsichtbare Größe darstellt, unterscheidet sich massiv vom katholischen Kirchenverständnis, wie es neuerlich in der Konstitution *Dominus Iesus* zum Ausdruck gekommen ist. Deswegen werde ich von calvinistischen Gemeinschaften bevorzugt als Denominationen sprechen, hingegen von der katholischen oder anglikanischen Kirche.

12 Paul Boyer, *God's Country? The Conservative Resurgence in Contemporary American Protestantism*, in: Waldschmitt-Nelson u. a. (Hgg)., *Europe and America*, S. 83-98.

13 Diamond, *Not By Politics Alone*, S. 236-242.

14 Diamond, *Not by Politics Alone*, S. VIII.

15 Einer der ersten Forscher, die für ein kritisch-empathisches Verständnis der christlichen Rechten warben, war Leo P. Ribuffo, *The Old Christian Right. The Protestant Far Right from the Great Depression to the Cold War*, Philadelphia 1983, S. XI-XIX. Vgl. ferner

Liza McGerr, *Suburban Warriors. The Origins of the New American Right*, Princeton 2001.

16 Clyde Wilcox, *Onward Christian Soldiers? The Religious Right in American Politics*, Boulder 1996, S. XI. Berndt Ostendorf, *Das Religiöse in der amerikanischen Demokratie*, in: ›Merkur‹ (Sonderheft) 53:9/10 (1999), S. 891-900, betont zusätzlich das individualistische Moment in der spezifisch amerikanischen Frömmigkeitskultur.

17 So ist es in vielen Gebieten der USA üblich, daß Sozialaufsteiger die Denomination wechseln, daß etwa Baptisten zu den prestigeträchtigeren Presbyterianern, Kongregationalisten oder gar Episkopalen wechseln. Noch heute wird es zum Beispiel John D. Rokkefeller hoch angerechnet, daß er trotz wachsenden Reichtums seine angestammte baptistische Konfession nicht aufgab, siehe Ron Chernow, *Titan. The Life of John D. Rockefeller, Sr.*, New York 1998, S. 49-57.

18 Vgl. Rodney Stark, *The Rise and Fall of Christian Science*, in: ›Journal of Contemporary Religion‹ 13:2 (1998), S. 189-214. [Für den Hinweis danke ich meiner Kollegin Dr. Britta Waldschmidt-Nelson, München].

19 Siehe dazu u. a. Christopher A. Bayly, *The Birth of the Modern World, 1780-1914*, Malden 2004, S. 325-365, und Erich Hobsbawm, *The Age of Capital, 1848-1875*, New York 1996, und ders., *Das imperiale Zeitalter, 1875-1914*, Frankfurt/Main 1984.

20 Richard J. Carwardine, *Trans-Atlantic Revivalism. Popular Evangelicalism in Britain and America*, Westport 1978.

21 Michael Hochgeschwender, *Ultramontaner Katholizismus und amerikanische Demokratie, 1830-1860*, in: Werner Kremp (Hg.), *Katholizismus im atlantischen Raum*, Trier 2004, S. 63-86.

22 Olaf Blaschke, *Das 19. Jahrhundert – ein zweites konfessionelles Zeitalter*, in: ›Geschichte und Gesellschaft‹ 26:1 (2000), S. 38-75.

23 Philip Jenkins, *The Next Christendom. The Coming of Global Christianity*, New York 2002.

24 Vgl. u. a. E. San Juan, Jr., *Beyond Postcolonial Theory*, New York 1999, S. 195-226.

25 Siehe dazu Paul K. Conkin, *When All the Gods Trembled. Darwinism, Scopes, and American Intellectuals*, Lanham 1998, S. 49-77, und Reinhard Hempelmann, *Licht und Schatten des Erweckungschristentums. Ausprägungen und Herausforderungen pfingstlich-charismatischer Frömmigkeit*, Stuttgart 1998. Vgl. ferner Klaus Kienzler, *Der religiöse Fundamentalismus. Christentum, Judentum, Islam*, München 1996.

26 Thomas Meyer, *Fundamentalismus – Aufstand gegen die Moderne*,

Hamburg 1989, S. 157; siehe überdies Erich Geldbach, *Protestantischer Fundamentalismus in den USA und Deutschland*, Münster 2001.

27 Dabei ist mir bewußt, daß die Begriffe modern, Modernität, Modernisierung und Moderne notorisch vage und oft genug hochgradig mit persönlichen Erwartungen und unreflektierten normativ-weltanschaulichen Vorgaben aufgeladen sind. Dennoch sind diese Konzepte unverzichtbar, da sie auf der Quellenebene den gemeinsamen Referenzpunkt sämtlicher am Fundamentalismusdiskurs beteiligten Parteien abgeben (und sei es in Gestalt des Fortschrittsparadigmas des 18. und 19. Jahrhunderts). Auf dieser Ebene findet sich in der Tat ein emphatisch normativer Modernebegriff. Auf der analytischen Ebene hingegen erlaubt es das semantische Feld um das Konzept der Moderne, die strukturellen Voraussetzungen und Begleitumstände bei der Herausbildung selektiv moderner Varianten des Evangelikalismus präziser als sonst denkbar herauszuarbeiten. Ich verstehe dabei unter Modernisierung einen Weg zur Moderne, der ein Bündel divergierender, ineinander verwobener, aber nicht notwendig zusammengehöriger Prozesse umfaßt, darunter Industrialisierung, Technisierung, Urbanisierung, Ausdifferenzierung unterschiedlicher, u. U. widersprüchlicher Lebenssphären bei gleichzeitiger Komplexitätsreduktion in der wissenschaftlichen Beschreibung, Massenpartizipation im politischen Leben (die nicht unbedingt mit Demokratie identisch sein muß) sowie ggf. Säkularisierung. Zur Diskussion siehe Nina Degele, *Modernisierungstheorie. Eine Einführung*, München 2005; Peter Wehling, *Die Moderne als Sozialmythos. Zur Kritik sozialwissenschaftlicher Modernisierungstheorien*, Frankfurt/Main 1992. Zur geschichtswissenschaftlichen Debatte immer noch lesbar: Hans-Ulrich Wehler, *Modernisierungstheorie und Geschichte*, Göttingen 1975. Einen sinnvoll modifizierten Zugriff zum Zusammenhang von Modernisierung und Säkularisierung bietet David A. Martin, *A General Theory of Secularization*, Oxford 1978, der zwischen der sinkenden extensiv-gesamtgesellschaftlichen Ordnungsmacht der Religionen und ihrer bleibenden sinnstiftenden Bedeutung unterscheidet und auch auf den Fall der USA anwendbar ist.

28 Kienzler, *Der religiöse Fundamentalismus*, S. 38-41.

29 Hempelmann, *Licht und Schatten des Erweckungschristentums*, S. 26-29.

30 Alister E. McGrath, *Christian Theology. An Introduction*, Malden 2007; ders., *Naturwissenschaft und Theologie*, Freiburg/Br. 2000, und ders., *Redemption*, Minneapolis 2006.

31 Siehe v. a. Brevard S. Childs, *Die Theologie der einen Bibel*, Freiburg/Br. 1996.

32 Conkin, *When All the Gods Trembled*, S. 56.

33 Beim Begriff *crusade* ist jedoch zu beachten, daß sich der semantische Gehalt dieses Wortes im US-amerikanischen Zusammenhang von dem des Begriffes Kreuzzug im Deutschen teilweise unterscheidet. Vor allem ist die kollektive Erinnerung an die in aller Regel negativ konnotierten mittelalterlichen Kreuzzüge in den USA nicht vorrangig gemeint. Wichtiger sind Rückbezüge auf sozialmoralische Reformbewegungen, allen voran den abolitionistischen »Kreuzzug« gegen die Sklaverei oder die *temperance crusade* gegen den Alkoholismus, die beide von Evangelikalen unterstützt wurden. In diesem Sinne kann *crusade* bei Fundamentalisten und anderen Evangelikalen in Übereinstimmung mit dem allgemeinen amerikanischen Sprachgebrauch ausgesprochen positiv konnotiert sein und muß in keiner Weise Gewalttätigkeit implizieren.

34 Richard J. Ellis, *American Political Cultures*, New York 1993.

35 Vgl. Diamond, *Not By Politics Alone*; Ruth Murray Brown, *For a »Christian America«. A History of the Religious Right*, New York 2002; Michael Lerner, *The Left Hand of God. Taking Back Our Country from the Religious Right*, New York 2006; Christian Smith, *Christian America? What Evangelicals Really Want*, Berkeley 2000; John C. Green, Mark J. Rozell und Clyde Wilcox (Hgg.), *The Christian Right in American Politics. Marching to the Millennium*, Washington, DC 2003.

36 Zur Diskussion vgl. z. B. Robert Wuthnow und John H. Evans, *The Quiet Hand of God. Faith-Based Activism and the Public Role of Mainline Protestantism*, Berkeley 2002, sowie Prätorius, *In God We Trust*, S. 66-83.

2
DAS HEILIGE EXPERIMENT: AUFSTIEG UND FALL DER PURITANER

1 Ein gutes Beispiel für die geschichtswissenschaftliche Omnipräsenz der Puritaner ist das ansonsten recht ausgewogen argumentierende Werk von Chard Powers Smith, *Yankees and God*, New York 1954, der sämtliche Erweckungsbewegungen in der Geschichte Nordamerikas kurzerhand unter dem Terminus puritanisch zusammenfaßt.

2 Siehe z. B. Perry Miller, *Errand into the Wilderness*, Cambridge 1956;

Stephen Foster, *The Long Argument. English Puritanism and the Shaping of New England Culture, 1570-1700*, Chapel Hill 1991; David Hall, *Narrating Puritanism*, in: Darryl G. Stout und David Hall (Hgg.), *New Direction in American Religious History. A Reader*, New York 1998, S. 51-83; Sacvan Bercovitch, *The Puritan Origins of the American Self*, New Haven 1975.

3 Vernon L. Parrington, *Main Currents in American Thought*, Bd. 1 (New York 1927), sah eine ungebrochene Traditionslinie von den Puritanern zum engstirnigen bürgerlichen Viktorianismus des 19. Jahrhunderts. In dieser Sichtweise folgte er dem notorischen Vordenker liberal-progressivistischer Religions- und Gesellschaftskritik H. L. Mencken.

4 Vgl. dazu die ausgewogene Darstellung von Francis J. Bremer, *The Puritan Experiment. New England Society from Bradford to Edwards*, Hanover 1995. Zur Theologiegeschichte empfiehlt sich E. Brooks Holifield, *Theology in America. Christian Thought from the Age of Puritans to the Civil War*, New Haven 2003, S. 25-102. [Für Hinweise danke ich Prof. Dr. Peter Schneck, Osnabrück].

5 Zum Calvinismus vgl. Ernst Walter Zeeden, *Das Zeitalter der Glaubenskämpfe*, München 1999.

6 Siehe etwa Kevin Ward, *A History of Global Anglicanism*, Cambridge 2006; Charles A. Prior, *Defining the Jacobean Church. The Politics of Religious Controversy, 1603-1625*, Cambridge 2005.

7 Vgl. dazu Hermann Graf Reventlow, *Epochen der Bibelauslegung*, 4 Bde., München 1990 ff., und Jan Rohls, *Protestantische Theologie der Neuzeit*, 2 Bde., Tübingen 1997.

8 Vgl. zur Gesamtproblematik Harald Rimbach, *Gnade und Erkenntnis in Calvins Prädestinationslehre*, Frankfurt/Main 1996; aus evangelikaler Perspektive siehe Lester de Koster, *Light for the City. Calvin's Preaching, Light for Life and Liberty*, Grand Rapids 2004, und Robert A. Petersen, *Why I Am Not an Arminian*, Downers Grove 2004.

9 Eine eindrucksvolle ideengeschichtliche Darstellung der theologischen Schöpfungsproblematik und ihrer anthropologischen Implikationen bietet trotz gewisser Einseitigkeiten in der Darstellung der augustinischen Lehre Dieter Groh, *Schöpfung im Widerspruch. Deutungen der Natur und des Menschen von der Genesis bis zur Reformation*, Frankfurt/Main 2003.

10 Zu den vielfach mißverstandenen Verfechtern einer stärkeren menschlichen Mitwirkung an der Rechtfertigung gehörte vor allem Gabriel Biel, ein origineller Schüler Wilhelm von Ockhams,

siehe dazu Heiko A. Oberman, *The Harvest of Medieval Theology. Gabriel Biel and Late Medieval Nominalism*, Cambridge 1963, und Leif Grane, *Contra Gabrielem. Luthers Auseinandersetzung mit Gabriel Biel in der Disputation* contra scholasticam theologiam *1517*, Kopenhagen 1962. Nur nebenbei sei bemerkt, daß die katholische Theologie weder in der Phase der Scholastik noch in der nachreformatorischen Zeit von dieser Problematik des Zusammenwirkens von göttlicher Gnade und menschlicher Freiheit verschont blieb. Dies zeigt bereits ein kurzer Blick auf die endlosen Schulstreitigkeiten zwischen Thomisten und Molinisten seit dem 17. Jahrhundert, siehe insgesamt Alister McGrath, *Justificatio Dei. A History of the Christian Doctrine of Justification*, Cambridge 1998; Otto Hermann Pesch und Albrecht Peters, *Einführung in die Lehre von Gnade und Rechtfertigung*, Darmstadt 1989; Joseph Pohle und Joseph Gummersbach, *Lehrbuch der Dogmatik*, Bd. 2, Paderborn 1956, S. 490-826; Johannes Brinktrine, *Die Lehre von der Gnade*, Paderborn 1957, und Bernhard Bartmann, *Lehrbuch der Dogmatik*, Bd. 2, Freiburg/Br. 1932, S. 3-125.

11 Vgl. dazu John D'Emilio und Estelle B. Freedman, *Intimate Matters. A History of Sexuality in America*, Chicago 1997.

12 Siehe zu diesem Topos Henry Nash Smith, *Virgin Land*, New York 1967.

13 James M. Volo und Dorothy D. Volo, *The Antebellum Period*, Westport 2004, S. 337-368.

14 Vgl. u. a. Matthias Waechter, *Die Erfindung des amerikanischen Westens. Die Geschichte der frontier-Debatte*, Freiburg/Br. 1996. Zu den puritanischen Wurzeln dieser Debatte siehe bes. S. 28-33. Ferner Michael Hochgeschwender, *Raum und nationale Identität in der US-amerikanischen Geschichtswissenschaft im 20. Jahrhundert*, in: Anke Köth, Anna Minta und Andreas Schwarting (Hgg.), *Building America. Die Erschaffung einer neuen Welt*, Dresden 2005, S. 21-41.

15 Noch heute finden sich Ausstellungen zu Indianern in den *Smithsonian Institutions*, dem Nationalmuseum in Washington, DC in der Abteilung Naturgeschichte!

16 Eine ausgezeichnete Darstellung dieses Komplexes bietet Jill Lepore, *In the Name of War. King Philipp's War and the Origins of American Identity*, New York 1999; siehe ferner Richard Slotkin, *Regeneration through Violence. The Mythology of the American Frontier, 1600-1800*, Norman 1973, und Francis Jennings, *The Invasion of America. Indians, Colonialism, and the Cant of Conquest*, New York 1975. Einen alternativen Umgang mit den Indianern pflegten die reli-

giös gleichfalls devianten Quäker in Pennsylvania, siehe dazu Urs Bitterli, *Alte Welt – neue Welt. Formen des europäisch-überseeischen Kulturkontakts vom 15. Jahrhundert bis zum 18. Jahrhundert*, München 1992, S. 123-152.

17 Alden T. Vaughan, *The New England Frontier. Puritans and Indians, 1620-1675*, New York 1979.

18 R. C. Simmons, *The American Colonies. From Settlement to Independence*, New York 1974, S. 20-43.

19 Finke und Stark, *The Churching of America*, S. 24-31.

20 Vgl. Wolfgang Kersting, *Die politische Philosophie des Gesellschaftsvertrags*, Darmstadt 1996; Ronald J. Pestritto, *The American Founding and the Social Compact*, Lanham 2003. Zur englischen Verfassungstradition im kolonialen Nordamerika siehe Alfred H. Kelly, Winfrid A. Harbison und Herman Belz, *The American Constitution and Its Development*, Bd. 1, New York 1991, S. 1-42.

21 Vgl. dazu David D. Hall, *Religion and Society. Problems and Reconsiderations*, in: Jack P. Greene und J. R. Pole (Hgg.), *Colonial British North America. Essays in the New History of the Early Modern Era*, Baltimore 1984, S. 317-344; Richard Middleton, *Colonial America. A History, 1585-1776*, Oxford 2000, S. 104-114 und S. 160-168; Alan Taylor, *American Colonies*, New York 2001, S. 245-274.

22 Siehe dazu Lawrence M. Friedman, *Crime and Punishment in American History*, New York 1993, S. 19-63, und Eric Monkkonen, *Homicide. Explaining America's Exceptionalism*, in: ›American Historical Review‹ 111:1 (2006), S. 76-94, der in einer etwas gewagt anmutenden These die heutige hohe Gewaltquote in den USA auf den äußerst zurückhaltenden Umgang mit der Todesstrafe in der Frühmoderne zurückführt. Vgl. ferner die konzise Darstellung von Jürgen Martschukat, *Die Geschichte der Todesstrafe in Amerika. Von der Kolonialzeit bis zur Gegenwart*, München 2002, S. 11-27. Zur römischen Inquisition sowie zur spanischen und portugiesischen Inquisition siehe Brian P. Levack, *Hexenjagd. Die Geschichte der Hexenverfolgungen in Europa*, München 1995, sowie Wolfgang Behringer, *Witches and Witch-Hunts. A Global History*, Cambridge 2004.

23 Vgl. u. a. den Forschungsüberblick bei Brian P. Levack (Hg.), *Witchcraft in Colonial America*, New York 1992; siehe ebenso Winfried Herget (Hg.), *Die Salemer Hexenverfolgungen. Perspektiven – Kontexte – Repräsentationen*, Trier 1994, David K. Fremont, *The Salem Witchcraft Traits in American History*, Berkeley 1997; Peter Charles Hoffer, *The Salem Witchcraft Trials. A Legal History*, Lawrence 1997.

24 Siehe etwa Harold Bloom, *Arthur Miller's* The Crucible, Broomell 1999.

25 Christopher J. Lucas, *American Higher Education. A History*, New York 2006, S. 103-142.

26 Bremer, *The Puritan Experiment*, S. 117-120.

27 Eine Kritik des Individualismusparadigams in der US-amerikanischen Geschichte bietet Barry A. Shain, *The Myth of American Individualism. The Protestant Origins of American Political Thought*, Princeton 1995.

28 Zur Diskussion siehe u. a. Joseph W. H. Lough, *Weber and the Persistance of Religion. Social Theory, Capitalism, and the Sublime*, London 2006; Constans Seyfarth, *Seminar Religion und gesellschaftliche Entwicklung. Studien zur Protestantismus-Kapitalismus-These Max Webers*, Frankfurt/Main 1973. Eine sehr pointierte Einordnung in den Gesamtzusammenhang Weberschen Denkens findet sich bei Joachim Radkau, *Max Weber. Die Leidenschaft des Denkens*, München 2005. Vgl. überdies Gianfranco Poggi, *Calvinism and the Capitalist Spirit. Max Weber's Protestant Ethic*, London 1984, sowie Michael Mann, *The Sources of Social Power*, Bd. 1: *A History of Power from the Beginning to A. D. 1760*, Cambridge 2005, S. 465-466.

29 Michael P. Winship, *The Times and Trials of Anne Hutchinson*, Lawrence 2006; Francis J. Bremer, *Anne Hutchinson. Troubler of Puritan Zion*, Huntington 1981.

30 Dieses Problem wird bis heute in der US-amerikanischen Religionsgeschichte unter dem Stichwort *declension* kontrovers diskutiert. Vgl. dazu Michael Hochgeschwender, *Religion, nationale Mythologie und nationale Identität. Zu den methodischen und inhaltlichen Debatten in der amerikanischen »New Religious History«*, in: ›Historisches Jahrbuch‹ 124 (2004), S. 480-484.

31 Bremer, *The Puritan Experiment*, S. 161-165.

32 Vgl. Martin Mulsow, *Socinianism and Arminianism. Antitrinitarians, Calvinists, and Cultural Exchange in Seventeenth-Century Europe*, Leiden 2005. Für Nordamerika siehe Ann Lee Bressler, *The Universalist Movement in America, 1770-1880*, Oxford 2001.

33 Siehe allg. Michael D. Robinson, *The Storms of Providence. Navigating the Waters of Calvinism, Arminianism, and Open Theism*, Dallas 2003; Peter O. G. White, *Predestination, Policy, and Polemic. Conflict and Consensus in the English Church from the Reformation to the Civil War*, Cambridge 1992.

34 Holifield, *Theology in America*, S. 181-186.

35 Bremer, *The Puritan Experiment*, S. 156-158.

36 Ernest Lee Tuveson, *Redeemer Nation. The Idea of America's Millenal Role*, Chicago 1968.

37 Vgl. etwa Robert C. Fuller, *Naming the Antichrist. The History of an American Obsession*, New York 1995. Zur fortwährenden Bedeutung manichäischer Denkstile im Bereich der US-amerikanischen Außenpolitik vgl. Detlef Junker, *Power and Mission. Was Amerika antreibt*, Freiburg/Br. 2003.

38 Man könnte mit Blick auf die Geschichte der US-amerikanischen Literatur zusätzlich danach fragen, ob und inwieweit bestimmte Formen subjektiver Introspektion und Innerlichkeit sich auf die permanente Selbstbeobachtung der Puritaner zurückführen lassen. Allerdings deutet manches darauf hin, daß es sich hierbei um ein generelles Phänomen der frühen Neuzeit handelt, siehe Charles Taylor, *Die Quellen des Selbst. Die Entstehung der neuzeitlichen Identität*, Frankfurt/Main 2005.

39 Richard T. Hughes, *Myths America Lives By*, Urbana 2003.

40 Eine positivere Sicht des Weiterlebens puritanischer Anliegen in der Phase der Revolution und der frühen Republik bietet Dean Hammer, *The Puritan Tradition in Revolutionary, Federalist, and Whig Political Theory*, New York 1998.

3
DAS SÄKULARE EXPERIMENT: RELIGION UND AUFKLÄRUNG IM ZEITALTER DER REVOLUTION

1 Vgl. dazu James T. Patterson, *Restless Giant. The United States from Watergate to* Bush vs. Gore, Oxford 2005, S. 254-291.

2 Zur Geschichte der US-amerikanischen Geschichtswissenschaft siehe bes. Peter Novick, *That Noble Dream. The »Objectivity Question« and the American Historical Profession*, New York 1991.

3 J. G. A. Pocock, *The Machiavellean Moment. Florentine Political Thought and the Atlantic Republican Tradition*, Princeton 1975; Bernard Bailyn, *The Ideological Origins of the American Revolution*, Cambridge 1992; Gordon S. Wood, *The Creation of the American Republic, 1776-1787*, New York 1972; ders., *The Radicalism of the American Revolution*, New York 1991.

4 Siehe den überaus kritischen Artikel von Daniel T. Rogers, *Republicanism. The Career of a Concept*, in: ›Journal of American History‹ 79:1 (1992), S. 11-38.

5 Vgl. Joyce Appleby, *Liberalism and Republicanism in the Historical Imagination*, Cambridge 1996.

6 Ein gutes Beispiel für diese ideologisch motivierte Tendenz bietet Thomas G. West, *Vindicating the Founders. Race, Sex, Class, and Justice in the Origins of America*, Lanham 1997; fast schon unsäglich Tim LeHaye, *Faith of Our Founding Fathers*, Montoursville 1996.

7 Siehe z. B. Dick Howard, *Die Grundlegung der amerikanischen Demokratie*, Frankfurt/Main 2001.

8 Vgl. z. B. Hans Vorländer, *Hegemonialer Liberalismus. Politisches Denken und politische Kultur in den USA, 1776-1920*, Frankfurt/Main 1997, S. 101-125, der allerdings dazu neigt, liberale und puritanische Traditionen über Gebühr zu strapazieren; ferner, auch mit Blick auf Alltag und Gesellschaft, Jon Butler, *Becoming America. The Revolution before 1776*, Cambridge 2001, und Joyce Appleby, *Inheriting the Revolution. The First Generation of Americans*, Cambridge 2001. Mit Blick auf die religiöse Entwicklung ist neben den Werken von Holifield, *Theology in America*, und Mark A. Noll, *America's God. From Jonathan Edwards to Abraham Lincoln*, Oxford 2002 (wohl das derzeit beste Buch zum Thema) der Sammelband von Thomas S. Engeman und Michael P. Zuckert (Hgg.), *Protestantism and the American Founding*, Notre Dame 2004, heranzuziehen. Siehe auch Michael Hochgeschwender, *»God's Own Nation«. Der gerechte Krieg im Selbstbild der USA*, in: Nikolaus Buschmann und Dieter Langewiesche (Hgg.), *Der Krieg in den Gründungsmythen europäischer Nationen und der USA*, Frankfurt/Main 2003, S. 286-319.

9 Vgl. dazu etwa Robert Middlekauff, *The Glorious Cause. The American Revolution, 1763-1789*, New York 1982; Timothy H. Breen, *The Marketplace of Revolution. How Consumer Politics Shaped American Independence*, Oxford 2004. S. v. a. die mit reichen Literaturhinweisen versehenen Bände von Hermann Wellenreuther, *Ausbildung und Neubildung. Die Geschichte Nordamerikas vom Ausgang des 17. Jahrhunderts bis zum Ausbruch der Amerikanischen Revolution 1775*, Münster 2001, und ders., *Von Chaos und Krieg zu Ordnung und Frieden. Der Amerikanischen Revolution erster Teil, 1775-1783*, Münster 2006.

10 Vgl. zum Gesamtkontext Robert A. Ferguson, *The American Enlightenment, 1750-1820*, Cambridge 1997, und v. a. Frank Kelleter, *Amerikanische Aufklärung. Sprachen der Rationalität im Zeitalter der Revolution*, Paderborn 2002.

11 Siehe bes. C. B. Macpherson, *The Political Theory of Possessive Individualism. Hobbes to Locke*, Oxford 1962.

12 Thomas Jeffersons berühmte Umformulierung der lockeanischen Trias von *life, liberty, property* in *life, liberty and persuit of happiness* trug dem weiten Eigentumsbegriff Lockes Rechnung, der nicht

alleine materielles Eigentum meinte, sondern Fähigkeiten des Individuums, beispielsweise Bildung, Kultur oder Gesittung, in den Eigentumsbegriff einbezog.

13 Perry Miller, *Nature's Nation*, Cambridge 1967.

14 Vgl. allg. Henning Graf Reventlow, *Bibelautorität und Geist der Moderne*, Göttingen 1989; James A. Herrick, *The Radical Rhetoric of the English Deists. The Vision of Scepticism, 1680-1750*, Columbia 1997.

15 Vgl. jetzt Edwin S. Gaustad, *Faith of the Founders. Religion and the New Nation, 1776-1820*, Waco 2005, und David Lynn Holmes, *The Faith of the Founding Fathers*, Oxford 2006.

16 Vgl. Patricia U. Bonomi, *Under the Cope of Heaven. Religion, Society, and Politics in Colonial America*, New York 1986; Alan Heimert, *Religion and the American Mind. From the Great Awakening to the Revolution*, Cambridge 1966; zu George Whitefield siehe u. a. Harry S. Stout, *The Divine Dramatist. George Whitefield and the Rise of Modern Evangelicalism*, Grand Rapids 1991, und Frank Lambert, *Pedlar in Divinity. George Whitefield and the Transatlantic Revivals*, Princeton 1994.

17 Curtis Johnson, *Redeeming America. Evangelicals and the Road to Civil War*, Chicago 1993, S. 7-8; Mark A. Noll, *Introduction*, in: ders. (Hg.), *God and Mammon. Protestants, Money, and the Market, 1790-1860*, New York 2001, S. 12.

18 Vgl. Mark A. Noll, *Das Christentum in Nordamerika*, Leipzig 2000, S. 82.

19 Merrill D. Peterson, *The Great Triumphirate. Webster, Clay, and Calhoun*, New York 1987, betont immer wieder die Bedeutung der öffentlichen Rednerkultur in den frühen Vereinigten Staaten. Zur republikanischen Festkultur und ihren performativen Akten siehe Jürgen Heideking, Geneviève Fabre und Kai Driesbach (Hgg.), *Celebrating Ethnicity and Nation. American Festive Culture from the Revolution to the Early 20th Century*, New York 2001, und David Waldsteicher, *Rites of Rebellion, Rites of Assent. Celebrations, Print Culture, and the Origins of American Nationalism*, in: ›Journal of American History‹ 82:1 (1995), S. 37-61.

20 Michael P. Zuckert, *Natural Rights and Protestant Politics*, in: Engerman und Zuckert (Hgg.), *Protestantism and the American Founding*, S. 40-70.

21 Isaac Kremnick und R. Laurence Moore, *The Godless Constitution*, in: Engerman und Zuckert (Hgg.), *Protestantism and the American Founding*, S. 129-142.

22 Vgl. zu dem eng damit verknüpften Problem der Exklusivität

und Inklusivität amerikanischer nationaler Identitätskonzepte im 19. und 20. Jahrhundert die ausführliche Diskussion bei Noah Pickus, *True Faith and Allegiance. Immigration and American Civic Nationalism*, Princeton 2005. Pickus neigt allerdings, wie viele Liberale, dazu, den Anteil des Erweckungschristentums am inklusiven *civic nationalism* der Gründerväter zu übersehen, da er etwa den vom Pietismus entlehnten Gedanken der konfessionellen Irenik innerhalb der ersten Erweckungsbewegung nicht thematisiert.

4
VISIONEN DER LEIDENSCHAFT: DIE ZWEITE ERWECKUNGSBEWEGUNG UND DAS HERAUFDÄMMERN DES BÜRGERKRIEGS

1 Günter E. Krug, *Amity & Commerce. Amerika und Europa. Freundschafts- und Handelsverträge der USA mit europäischen Staaten in der Phase der Konföderation, 1776-1789*, Trier 1999, S. 20.

2 Vgl. die eingehende Studie von Jürgen Heideking, *Die Verfassung vor dem Richterstuhl. Vorgeschichte und Ratifizierung der amerikanischen Verfassung, 1787-1791*, Berlin 1988, sowie – aus Sicht der antifederalistischen Gegner der Verfassung – Saul Cornell, *The Other Founders. Anti-Federalism & the Dissenting Tradition in America, 1788-1828*, Chapel Hill 1999.

3 Vgl. zum Folgenden allg. Norbert Finzsch, *Konsolidierung und Dissens. Nordamerika von 1800 bis 1865*, Münster 2005; Sean Wilentz, *The Rise of American Democracy. Jefferson to Lincoln*, New York 2005; William L. Barney, *The Passage of the Republic. An Interdisciplinary History of Nineteenth-Century America*, Lexington 1987. S. ferner Michael Hochgeschwender, *Wahrheit, Einheit, Ordnung. Die Sklavenfrage und der amerikanische Katholizismus, 1835-1870*, Paderborn 2006, S. 45-134.

4 Siehe etwa Jack Larkin, *The Reshaping of Everyday Life, 1790-1840*, New York 1989.

5 Vgl. zu dieser Thematik John Ashworth, *Slavery, Capitalism, and Politics in the Antebellum Republic*, Bd. 1: *Commerce and Compromise*, Cambridge 1995, und Charles Sellers, *The Market Revolution. Jacksonian America, 1815-1846*, Oxford 1991.

6 Siehe u. a. Bertram Wyatt-Brown, *Yankee Saints and Southern Sinners*, Baton Rouge 1985, und ders., *Southern Honor. Ethics & Behavior in the Old South*, Oxford 1982.

7 Es handelte sich nicht um eine echte Aristokratie, da die Verweildauer der meisten Familien an der Spitze der gesellschaftlichen Hierarchie ausgesprochen kurz war und selten länger als drei Generationen anhielt.

8 Vor 1865 wurden im amerikanischen Süden fast ausschließlich weiße Männer gelyncht. Erst mit dem Wegfall der Sklaverei als sozialem Distinktionsmechanismus änderte sich dies, und schwarze Männer wurden zu bevorzugten Opfern dieser Gewaltkultur, siehe dazu W. Fitzhugh Brundage (Hg.), *Under the Sentence of Death. Lynching in the South*, Chapel Hill 1997, und Grace Elisabeth Hale, *Making Whiteness. The Culture of Segregation in the South, 1890-1940*, New York 1998, S. 201-239.

9 David M. Potter, *The Impending Crisis, 1848-1861*, New York 1976. Zu diesen Konflikten zählte etwa die Frage, wie die Verfassung auszulegen sei und ob es sich bei den USA um einen Bundesstaat oder einen Staatenbund handelte. Siehe dazu William W. Freehling, *The Road to Disunion. Secessionists at Bay, 1776-1854*, New York 1990.

10 Edward Pessen, *Jacksonian America. Society, Personality, and Politics*, Urbana 1985.

11 Siehe dazu etwa Michael F. Holt, *The Rise and Fall of the American Whig Party. Jacksonian Politics and the Onset of the Civil War*, New York 1999.

12 Vgl. Stanley Elkins und Eric McKittrick, *The Age of Federalism. The Early American Republic, 1788-1800*, New York 1993, sowie Peter S. Onuf und Leonard J. Sadosky, *Jeffersonian America*, Malden 2002.

13 Whitney R. Cross, *The Burned-over District. The Social and Intellectual History of Enthusiast Religion in Western New York, 1800-1850*, Ithaca 1950, und Michael Barkun, *Crucible of the Millenium. The Burned-over District of New York in the 1840s*, Syracuse 1986.

14 Vgl. allg. Robert Laurence Moore, *Religious Outsiders and the Making of America*, New York 1986; Gordon S. Wood, *The Rise of an American Original – Mormonism. Evangelical America and Early Mormonism*, in: Jon Butler und Harry S. Stout (Hgg.), *Religion in American History. A Reader*, New York 1998, S. 179-197, und Richard Abanes, *One Nation Under Gods. A History of the Mormon Church*, New York 2002.

15 Bret E. Carroll, *Spiritualism in Antebellum America*, Bloomington 1997.

16 Siehe David Brion Davis, *Some Ideological Functions of Prejudice in Ante-Bellum America*, in: ›American Quarterly‹ 15:2 (1963), S. 98-

123, und ders., *Some Themes of Counter-Subversion. An Analysis of Anti-Masonic, Anti-Catholic, and Anti-Mormon Literature*, in: ›Mississippi Valley Historical Review‹ 47:2 (1960), S. 202-239.

17 Richard J. Carwardine, *Evangelicals and Politics in Antebellum America*, New Haven 1993, S. 4.

18 Das hinderte den katholischen Klerus, allen voran die Jesuiten und Redemptoristen, allerdings nicht, die evangelikalen Methoden zu kopieren. Insbesondere die Volksmissionen des 19. Jahrhunderts waren der Versuch, die katholische Spiritualität soweit möglich zu verinnerlichen, ohne aber den ritualistisch-sakramentalen, auf Tradition bedachten Grundzug katholischer Frömmigkeit aufzugeben, siehe Jay P. Dolan, *Catholic Revivalism. The American Experience, 1830-1900*, Notre Dame 1978.

19 Zum transatlantischen Hintergrund siehe Carwardine, *Transatlantic Revivalism*, und Ernest R. Sandeen, *The Roots of Fundamentalism. British and American Millenalism, 1800-1930*, Chicago 1970.

20 Den sozialen Schwerpunkt bildeten aber zweifellos Angehörige der unteren Mittelklasse, siehe Ellen Eslinger, *Citizens of Zion. The Social Origins of Camp Meeting Revivalism*, Knoxville 1999; Paul E. Johnson, *A Shopkeeper's Millenium. Society and Revival in Rochester, New York*, New York 1978.

21 Vgl. Paul Boyer, *Urban Masses and Moral Order in America, 1820-1920*, Cambridge 1978.

22 Melinda Lawson, *Patriot Fires. Forging a new American Nationalism in the Civil War*, Lawrence 2002.

23 LeRoy Ashby, *With Amusement for All. A History of American Popular Culture since 1830*, Lexington 2006, S. 27-82.

24 Zum Gesamtthema siehe die überaus instruktive Arbeit von Nathan O. Hatch, *The Democratization of American Christianity*, New Haven 1989.

25 Vgl. dazu allg. Sara M. Evans, *Born for Liberty. A History of Women in America*, New York 1989, S. 45-92; Nancy Woloch, *Women and the American Experience*, Vol. I: *To 1920*, New York 1994, S. 171-199; G. J. Barker-Benfield, *The Horrors of the Half-Known Life. Male Attitudes toward Women in Nineteenth-Century America*, New York 2000.

26 Vgl. Holifield, *Theology in America*, S. 341-369.

27 Zur Theologie des *Second Great Awakening* vgl. Noll, *America's God*. Richard Hofstadter, *Anti-Intellectualism in American Life*, New York 1962, S. 55-144, hat diesen Vorgang als antimoderne Reaktion gekennzeichnet, was nicht unmittelbar einsichtig erscheint. Vgl. ferner Robert H. Abzug, *Cosmos Crumbling. American Reform*

and the Religious Imagination, New York 1994, S. 2-56; Sandeen, *Roots of Fundamentalism*, S. 42-58, und Ronald G. Walter, *American Reformers, 1815-1860*, New York 1978, S. 21-37.

28 Vgl. Robert Gale, *The Urgent Voice. The Story of William Miller*, Washington 1975. Aus den Millerites, deren Gründer William Miller zu den erfolgreichsten, theologisch aber eher randständigen Figuren der zweiten Erweckungsbewegung gehörte, entwickelten sich die Sieben-Tage-Adventisten. Miller stand paradigmatisch für eine besonders radikale Form der endzeitlichen Naherwartung, da er den Weltuntergang wahlweise für 1843 oder 1844 erwartete. Millers Überzeugungen wurden von den Erklärungen gespeist, die der anglikanische Erzbischof von Armagh James Ussher der King-James-Bibel im 17. Jahrhundert beigefügt hatte. Auf dessen Interpretation, nach der zum Beispiel die Welt exakt 4004 v.Chr. erschaffen wurde, beruht bis heute ein Teil fundamentalistischer Theologie, obwohl es sich im Grunde um unbiblische Spekulationen handelte.

29 Bernd Engler, Jörg O. Fichte und Oliver Scheiding (Hgg.), *Millenal Thought in America. Historical and Intellectual Contetxts*, Trier 2002.

30 Vgl. dazu etwa Douglas M. Strong, *Perfectionist Politics. Abolitionism and the Religious Tensions of American Democracy*, Syracuse 1999.

31 Walter, *American Reformers*; Carwardine, *Evangelicals and Politics*; s. a. Daniel Feller, *The Jacksonian Promise. America, 1815-1840*, Baltimore 1995, S. 55-117; Steven Mintz, *Moralists & Modernizers. America's Pre-Civil War Reformers*, Baltimore 1995. Vgl. zusätzlich William G. McLoughlin, *Revivals, Awakenings, and Reform. An Essay on Religion and Culture in America, 1607-1977*, Chicago 1978.

32 Vgl. z.B. Celia M. Azevedo, *Abolitionism in the United States and Brazil. A Comparative Perspective*, New York 1995; Charles L. Blockson, *The Underground Railroad*, New York 1987; Aileen S. Kraditor, *Means and Ends in American Abolitionism. Garrison and his Critics on Strategy and Tactics, 1834-1850*, Chicago 1989, und Alan M. Kraut, *Crusaders and Compromisers. Essays on the Relationship of the Anti-Slavery-Struggle and the Antebellum Party-System*, Westport 1993.

33 C. C. Goen, *Broken Churches, Broken Nation. Denominational Schisms and the Coming of the American Civil War*, Macon 1985: 1837 zerfielen die Presbyterianer, 1844 die Methodisten, 1845 die Baptisten, fast gleichzeitig entstanden die *comeouter*-Sekten. 1861 zerbrach schließlich die Einheit der beiden großen Ritualkirchen, der Katholiken und Episkopalen.

34 Vgl. Larry E. Tise, *Proslavery. A History of the Defense of Slavery in America, 1701-1840*, Athens 1987. Siehe auch John R. McKivigan, *The War against Proslavery Religion. Abolitionism in the Northern Churches, 1830-1865*, Ithaca 1984; ders. und Mitchell Snay (Hgg.), *Religion and the Antebellum Debate over Slavery*, Athens 1998.

35 Vgl. dazu das ein wenig apologetische Werk von David S. Reynolds, *John Brown, Abolitionist. The Man Who Killed Slavery, Sparked the Civil War, and Seeded Civil Rights*, New York 2005.

36 David Grimsted, *American Mobbing, 1828-1861. Toward Civil War*, New York 1998; s. a. Mary P. Ryan, *Civic Wars. Democracy and Public Life in the American City during the Nineteenth Century*, Berkeley 1997, und Glenn C. Altschuler und Stuart Blumin, *Rude Republic. Americans and Their Politics in the Nineteenth Century*, Princeton 2000.

37 James H. Moorehead, *American Apocalypse. Yankee Protestantism and the Civil War*, New Haven 1978.

38 Vgl. v. a. Thomas R. Pegram, *Battling Demon Rum. The Struggle for a Dry America, 1800-1933*, Chicago 1998, und William J. Rorabaugh, *The Alcoholic Republic. An American Tradition*, Oxford 1979.

39 James W. Fraser, *Between Church and State. Religion and Public Education in a Multicultural America*, New York 1999; Carl F. Kaestle, *Pillars of the Republic. Common Schools and American Society, 1760-1860*, New York 1983.

40 Dies konnte theologisch bedeutsam werden. So fehlte in den protestantischen Bibeln das 2. Makkabäerbuch, das von katholischer Seite gern zur Begründung der Lehre vom Fegefeuer herangezogen wurde. Auch wirkte die lutherische Abwertung des Jakobusbriefes nach, der für die katholische Gnaden- und Rechtfertigungslehre wichtig war.

41 Dies belegt der sogenannte Amerikanismusstreit zwischen assimilatorischen irischen und ultramontan-romtreuen deutschen Katholiken in den Jahren zwischen 1890 und 1910, vgl. dazu John T. McGreevy, *Catholicism and American Freedom. A History*, New York 2003, und v. a. Jay P. Dolan, *In Search of an American Catholicism. A History of Religion and Culture in Tension*, Oxford 2002, S. 71-126.

42 Vgl. allerdings Philip Jenkins, *The New Anti-Catholicism. The Last Acceptable Prejudice*, New York 2003, S. 47-112, der auf anhaltende, massive antikatholische Vorbehalte unter liberalen Amerikanern aufmerksam macht.

43 Siehe allg. Jody M. Roy, *Rhetorical Campaigns of the Nineteenth-Century. Anti-Catholics and Catholics in America*, Lewiston 2000.

44 Ganz ähnliche Argumentationsmuster fanden sich bei den fremdenfeindlichen *Know Nothings* der fünfziger Jahre des 19. Jahrhunderts, siehe dazu Tyler Anbinder, *Nativism and Slavery. The Northern Know-Nothings and the Politics of the 1850s*, New York 1992.

45 Ein gutes Beispiel ist der Brand des Ursulinenkonvents in Charlestown bei Boston. Im Anschluß an eine antikatholische Hetzpredigt Lyman Beechers sammelte sich ein protestantischer *mob*, der das Konventsgebäude niederbrannte, ohne indes die dort lebenden Schwestern ernsthaft zu gefährden. Allerdings könnte es sein, daß in diesem Fall auch antiunitarischer Klassenhaß maßgeblich mitwirkte, da die unitarische Oberklasse Bostons ihre Kinder bei den Ursulinen eingeschult hatte, siehe Nancy Lusignan Schultz, *Fire & Roses. The Burning of the Charlestown Covenant, 1834*, New York 2000. Andere Beispiel wären der *Philadelphia Riot* von 1844, der im Zusammenhang mit den *bible wars* stand, und der *Louisville Election Day Riot* von 1855.

46 Besonders berühmt wurde der von drei evangelikalen Predigern frei erfundene Lebensbericht der Maria Monk über ihre Zeit in einem Kloster in Montreal, der neben der Bibel und dem abolitionistischen Roman *Uncle Tom's Cabin* der gleichfalls evangelikalen Harriet Beecher Stowe zu den absoluten Bestsellern des 19. Jahrhunderts zählte, siehe dazu Ray A. Billington, *The Protestant Crusade, 1800-1860*, Chicago 1964.

47 Friedman, *Crime and Punishment*, S. 107-148. Vgl. ferner Alan Hunt, *Governing Morals. A Social History of Moral Regulation*, Cambridge 1999.

48 Abzug, *Cosmos Crumbling*, S. 30-56. Vgl. ferner Noll (Hg.), *God and Mammon.*

49 Jan Stievermann, *The Discursive Construction of American Identity in Millenalist Tracts during the War of 1812*, in: Engler, Fichte und Scheiding (Hgg.), *Millenal Thought in America*, S. 279-324.

50 Vgl. Kenneth M. Stampp, *America in 1857. A Nation on the Brink*, New York 1990, S. 236-242; Randall M. Miller, Harry S. Stout und Charles R. Wilson (Hgg.), *Religion and the American Civil War*, New York 1998; Steven E. Woodworth, *While God is Marching On. The Religious World of Civil War Soldiers*, Lawrence 2001.

5
NEUE ZEITEN: DER AMERIKANISCHE FUNDAMENTALISMUS

1 Vgl. v. a. Richard H. Abbott, *The Republican Party and the South, 1855-1877*, Chapel Hill 1986, sowie Eric Foner, *Reconstruction. America's Unfinished Revolution, 1863-1877*, New York 1988. Siehe ferner Heather Cox Richardson, *The Death of Reconstruction. Race, Labor, and Politics in the Post-Civil War North, 1865-1901*, Cambridge 2001.

2 Siehe hierzu Wolfgang Schivelbusch, *Die Kultur der Niederlage*, Berlin 2001, S. 51-122, und v. a. David W. Blight, *Race and Reunion. The Civil War in American Memory*, Cambridge 2001.

3 Wyn Craig Wade, *The Fiery Cross. The Ku Klux Klan in America*, New York 1987, S. 31-111.

4 Vgl. zur Idee des industrialisierten *New South* ab den achtziger Jahren des 19. Jahrhunderts Edward L. Ayers, *The Promise of the New South. Life after Reconstruction*, New York 1992.

5 Numan V. Bartley, *The New South, 1945-1980. The Story of the South's Modernization*, Baton Rouge 1995, S. 1-37.

6 Siehe dazu Louise L. Stevenson, *The Victorian Homefront. American Thought & Culture, 1860-1880*, Ithaca 2001; Daniel E. Sutherland, *The Expansion of Everyday Life, 1860-1876*, Fayetteville 2000; Thomas J. Schlereth, *Victorian America. Transformations in Everyday Life, 1876-1915*, New York 1991; Harvey Green, *The Uncertainty of Everyday Life, 1915-1945*, Fayetteville 2000; David E. Kyvig, *Daily Life in the United States, 1920-1940*, Chicago 2002; Louis Menaud, *The Metaphysical Club. A Story of Ideas in America*, New York 2001, sowie immer noch Arthur M. Schlesinger, *The Rise of the City, 1878-1898*, New York 1944.

7 Stuart Bruchey, *Enterprise. The Dynamic Economy of a Free People*, Cambridge 1990, S. 308-380. Vgl. ferner Carroll Pursell, *The Machine in America. A Social History of Technology*, Baltimore 1995; Ruth Schwartz Cowan, *A Social History of American Technology*, New York 1997.

8 Vgl. Ron Chernow, *The House of Morgan. An American Banking Dynasty and the Rise of Modern Finance*, New York 1990.

9 Zur politischen Situation der USA im *Gilded Age* (1877-1890) und der frühen progressiven Ära (1890-1900) siehe etwa Robert W. Cherny, *American Politics in the Gilded Age*, 1868-1900, Wheeling 1997; Rebecca Edwards, *New Spirits. Americans in the Gilded Age*,

1865-1905, New York 2006; Nell Irvin Painter, *Standing at Armageddon. The United States, 1877-1919*, New York 1987.

10 Roger Daniels, *Coming to America. A History of Immigration and Ethnicity in American Life*, New York 2002, S. 185-286.

11 David H. Bennett, *The Party of Fear. The American far Right from Nativism to the Militia Movement*, New York 1995, S. 159-182.

12 Siehe die ausgezeichnete Darstellung von Cecilia Elisabeth O'Leary, *To Die For. The Paradox of American Nationalism*, Princeton 1999.

13 Suellen Hoy, *Chasing Dirt. The American Pursuit of Cleanliness*, New York 1995.

14 Vgl. John Whiteclay Chambers III, *The Tyranny of Change. America in the Progressive Era, 1890-1920*, New Brunswick 2001.

15 Bennett, *The Party of Fear*, S. 183-199.

16 Robert H. Wiebe, *The Search for Order, 1877-1920*, New York 1995.

17 Vgl. zu dieser Entwicklung Catherine McNichol Stock, *Rural Radicals. From Bacon's Rebellion to the Oklahoma City Bombing*, Harmondsworth 1997.

18 Bei den folgenden Überlegungen waren Eli Zaretsky, *Freuds Jahrhundert. Die Geschichte der Psychoanalyse*, Darmstadt 2006, S. 1-17, Otto Langer, *Christliche Mystik im Mittelalter. Mystik und Rationalisierung, Stationen eines Konflikts*, Darmstadt 2004, S. 3-22, und Herrmann Walter von der Dunk, *Kulturgeschichte des 20. Jahrhunderts*, Bd. 1, Darmstadt 2004, sehr hilfreich.

19 Vgl. dazu Philipp Sarasin, *Die Rationalisierung des Körpers. Über »Scientific Management« und »biologische Rationalisierung«*, in: ders. (Hg.), *Geschichtswissenschaft und Diskursanalyse*, Frankfurt/Main 2003, S. 61-99.

20 Vgl. allg. Thomas Parker Hughes, *Die Erfindung Amerikas. Der technologische Aufstieg der USA seit 1870*, München 1991, und John Cunningham Wood (Hg.), *Henry Ford. Critical Evaluations in Business and Management*, 2 Bde., London 2003. Es entbehrt nicht einer gewissen Ironie, daß ausgerechnet Ford zum Namenspatron einer bestimmten Form industrieller Modernität wurde, da er persönlich die traditionelle agrarische Lebensweise dem urbanen Kosmopolitismus durchaus vorzog und im Automobil eine Chance sah, den ländlichen Lebensstil zu retten. Von seinen antisemitischen Ausfällen braucht man gar nicht erst zu reden.

21 Siehe z. B. William Leach, *Land of Desire. Merchants, Power, and the Rise of a New American Culture*, New York 1993.

22 Vgl. David M. Kennedy, *Freedom from Fear. The American People in Depression and War, 1929-1945*, New York 1999, S. 218-248.

23 Vgl. dazu Conkin, *When all the Gods Trembled*, S. 21-48.

24 Siehe immer noch Richard Hofstadter, *Social Darwinism in American Thought*, Boston 1965; vgl. zudem Carl N. Degler, *In Search of Human Nature. The Decline and Revival of Darwinism in American Social Thought*, New York 1991; Peter Dickens, *Social Darwinism. Linking Evolutionary Thought to Social History*, Buckingham 2000; Jerome H. Barkow, *Missing the Revolution. Darwinism for Social Scientists*, Oxford 2006. Den transatlantischen Zusammenhang der Darwin- und Spencereuphorie beleuchtet Mike Hawkins, *Social Darwinism in European and American Thought, 1860-1945. Nature as Model and Nature as Threat*, Cambridge 1996.

25 Für Hinweise zur frühen amerikanischen Soziologie und ihren normativen Wurzeln danke ich Frau Jennifer Matthews, M. A.

26 Steven Selden, *Inheriting Shame. The Story of Eugenics and Racism in America*, New York 1999, und Daniel J. Kevles, *In the Name of Eugenics. Genetics and the Uses of Human Heredity*, Cambridge 1999.

27 Neben zahllosen lehramtlichen Verurteilungen rassehygienischer und eugenischer Zwangsmaßnahmen durch die Päpste Pius XI. und Pius XII. siehe Gilbert Keith Chesterton, *Eugenics and Other Evils. An Argument against the Scientifically Organized Society*, Seattle 2000.

28 Regna Darnell, *And Along Came Boas. Continuity and Revolution in Americanist Anthropology*, Amsterdam 1996; Vernon J. Williams, *Rethinking Race. Franz Boas and His Contemporaries*, Lexington 1996, und ders., *The Social Sciences and Theories of Race*, Urbana 2006. Zu den Folgen der relativistischen Wende in den Jahren nach dem Ersten Weltkrieg siehe Novick, *That Noble Dream*, S. 111-280.

29 Maureen A. Flanagan, *America Reformed. Progressives and Progressivisms, 1890s-1920s*, New York 2006. [Für den Hinweis danke ich Nadine Klopfer, M. A., München.]

30 Vgl. hierzu, wiederum in transatlantischer Perspektive, James T. Kloppenberg, *Uncertain Victory. Social Democracy and Progressivism in European and American Thought, 1870-1920*, New York 1986, und Thomas Bender, *A Nation among Nations. America's Place in World History*, New York 2006, S. 246-295.

31 Vgl. dazu Dorothy M. Brown und Elisabeth McKeown, *The Poor Belong to Us. Catholic Charities and American Welfare*, Cambridge 1997, und Deidre M. Molony, *American Catholic Lay Groups and Transatlantic Social Reform in the Progressive Era*, Chapel Hill 2002.

32 Zaretsky, *Freuds Jahrhundert*, S. 5-31.

33 Elisabeth Sanders, *Roots of Reform. Farmers, Workers, and the Ameri-*

can State, 1877-1917, Chicago 1999; siehe v. a. Ralf Schimmer, *Populismus und Sozialwissenschaften im Amerika der Jahrhundertwende*, Frankfurt/Main 1997.

34 James F. Findlay, *Dwight L. Moody. American Evangelist, 1837-1899*, Chicago 1969, und James S. Elsmere, *Henry Ward Beecher*, Indianapolis 1973.

35 Richard W. Fox, *Trials of Intimacy. Love and Loss in the Beecher-Tilton Scandal*, Chicago 1999; s. a. Barbara Goldsmith, *Other Powers. The Age of Suffrage, Spiritualism, and the Scandalous Victoria Woodhull*, New York 1998, S. 336-418.

36 Anna L. Bates, *Weeder in the Garden of the Lord. Anthony Comstock's Life and Career*, Lanham 1995.

37 Siehe dazu Edward H. MacKinley, *Marching to Glory. The History of the Salvation Army in the United States, 1880-1992*, Grand Rapids 1995, und Lilian Taiz, *Hallelujah Lads & Lasses. Remaking the Salvation Army in America, 1880-1920*, Chapel Hill 2001.

38 Vgl. Wolfhardt Pentz, *Sozialprotestantismus in den USA und Deutschland. Social Gospel und christlich soziale Bewegung bis 1914*, München 2005; Milenko Andjelic, *Christlicher Glaube als prophetische Religion. Walter Rauschenbusch und Reinhold Niebuhr*, Frankfurt/Main 1991, sowie Martin E. Marty (Hg.), *Protestantism and Social Christianity*, München 1992.

39 Christian Bresina, *Von der Erweckungsbewegung zum Social Gospel. Walter Rauschenbuschs Herkunft, Umfeld und Entwicklung bis 1891*, Marburg 1993.

40 Vgl. u. a. Jörg Lauster, *Prinzip und Methode. Die Transformation des protestantischen Schriftprinzips durch die historische Kritik von Schleiermacher bis zur Gegenwart*, Tübingen 2004; Susanne Klinger, *Status und Geltungsanspruch der historisch-kritischen Methode in der theologischen Hermeneutik*, Stuttgart 2003; aus evangelikaler Perspektive: Hans-Jürgen Peters, *Die historisch-kritische Methode unter der Lupe. Beiträge zu den Motiven der historisch-kritischen Bibelauslegung sowie eine Bilanz*, Wetzlar 1998.

41 Karl Hermann Schelkle, *Theologie des Neuen Testaments*, Bd. 2: *Gott war in Christus*, Düsseldorf 1973, S. 84-101.

42 Vgl. z. B. Matthias Neugebauer, *Lotze und Ritschl. Reich-Gottes-Theologie zwischen nachidealistischer Philosophie und neuzeitlichem Positivismus*, Frankfurt/Main 2002, und Folkart Wittekind, *Geschichtliche Offenbarung und Wahrheit des Glaubens. Der Zusammenhang von Offenbarungstheologie, Geschichtsphilosophie und Ethik bei Albrecht Ritschl, Julius Kaftan und Karl Barth, 1909-1916*, Tübingen 1999.

43 Shailer Mathews, *The Faith of Modernism*, Chicago 1924; ders., *New Faith for Old. An Autobiography*, New York 1936.

44 George M. Marsden, *Fundamentalism and American Culture. The Shaping of Twentieth-Century Evangelicalism, 1870-1925*, New York 1982. Zu den Quellen siehe Edith L. Blumhofer (Hg.), *Twentieth-Century Evangelicalism. A Guide to the Sources*, New York 1990.

45 Darryl G. Hart, *Defending the Faith. J. Gresham Machen and the Crisis of Conservative Protestantism in America*, Baltimore 1994.

46 Vgl. die Enzyklika *Quanta Cura* Papst Pius IX. und dessen *Syllabus errorum* vom 8. 12. 1864 und das Dekret *Lamentabili* des Heiligen Offiziums unter Papst Pius X. vom 3. Juli 1907, die päpstliche Enzyklika *Pascendi Dominici Gregis* Papst Pius X. vom 8. September 1907 sowie das Motu Proprio *Sacrorum Antistitum* mit dem Antimodernisteneid Papst Pius X. vom 1. September 1910, in: Heinrich Denzinger und Peter Hünermann (Hgg.), *Enchiridion symbolorum, definitionum et declarationum de rebus fidei et morum*, Freiburg 1999, S. 795-808, S. 923-938, S. 940-952 und S. 961-963 (DH).

47 Dazu gehörte etwa die Idee von der Irrtumslosigkeit der Heiligen Schrift, die allerdings im Katholizismus einen anderen, sekundären Stellenwert hatte als im calvinistischen Protestantismus, siehe die Enzyklika Papst Leo XIII. *Providentissimus Deus* vom 18. November 1893, in: DH , S. 884-890. Nicht primär die Schrift als solche wurde als irrtumslos deklariert, sondern die unfehlbare Auslegung des authentischen, also päpstlichen und konziliaren Lehramts. Das machte einen ungemein wichtigen Unterschied zum zeitgenössischen Fundamentalismus aus.

48 Siehe die Enzyklika Papst Leo XIII. vom 29. Juni 1881 *Diuturnum Illud*, in: DH, S. 849-851.

49 Vgl. zu dieser Diskussion Waechter, *Die Erfindung des amerikanischen Westens.*

50 Noll, *Das Christentum in Nordamerika*, S. 150-151.

51 Vgl. dazu neben den einschlägigen Ausführungen bei Marsden, *Fundamentalism and American Culture*, und Sandeen, *The Roots of Fundamentalism*, u. a. Timothy P. Weber, *Living in the Shadow of the Second Coming*, New York 1979; Charles C. Ryrie, *Dispensationalism*, Chicago 1995; Hal Harless, *How Firm a Foundation. The Dispensations in the Light of the Divine Covenants*, New York 2004; Michael D. Stallard, *The Early Twentieth-Century Dispensationalism of Arno C. Gaebelein*, Lewiston 2002; Ron J. Bigalke, *Progressive Dispensationalism. An Analysis of the Movement and Defense of Traditional Dispensationalism*, Lanham 2005, sowie Ben Witherington, *The*

Problem with Evangelical Theology. Testing the Exegetical Foundation of Calvinism, Dispensationalism, and Wesleyanism, Waco 2005.

52 Conkin, *When all the Gods Trembled*, S. 21-48, hat die Problematik dieser Ausgleichs- oder Kompromißtheologie recht eingehend diskutiert.

53 Vgl. Kenneth T. Jackson, *The Ku Klux Klan in the City, 1915-1930*, Chicago 1967, und Bennett, *The Party of Fear*, S. S. 199-237.

54 Zu Sunday, einem zuvor sehr bekannten Baseballspieler, und seiner spektakulären Form der Selbstkommodifizierung des Religiösen siehe Robert F. Martin, *Hero of the Heartland. Billy Sunday and the Transformation of American Society, 1862-1937*, Bloomington 2002, und Roger A. Bruns, *Preacher. Billy Sunday and Big-Time American Evangelicalism*, New York 1992. Sunday war zudem ein guter Beleg für die inhaltliche Vielfalt des damaligen Fundamentalismus, dem er zweifellos zugerechnet werden kann. Trotz seines strengen Calvinismus vermied er offen antikatholische Attacken und suchte den interkonfessionellen Dialog. In mancherlei Hinsicht erinnerte er an den späteren Billy Graham, der von Sunday viel gelernt hatte.

55 Der Film lief in Deutschland unter dem Titel *Wer den Wind sät.*

56 Ich folge hier weitgehend Conkins Darstellung in *When all the Gods Trembled*, S. 79-110. Zum konventionellen Narrativ siehe Kienzler, *Der religiöse Fundamentalismus*, S. 30-31.

57 Vgl. Lawrence W. Levine, *Defender of the Faith. William Jennings Bryan, the last Decade, 1915-1925*, New York 1965; Donald K. Springer, *William Jennings Bryan. Orator of Small Town America*, New York 1991, sowie Michael Kazin, *A Godly Hero. The Life of William Jennings Bryan*, New York 2006.

58 Die Libertären oder *libertarians* sind Anhänger einer spezifisch amerikanischen Ideologie des radikalen Individualismus. Sie können wahlweise *liberals* sein, wenn die freie Rede im Zentrum ihrer Weltanschauung steht, oder *conservatives*, wenn sie das Recht auf Waffenbesitz verteidigen. Immer aber geht es ihnen um den absoluten Primat individueller Freiheit, nicht zuletzt in Fragen der Religion. Zur ACLU siehe Robert C. Cottrell, *Roger Nash Baldwin and the American Civil Liberties Union*, New York 2000, und Samuel Walker, *In Defense of American Liberties. A History of the ACLU*, New York 1990.

59 Siehe zu Mencken Terry Teachout, *The Skeptic. A Life of H. L. Mencken*, New York 2002.

60 D'Emilio und Freedman, *Intimate Matters*, S. 275-300.

61 Hinter dem verschärften *Motion Picture Production Code* von 1934, der eine rigide Form der Selbstzensur der Hollywoodfirmen etablierte, steckten weniger die fundamentalistischen Protestanten in den USA als die katholische *Legion of Decency* des Jesuitenpaters Daniel A. Lord. Vgl. Robert Sklar, *Movie-Made America. A Cultural History of American Movies*, New York 1994, S. 173-175.

62 Zu den Folgen des Ersten Weltkriegs für die Geisteswelt Europas siehe Anselm Doering-Manteuffel, *Mensch, Maschine, Zeit. Fortschrittsbewußtsein und Kulturkritik im ersten Drittel des 20. Jahrhunderts*, in: ›Jahrbuch des Historischen Kollegs 2003‹, München 2004, S. 91-119.

63 Rohls, *Protestantische Theologie der Neuzeit*, Bd. 2, S. 285-287.

64 Dies ist zumindest die grundlegende These seines einflußreichen Werkes *Protestant, Catholic, Jew*, das sich mit der amerikanischen Religion der Eisenhower-Jahre auseinandersetzte.

6

DER KREUZZUG FÜR EIN CHRISTLICHES AMERIKA: DIE NEOFUNDAMENTALISTISCHE WELLE

1 Die demgegenüber erkennbare alltagsgeschichtliche und kulturelle Kontinuität des fordistischen Zeitalters von ca. 1890 bis 1965 hat für Europa Tony Judt, *Geschichte Europas. Von 1945 bis zur Gegenwart*, München 2006, S. 261-271, sehr gekonnt herausgearbeitet. Für die USA träfe dies analog ebenfalls zu. [Für diesen Hinweis danke ich Wencke Meteling, M. A., Marburg.]

2 Vgl. allg. James T. Patterson, *Grand Expectations. The United States, 1945-1974*, New York 1996; ders., *Restless Giant*; William H. Chafe, *The Unfinished Journey. America since World War II*, New York 1999; John Patrick Diggins, *The Proud Decades. America in War and Peace, 1941-1960*, New York 1988; David Halberstam, *The Fifties*, New York 1993; Todd Gitlin, *The Sixties. Years of Hope and Days of Rage*, New York 1993; William C. Berman, *America's Right Turn. From Nixon to Clinton*, Baltimore 1998.

3 Siehe z. B. Kenneth T. Jackson, *Crabgrass Frontier. The Suburbanization of the United States*, New York 1987; Daniel Judah Elazar, *Building Cities in America. Urbanization and Suburbanization in a Frontier Society*, Lanham 1987, und Juliet F. Gainsborough, *Fenced Off. The Suburbanization of American Politics*, Washington, DC 2001.

4 Zur aktuellen Diskussion um die *gated communities* siehe z. B. Ed-

ward J. Blakely, *Fortress America. Gated Communities in the United States*, Washington, DC 1999; Setha M. Low, *Behind the Gates. Life, Security, and the Pursuit of Happiness in Fortress America*, New York 2003; Daniela Pöder, *Gated Communites. Symptom für einen Verfall der amerikanischen Gesellschaft? Eine kulturwissenschaftliche Untersuchung*, Berlin 2006.

5 Ein klassisches Beispiel für diese Tendenz fand sich im Wahlkampf Ronald Reagans 1976, in dessen Verlauf er schwarze *welfare queens* bezichtigte, sich Hunderttausende von Dollars staatlicher Hilfen durch Betrug zu erschleichen, siehe *New York Times*, 15. 2. 1976. Zwar gab es einige Verurteilungen, aber nur einer einzigen schwarzen Frau, Barbara Williams aus Los Angeles, gelang es tatsächlich, über 300 000 Dollar zu ergaunern.

6 Vgl. v. a. McGerr, *Suburban Warriors.*

7 Vgl. dazu John N. Vaughan, *Megachurches and America's Cities. How Churches Grow*, Grand Rapids 1993, und sehr kritisch Tom Raabe, *The Ultimate Church. An Irreverent Look at Church Growth, Megachurches and Ecclesiastical Show-Biz*, Grand Rapids 1991.

8 Siehe dazu allg. Pippa Norris und Ronald Inglehart, *Sacred and Secular. Religion and Politics Worldwide*, New York 2004. In modifizierter Form ist dieser Gedanke von Hartmut Lehmann (Hg.), *Transatlantische Religionsgeschichte. 18. bis 20. Jahrhundert*, Göttingen 2006, aufgegriffen worden. [Für den Hinweis danke ich Ingrid Mayershofer, M. A., München.]

9 Vgl. Applebome, *Dixie Rising.*

10 Bartley, *The New South.*

11 Siehe dazu Beth Barton Schweiger und Donald G. Mathews (Hgg.), *Religion in the American South. Protestants and Others in History and Culture*, Chapel Hill 2004, sowie Glenn Feldman (Hg.), *Politics and Religion in the White South*, Lexington 2005. Vgl. allg. zur Vorgeschichte des südstaatlichen *bible belt* John B. Boles, *Religion in the South*, Jackson 1985.

12 Vgl. Bruce H. Kalk, *The Origins of the Southern Strategy. Two-Party Competition in South Carolina, 1950-1972*, Lanham 2001, und Joseph A. Aistrup, *The Southern Strategy Revisited. Republican Top-Down Advancement in the South*, Lexington 1991.

13 Zur Diskussion um diese Konzepte siehe u. a. Ulrich Beck, *Was ist Globalisierung?*, Frankfurt/Main 2007; ders., *Entgrenzung und Entscheidung. Was ist neu an der Theorie reflexiver Modernisierung?*, Frankfurt/Main 2004; Joachim Hirsch, *Das neue Gesicht des Kapitalismus. Vom Fordismus zum Postfordismus*, Hamburg 1986; Amin Ash (Hg.),

Post-Fordism. A Reader, Oxford 1994; zur Postmoderne siehe z. B. Alan Megill, *Prophets of Extremity. Nietzsche, Heidegger, Foucault, Derrida*, Berkeley 1987.

14 Rein quantitativ machen die USA seit 1965 die größte Einwanderungswelle ihrer Geschichte mit. Dies hatte nicht nur Reaktionen von Evangelikalen und Fundamentalisten zur Folge, die mit dem teilintegrativen Konzept der judäo-christlichen Nation reagierten, sondern auch Liberalkonservative wie der gleichermaßen polemische wie provokante Samuel Huntington reagierten auf diesen Vorgang mit unverhohlener Abwehr, siehe Samuel P. Huntington, *Who Are We? The Challenges to America's National Identity*, New York 2004; s. a. Robert H. Wiebe, *Who We Are. A History of Popular Nationalism*, Princeton 2002.

15 Für Westdeutschland hat dies jüngst Gabriele Metzler, *Konzeptionen politischen Handelns von Adenauer bis Brandt. Politische Planung in der pluralistischen Gesellschaft*, Paderborn 2005, überzeugend herausgearbeitet.

16 Dies betrifft eher die Frage nach den herrschenden Diskursen. Die Kinseystudien der vierziger und fünfziger Jahre des 20. Jahrhunderts legen den Schluß nahe, daß etwa im Bereich der Sexualität eine gewisse Kluft zwischen dem Anspruch der normativen Diskurse und der praktizierten Realität klaffte, vgl. dazu Beth Bailey, *Sex in the Heartland*, Cambridge 1999, und John Heidenry, *What Wild Exstasy. The Rise and Fall of the Sexual Revolution*, New York 1997.

17 Zu dieser Epoche vgl. neben Patterson, *Grand Expectations*, S. 422-709, v. a. David Steigerwald, *The Sixties and the End of Modern America*, New York 1995. Zur ersten, einst konsensliberalen Generation der Neokonservativen um William Kristol etc. vgl. ferner John Ehrman, *The Rise of Neoconservatism. Intellectuals and Foreign Affairs, 1945-1994*, New Haven 1995.

18 Zur Kritik aus liberaler und konservativer Perspektive siehe Leggewie, *America First?*, und – mit Schwerpunkt auf der neokonservativen Außenpolitik – Stefan Halper und Jonathan Clarke, *America Alone. The Neo-Conservatives and the Global Order*, New York 2004.

19 Für den Hinweis danke ich meinem Kollegen Prof. Dr. Axel R. Schäfer, Keene University (GB).

20 Vgl. dazu Jean Baudrillard, *Amerika*, München 1995, und ders., *The Consumer Society. Myths and Structures*, London 2005. Ferner Robert Putnam, *Bowling Alone. The Collapse of American Community*, New York 2000.

21 Zur Medienpräsenz der Evangelikalen und Neofundamentalisten siehe Diamond, *Not by Politics Alone*, S. 41-57. Vgl. ebenfalls Stewart M. Hoover, *Religion, Politics, and the Media*, in: Edith L. Blumhofer (Hg.), *Religion, Politics, and the American Experience*, Tuscaloosa 2002, S. 72-85.

22 Rohls, *Protestantische Theologie der Neuzeit*, Bd. 2, S. 582-587.

23 Vgl. dazu allg. Paul S. Boyer, *When Time shall be no more. Prophecy Belief in Modern American Culture*, Cambridge 1992.

24 Jim Owen, *The Hidden History of the Historic Fundamentalists, 1933-1948. Reconsidering the Historic Fundamentalists' Response to the Upheavals, Hardships, and Horrors of the 1930s and 1940s*, Lanham 2004.

25 Zur anhaltenden Funktion und Relevanz von Verschwörungstheorien in der konservativen, liberalen und radikalen politischen Kultur der USA siehe Peter Knight (Hg.), *Conspiracy Theories in American History*, 2 Bde., Santa Barbara 2003; ders. (Hg.), *Conspiracy Nation. The Politics of Paranoia in Postwar America*, New York 2002, und Michael Barkun, *A Culture of Conspiracies. Apocalyptic Visions in Contemporary America*, Berkeley 2003.

26 Zur Geschichte des Antikommunismus in den USA siehe Richard Gid Powers, *Not Without Honor. The History of American Anticommunism*, New Haven 1998, der aber dem protestantischen Antikommunismus im Unterschied zum jüdischen, katholischen und säkularen Antikommunismus keinerlei Bedeutung zumißt. So wird etwa das evangelikale *Moral Re-Armament* (MRA), in Europa auch als Caux-Bewegung bekannt, des protestantischen Evangelisten Frank Buchman, eines früheren NS-Sympathisanten, nicht einmal erwähnt. Buchmans Bewegung verband Antikommunismus mit Temperenzidealen und war eng mit den Anonymen Alkoholikern verflochten. Siehe dazu Garth Lean, *Frank Buchman. A Life*, London 1985.

27 Vgl. John C. Pollock, *To all the Nations. The Billy Graham Story*, San Francisco 1985 Roger A. Bruns, *Billy Graham. A Biography*, Westport 2004.

28 John E. Semonche, *Keeping the Faith. A Cultural History of the U.S. Supreme Court*, Lanham 1998, 263-350.

29 *The Oxford Guide to United States Supreme Court Decisions* (1999), s. v., *Engel v. Vitale* (370 U.S. 421).

30 *Wallace v. Jaffree* (472 U.S. 38).

31 *The Oxford Guide to United States Supreme Court Decisions* (1999), s. v. *Wallace v. Jaffree.*

32 Ebenda, s. v. *Griswold v. Connecticut* (381 U.S. 479).
33 DH, S. 1007-1021 und S. 1348-1352.
34 *Roe v. Wade* 410 U.S. 113; s. a. Eva L. Rubin, *Abortion, Politics, and the Courts.* Roe v. Wade *and Its Aftermath*, New York 1992; David J. Garrow, *Liberty and Sexuality. The Right to Privacy and the Making of* Roe v. Wade, New York 1994.
35 Zur rechtssystematischen Diskussion siehe Michael J. Perry, *Under God? Religious Faith and Liberal Democracy*, Cambridge 2003.
36 Vgl. Patterson, *Restless Giant*, S. 132-138.
37 Siehe dazu u. a. Wilcox, *Onward Christian Soldiers?*; William Martin, *With God on Our Side. The Rise of the Religious Right in America*, New York 1996; Corwin R. Smidt (Hg.), *Pulpit and Politics. Clergy in American Politics in the Advent of the Millennium*, Waco 2004. Siehe ferner zum amerikanischen Katholizismus der Jahrzehnte nach 1960 Antonius Liedhegener, *Macht, Moral und Mehrheiten. Der politische Katholizismus in der Bundesrepublik Deutschland und den USA seit 1960*, Baden-Baden 2006. Reichhaltiges statistisches Material zum politischen Selbstverständnis der amerikanischen religiösen Rechten und des *mainstream* findet sich in Andrew Kohut u. a., *The Diminishing Divide. Religion's Changing Role in American Politics*, Washington, DC 2000.
38 Brown, *For a Christian America*, S. 159.
39 Patterson, *Restless Giant*, S. 142-151.
40 Vgl. Godfrey Hodgson, *The World Turned Right Side Up. A History of the Conservative Ascendancy in America*, Boston 1996. Ferner McGerr, *Suburban Warriors.* Zu den Organisationen der neofundamentalistischen religiösen Rechten siehe Douglas Long, *Fundamentalists and Extremists*, New York 2002.
41 Für eine Diskussion weiterer Gründe siehe Margaret Ripley Wolfe, *Daughters of Canaan. A Saga of Southern Women*, Lexington 1995, S. 196-199.
42 Patterson, *Restless Giant*, S. 174-180.
43 Jim Bakker und Ken Abraham, *I was Wrong. The Untold Story of the Shocking Journey from PTL Power to Prison and Beyond*, Saint Louis 1996.
44 Siehe z. B. James D. Hunter, *Culture Wars. The Struggle to Define America*, New York 1991.
45 Lind, *Up from Conservatism.*
46 Berman, *America's Right Turn*, S. 5-21.
47 Vgl. dazu u. a. Rob Boston, *The Most Dangerous Man in America? Pat Robertson and the Rise of the Christian Coalition*, Amherst 1996;

Duane M. Oldfield, *The Right and the Righteous. The Christian Right Confronts the Republican Party*, Lanham 1996; Justin Watson, *The Christian Coalition. Dreams of Restoration, Demands for Recognition*, New York 1996.

48 Falwell hatte 2001 nach den terroristischen Anschlägen auf New York und Washington erklärt, dies sei die Rache Gottes für den Abfall der Amerikaner; Robertson begründete auf genau dieselbe Weise den Untergang von New Orleans durch den Wirbelsturm *Katrina* 2005.

49 Vgl. auf der Basis der alttestamentarischen kultischen Reinheitsgesetze des Buches *Leviticus* v. a. *1. Korinther* 6, 9 und *Römer* 1, 24-27.

50 So kam niemand auf die Idee, daß es die eine Homosexualität möglicherweise gar nicht gibt, daß es sich dabei unter Umständen um ein kulturelles Konstrukt handelt.

51 Vgl. Julie Ingersoll, *Evangelical Christian Women. War Stories in the Gender Battle*, New York 2003.

52 Vgl. dazu den reichhaltigen Bestand an antikatholischen Pamphleten in der Anticatholica-Sammlung der *University of Notre Dame*, der bis in die Gegenwart hineinreicht. Siehe auch William M. Shea, *The Lion and the Lamb. Evangelicals and Catholics in America*, New York 2004, zur Vorgeschichte dieses Konflikts.

53 Rohls, *Protestantische Theologie der Neuzeit*, Bd. II, S. 686.

54 Vgl. dazu Irvine H. Armstrong, *Biblical Interpretation and Middle East Policy. The Promised Land, America, and Israel*, Gainesville 2005; Stephen R. Sizer, *Christian Zionism. Road Map to Armageddon?* Leicester 2004; Dan Cohn-Sherbok, *The Politics of Apocalypse. The History and Influence of Christian Zionism*, Oxford 2006, und Paul Ch. Merkley, *Christian Attitudes towards the State of Israel*, Detroit 2005.

55 Samuel G. Freedman, *Jew vs. Jew. The Struggle for the Soul of American Jewry*, New York 2000.

56 Richard Abanes, *American Militias. Rebellion, Racism, and Religion*, Downers Grove 1996; siehe zudem McNichol Stock, *Rural Radicals*, S. 133-176.

57 Siehe dazu Ann Burlein, *Lift High the Cross. When White Supremacy and the Religious Right Converge*, Durham 2002.

58 Patterson, *Restless Giant*, S. 260-261.

59 Vgl. dazu James Gilligan, *Violence. Reflections on a National Epidemic*, New York 1996. Zu Beginn der neunziger Jahre des letzten Jahrhunderts wurden in den USA 20-40mal mehr Menschen um-

gebracht als in vergleichbaren anderen Industrienationen. Allein in Chicago starben jährlich mehr als 1000 Menschen durch Morde, mehr als im gesamten Gebiet der Bundesrepublik Deutschland. Gewalt und Waffen zählten zur nationalen Mythologie, siehe Michael A. Bellesiles (Hg.), *Lethal Imagination. Violence and Brutality in American History*, New York 1999, und Richard Slotkin, *Gunfighter Nation. The Myth of the Frontier in Twentieth-Century America*, Norman 1998.

60 Vgl. jedoch die in dieser Hinsicht deutlich kritischere Position der Autoren des Sammelbandes von Heiner Bielfeldt und Wilhelm Heitmeyer (Hgg.), *Politisierte Religion*, Frankfurt/Main 1998.

61 Religiös motivierte Gewaltrhetorik und Gewaltakte spielten auch im neofundamentalistischen Kampf gegen die Homosexualität eine wichtige Rolle. Sie dienten überdies dazu, innerhalb des fundamentalistischen Lagers bestimmte Formen populärkulturell vorgegebener Formen »harter« Männlichkeit zu konstruieren, die ebenfalls unbiblisch sind, siehe Michael L. Cobb, *God Hates Fags. The Rhetorics of Religious Violence*, New York 2006.

62 Vgl. dazu Ronald L. Numbers, *The Creationists. From Scientific Creationism to Intelligent Design*, Cambridge 2006; Edward J. Larson, *Trial and Error. The American Controversy over Creation and Evolution*, New York 2003.

63 Henry Morris und John C. Whitcomb, *The Genesis Flood. The Biblical Record and Its Scientific Implications*, Philadelphia 1961.

64 Alister McGrath, *Dawkin's God*, Oxford 2005.

65 Zur naturwissenschaftlichen Argumentation siehe Andrew J. Petto, *Scientists confront Intelligent Design and Creationism*, New York 2007; Jon A. Alston, *The Scientific Case against Creationism*, New York 2006.

66 Zur legitimen Pluralität innerhalb evolutionstheoretischer Diskurse siehe Franz W. Wuketits, *Evolutionstheorien. Historische Voraussetzungen, Positionen, Kritik*, Darmstadt 1995, und Olivier Rieppel, *Unterwegs zum Anfang. Geschichte und Konsequenzen der Evolutionstheorie*, München 1992.

67 Francis J. Beckwith, *Law, Darwinism, and Public Education. The Establishment Clause and the Challenge of Intelligent Design*, New York 2005.

68 *CBS News Release*, 22. November 2004.

69 Alain de Libera, *Denken im Mittelalter*, München 2003, macht ein vergleichbares Problem mit Blick auf den Laizismus des französischen Schulsystems aus, indem er darauf verweist, daß isla-

mistischen Schülern dadurch das reiche Erbe des mittelalterlichen Aristotelismus in der islamischen Theologie verwehrt würde, da der Religionsunterricht auf die Koranschulen beschränkt sei.

70 Vgl. dazu Brenda Ayres (Hg.), *The Emperor's Old Grove. Decolonizing Disney's Magic Kingdom*, New York 2003.

71 Tim LaHaye und Jerry B. Jenkins, *Left Behind*, 12 Bde., Wheaton 1995-2005.

72 Patterson, *Restless Giant*, S. 134; vgl. zugleich Amy J. Frykholm, *Rapture Culture.* Left Behind *in Evangelical America*, Oxford 2004, und Gary DeMar, *End Times Fiction. A Biblical Consideration of the* Left Behind *Theology*, Nashvile 2001.

73 Vgl. Domke, *God Willing?* und Victor, *Beten im* Oval Office.

74 *Associated Press News Release*, 30. Dezember 1999.

7
DIE ALTERNATIVEN: ›BLACK CHURCH‹ UND PFINGSTBEWEGUNG

1 Gelegentlich werden auch schwarze Juden, Katholiken und Muslime unter die Kategorie der *black church* subsumiert, siehe Britta Waldschmidt-Nelson, *»When Israel was in Egypt's Land«. Zur politischen Dimension der* »Black Church«, in: Broker (Hg.), *God bless America*, S. 109-131, die zumindest die *Nation of Islam* intensiv einbezieht. Dies ist aus gesellschaftshistorischer Sicht angesichts zahlloser inhaltlicher Überschneidungen sinnvoll, dehnt aber für unsere Fragestellung das Konzept allzu weit aus.

2 R. J. Taylor und L. M. Chatter, *Religious Life of Black America*, in: J. S. Jackson (Hg.), *Life in Black America*, Newbury Park 1991, S. 105-123.

3 Zur *black church* vgl. v. a. E. Franklin Frazier, *The Negro Church in America*, New York 1964; Leroy Fitts, *A History of Black Baptists*, Nashville 1985; Eric C. Lincoln und Lawrence H. Mamiya, *The Black Church in the African American Experience*, Durham 1990, sowie Juan Williams und Quinton Dixie, *This Far By Faith*, New York 2003. Neuerdings ist unbedingt Waldschmidt-Nelson, *When Israel was in Egypt's Land* heranzuziehen.

4 Vgl. allg. Astrid Reuter, *Voodoo und andere afroamerikanische Religionen*, München 2003; Ron Davis, *American Voodoo. Journey into a Hidden World*, Denton 1998; Ina J. Fandrich, *The Mysterious Voo-*

doo Queen, Marie Laveaux. A Study of Powerful Female Leadership in Nineteenth-Century New Orleans, New York 2005; Stephan Palmié, *Das Exil der Götter. Geschichte und Vorstellungswelt einer afrokubanischen Religion*, Frankfurt/Main 1989.

5 Vgl. William K. MacNeil (Hg.), *Encyclopedia of American Gospel Music*, New York 2005, und v. a. Robert Darden, *People Get Ready! A New History of Black Gospel Music*, New York 2004.

6 Zum Problem der Religion zu Zeiten der Sklaverei siehe John Blassingame, *The Slave Community. Plantation Life in the Antebellum South*, New York 1972, v. a. aber Eugene D. Genovese, *Roll, Jordan, Roll. The World the Slaves Made*, New York 1976, S. 159-284, und Albert J. Raboteau, *Slave Religion. The »Invisible Institution« in the Antebellum South*, New York 2004.

7 Siehe z. B. Stanley M. Elkins, *Slavery. A Problem in American Institutional and Intellectual Life*, Chicago 1959, sowie Lee Rainwater und William L. Yancey, *The Moynihan Report and the Politics of Controversy. A Trans-Action Social Science and Public Policy Report*, Cambridge 1967.

8 Fergus M. Bordewich, *Bound for Canaan. The Underground Railroad and the War for the Soul of America*, New York 2005, und David W. Blight, *Passages for Freedom. The Underground Railroad in History and Memory*, Washington, DC 2006.

9 Siehe dazu Steven Hahn, *A Nation under our Feet. Black Political Struggles in the Rural South from Slavery to the Great Migration*, Cambridge 2003, S. 230-234 und S. 308-340.

10 Hochgeschwender, *Wahrheit, Einheit, Ordnung*, S. 472-480.

11 Vgl. zur Bürgerrechtsbewegung z. B. Jonathan Rosenberg, *How Far the Promised Land? World Affairs and the American Civil Rights Movement from the First World War to Vietnam*, Princeton 2006; Mark Newman, *The Civil Rights Movement*, Edinburgh 2004; Manfred Berg, *The Ticket to Freedom. Die NAACP und das Wahlrecht der Afro-Amerikaner*, Frankfurt/Main 2000; Pete Daniel, *The Lost Revolutions. The South in the 1950s*, Chapel Hill 2000, und Britta Waldschmidt-Nelson, *Gegenspieler. Martin Luther King und Malcolm X*, Frankfurt/Main 2004. Allg. immer noch Juan Williams, *Eyes on the Prize. America's Civil Rights Years, 1954-1964*, New York 1987.

12 Siehe Kenneth L. Kusmer (Hg.), *Black Communities and Urban Development in America, 1790-1990*, New York 1991. Vgl. ferner zum Gesamtkontext Jon Hope Franklin und Alfred A. Moss, Jr., *Von der Sklaverei zur Freiheit. Die Geschichte der Schwarzen in den USA*, Berlin 1999, S. 509-533, und Norbert Finzsch, u. a., *Von Benin nach Baltimore. Die Geschichte der African Americans*, Hamburg 1999.

13 Zur *Harlem Renaissance* vgl. Australia Traver, *New York and the Harlem Renaissance. Essays on Race, Gender, and Literary Discourse*, Madison 2006; Iris Schmeisser, *Transatlantic Crossings between Paris and New York. Pan-Africanism, Cultural Difference, and the Arts in the Interwar Years*, Heidelberg 2006; Joyce M. Turner, *Carribean Crusaders and the Harlem Renaissance*, Urbana 2006 und Caroline Goeser, *Picturing the New Negro. Harlem Renaissance Print Culture and Modern Black Identity*, Lawrence 2006.

14 Vgl. Mattias Gardell, *In the Name of Elijah Muhammed. Louis Farrakhan and the Nation of Islam*, Durham 1996. Zum Umfeld siehe Yvonne Yazbek Haddad (Hg.), *The Muslims of America*, New York 1991.

15 Vgl. Ulrike Heider, *Schwarzer Zorn und weiße Angst. Reisen durch Afro-Amerika*, Frankfurt/Main 1996.

16 James Cone, *For My People. Black Theology and the Black Church*, New York 1984.

17 Vgl. dazu Cornel West, *Prophecy Deliverance! An Afro-American Revolutionary Christianity*, Philadelphia 1982.

18 Martschukat, *Todesstrafe*, S. 130-147. S. a. Jesse Jackson, *Legal Lynching. The Death Penalty and America's Future*, New York 2001.

19 Vgl. Andrew Billingsley, *Mighty like a River. The Black Church and Social Reform*, New York 1999.

20 Siehe insg. Arnold Gibbons, *Race, Politics, and the White Media. The Jesse Jackson Campaigns*, Lanham 1993.

21 Vgl. Daniel Levine, *Bayard Rustin and the Civil Rights Movement*, New Brunswick 2000, und John D'Emilio, *Lost Prophet. The Life and Times of Bayard Rustin*, New York 2003.

22 Zur Debatte um die Unterscheidung zwischen Antijudaismus und Antisemitismus siehe Michael Hochgeschwender, *Katholizismus und Antisemitismus*, in: Karl-Joseph Hummel (Hg.), *Zeitgeschichtliche Katholizismus-Forschung. Tatsachen, Deutungen, Fragen. Eine Zwischenbilanz*, Paderborn 2004, S. 31-48.

23 Vgl. Stan Faryna, *Black and Right. The Bold New Voice of Black Conservatives*, Westport 1997, sowie Gayle T. Tate und Lewis A. Randolph (Hgg.), *Dimensions of Black Conservatism in the United States*, New York 2002.

24 Zum Folgenden vgl. v. a. Régis Ladous, *Das Christentum im englischsprachigen Nordamerika*, in: Jean-Marie Mayeur (Hg.), *Die Geschichte des Christentums. Religion, Politik, Kultur*, Bd. XII: *Erster und Zweiter Weltkrieg, Demokratien und totalitäre Systeme (1914-1958)*, Freiburg/Br. 2002, S. 1018-1036; Hempelmann, *Licht und Schatten des Erwek-*

kungschristentums; Noll, *Das Christentum in Nordamerika*, S. 152-155; Gerhard Besier, *Themenschwerpunkt. Buddhismus, Islam, Pfingstkirchen*, Berlin 2006.

25 Hempelmann, *Licht und Schatten des Erweckungschristentums*, S. 201-203.

26 Vgl. David Martin, *Pentecostalism. The World is Their Parish*, Oxford 2002; Allan Anderson, *An Introduction to Pentecostalism. Global Charismatic Christianity*, Cambridge 2006; Frank D. Macchia, *Baptized in the Spirit. A Global Pentecostal Theology*, Grand Rapids 2006.

27 Siehe dazu Michael Bergunder (Hg.), *Pfingstbewegung und Basisgemeinden in Lateinamerika. Die Rezeption befreiungstheologischer Konzepte durch die pfingstliche Theologie*, Hamburg 2000, und Jan-Åke Alvarsson, *A few Notes to Conversion to Pentecostalism, especially among Ethnic Minority Groups*, in: ders. und Rita Laura Segato (Hgg.), *Religions in Transition. Mobility, Merging, and Globalization of Contemporary Religious Adhesions*, Uppsala 2003, S. 33-64.

28 *Apostelgeschichte* 2,1-42.

29 *Johannes*, 14,16; 14,26; 15,26 und 16,7. In *1. Johannes* 2,1 bezeichnet der Begriff Paraklet Jesus Christus selbst.

30 *Johannes* 20,22.

31 Vgl. dazu Gisbert Greshake, *Der dreieine Gott. Eine trinitarische Theologie*, Freiburg/Br. 1997, S. 127-168.

32 Steven L. Ware, *Restorationism in the Holiness Movement in the Late Nineteenth and Early Twentieth Centuries*, Lewiston 2004.

33 Philip Jenkins, *Mystics and Messiahs. Cults and New Religions in American History*, Oxford 2000, S. 90-105.

34 Vgl. z. B. Daniel M. Epstein, *Sister Aimee. The Life of Aimee Semple McPherson*, New York 1993; Edith L. Blumhofer, *Aimee Semple McPherson. Everybody's Sister*, Grand Rapids 1993.

35 Edith L. Blumhofer, *Restoring the Faith. The Assemblies of God, Pentecostalism, and American Culture*, Urbana 1993.

36 Vgl. Cheryl J. Sanders, *Saints in Exile. The Holiness-Pentecostal Experience in African American Religion and Culture*, New York 1996.

37 Noll, *Das Christentum in Nordamerika*, S. 155.

38 Anderson, *An Introduction to Pentecostalism*, S. 45-57.

39 Anderson, *An Introduction to Pentecostalism*, S. 147.

40 Gespräch des Verfassers mit Patres der *Oblates of Mary Immaculate*, September 1999.

41 Anderson, *An Introduction to Pentecostalism*, S. 145.

42 Vgl. dazu Hempelmann, *Licht und Schatten des Erweckungschristentums*, S. 142-159.

43 Jenkins, *The Next Christendom*. Vgl. jedoch auch Friedrich Wilhelm Graf, *Die Wiederkehr der Götter. Religion in der modernen Kultur*, München 2004, sowie Peter L. Berger (Hg.), *The Desecularization of the World. Resurgent Religion and World Politics*, Grand Rapids 1999.

44 Vgl. dazu v. a. Hempelmann, *Licht und Schatten des Erweckungschristentums*, S. 47-60.

45 *1. Korintherbrief*, 12,1-14,40.

46 *1. Korintherbrief*, 13,9. Zur Auslegung vgl. Schelkle, *Theologie des Neuen Testaments*, Bd. 2, S. 239-250.

LITERATURVERZEICHNIS

Richard Abanes, *American Militias. Rebellion, Racism, and Religion*, Downers Grove 1996.

Richard Abanes, *One Nation under God. A History of the Mormon Church*, New York 2002.

Richard H. Abbott, *The Republican Party and the South, 1855-1877*, Chapel Hill 1986.

Robert H. Abzug, *Cosmos Crumbling. American Reformers and the Religious Imagination*, New York 1994.

Joseph A. Aistrup, *The Southern Strategy Revisited. Republican Top-Down Advancement in the South*, Lexington 1991.

Jon A. Alston, *The Scientific Case against Creationism*, New York 2006.

Glenn C. Altschuler und Stuart Blumin, *Rude Republic. Americans and Their Politics in the Nineteenth Century*, Princeton 2000.

Jan-Åke Alvarsson und Rita L. Segato (Hgg.), *Religions in Transition. Mobility, Merging, and the Globalization of Contemporary Religious Adhesions*, Uppsala 2003.

Tyler Anbinder, *Nativism and Slavery. The Northern Know-Nothings and the Politics of the 1850s*, New York 1992.

Allan Anderson, *An Introduction to Pentecostalism. Global Charismatic Christianity*, Cambridge 2006.

Milenko Andjelic, *Christlicher Glaube als prophetische Religion. Walter Rauschenbusch und Reinhold Niebuhr*, Frankfurt/Main 1991.

Julia Angster, *Konsenskapitalismus und Sozialdemokratie. Die Westernisierung von SPD und DGB*, München 2003.

Peter Applebome, *Dixie Rising. How the South is Shaping American Values, Politics, and Culture*, San Diego 1996.

Joyce Appleby, *Liberalism and Republicanism in the Historical Imagination*, Cambridge 1996.

Joyce Appleby, *Inheriting the Revolution. The First Generation of Americans*, Cambridge 2001.

Irvine H. Armstrong, *Biblical Interpretation and Middle East Policy. The Promised Land, America, and Israel*, Gainesville 2005.

Amin Ash (Hg.), *Post-Fordism. A Reader*, Oxford 1994.

LeRoy Ashby, *With Amusement for All. A History of American Popular Culture since 1830*, Lexington 2006.

John Ashworth, *Slavery, Capitalism, and Politics in the Antebellum Republic*, Bd. 1: *Commerce and Compromise*, Cambridge 1995.

Edward L. Ayers, *The Promise of the New South. Life after Reconstruction*, New York 1992.

Brenda Ayres (Hg.), *The Emperor's Old Grove. Decolonizing Disney's Magic Kingdom*, New York 2003.

Celia M. Azevedo, *Abolitionism in the United States and Brazil. A Comparative Perspective*, New York 1995.

Beth Bailey, *Sex in the Heartland*, Cambridge 1999.

Bernard Bailyn, *The Ideological Origins of the American Revolution*, Cambridge 1992.

Jim Bakker und Ken Abraham, *I was Wrong. The Untold Story of the Shocking Journey from PTL Power to Prison and Beyond*, Saint Louis 1996.

G. J. Barker-Benfield, *The Horrors of the Half-Known Life. Moral Attitudes toward Women in Nineteenth-Century America*, New York 2000.

Jerome H. Barkow, *Missing the Revolution. Darwinism for Social Scientists*, Oxford 2006.

Michael Barkun, *Crucible of the Millenium. The Burned-over District of New York in the 1840s*, Syracuse 1986.

Michael Barkun, *A Culture of Conspiracies. Apocalyptic Visions in Contemporary America*, Berkeley 2003.

William L. Barney, *The Passage of the Republic. An Interdisciplinary History of Nineteenth-Century America*, Lexington 1987.

Larry Bartels, *What's the Matter with* What's the Matter with Kansas? (Ms. Redemanuskript für die Jahrestagung der *American Political Science Association*, 2005).

Numan V. Bartley, *The New South, 1945-1980. The Story of the South's Modernization*, Baton Rouge 1995.

Bernhard Bartmann, *Lehrbuch der Dogmatik*, 2 Bde., Freiburg/Br. 1932.

Anna L. Bates, *Weeder in the Garden of the Lord. Anthony Comstock's Life and Career*, Lanham 1995.

Jean Baudrillard, *Amerika*, München 1995.

Jean Baudrillard, *The Consumer Society. Myths and Structures*, London 2005.

Christopher A. Bayly, *The Birth of the Modern World, 1780-1914*, Malden 2004.

Ulrich Beck, *Entgrenzung und Entscheidung. Was ist neu an der Theorie reflexiver Modernisierung?*, Frankfurt/Main 2004.

Ulrich Beck, *Was ist Globalisierung?*, Frankfurt/Main 2007.

Francis J. Beckwith, *Law, Darwinism, and Public Education. The Establishment Clause and the Challenge of Intelligent Design*, New York 2005.

Wolfgang Behringer, *Witches and Witch-Hunts. A Global History*, Cambridge 2004.

Michael A. Bellesiles (Hg.), *Lethal Imagination. Violence and Brutality in American History*, New York 1999.

Thomas Bender, *A Nation among Nations. America's Place in World History*, New York 2006.

David H. Bennett, *The Party of Fear. The American Far Right from Nativism to the Militia Movement*, New York 1995.

Sacvan Bercovich, *The Puritan Origins of the American Self*, New Haven 1975.

Manfred Berg, *The Ticket to Freedom. Die NAACP und das Wahlrecht der Afro-Amerikaner*, Frankfurt/Main 2000.

Peter L. Berger (Hg.), *The Desecularization of the World. Resurgent Religion and World Politics*, Grand Rapids 1999.

Michael Bergunder (Hg.), *Pfingstbewegung und Basisgemeinden in Lateinamerika. Die Rezeption befreiungstheologischer Konzepte durch die pfingstliche Theologie*, Hamburg 2000.

William C. Berman, *America's Right Turn. From Nixon to Clinton*, Baltimore 1998.

Gerhard Besier, *Themenschwerpunkt. Buddhismus, Islam, Pfingstkirchen*, Berlin 2006.

Heiner Bielefeldt und Wilhelm Heitmeyer (Hgg), *Politisierte Religion*, Frankfurt/Main 1998.

Ron J. Bigalke, *Progressive Dispensationalism. An Analysis of the Movement and Defense of Traditional Dispensationalism*, Lanham 2005.

Andrew Billingsley, *Mighty like a River. The Black Church and Social Reform*, New York 1999.

Ray A. Billington, *The Protestant Crusade, 1800-1865*, Chicago 1964.

Urs Bitterli, *Alte Welt – neue Welt. Formen des europäisch-überseeischen Kulturkontaktes vom 15. Jahrhundert bis zum 18. Jahrhundert*, München 1992.

Edward J. Blakely, *Fortress America. Gated Communities in the United States*, Washington, DC 1999.

Olaf Blaschke, *Das 19. Jahrhundert – ein zweites konfessionelles Zeitalter*, in: ›Geschichte und Gesellschaft‹ 26:1 (2000), S. 38-75.

John Blassingame, *The Slave Community. Plantation Life in the Antebellum South*, New York 1976.

David W. Blight, *Race and Reunion. The Civil War in American Memory*, Cambridge 2001.

David W. Blight, *Passages for Freedom. The Underground Railroad in History and Memory*, Washington, DC 2006.

Charles L. Blockson, *The Underground Railroad*, New York 1987.
Harold Bloom, *Arthur Miller's* The Crucible, Broomell 1999.
Edith L. Blumhofer (Hg.), *Twentieth-Century Evangelicalism. A Guide to the Sources*, New York 1990.
Edith L. Blumhofer, *Aimee Semple McPherson. Everybody's Sister*, Grand Rapids 1993.
Edith L. Blumhofer, *Restoring the Faith. The Assemblies of God, Pentecostalism, and American Culture*, Urbana 1993.
Edith L. Blumhofer (Hg.), *Religion, Politics, and the American Experience*, Tuscaloosa 2002.
John B. Boles, *Religion in the South*, Jackson 1985.
Patricia U. Bonomi, *Under the Cope of Heaven. Religion, Society, and Politics in Colonial America*, New York 1986.
Fergus M. Bordewich, *Bound for Canaan. The Underground Railroad and the War for the Soul of America*, New York 2005.
Rob Boston, *The Most Dangerous Man in America? Pat Robertson and the Rise of the Christian Coalition*, Amherst 1996.
Paul S. Boyer, *Urban Masses and Moral Order in America, 1820-1920*, Cambridge 1978.
Paul S. Boyer, *When Time shall be no more. Prophecy Belief in Modern American Culture*, Cambridge 1992.
Timothy H. Breen, *The Marketplace of Revolution. How Consumer Politics Shaped American Independence*, Oxford 2004.
Francis J. Bremer, *Anne Hutchinson. Troubler of Puritan Zion*, Huntington 1981.
Francis J. Bremer, *The Puritan Experiment. New England Society from Bradford to Edwards*, Hanover 1995.
Christian Bresina, *Von der Erweckungsbewegung zum Social Gospel. Walter Rauschenbuschs Herkunft, Umfeld und Entwicklung bis 1891*, Marburg 1993.
Ann L. Bressler, *The Universalist Movement in America, 1770-1880*, Oxford 2001.
Johannes Brinktrine, *Die Lehre von der Gnade*, Paderborn 1957.
Dorothy Brown und Elisabeth McKeown, *The Poor Belong to US. Catholic Charities and American Welfare*, Cambridge 1997.
Ruth Murray Brown, *For a »Christian America«. A History of the Religious Right*, New York 2002.
Stuart Bruchey, *Enterprise. The Dynamic Economy of a Free People*, Cambridge 1990.
W. Fitzhugh Brundage (Hg.), *Under the Sentence of Death. Lynching in the South*, Chapel Hill 1997.

Roger A. Bruns, *Preacher. Billy Sunday and Big-Time American Evangelicalism*, New York 1992.

Robert A. Bruns, *Billy Graham. A Biography*, Westport 2004.

Ann Burlein, *Lift High the Cross. When White Supremacy and the Religious Right Converge*, Durham 2002.

Jon Butler und Harry S. Stout (Hgg.), *Religion in American History. A Reader*, New York 1998.

Jon Butler, *Becoming America. The Revolution before 1776*, Cambridge 2001.

Bret E. Carroll, *Spiritualism in Antebellum America*, Bloomington 1997.

Richard J. Carwardine, *Trans-Atlantic Revivalism. Popular Evangelicalism in Britain and America*, Westport 1977.

Richard J. Carwardine, *Evangelicals and Politics in Antebellum America*, New Haven 1993.

William H. Chafe, *The Unfinished Journey. America since World War II*, New York 1999.

John W. Chambers, *The Tyranny of Change. America in the Progressive Era, 1890-1920*, New Brunswick 2001.

Ron Chernow, *The House of Morgan. An American Banking Dynasty and the Rise of Modern Finance*, New York 1990.

Ron Chernow, *Titan. The Life of John D. Rockefeller, Sr.*, New York 1998.

Robert W. Cherny, *American Politics in the Gilded Age, 1868-1900*, Wheeling 1997.

Gilbert K. Chesterton, *Eugenics and Other Evils. An Argument against the Scientifically Organized Society*, Seattle 2000.

Brevard S. Childs, *Theologie der einen Bibel*, 2 Bde., Freiburg/Br. 1996.

Michael L. Cobb, *God Hates Fags. The Rhetoric of Religious Violence*, New York 2006.

Dan Cohn-Sherbock, *The Politics of Apocalypse. The History and Influence of Christian Zionism*, Oxford 2006.

James Cone, *For My People. Black Theology and the Black Church*, New York 1984.

Paul K. Conkin, *When All the Gods Trembled. Darwinism, Scopes, and American Intellectuals*, Lanham 1998.

Saul Cornell, *The Other Founders. Anti-Federalism and the Dissenting Tradition in America, 1788-1828*, Chapel Hill 1993.

Robert C. Cottrell, *Roger Nash Baldwin and the American Civil Liberties Union*, New York 2000.

Ruth S. Cowan, *A Social History of American Technology*, New York 1997.

Whitney R. Cross, *The Burned-over District. The Social and Intellectual*

History of Enthusiast Religion in Western New York, 1800-1850, Ithaca 1956.

Pete Daniel, *The Lost Revolutions. The South in the 1950s*, Chapel Hill 2000.

Roger Daniels, *Coming to America. A History of Immigration and Ethnicity in American Life*, New York 2002.

Robert Darden, *People Get Ready! A New History of Black Gospel Music*, New York 2004.

David Brion Davis, *Some Themes of Counter-Subversion. An Analysis of Anti-Masonic, Anti-Catholic, and Anti-Mormon Literature*, in: ›Mississippi Valley Historical Review‹ 47:2 (1960), S. 202-239.

David Brion Davis, *Some Ideological Functions of Prejudice in Ant-Bellum America*, in: ›American Quarterly‹ 15:2 (1963), S. 98-123.

Ron Davis, *American Voodoo. Journey into a Hidden World*, Denton 1998.

Nina Degele, *Modernisierungstheorie. Eine Einführung*, München 2005.

Carl N. Degler, *In Search of Human Nature. The Decline and Revival of Darwinism in American Social Thought*, New York 1991.

Gary DeMar, *End Times Fiction. A Biblical Consideration of the* Left Behind *Theology*, Nashville 2001.

Heinrich Denzinger und Peter Hünermann (Hgg.), *Enchiridion symbolorum, definitionum et declarationum de rebus fidei et morum*, Freiburg/Br. 1999.

John D'Emilio und Estelle B. Freedman, *Intimate Matters. A History of Sexuality in America*, Chicago 1997.

John D'Emilio, *Lost Prophet. The Lifes and Times of Bayard Rustin*, New York 2003.

Sara Diamond, *Not By Politics Alone. The Enduring Influence of the Christian Right*, New York 1998.

Peter Dickens, *Social Darwinism. Linking Evolutionary Thought to Social History*, Buckingham 2000.

John P. Diggins, *The Proud Decades. America in War and Peace, 1941-1960*, New York 1988.

Anselm Doering-Manteuffel, *Mensch, Maschine, Zeit. Fortschrittsbewußtsein und Kulturkritik im ersten Drittel des 20. Jahrhunderts*, in: ›Jahrbuch des Historischen Kollegs 2003‹, München 2004, S. 91-119.

Jay P. Dolan, *Catholic Revivalism. The American Experience, 1830-1900*, Notre Dame 1978.

Jay P. Dolan, *In Search of an American Catholicism. A History of Religion and Culture in Tension*, Oxford 2002.

David Domke, *God Willing? Political Fundamentalism in the White House, the War on Terror, and the Echoing Press*, London 2004.

Regna Dranell, *And Along Came Boas. Continuity and Revolution in Americanist Anthropology*, Amsterdam 1996.

Rebecca Edwards, *New Spirits. Americans in the Gilded Age, 1865-1905*, New York 2006.

John Ehrman, *The Rise of Neoconservatism. Intellectuals and Foreign Affairs, 1945-1994*, New Haven 1995.

Daniel J. Elazar, *Building Cities in America. Urbanization and Suburbanization in a Frontier Society*, Lanham 1987.

Stanley Elkins, *Slavery. A Problem in American Institutional and Intellectual Life*, Chicago 1959.

Stanley Elkins, und Eric McKittrick, *The Age of Federalists. The Early American Republic, 1788-1800*, New York 1993.

Richard J. Ellis, *American Political Cultures*, New York 1993.

James S. Elsmere, *Henry Ward Beecher*, Indianapolis 1973.

Bernd Engler u. a. (Hgg.), *Millenal Thought in America. Historical and Intellectual Context*, Trier 2002.

Daniel M. Epstein, *Sister Aimee. The Life of Aimee Semple McPherson*, New York 1993.

Ellen Eslinger, *Citizens of Zion. The Social Origins of Camp Meeting Revivalism*, Knoxville 1999.

Sara Evans, *Born for Liberty. A History of Women in America*, New York 1989.

Ina J. Fandrich, *The Mysterious Voodoo Queen Marie Leveaux. A Study of Powerful Female Leadership in Nineteenth-Century New Orleans*, New York 2005.

Stan Faryna, *Black and Right. The Bold New Voice of Black Conservatives*, Westport 1997.

Glenn Feldman (Hg.), *Politics and Religion in the White South*, Lexington 2005.

Daniel Feller, *The Jacksonian Promise, 1815-1840*, Baltimore 1995.

Robert A. Ferguson, *The American Enlightenment, 1750-1820*, Cambridge 1997.

James F. Findlay, *Dwight L. Moody. American Evangelist, 1837-1899*, Chicago 1969.

Roger Finke und Rodney Stark, *The Churching of America. Winners and Losers in Our Religious Economy*, New Brunswick 1992.

Norbert Finzsch u. a., *Von Benin nach Baltimore. Die Geschichte der African Americans*, Hamburg 1999.

Norbert Finzsch, *Konsolidierung und Dissens. Nordamerika von 1800 bis 1865*, Münster 2005.

Leroy Fitts, *A History of Black Baptists*, Nashville 1985.

Maureen A. Flanagan, *America Reformed. Progressives and Progressivism, 1890s-1920s*, New York 2006.
Eric Foner, *Reconstruction. America's Unfinished Revolution, 1863-1877*, New York 1988.
Richard W. Fox, *Trials of Intimacy. Love and Loss in the Beecher-Tilton Scandal*, Chicago 1999.
Thomas Frank, *What's the Matter with Kansas? How the Conservatives Won the Heart of America*, New York 2004.
John H. Franklin und Alfred A. Moss, Jr., *Von der Sklaverei zur Freiheit. Die Geschichte der Schwarzen in den USA*, Berlin 1999.
James W. Fraser, *Between Church and State. Religion and Public Education in a Multicultural America*, New York 1999.
E. Franklin Frazier, *The Negro Church in America*, New York 1964.
Samuel G. Freedman, *Jew vs. Jew. The Struggle for the Soul of American Jewry*, New York 2000.
William W. Freehling, *The Road to Disunion. Secessionists at Bay, 1776-1854*, New York 1990.
David K. Fremont, *The Salem Witchcraft Trials in American History*, Berkeley 1997.
Lawrence M. Friedman, *Crime and Punishment in American History*, New York 1993.
Amy J. Frykholm, *Rapture Culture.* Left Behind *in Evangelical America*, Oxford 2004.
Robert C. Fuller, *Naming the Antichrist. A History of an American Obsession*, New York 1995.
Juliet F. Gainsborough, *Fenced Off. The Suburbanization of American Politics*, Washington, DC 2001.
Robert Gale, *The Urgent Voice. The Story of William Miller*, Washington, DC 1975.
Mattias Gardell, *In the Name of Elijah Mohammed. Louis Farrakhan and the Nation of Islam*, Durham 1996.
David J. Garrow, *Liberty and Sexuality. The Right to Privacy and the Making of* Roe v. Wade, New York 1994.
Edwin S. Gaustad, *Faith of the Founders. Religion and the New Nation, 1776-1820*, Waco 2005.
Erich Geldbach, *Protestantischer Fundamentalismus in den USA und Deutschland*, München 2001.
Eugene D. Genovese, *Roll, Jordan, Roll. The World the Slaves Made*, New York 1976.
Arnold Gibbons, *Race, Politics, and the White Media. The Jesse Jackson Campaigns*, Lanham 1993.

James Gilligan, *Violence. Reflections on a National Epidemic*, New York 1996.

Todd Gitlin, *The Sixties. Years of Hope and Days of Rage*, New York 1993.

C. C. Goen, *Broken Churches, Broken Nation. Denominational Schisms and the Coming of the Civil War*, Macon 1985.

Caroline Goeser, *Picturing the New Negro. Harlem Renaissance Print Culture and Modern Black Identity*, Lawrence 2006.

Barbara Goldsmith, *Other Powers. The Age of Suffrage, Spiritualism, and the Scandalous Victoria Woodhull*, New York 1998.

Friedrich W. Graf, *Die Wiederkehr der Götter. Religion in der modernen Kultur*, München 2004.

Leif Grane, *Contra Gabrielem. Luthers Auseinandersetzung mit Gabriel Biel in der Disputatio* contra scholasticam theologiam *1517*, Kopenhagen 1962.

Harvey Green, *The Uncertainty of Everyday Life, 1915-1945*, Fayetteville 2000.

Jack Green und J. R. Pole (Hgg.), *Colonial British North America. Essays in the New History of the Early Modern Era*, Baltimore 1984.

John C. Green u. a. (Hgg.), *The Christian Right in American Politics. Marching to the Millennium*, Washington, DC 2003.

Gisbert Greshake, *Der dreieine Gott. Eine trinitarische Theologie*, Freiburg/Br. 1997.

David Grimsted, *American Mobbing, 1828-1861. Toward the Civil War*, New York 1998.

Dieter Groh, *Schöpfung im Widerspruch. Deutungen der Natur und des Menschen von der Genesis bis zur Reformation*, Frankfurt/Main 2003.

Yvonne Yazbeb Haddad (Hg.), *The Muslims of America*, New York 1991,

Steven Hahn, *A Nation under our Feet. Black Political Struggles in the Rural South from Slavery to the Great Migration*, Cambridge 2003.

David Halberstam, *The Fifties*, New York 1993.

Grace E. Hale, *Making Whiteness. The Culture of Segregation in the South, 1890-1940*, New York 1998.

Stefan Halper und Jonathan Clarke, *America Alone. The Neoconservatives and the Global Order*, New York 2004.

Dean Hammer, *The Puritan Tradition in Revolutionary, Federalist and Whig Political Theory*, New York 1998.

Hal Harless, *How Firm a Foundation. The Dispensations in the Light of the Divine Covenants*, New York 2004.

Darryl G. Hart, *Defending the Faith. J. Gresham Machen and the Crisis of Conservative Protestantism in America*, Baltimore 1994.

Nathan O. Hatch, *The Democratization of American Christianity*, New Haven 1989.
Mike Hawkins, *Social Darwinism in European and American Thought, 1860-1945. Nature as Model and Nature as Threat*, Cambridge 1996.
Jürgen Heideking, *Die Verfassung vor dem Richterstuhl. Vorgeschichte und Ratifizierung der amerikanischen Verfassung, 1787-1791*, Berlin 1983.
Jürgen Heideking u. a. (Hgg.), *Celebrating Ethnicity and Nation. American Festive Culture from the Revolution to the Early 20th Century*, New York 2002.
Ulrike Heider, *Schwarzer Zorn und weiße Angst. Reisen durch Afro-Amerika*, Frankfurt/Main 1996.
Alan Heimert, *Religion and the American Mind. From the Great Awakening to the American Revolution*, Cambridge 1961.
Reinhard Hempelmann, *Licht und Schatten des Erweckungschristentums. Ausprägungen und Herausforderungen pfingstlich-charismatischer Frömmigkeit*, Stuttgart 1998.
Manfred Henningsen, *Der Aufstand der Fundamentalisten. Die Sehnsucht nach der heilen Welt und die amerikanische Gegenrevolution*, in: ›Merkur‹ (Sonderheft) 53:9/10 (1999), S. 901-910.
Will Herberg, *Protestant – Catholic – Jew. An Essay in American Religious Sociology*, Chicago 1955.
Winfried Herget (Hg.), *Die Salemer Hexenverfolgungen. Perspektiven – Kontexte – Repräsentationen*, Trier 1994.
James A. Herrick, *The Radical Rhetoric of English Deists. The Vision of Scepticism, 1680-1750*, Columbia 1997.
John Heidenry, *What Wild Exstasy. The Rise and Fall of the Sexual Revolution*, New York 1997.
Joachim Hirsch, *Das neue Gesicht des Kapitalismus. Vom Fordismus zum Postfordismus*, Hamburg 1986.
Eric Hobsbawm, *Das imperiale Zeitalter, 1875-1914*, Frankfurt/Main 1984.
Eric Hobsbawm, *The Age of Capital, 1848-1875*, New York 1996.
Michael Hochgeschwender, *Freiheit in der Offensive? Der Kongreß für kulturelle Freiheit und die Deutschen*, München 1998.
Michael Hochgeschwender, *»God's Own Nation«. Der gerechte Krieg im Selbstbild der USA*, in: Nikolaus Buschmann und Dieter Langewiesche (Hgg.), *Der Krieg in den Gründungsmythen europäischer Nationen und der USA*, Frankfurt/Main 2003, S. 286-313.
Michael Hochgeschwender, *Katholizismus und Antisemitismus*, in: Karl-Joseph Hummel (Hg.), *Zeitgeschichtliche Katholizismus-Forschung. Tatsachen, Deutungen, Fragen. Eine Zwischenbilanz*, Paderborn 2004, S. 31-48.

Michael Hochgeschwender, *Religion, nationale Mythologie und nationale Identität. Zu den methodischen und inhaltlichen Debatten der amerikanischen »New Religious History«*, in: ›Historisches Jahrbuch‹ 124 (2004), S. 435-520.

Michael Hochgeschwender, *Ultramontaner Katholizismus und amerikanische Demokratie, 1830-1860*, in: Werner Kremp (Hg.), *Katholizismus im atlantischen Raum*, Trier 2004, S. 63-86.

Michael Hochgeschwender, *Raum und nationale Identität in der US-amerikanischen Geschichtswissenschaft im 20. Jahrhundert*, in: Anke Köth u. a. (Hgg.), *Building America. Die Erschaffung einer neuen Welt*, Dresden 2005, S. 21-41.

Michael Hochgeschwender, *Wahrheit, Einheit, Ordnung. Die Sklavenfrage und der amerikanische Katholizismus, 1835-1870*, Paderborn 2006.

Godfrey Hodgson, *The World Turned Right Side Up. A History of the Conservative Ascendancy in America*, Boston 1996.

Peter Ch. Hoffer, *The Salem Witchcraft Trials. Legal History*, Lawrence 1996.

Richard Hofstadter, *Anti-Intellectualism in American Life*, New York 1962.

Richard Hofstadter, *Social Darwinism in American Thought*, Boston 1965.

E. Brooks Holifield, *Theology in American Christian Thought from the Puritans to the Civil War*, New Haven 2003.

David L. Holmes, *The Faith of the Founding Fathers*, Oxford 2006.

Michael F. Holt, *The Rise and Fall of the Whig Party. Jacksonian Politics and the Onset of the Civil War*, New York 1999.

Dick Howard, *Die Grundlagen der amerikanischen Demokratie*, Frankfurt/Main 2001.

Suellen Hoy, *Chasing Dirt. The American Pursuit of Cleanliness*, New York 1995.

Richard T. Hughes, *Myths America Lives By*, Urbana 2003.

Thomas P. Hughes, *Die Erfindung Amerikas. Der technologische Aufstieg der USA seit 1870*, München 1991.

Alan Hunt, *Governing Morals. A Social History of Moral Regulation*, Cambridge 1999.

James D. Hunter, *Culture Wars. The Struggle to Define America*, New York 1991.

Samuel P. Huntington, *Who Are We? The Challenges to America's National Identity*, New York 2004.

Julie Ingersoll, *Evangelical Christian Women. War Stories in the Gender Battle*, New York 2003.

J. S. Jackson (Hg.), *Life in Black America*, Newbury Park 1991.
Jesse Jackson, *Legal Lynching. The Death Penalty and America's Future*, New York 2001.
Kenneth T. Jackson, *The Ku Klux Klan in the City, 1915-1930*, Chicago 1967.
Kenneth T. Jackson, *Crabgrass Frontier. The Suburbanisation of the United States*, New York 1987.
Philip Jenkins, *Mystics and Messiahs. Cults and New Religions in American History*, Oxford 2000.
Philip Jenkins, *The Next Christendom. The Coming of Global Christianity*, New York 2002.
Philip Jenkins, *The New Anti-Catholicism. The Last Acceptable Prejudice*, New York 2003.
Francis Jennings, *The Invasion of America. Indians, Colonialism, and the Cant of Conquest*, New York 1975.
Curtis Johnson, *Redeeming America. Evangelicals and the Road to Civil War*, Chicago 1993.
Paul E. Johnson, *A Shopkeeper's Millenium. Society and Revival in Rochester, New York*, New York 1978.
Tony Judt, *Geschichte Europas. Von 1945 bis zur Gegenwart*, München 2006.
Detlef Junker, *Power and Mission. Was Amerika antreibt*, Freiburg/Br. 2003.
Carl F. Kaestle, *Pillars of the Republic. Common Schools and American Society, 1760-1860*, New York 1983.
Bruce H. Kalk, *The Origins of the Southern Strategy. Two-Party Competition in South Carolina, 1950-1972*, Lanham 2001.
Michael Kazin, *A Godly Hero. The Life of William Jennings Bryan*, New York 2006.
Frank Kelleter, *Amerikanische Aufklärung. Sprachen der Rationalität im Zeitalter der Revolution*, Paderborn 2002.
Alfred H. Kelly u. a., *The American Constitution and Its Development*, 2 Bde., New York 1991.
David M. Kennedy, *Freedom from Fear. The American People in Depression and War, 1929-1945*, New York 1999.
Wolfgang Kersting, *Die politische Philosophie des Gesellschaftsvertrags*, Darmstadt 1996.
Daniel J. Kevles, *In the Name of Eugenics. Genetics and the Use of Human Heredity*, Cambridge 1999.
Klaus Kienzler, *Der religiöse Fundamentalismus. Christentum, Judentum, Islam*, München 1996.

Susanne Klinger, *Status und Geltungsanspruch der historisch-kritischen Methode in der theologischen Hermeneutik*, Stuttgart 2003.

James T. Kloppenberg, *Uncertain Victory. Social Democracy and Progressivism in European and American Thought, 1870-1920*, New York 1986.

Peter Knight (Hg.), *Conspiracy Theories in American History*, 2 Bde., New York 2002.

Andrew Kohut u. a., *The Diminishing Divide. Religion's Changing Role in American Politics*, Washington, DC 2000.

Lester de Koster, *Light for the City. Calvin's Preaching, Light for Life and Liberty*, Grand Rapids 2004.

Aileen S. Kraditor, *Means and Ends in American Abolitionism. Garrison and his Critics on Strategy and Tactics, 1834-1850*, Chicago 1989.

Alan M. Kraut, *Crusaders and Compromisers. Essays on the Relationship of the Anti-Slavery Struggle and the Antebellum Party System*, Westport 1993.

Günter E. Krug, *Amity & Commerce. Amerika und Europa. Freundschafts- und Handelsverträge der USA mit europäischen Staaten in der Phase der Konföderation, 1776-1789*, Trier 1999.

Kenneth L. Kusmer (Hg.), *Black Communities and Urban Development in America, 1790-1990*, New York 1991.

David E. Kyvig, *Daily Life in the United States, 1920-1940*, Chicago 2002.

Frank Lambert, *Pedlar in Divinity. George Whitefield and the Transatlantic Revivals*, Princeton 1994.

Otto Langer, *Christliche Mystik im Mittelalter. Mystik und Rationalisierung, Stationen eines Konflikts*, Darmstadt 2004.

Jack Larkin, *The Reshaping of Everyday Life, 1790-1840*, New York 1989.

Edward J. Larson, *Trial and Error. The American Controversy over Creation and Evolution*, New York 2003.

Jörg Lauster, *Prinzip und Methode. Die Transformation des protestantischen Schriftprinzips durch die historische Kritik von Schleiermacher bis zur Gegenwart*, Tübingen 2004.

Melinda Lawson, *Patriot Fires. Forging a New American Nationalism in the Civil War*, Lawrence 2002.

William Leach, *Land of Desire. Merchants, Power, and the Rise of a New American Culture*, New York 1993.

Garth Lean, *Frank Buchman. A Life*, London 1985.

Claus Leggewie, *America first? Der Fall einer konservativen Revolution*, Frankfurt/Main 1997.

Tim LeHaye, *Faith of Our Founding Fathers*, Montoursville 1991.

Tim LaHaye und Jerry B. Jenkins, *Left Behind*, 12 Bde., Wheaton 1995-2005.

Hartmut Lehmann (Hg.), *Transatlantische Religionsgeschichte. 18. bis 20. Jahrhundert*, Göttingen 2006.
Jill Lepore, *In the Name of War. King Philipp's War and the Origins of American Identity*, New York 1999.
Michael Lerner, *The Left Hand of God. Taking Back Our Country from the Religious Right*, New York 2006.
Brian P. Levack, *Die Geschichte der Hexenverfolgungen in Europa*, München 1995.
Daniel Levine, *Bayard Rustin and the Civil Rights Movement*, New Brunswick 2000.
Lawrence W. Levine, *Defender of the Faith. William Jennings Bryan, the last Decade, 1915-1925*, New York 1965.
Alain de Libera, *Denken im Mittelalter*, München 2003.
Antonius Liedhegener, *Macht, Moral und Mehrheiten. Der politische Katholizismus in der Bundesrepublik Deutschland und den USA seit 1960*, Baden-Baden 2006.
Eric C. Lincoln und Lawrence H. Mamiya, *The Black Church in the African American Experience*, Durham 1990.
Michael Lind, *Up from Conservatism. Why the Right is Wrong for America*, New York 1997.
Douglas Long, *Fundamentalists and Extremists*, New York 2002.
Joseph W. H. Lough, *Weber and the Persistance of Religion. Social Theory, Capitalism, and the Sublime*, London 2006.
Setha M. Low, *Behind the Gates. Life, Security, and the Pursuit of Happiness in Fortress America*; New York 2003.
Christopher J. Lucas, *American Higher Education. A History*, New York 2006.
Frank D. Macchia, *Baptized in the Spirit. A Global Pentecostal Theology*, Grand Rapids 2006.
Edward H. MacKinley, *Marching to Glory. The History of the Salvation Army in the United States, 1880-1992*, Grand Rapids 1995.
William K. MacNeil (Hg.), *Encyclopedia of American Gospel Music*, New York 2005.
C. B. Macpherson, *The Political Theory of Possessive Individualism. From Hobbes to Locke*, Oxford 1962.
Michael Mann, *The Sources of Power*, 3 Bde., Cambridge 2005.
George M. Marsden, *Fundamentalism and American Culture. The Shaping of Twentieth-Century Evangelicalism, 1870-1925*, New York 1982.
George M. Marsden, *Religion and American Culture*, Fort Worth 1990.
David Martin, *Pentecostalism. The World is Their Parish*, Oxford 2002.
David A. Martin, *A General Theory of Secularization*, Oxford 1978.

Robert F. Martin, *Hero of the Heartland. Billy Sunday and the Transformation of American Society, 1862-1937*, Bloomington 2002.

William Martin, *With God on Our Side. The Rise of the Religious Right in America*, New York 1996.

Martin E. Marty (Hg.), *Protestantism and Social Christianity*, München 1992.

Jürgen Martschukat, *Die Geschichte der Todesstrafe in Amerika. Von der Kolonialzeit bis zur Gegenwart*, München 2002.

Shailer Mathews, *The Faith of Modernism*, Chicago 1924.

Shailer Mathews, *New Faith for Old. An Autobiography*, New Haven 1936.

Jean-Marie Mayeur u. a. (Hgg.), *Geschichte des Christentums. Religion, Politik, Kultur*, 14 Bde., Freiburg/Br. 1999 ff.

Liza McGerr, *Suburban Warriors. The Origins of the New American Right*, Princeton 2001.

Alister McGrath, *Justitia Dei. A History of the Christian Doctrine of Justification*, Cambridge 1998.

Alister McGrath, *Naturwissenschaft und Theologie*, Freiburg/Br. 2000.

Alister McGrath, *Dawkin's God*, Oxford 2005.

Alister McGrath, *Redemption*, Minneapolis 2005.

Alister McGrath, *Christian Theology. An Introduction*, Malden 2007.

John T. McGreevy, *Catholicism and American Freedom. A History*, New York 2003.

John R. McKivigan, *The War against Proslavery Religion. Abolitionism in the Northern Churches, 1830-1865*, Ithaca 1984.

John R. McKivigan und Mitchell Snay (Hgg.), *Religion and the Antebellum Debate over Slavery*, Athens 1998.

William G. McLoughlin, *Revivals, Awakenings, and Reform. An Essay on Religion and Culture in America, 1607-1977*, Chicago 1978.

Alan Megill, *Prophets of Extremity. Nietzsche, Heidegger, Foucault, Derrida*, Berkeley 1987.

Louis Menaud, *The Metaphysical Club. A Story of Ideas in America*, New York 2001.

Paul Ch. Merkley, *Christian Attitudes toward the State of Israel*, Detroit 2005.

Gabriele Metzler, *Konzeptionen politischen Handelns von Adenauer bis Brandt. Politische Planung in der pluralistischen Gesellschaft*, Paderborn 2005.

Thomas Meyer, *Fundamentalismus – Aufstand gegen die Moderne*, Hamburg 1989.

Robert Middlekauff, *The Glorious Cause. The American Revolution, 1763-1789*, New York 1982.

Richard Middleton, *Colonial America. A History, 1585-1776*, Oxford 2003.
Perry Miller, *Errands in the Wilderness*, Cambridge 1956.
Perry Miller, *Nature's Nation*, Cambridge 1967.
Randall Miller u. a. (Hgg.), *Religion and the American Civil War*, New York 1998.
Steven Mintz, *Moralists & Modernizers. America's Pre-Civil War Reformers*, Baltimore 1995.
Deidre M. Molony, *American Catholic Lay Groups and Transatlantic Social Reform in the Progressive Era*, Chapel Hill 2002.
Eric Monkkonen, *Homicide. Explaining America's Exceptionalism*, in: ›American Historical Review‹ 111.1 (2006), S. 76-94.
R. Laurence Moore, *Religious Outsiders and the Making of America*, New York 1986.
R. Laurence Moore, *Selling God. American Religion and the Marketplace of Culture*, New York 1994.
James H. Moorehead, *American Apocalypse. Yankee Protestantism and the Civil War*, New Haven 1978.
Henry Morris und John C. Whitcomb, *The Genesis Flood. The Biblical Record and its Scientific Implications*, Philadelphia 1961.
Martin Mulsow, *Socianism and Arminianism. Antitrinitarians, Calvinists, and Cultural Exchange in Seventeenth-Century Europe*, Leiden 2005.
Matthias Neugebauer, *Lotze und Ritschl. Reich-Gottes-Theologie zwischen nachidealistischer Philosophie und neuzeitlichem Positivismus*, Frankfurt/Main 2002.
Mark Newman, *The Civil Rights Movement*, Edinburgh 2004.
Mark A. Noll, *Das Christentum in Nordamerika*, Leipzig 2000.
Mark A. Noll (Hg.), *God and Mammon. Protestants, Money, and the Market, 1790-1860*, New York 2001.
Mark A. Noll, *America's God. From Jonathan Edwards to Abraham Lincoln*, Oxford 2002.
Pippa Norris und Ronald Inglehart (Hgg.), *Sacred and Secular. Religion and Politics Worldwide*, New York 2004.
Peter Novick, *That Noble Dream. The »Objectivity Question« and the American Historical Profession*, New York 1991.
Ronald L. Numbers, *The Creationists. From Scientific Creationism to Intelligent Design*, Cambridge 2006.
Heiko A. Oberman, *The Harvest of Medieval Theology. Gabriel Biel and Late Medieval Nominalism*, Cambridge 1963.
Duane M. Oldfield, *The Right and the Righteous. The Christian Right Confronts the Republican Party*, Lanham 1996.
Cecilia E. O'Leary, *To Die For. The Paradox of American Patriotism*, Princeton 1999.

Peter S. Onuf und Leonard J. Sadosky, *Jeffersonian America*, Malden 2002.

Berndt Ostendorff, *Das Religiöse in der amerikanischen Demokratie*, in: ›Merkur‹ (Sonderheft) 53:9/19 (1999), S. 891-900.

Jim Owen, *The Hidden History of the Historic Fundamentalists, 1933-1948.*

Reconsidering the Historic Fundamentalist's Response to the Upheavals, Hardships, and Horrors of the 1935 and 1940s, Lanham 2004.

Oxford Guide to United States Supreme Court Decisions (1999).

Nell I. Painter, *Standing at Armageddon. The United States, 1877-1919*, New York 1987.

Stephan Palmié, *Das Exil der Götter. Geschichte und Vorstellungswelt einer afrocubanischen Religion*, Frankfurt/Main 1989.

Vernon L. Parrington, *Main Currents in American Thought*, 2 Bde., New York 1927.

James T. Patterson, *Grand Expectations. The United States, 1945-1974*, New York 1996.

James T. Patterson, *Restless Giant. The United States from Watergate to* Gore v. Bush, Oxford 2005.

Thomas R. Pegram, *Battling Demon Rum. The Struggle for a Dry America, 1800-1933*, Chicago 1998.

Wolfhardt Pentz, *Sozialprotestantismus in den USA und Deutschland. Social Gospel und christlich soziale Bewegung bis 1914*, München 2005.

Michael J. Perry, *Under God? Religious Faith and Liberal Democracy*, Cambridge 2003.

Otto Hermann Pesch und Albrecht Peters, *Einführung in die Lehre von Gnade und Rechtfertigung*, Darmstadt 1989.

Edward Pessen, *Jacksonian America. Society, Personality, and Politics*, Urbana 1985.

Ronald J. Pestritto, *The American Founding and the Social Compact*, Lanham 2003.

Hans-Jürgen Peters, *Die historisch-kritische Methode unter der Lupe. Beiträge zu den Motiven der historisch-kritischen Bibelauslegung sowie eine Bilanz*, Wetzlar 1998.

Merrill D. Peterson, *The Great Triumphirate. Webster, Clay, and Calhoun*, New York 1987.

Andrew J. Petto, *Scientists confront Intelligent Design and Creationism*, New York 2007.

Noah Pickus, *True Faith and Allegiance. Immigration and American Civic Nationalism*, Princeton 2005.

J. G. A. Pocock, *The Macchiavelian Moment. Florentine Political Thought and the Atlantic Republican Tradition*, Princeton 1975.

Daniela Pöder, *Gated Communities. Symptom für einen Verfall der amerikanischen Gesellschaft? Eine kulturwissenschaftliche Untersuchung*, Berlin 2006.

Gianfranco Poggi, *Calvinism and the Capitalist Spirit. Max Weber's Protestant Ethic*, London 1984.

Joseph Pohle und Joseph Gummersbach, *Lehrbuch der Dogmatik*, 3 Bde., Paderborn 1956.

John C. Pollock, *To all the Nations. The Billy Graham Story*, San Francisco 1985.

Stephen Poster, *The Long Argument. English Puritanism and the Shaping of New England Culture, 1570-1700*, Chapel Hill 1991.

David M. Potter, *The Impending Crisis, 1848-1861*, New York 1976.

Robert G. Powers, *Not Without Honor. The History of American Anticommunism*, New Haven 1998.

Rainer Prätorius, *In God We Trust. Religion und Politik in den USA*, München 2003.

Charles A. Prior, *Redefining the Jacobean Church. The Politics of Religious Controversy*, Cambridge 2005.

Carroll Pursell, *The Machine in America. A Social History of Technology*, Baltimore 1995.

Robert Putnam, *Bowling Alone. The Collapse of American Community*, New York 2000.

Tom Raabe, *The Ultimate Church. An Irreverent Look at Church Growth, Megachurches and Ecclesiastical Show-Biz*, Grand Rapids 1991.

Albert J. Raboteau, *Slave Religion. The »Invisible Institution« in the Antebellum South*, New York 2004.

Joachim Radkau, *Max Weber. Die Leidenschaft des Denkens*, München 2005.

Lee Rainwater und William L. Yancey, *The Moynihan Report and the Politics of Controversy. A Trans-Action Social Science and Public Policy Report*, Cambridge 1967.

Astrid Reuter, *Voodoo und andere afroamerikanische Religionen*, München 2003.

Henning Graf Reventlow, *Bibelautorität und Geist der Moderne*, Göttingen 1989.

Henning Graf Reventlow, *Epochen der Bibelauslegung*, 4 Bde., München 1990 ff.

David S. Reynolds, *John Brown, Abolitionist. The Man Who Killed Slavery, Sparked the Civil War, and Seeded Civil Rights*, New York 2005.

Heather C. Richardson, *The Death of Reconstruction. Race, Labor, and Politics in the Post-Civil War North, 1865-1901*, Cambridge 2001.

Harald Rimbach, *Gnade und Erkenntnis in Calvins Prädestinationslehre*, Frankfurt/Main 1996.
Michael D. Robinson, *The Storms of Providence. Navigating the Waters of Calvinism, Arminianism, and Open Theism*, Dulles 2003.
Daniel T. Rogers, *Republicanism. The Career of a Concept*, in: ›Journal of American History‹ 79:1 (1992), S. 11-38.
Jan Rohls, *Protestantische Theologie der Neuzeit*, 2 Bde., Tübingen 1997.
William J. Rorabaugh, *The Alcoholic Republic. An American Tradition*, Oxford 1979.
Jonathan Rosenberg, *How Far the Promised Land? World Affairs and the American Civil Rights Movement from the First World War to Vietnam*, Princeton 2006.
Jody M. Roy, *Rhetorical Campaigns of Nineteenth-Century Anti-Catholics and Catholics in America*, Lewiston 2002.
Leo P. Ribuffo, *The Old Christian Right. The Protestant Far Right from the Great Depression to the Cold War*, Philadelphia 1983.
Olivier Rieppel, *Unterwegs zum Anfang. Geschichte und Konsequenzen der Evolutionstheorie*, München 1992.
Eva L. Rubin, *Abortion, Politics, and the Court.* Roe v. Wade *and Its Aftermath*, New York 1992.
Mary P. Ryan, *Civic Wars. Democracy and Public Life during the Nineteenth Century*, Berkeley 1997.
Charles C. Ryrie, *Dispensationalism*, Chicago 1995.
Ernest R. Sandeen, *The Roots of Fundamentalism. British and American Millenalism, 1800-1930*, Chicago 1970.
Cheryl J. Sanders, *Saints in Exile. The Holiness-Pentecostal Experience in African American Religion and Culture*, New York 1996.
Elisabeth Sanders, *Roots of Reform. Farmers, Workers, and the American State, 1877-1917*, Chicago 1999.
E. San Juan, Jr, *Beyond Postcolonial Theory.* New York 1999.
Philipp Sarasin (Hg.), *Geschichtswissenschaft und Diskursanalyse*, Frankfurt/Main 2003.
Karl-Hermann Schelkle, *Theologie des Neuen Testamentes*, 4 Bde., Düsseldorf 1967 ff.
Ralf Schimmer, *Populismus und Sozialwissenschaften im Amerika der Jahrhundertwende*, Frankfurt/Main 1997.
Wolfgang Schivelbusch, *Die Kultur der Niederlage*, Berlin 2001.
Thomas J. Schlereth, *Victorian America. Transformations in Everyday Life, 1876-1915*, New York 1991.
Arthur M. Schlesinger, *The Rise of the City, 1878-1898*, New York 1944.
Iris Schmeisser, *Transatlantic Crossings between Paris and New York. Pan-*

Africanism, Cultural Difference, and the Arts in the Interwar Years, Heidelberg 2006.

Nancy L. Schultz, *Fire & Roses. The Burning of the Charlestown Covenant, 1834*, New York 2000.

Beth B. Schweiger und Donald G. Mathews (Hgg.), *Religion in the American South. Protestants and Others in History and Culture*, Chapel Hill 2004.

Charles Sellers, *The Market Revolution. Jacksonian America, 1815-1846*, Oxford 1991.

John E. Semonche, *Keeping the Faith. A Cultural History of the United States Supreme Court*, Lanham 1998.

Constans Seyfarth, *Seminar Religion und gesellschaftliche Entwicklung. Studien zur Protestantismus-Kapitalismus-These Max Webers*, Frankfurt/Main 1973.

Barry A. Shain, *The Myth of American Individualism. The Protestant Origins of American Political Thought*, Princeton 1995.

William M. Shea, *The Lion and the Lamb. Evangelicals and Catholics in America*, New York 2004.

Steven Shelden, *Inheriting Shame. The Story of Eugenics and Racism in America*, New York 1999.

Stephen R. Sizer, *Christian Zionism. Road Map to Armageddon?* Leicester 2004.

Robert Sklar, *Movie-Made America. A Cultural History of American Movies*, New York 1994.

R. C. Simmons, *The American Colonies. From Settlement to Independence*, New York 1974.

Richard Slotkin, *Regeneration through Violence. The Mythology of the American Frontier, 1600-1800*, Norman 1973.

Richard Slotkin, *Gunfighter Nation. The Myth of the Frontier in Twentieth-Century America*, Norman 1998.

Corwin R. Smict (Hg.), *Pulpit and Politics. Clergy in American Politics in the Advent of the Millennium*, Waco 2004.

Chad Powers Smith, *Yankees and God*, New York 1954.

Christian Smith, *Christian America? What Evangelicals Really Want*, Berkeley 2000.

Henry Nash Smith, *Virgin Land*, New York 1967.

Donald K. Springer, *William Jennings Bryan. Orator of Small Town America*, New York 1991.

Michael D. Stallard, *The Early Twentieth-Century Dispensationalism of Arno C. Gaebelein*, Lewiston 2002.

Kenneth Stampp, *America in 1857. A Nation at the Brink*, New York 1990.

Rodney Stark, *The Rise and Fall of Christian Science*, in: ›Journal of Contemporary Religion‹ 13:2 (1998), S. 189-214.

David Steigerwald, *The Sixties and the End of Modern America*, New York 1995.

Louise L. Stevenson, *The Victorian Homefront. American Thought & Culture, 1860-1880*, Ithaca 2001.

Catherine McNichol Stock, *Rural Radicals. From Bacon's Rebellion to the Oklahoma City Bombing*, Harmondsworth 1997.

Harry S. Stout, *The Divine Dramatist. George Whitefield and the Rise of Modern Evangelicalism*, Grand Rapids 1991.

Darryl G. Stout und David Hall (Hgg.), *New Directions in American Religious History. A Reader*, New York 1997.

Douglas M. Strong, *Perfectionist Politics. Abolitionism and the Religious Tensions of American Democracy*, Syracuse 1999.

Daniel E. Sutherland, *The Expansion of Everyday Life, 1860-1876*, Fayetteville 2000.

Lilian Taiz, *Hallelujah Lads & Lasses. Remaking the Salvation Army in America, 1880-1920*, Chapel Hill 2001.

Gayle T. Tate und Lewis A. Randolph (Hgg.), *Dimensions of Black Conservatism in the United States*, New York 2002.

Alan Taylor, *American Colonies*, New York 2001.

Charles Taylor, *Die Quellen des Selbst. Die Entstehung der neuzeitlichen Identität*, Frankfurt/Main 2005.

Terry Teachout, *The Skeptic. A Life of H. L. Mencken*, New York 2002.

Larry E. Tise, *Proslavery. A History of the Defense of Slavery in America, 1700-1840*, Athens 1987.

Australia Traver, *New York and the Harlem Renaissance. Essays on Race, Gender, and Literary Discourse*, Madison 2006.

Joyce M. Turner, *Carribean Crusaders and the Harlem Renaissance*, Urbana 2006.

Ernest L. Tuveson, *Redeemer Nation. The Idea of America's Millenal Role*, Chicago 1968.

Alden T. Vaughan, *The New England Frontier. Puritans and Indians, 1620-1675*, New York 1979.

John N. Vaughan, *Megachurches and America's Cities. How Churches Grow*, Grand Rapids 1993.

Barbara Victor, *Beten im Oval Office. Christlicher Fundamentalismus in den USA und die internationale Politik*, München 2004.

James M. Volo und Dorothy D. Volo, *The Antebellum Period*, Westport 2004.

Herrmann W. von der Dunk, *Kulturgeschichte des 20. Jahrhunderts*, 2 Bde., Darmstadt 2004.

Hans Vorländer, *Hegemonialer Liberalismus. Politisches Denken und politische Kultur in den USA, 1776-1920*, Frankfurt/Main 1997.

Wyn C. Wade, *The Fiery Cross. The Ku Klux Klan in America*, New York 1987.

Matthias Waechter, *Die Erfindung des amerikanischen Westens. Die Geschichte der frontier-Debatte*, Freiburg/Br. 1996.

Britta Waldschmidt-Nelson, *Gegenspieler. Martin Luther King und Malcolm X*, Frankfurt/Main 2004.

Britta Waldschmidt-Nelson, Markus Hünemörder und Meike Zwingenberger (Hgg.), *Europe and America. Cultures in Translation*, Heidelberg 2006.

David Waldstreicher, *Rites of Rebellion, Rites of Assent. Celebrations, Print Culture, and the Origins of American Nationalism*, in: ›Journal of American History‹ 82:1 (1995), S. 27-61.

Samuel Walker, *In Defense of American Liberties. A History of the ACLU*, New York 1990.

Ronald G. Walter, *American Reformers, 1815-1860*, New York 1978.

Kevin Ward, *A History of Global Anglicanism*, Cambridge 2006.

Steven L. Ware, *Restorationism in the Holiness Movement in the Late Nineteenth and Early Twentieth Centuries*, Lewiston 2004.

Justin Watson, *The Christian Coalition. Dreams of Restoration, Demands for Recognition*, New York 1996.

Timothy P. Weber, *Living in the Shadow of the Second Coming*, New York 1979.

Hans-Ulrich Wehler, *Modernisierungstheorie und Geschichte*, Göttingen 1975.

Peter Wehling, *Die Moderne als Sozialmythos. Zur Kritik sozialwissenschaftlicher Modernisierungstheorien*, Frankfurt/Main 1992.

Herrmann Wellenreuther, *Ausbildung und Neubildung. Die Geschichte Nordamerikas vom Ausgang des 17. Jahrhunderts bis zum Ausbruch der Amerikanischen Revolution 1775*, Münster 2001.

Herrmann Wellenreuther, *Von Chaos und Krieg zu Ordnung und Frieden. Der Amerikanischen Revolution erster Teil*, Münster 2006.

Cornel West, *Prophecy Deliverance! An Afro-American Revolutionary Christianity*, Philadelphia 1982.

Thomas G. West, *Vindicating the Founders. Race, Sex, Class, and Justice in the Origins of America*, Lanham 1997.

Peter O. G. White, *Predestination, Policy, and Polemic. Conflict and Consensus in the English Church from the Reformation to the Civil War*, Cambridge 1992.

Robert H. Wiebe, *The Search for Order, 1877-1920*, New York 1995.

Robert H. Wiebe, *Who We Are. A History of Popular Nationalism*, Princeton 2002.
Clyde Wilcox, *Onward Christian Soldiers? The Religious Right in America*, Boulder 1996.
Sean Wilentz, *The Rise of American Democracy. Jefferson to Lincoln*, New York 2005.
Juan Williams, *Eyes on the Prize. America's Civil Rights Years, 1954-1964*, New York 1987.
Juan Williams und Quinton Dixie, *This Far By Faith*, New York 2003.
Vernon J. Williams, *Rethinking Race. Franz Boas and His Contemporaries*, Lexington 1996.
Vernon J. Williams, *The Social Sciences and Theories of Race*, Urbana 2006.
Michael P. Winship, *The Times and Trials of Anne Hutchinson*, Lawrence 2006.
Ben Witherington, *The Problem with Evangelical Theology. Testing the Exegetical Foundation of Calvinism, Dispensationalism, and Wesleyanism*, Waco 2005.
Folkart Wittekind, *Geschichtliche Offenbarung und Wahrheit des Glaubens. Der Zusammenhang von Offenbarungstheologie, Geschichtsphilosophie und Ethik bei Albrecht Ritschl, Julius Kaftan und Karl Barth, 1909-1916*, Tübingen 1999.
Margaret R. Wolfe, *Daughters of Canaan. A Saga of Southern Women*, Lexington 1995.
Nancy Woloch, *Women and the American Experience*, 2 Bde., New York 1994.
Gordon S. Wood, *The Creation of the American Republic, 1776-1787*, New York 1972.
Gordon S. Wood, *The Radicalism of the American Revolution*, New York 1991.
John C. Wood (Hg.), *Henry Ford. Critical Evaluations in Business and Management*, 2 Bde., London 2003.
Steven Woodworth, *While God is Marching On. The Religious World of the Civil War Soldier*, Lawrence 2001.
Franz W. Wuketits, *Evolutionstheorien. Historische Voraussetzungen, Positionen, Kritik*, Darmstadt 1995.
Robert Wuthnow und John H. Evans, *The Quiet Hand of God. Faith-Based Activities and the Public Role of Mainline Protestantism*, Berkeley 2002.
Bertram Wyatt-Brown, *Southern Honor. Ethics & Behavior in the Old South*, Oxford 1982.
Bertram Wyatt-Brown, *Yankee Saints and Southern Sinners*, Baton Rouge 1985.

Eli Zaretsky, *Freuds Jahrhundert. Die Geschichte der Psychoanalyse*, Darmstadt 2006.

Ernst Walter Zeeden, *Das Zeitalter der Glaubenskämpfe*, München 1999.

Michael P. Zuckert (Hg.), *Protestantism and the American Founding*, Notre Dame 2004.

DANKSAGUNG

Jedes Buch hat seine Geschichte, so auch dieses. Sie begann im Jahr 2001, als der damalige Direktor des Deutschen Historischen Instituts in Washington, mein heutiger Münchener Kollege Christof Mauch, mich fragte, ob ich nicht am Institut einen Vortrag über Religion in den Vereinigten Staaten halten wollte. Vermutlich wollte er auf diese Weise meinen Horizont weiten, da ich mich bis dahin fast ausschließlich mit dem Schicksal des Katholizismus in den USA befaßt hatte. So wurde mein Blick anfangs sacht, dann mit wachsender Vehemenz auf ein Phänomen gelenkt, das nahezu jeden europäischen Besucher in den USA gleichzeitig erstaunt, befremdet, fasziniert und mitunter zutiefst verärgert: das evangelikale Erweckungschristentum in all seiner Mannigfaltigkeit. Von diesem Punkt an ließ mich das Thema nicht mehr los. Die Lektüre evangelikaler, fundamentalistischer und pfingstlicher Schriften, der mediale Umgang mit diesem Phänomen, der persönliche Kontakt zu erweckten Protestanten in den USA und in Europa, all dies erwies sich als unerhört reizvoll. Als dann der Verlag der Weltreligionen wegen dieses Projektes an mich herantrat, bot sich endlich eine Chance, die bisherigen Überlegungen zum Thema amerikanische Religion in essayistischer Manier, aber durchaus mit wissenschaftlichem Anspruch zusammenzufassen und einem breiteren Publikum zur Diskussion zu stellen. Daher gilt mein erster Dank dem Verlag, der das Entstehen des Manuskripts mit großer Geduld begleitet hat. Besonders danke ich meinen beiden Hilfskräften Alexandra Hlawitschka und Birgit Braun, die ein ums andere Mal die Münchener Bibliotheken plünderten, um die erforderliche Literatur zu beschaffen. Auf ihrer beider Findigkeit und ihren Muskeleinsatz war stets Verlaß, und ohne ihren Einsatz wäre ich überhaupt nie zu einem Ende gekommen. Danach war es wieder einmal Wencke Meteling, die es übernahm, das Manuskript zu korrigieren, obwohl sie selbst gerade an der Niederschrift ihrer Dissertation saß. Wie so oft erwies sie sich als unermüdlicher Quell fröhlich sprudelnder Kritik, was der Sache gewiß gutgetan hat. Neben Wencke Meteling waren es vor allem meine Münchener Kollegen Berndt Ostendorf, Meike Zwingenberger, Markus Hünemörder,

Nadine Klopfer, Jutta Zimmermann, Christoph Decker, Ursula Prutsch und Peter Schneck, mit denen ich bei dem einen oder anderen Glas Bier über die Besonderheit des religiösen, spirituellen und politisch-gesellschaftlichen Lebens in den USA diskutieren konnte. Gerade die Unterschiede in den während dieser Diskussionen verfochtenen Positionen zwangen mich, meine Thesen andauernd zu überprüfen und auszudifferenzieren. Britta Waldschmidt-Nelson machte mich mit freundlicher Hartnäckigkeit auf die Bedeutung der *black church* aufmerksam. Ron Granieri und Michael Kimmage, zwei amerikanische Freunde und Kollegen, trugen erheblich dazu bei, mein Verständnis des amerikanischen konservativen Milieus zu verfeinern. Schließlich haben Lars Wacker und Philipp Gollner es sich nie nehmen lassen, mir, dem Katholiken, die geistliche Lebenswelt, aber auch die Intellektualität der evangelikalen Bewegungen zu erschließen. Hoffentlich finden sich alle irgendwie in diesem Text wieder, der trotz aller Anregungen, Diskussionen und Kritik in seinen Fehlern und Beschränktheiten mein eigener bleibt.

München, am Festtag des hl. Patrick 2007

Michael Hochgeschwender

Die Publikationen des Verlags der Weltreligionen werden gefördert durch die

UDO KELLER STIFTUNG
FORUM HUMANUM

In einer Zeit des zunehmenden Zugriffs von Technik und Ökonomie auf das Humanum möchte die Stiftung an die Bedeutung des geistigen und religiösen Erbes der Weltkulturen erinnern. Sie geht davon aus, daß die weitere Entwicklung des Menschen entscheidend davon abhängen wird, ob und wie es gelingt, die reichhaltigen Potentiale dieser Traditionen für die Zukunft fruchtbar zu machen. In diesem Sinne versteht die Stiftung ihr Engagement im Verlag der Weltreligionen.

Insel Verlag Anton Kippenberg GmbH & Co. KG
Torstraße 44, 10119 Berlin
info@insel-verlag.de
www.insel-verlag.de